21世纪国际商务专业硕士（MIB）规划教材

INTERNATIONAL BUSINESS

国际商务

洪俊杰　郑玮　蓝庆新　/编著

北京大学出版社
PEKING UNIVERSITY PRESS

图书在版编目（CIP）数据

国际商务 / 洪俊杰, 郑玮, 蓝庆新编著. —北京：北京大学出版社, 2023.8
21世纪国际商务专业硕士（MIB）规划教材
ISBN 978-7-301-34356-2

Ⅰ. ①国… Ⅱ. ①洪… ②郑… ③蓝… Ⅲ. ①国际商务—研究生—教材 Ⅳ. ①F740

中国国家版本馆CIP数据核字(2023)第163590号

书　　　名	国际商务
	GUOJI SHANGWU
著作责任者	洪俊杰　郑　玮　蓝庆新　编著
策划编辑	李　娟
责任编辑	王　晶
标准书号	ISBN 978-7-301-34356-2
出版发行	北京大学出版社
地　　　址	北京市海淀区成府路205号　100871
网　　　址	http://www.pup.cn
微信公众号	北京大学经管书苑（pupembook）
电子邮箱	编辑部 em@pup.cn　　总编室 zpup@pup.cn
电　　　话	邮购部 010-62752015　发行部 010-62750672　编辑部 010-62752926
印刷者	大厂回族自治县彩虹印刷有限公司
经销者	新华书店
	787毫米×1092毫米　16开本　18.75印张　445千字
	2023年8月第1版　2023年8月第1次印刷
定　　　价	49.00元

未经许可，不得以任何方式复制或抄袭本书之部分或全部内容。
版权所有，侵权必究
举报电话：010-62752024　电子邮箱：fd@pup.cn
图书如有印装质量问题，请与出版部联系，电话：010-62756370

前　言

我国正式加入世界贸易组织（WTO）至今已有20余年。"入世"是中国对外开放的重要里程碑，面对复杂严峻的国际环境，中国坚定维护多边贸易，为世界经济发展作出了举世瞩目的贡献，体现了作为大国对全球的责任担当。党的二十大报告提出推进高水平对外开放，加快建设贸易强国，推动共建"一带一路"高质量发展，维护多元稳定的国际经济格局和经贸关系的目标。在党中央的坚强领导下，我国积极推进更大范围、更宽领域、更深层次的对外开放，开拓了合作共赢的新局面。

中国在推动全球经济一体化持续深入的进程中扮演着越来越重要的角色。2022年我国全年进出口总值首次突破40万亿元关口，连续6年保持世界第一货物贸易国地位，服务贸易规模连续8年稳居世界第二，而且10年来我国引资规模一直稳居全球前三位。《区域全面经济伙伴关系协定》于2023年6月全面生效，标志着全球规模最大的自由贸易区进入全面实施新阶段。"一带一路"的朋友圈持续扩大，沿线国家贸易比重增势显著；此外，中国积极参与国际治理，维护多边贸易体制，推动世贸组织改革；加快发展外贸新业态新模式，自贸试验区、自由贸易港建设不断深入，打造对外开放的创新高地。这一系列举措有利于推动疫情冲击下国际经济的复苏与增长，也是我国应对单边主义、贸易保护主义严峻挑战并积极参与全球经贸规则制定的重要途径。

中国的全面开放蹄疾步稳，开放水平不断提高，这对中国企业的"国际化"提出了更高的要求。中国企业从事国际商务活动要朝着"走出去""走进去""走上去"的目标努力，同时也要谨防复杂国际环境下的多方面风险。应对企业国际经营中的挑战需要理论知识扎实、实践能力过硬的人才。因此，"国际商务"作为一门研究国际商务理论和应用的综合性课程，对构筑帮助企业更好地联通国际国内市场、更好地利用国际国内资源的知识体系尤为重要，对培养具有法律意识、社会责任和家国情怀的商务人才意义深远。

本书分三部分对国际商务的主要内容进行阐述。第一部分是基础篇，包括导论、国际商务理论基础、国际贸易实务、国际商务环境、国际商务规则；第二部分是应用篇，包括国际市场进入与跨国战略管理、国际市场营销管理、国际人力资源管理；第三部分是前沿篇，包括全球价值链、品牌国际化、跨境电子商务、国际创业。

本书在现有《国际商务》教材的框架上加以创新和完善，体现出如下特点：第一，侧重理论与实践的结合，引导学生结合现实问题对所学理论知识及时学以致用，大量拓展阅读、新闻摘录、案例分析等补充资料贯穿于各章节的理论知识之间，便于学生更好地理解内容要点，启发学生关注实践，积极思考中国企业国际化中的现实问题；第二，围绕"课程思政"所要求的价值塑造、能力培养、知识传授三位一体的目标，明确了各章节教学目标中的思政元素；第三，体系完整，与时俱进，以数字经济为代表的技术变革推动了国际商务实践的新变化,也带动了国际商务理论的演进发展,本书的内容体系体现了国际商务领域的最新进展,涵盖了对发展中经济体的对外直接投资理论、全球价值链、跨境电子商务、国际创业等前沿问题的介绍;第四,框架清晰,要点明确,行文简洁,本书涵盖了国际商务领域各方面的重要内容,结构清晰,深入浅出,可读性较强,有利于提高读者的学习兴趣。

本书既适合作为高等院校国际商务、国际贸易、金融、管理、法律等专业学生的教材,也适合相关企业与政府管理部门进行人员培训时使用。本书的编写团队来自对外经济贸易大学,除本书作者外,其他参编人员还包括陈明、武昭媛、詹迁羽、周柔、程晨、张艺琳。限于编者的经验与学识,书中难免存在纰漏之处。欢迎各位专家学者和广大读者慷慨赐教,以便我们及时修订完善。

编者
2023 年 7 月

目 录

基 础 篇

第一章 导 论 ········· 003
　第一节 国际商务的含义 ········· 005
　第二节 国际商务的产生背景 ········· 009
　第三节 国际商务的发展新趋势 ········· 017

第二章 国际商务理论基础 ········· 022
　第一节 国际贸易理论 ········· 023
　第二节 国际直接投资理论 ········· 030
　第三节 发展中国家的国际直接投资理论 ········· 034

第三章 国际贸易实务 ········· 041
　第一节 国际贸易术语 ········· 042
　第二节 国际结算 ········· 047
　第三节 国际贸易方式 ········· 052
　第四节 贸易金融 ········· 055

第四章 国际商务环境 ········· 062
　第一节 国际商务环境的主要因素 ········· 063
　第二节 "一带一路"经济走廊下的商务环境 ········· 073
　第三节 世界主要经济体的商务环境 ········· 082

第五章 国际商务规则 ········· 092
　第一节 WTO与多边贸易体制 ········· 093
　第二节 双边贸易投资规则 ········· 100
　第三节 区域经济一体化与区域贸易规则 ········· 104
　第四节 不同贸易类型的国际商务规则 ········· 115

应 用 篇

第六章　国际市场进入与跨国战略管理　125
- 第一节　国际市场进入策略　126
- 第二节　跨国公司的全球战略管理　131
- 第三节　国际企业的组织结构　136

第七章　国际市场营销管理　148
- 第一节　国际市场营销概述　149
- 第二节　国际市场营销的产品策略　150
- 第三节　国际市场营销的价格策略　155
- 第四节　国际市场营销的渠道策略　160
- 第五节　国际市场营销的促销策略　165

第八章　国际人力资源管理　173
- 第一节　跨国公司管理者　174
- 第二节　跨国公司员工招聘与培训　180
- 第三节　驻外人员业绩评估与薪酬　184
- 第四节　跨国公司的劳资关系　189

前 沿 篇

第九章　全球价值链　199
- 第一节　什么是全球价值链　200
- 第二节　全球价值链治理　202
- 第三节　全球价值链分工及价值链升级　204
- 第四节　全球价值链对全球产业发展和贸易政策的影响　211
- 第五节　中国参与全球价值链的战略选择　216

第十章　品牌国际化　223
- 第一节　品牌国际化概述　224
- 第二节　品牌国际化的实施条件与障碍　227
- 第三节　品牌国际化决策　230
- 第四节　中国品牌国际化　235
- 第五节　品牌国际化中的企业社会责任　240

第十一章　跨境电子商务 …… 246
第一节　跨境电子商务的概念及特征 …… 247
第二节　跨境电子商务发展概况 …… 249
第三节　跨境电子商务模式 …… 258

第十二章　国际创业 …… 265
第一节　什么是国际创业 …… 267
第二节　国际创业的影响因素 …… 275
第三节　国际创业平台 …… 285

基 础 篇

第一章 导 论

[学习目标]
- 掌握国际商务的定义
- 熟悉国际商务的主要参与者
- 理解国际商务与国内商务的差异
- 了解国际商务的产生背景
- 了解国际商务发展的前沿趋势

[素养目标]
- 学习用发展的眼光看待国际商务发展趋势
- 辩证分析国际商务发展对世界和我国经济的影响

[引导案例]

华为国际化的披荆斩棘之路

2019年,华为销售收入和净利润率均有所增长,可观的业绩很大程度上归功于华为的国际化道路。面对众多竞争对手和差异化客户需求,华为勇敢闯出一条路,形成独特的竞争力。

在发展中国家市场稳扎稳打

俄罗斯为华为国际化的第一站。20世纪90年代俄罗斯经济发展陷入瓶颈期,电信业市场发展受阻。此时中俄双方良好的外交关系为华为进入俄罗斯创造了条件。在华为进入俄罗斯的初期,俄罗斯大众对华为缺乏了解和信任,华为屡屡碰壁,实现"中国制造走出国门"、提高海外消费者对公司产品信心的目标更是前景渺茫。1997年,俄罗斯本土电信设备供应商因收益不佳而退出市场,华为抓住机会逆流而上,派出营销队伍开拓俄罗斯市场。经过十几年的不懈努力,华为在俄罗斯从追赶者变成领导者,与运营商建立了友好合作关系,为网络建设出谋出力。华为在俄罗斯2011年的销售额突破16亿美元,2013年的电子产品销售量达到60万台;2015年,华为追加投资850万美元以发展俄罗斯业务,资金往产品研发、项目合作方向倾斜。

拉美地区是华为国际化的第二站。20世纪90年代末,拉美政府加大通信业投资力度,经济发展态势良好。拉美地区人口众多,电信服务业私有化问题导致通信容量和电子设备需求激增的状况无疑为华为开拓市场创造了有利条件。华为以"国家品牌提携企业品牌"为切入点，紧跟中国政治外交的步伐，努力发展与拉美国家的合作关系。1997年，华为投资超3 000万美元在巴西建立合资企业；1999年在厄瓜多尔的瓜亚基尔设立办事处；2015年，华为在拉丁美洲智能手机发货量超1 200万台，相比上年同期增长了68个百分点。华为之所以能在拉美大获成功，得益于其尤为重视中高端手机渠道零售，在品牌营销方面下功夫。华为在拉美上市了G7、Mate7等多款高端机机型，销售成绩优异，与合作伙伴间信任度不断提高，这也为华为与当地运营商的后续深度合作奠定了基础。

在次发达地区步步为营

1999年，华为进入泰国。华为在泰国着重关注客户和市场的需求，树立了中国高科技品牌"质量好、价格低、服务好"的形象。2005年，华为进入新加坡。在新加坡，起初华为的开拓之路遭遇瓶颈，2007年后迎来转机，业务拓展顺风顺水。在马来西亚，华为的核心产品和解决方案在Hajj等项目中表现突出，品牌商誉非常好。

非洲市场的情况则与东南亚有所不同：非洲通信市场基础薄弱，严重落后。华为加大国际化力度，积累网络部署经验。华为已成为肯尼亚最大通信运营商的重要合作伙伴，也与尼日利亚主流运营商形成了稳定合作关系，还在埃及组建了高精尖通信技术队伍。华为在南非的表现尤其可圈可点，已是南非第一大CDMA产品、NGN产品和传输产品供应商、第二大综合设备供应商和第三大GSM产品供应商。华为约40%的海外分支机构位于非洲，以稳固其在该地区建立的优势地位。与此同时，华为的目光开始转向欧洲市场。

在发达国家市场找突破点

欧美通信市场具有高端性、成熟性等特征，其消费理念、消费水平、产品性能均领先于全球多数地区，并且具有更完善统一的网络标准。在此背景下，外来制造商很难开辟出一片新的市场，华为在进入欧美时曾被称为"自取灭亡"。

2001年，华为在英国伦敦设立了第一家分公司。2004年3月，华为将其欧洲地区总部设在英国东南部的贝辛斯托克（Basingstoke），这在当时是华为最大的海外机构之一，标志着华为向海外市场迈进了一大步。贝辛斯托克聚集着许多家全球顶级电信公司，华为在此设立研发中心，显示出华为开拓海外市场的重心转向欧洲。英国《泰晤士报》评论道，这可谓是中国企业走向国际化的重要标志之一。从此，华为以英国为基地开拓欧洲市场。2004年，华为的国际销售额突破22.8亿元，占总销售额的41%，业务范围覆盖了全球90多个国家和地区的300多家运营商。2005年，华为通过了英国电信（BT）的审核，一举拿下英国电信价值100亿英镑的"21世纪工程"，成功打入英国市场。获得BT项目后，华为迎来了新的发展契机，逐步提升服务国际大客户的能力，开始在欧洲站稳脚跟。2015年上半年，华为总共和欧洲企业签署了15项合作协议，涵盖网络安全、电信设备、云存储等多方面业务，让华为成为中国企业海外战略成功的典范。华为的国际化进程在欧洲进行得较为平稳之后，便开始着手突破美国市场。

美国市场是全球最成熟、购买力最强、最具竞争力的市场，华为的高端机在美国有更充足的发挥空间。华为在早期就一直有进入美国市场的计划。美国是思科的大本营，这个全球最大的电信设备供应商和网络解决方案供应商，在华为开拓欧洲市场的关键时期就对华为提起知识产权诉讼,使得华为面临巨大压力。最终双方达成庭外和解,但思科对华为的打压并未停止,通过游说政府、媒体营销等手段,不断给华为贴上负面标签。在高科技遍地开花的美国市场,初出茅庐的华为为攻克"最终堡垒"奋斗了十多年,却屡次遭遇阻拦。2008年试图并购3Com,被美国外国投资委员会(The Committee on Foreign Investment in the United States, CFIUS)否决;试图收购摩托罗拉公司的无线资产,被美国政府拒绝;试图收购3Leaf的专利技术,但被视作"威胁美国安全",被迫撤销了交易。2015年,华为更新了发展计划:通过改变形象大举进军。华为计划从消费者业务和企业业务入手,与运营商合作,在亚马逊或者华为刚启动的美国直销网站上销售产品。但在美国政府的干预下,已经签好的合同不得不终止,华为基本上不得不放弃了美国市场。

全球布局

经过20多年的潜心筹划、周密布局,华为在全球建立起资源中心、能力中心。①行政中心:在美国、英国和法国等商业领袖聚集的国家,建立本地董事会和咨询委员会,加强与高端商界的互动。在英国建立行政中心,在德国成立跨州业务中心,增进与发达国家的交流互惠。②财务中心:建立新加坡财务中心、英国全球财务风险控制中心、罗马尼亚财务中心等,有效降低财务成本,防范财务风险。③研发中心:建立俄罗斯天线研发中心、瑞典和芬兰无线系统研发中心、英国安全认证中心和5G创新中心、印度软件研发中心、韩国终端工业设计中心、日本工业工程研究中心等,有效利用全球智力资源。④供应链中心:建立匈牙利欧洲物流中心、巴西制造基地、波兰网络运营中心等,从清晰布局走向科学化布局。

华为轮值CEO胡厚崑总结道:"在资本、人才、物资和知识全球流动,信息高度发达的今天,'全球化公司'和'本地化公司'这两个过去常被分离的概念正变得越来越统一。华为的商业实践就是要将二者结合在一起,整合全球最优资源,打造全球价值链,并帮助本地创造发挥出全球价值。"华为的成功是由"三个力"——战略力、产品力和动员力共同驱动的结果。

(资料来源:乔诺之声、蓝血研究.万字长文还原华为国际化历程[EB/OL].(2019-07-29)[2013-02-08]. https://mp.weixin.qq.com/s/Qgg_52CGgarCeQ1psN1_Ow,部分内容有删减)

思考题:
1. 华为是如何推进国际化战略的?
2. 如何理解助力华为国际化成功的"三个力"?

第一节　国际商务的含义

一、什么是国际商务

国际商务(International Business)是指一国政府或企业为寻求经济或政治利益而进行的跨国界的商业活动,包括商品、服务、资本等任何形式的经济资源的国际转移。[①] 国内外学者对国际商务这一概念的理解基本一致,主要包括以下两个要点:

---

① 林季红.新编国际商务教程[M].北京:中国人民大学出版社,2008.

第一,国际商务活动的主体不仅仅局限于企业,还包括一国政府。例如,政府采购可以是跨国界进行的,一国政府与他国政府或企业达成合作协议,即可视为开展国际商务活动。

第二,国际商务包括任何形式的经济资源的跨国流动,这意味着国际商务不仅包括国际贸易,也包括国际投资。从经济资源角度来看,商品和服务的跨国流动是国际贸易活动的重要特征,而资本和其他资产的跨国流动是国际投资活动的重要特征。因此,国际贸易和国际投资均属于国际商务学的研究领域。

二、国际商务的主要参与者

从国际商务的定义可以看出一国政府和企业都可能是国际商务的参与者,但就参与深度和广度而言,国际商务的主要参与者还是企业。具体来说,参与国际商务活动的两类核心企业是大型跨国企业和中小企业。

(一) 大型跨国企业

跨国企业(Multinational Enterprise,MNE),也称跨国公司,是指在两个或两个以上国家设立分支机构和子公司,长期从事跨国生产、销售或其他经营活动的大型企业。联合国国际投资和跨国公司委员会(U. N. Commission on International Investment and Transnational Corporations)认为跨国企业应具备三个要素:第一,跨国企业是一个工商企业,组成这个企业的实体在两个或两个以上的国家经营业务,且不限于经营形式和经营内容;第二,跨国企业具有一个中央决策体系,从而具有统一的政策,而该政策可能反映企业的全球战略目标;第三,跨国企业的各个实体相互分享资源、信息以及分担责任。

跨国企业的出现最早可追溯到公元16世纪末17世纪初,当时特权贸易公司在英国兴起,以英国东印度公司为最主要代表。这些特权贸易公司由于从事掠夺性经营,对他国民族经济的发展造成不良影响,陆续在19世纪后半叶解散。现代意义上的跨国企业产生于19世纪的欧美主要发达经济国家,与这些国家进行的殖民扩张、资本和商品输出密切相关。这一时期,众多大型企业在海外设立工厂或分公司,开启跨国经营道路,如美国的胜家缝纫机公司、贝尔电话公司,英国的帝国化学工业公司、尤尼莱佛公司等。两次世界大战期间,跨国企业仍在数量和规模上有所发展。在全球对外投资总额增幅有限、间接投资停滞不前的情况下,直接投资绝对额增长接近两倍。第二次世界大战后,各国进入经济恢复期,跨国企业得到迅速发展。美国跨国企业在数目、规模、国外生产和销售额方面均位居世界榜首,成为跨国企业中的主导力量。20世纪70年代初至80年代末,西欧国家与日本重新崛起,带动其跨国企业迅猛发展。与此同时,其他发达国家和发展中国家的跨国企业也开始在国际舞台上发挥影响力,国际直接投资格局由单极化向多极化方向发展。

随着世界经济相互依赖程度的提高,跨国企业在推动全球经济发展的过程中发挥了越来越重要的作用。首先,跨国企业推动生产要素的全球性流动,促进资源的有效合理配置。市场化企业往往追求以最小的资源代价获取最大的收益产出,而实力雄厚的跨国企业在此方面更具有优势:它们依靠自身产品和产业优势,选择有利区位开展生产经营,在世界范围内统筹利用各类生产要素,从而提高资源利用效率。其次,跨国企业促进国际经济技术合作与交流,带动世界各国经济的发展。跨国企业在向海外开辟新市场的过程中,向东道国注入大量资本,通过开展生产经营活动推动东道国经济发展。此外,跨国企业将先进的技术和管理经验带入东道国,由此产生溢出效应,为东道国经济发展创造有利条件。最后,跨国企业推动科技的研发与应用,促进现代生产力的发展。为了在激烈的市场竞争中塑造自身核心竞争力,跨国企业不断加大科技研发投入,建立庞大的科研体系,制定并实施面向全球的科技发展战略。当前,跨国企业已成为现代科技的研发和应用主体,在提高生产力和推动社会进步方面具有重要意义。

(二) 中小企业

除跨国企业外,中小企业也是国际商务的重要参与者。中小企业是相对大型跨国企业而言的,目前各国对其定义不一。美国将中小企业(Small and Medium Enterprise,SME)定义为员工人数小于500、营业额在1亿美元以下的企业;日本将制造业等第二产业中员工人数小于300、资产总额在1亿日元以下的企业界定为中小企业;中国则关注各行业特点,综合资产总额、销售额、职工人数三种划分标准,对中、小、微三类企业作出相应定义。

相比于大型跨国企业,中小企业资源有限,难以开展多元化经营,风险应对能力不足。然而,中小企业特有的优势在于决策高效、市场反应敏锐、组织行为灵活,具体体现在几个方面:第一,由于规模尚小、组织架构简单清晰,中小企业内部沟通成本更低、经营决策效率更高,从而更能适应市场变化、快速响应客户需求;第二,中小企业能更好地为世界各地的利基市场①服务,而大型企业往往会忽视这部分市场;第三,中小企业由于受生存压力影响、不受传统模式束缚从而更具有创新精神,并凭借创新在市场上赢得立足之地。总体来说,跨国企业更偏向"大而全",中小企业更偏向"小而精"。随着世界各国联系持续加深、信息通信技术进一步发展,中小企业仍将加速崛起,在国际化舞台上扮演越来越重要的角色。

拓展阅读

借助国际优质服务资源 促进中小企业专精特新发展

中小企业在活跃经济、扩大就业、创新创造等方面发挥着积极作用,世界各国均把促进中小企业健康发展放在重要位置,相关国际组织也长期关注中小企业这一议题。2021年,党中央、国务院相继印发《知识产权强国建设纲要(2021—2035年)》《"十四五"国家知识产权保护和运用规划》,对我国知识产权事业未来发展作出重大顶层设计。习近平总书记多次提到全面加强知识产权保护工作,激发创新活力,推动构建新发展格局,强调培育一批"专精特新"中小企业,提升中小企业创新能力。各地区、各部门近年来积极推动企业创新发展,在优质中小企业梯度培育、加强中小企业知识产权保护工作等方面取得了显著成效。

以世界知识产权组织(World Intellectual Property Organization,WIPO)为代表的国际组织,为全球中小企业提供了诸多优质服务资源。作为联合国的专门机构,WIPO负责组织

---

① 利基市场(Niche Market),指那些被市场中的统治者或有绝对优势的企业忽略的某些细分市场或小众市场。

协助其193个成员制定兼顾各方利益的国际知识产权法律框架,积极推广知识产权政策、服务、信息和合作,帮助企业及个人从知识产权服务中获益,提供在相关国家获得知识产权权利以及解决知识产权领域争端的全球化服务。

近年来,中国企业充分借助WIPO全球服务体系提升创新能力和水平。据统计,WIPO于2021年收到的PCT(Patent Cooperation Treaty,专利合作条约)国际专利申请达27.75万件,其中有6.9万余件来自中国,位列全球第一;2021年收到的马德里商标国际注册申请达到7.31万件,其中来自中国商标权人的申请有5 272件,位列全球第三。WIPO发布的《2021年全球创新指数》报告显示,中国的排名从2017年的第22位提升至2021年的第12位,稳居中等收入经济体之首,是世界上排名进步最快的国家之一。

通过WIPO全球服务体系,中国中小企业不但可以了解掌握同一行业、同一领域的技术发展状况、产品研发动态及竞争对手商标品牌市场竞争发展,还可以在全球范围内保护自身的技术创新成果、产品研发优势及品牌市场地位,为促进企业参与国际竞争、将产品推向国际市场、在国际市场保持领先优势等方面发挥重要作用。

(资料来源:金铁鹰.借助国际优质服务资源 促进中小企业专精特新发展[J].中国中小企业,2022(08):58-60,部分内容有删减)

思考题:中小企业可以采取哪些策略在国际市场上赢得一席之地?

三、国际商务与国内商务的差异

国际商务最本质的特征是跨国性,这也是国际商务与国内商务最根本的差异所在。国际商务参与者所处的商务运营环境,相比于国内商务参与者更加复杂多样且变化无常,具体包括经济环境、政治背景、法律体系和社会文化风俗等。环境的复杂性使得从事国际商务的企业面临多样的经营风险。

(一)跨文化风险

跨文化风险(Cross-cultural Risk)是指跨国经济活动中商业主体间的文化差异引发的误解、冲突所导致的一方或双方的利益潜在受损。跨文化风险来源于不同文化背景下人们所具有的语言、价值观、信仰、生活方式、思维模式等方面的差异。这些差异直接导致双方沟通困难,易产生误解,从而增加人力、物力、财力和时间等各项成本,影响商务活动的顺利进行。此外,对于从事对外直接投资的企业来说,本国管理者和东道国员工之间也存在一定的文化差异,如果处理不当可能造成管理成本高企,决策效率低下。例如,在偏向个体主义的国家中,员工在工作时容易联系不够紧密,难以进行团队合作,也可能过于追求个人利益而缺乏对集体的归属感,易导致组织涣散、任务难以协调、管理难度加大。

(二)国家风险

国家风险(Country Risk)是指国外政治、法律以及经济环境变化对企业经营效率和盈利能力所造成的潜在影响。首先,国家风险与国家主权行为、社会变动有关。主权国家可能作为交易的一方通过其违约行为(例如拒付债务或延期偿付)对企业直接构成风险,也可能由于战争、骚乱、政变等社会变动致使有利益关联的外国企业遭受损失威胁。其次,国家风险与外国政府实施的政策、法律法规紧密相关。例如,东道国政府实行外汇管制或资本流动管制、收紧市场准入政策、对商务交易规定烦琐的程序,均会对从事跨国经营的企业造成不利影响。最后,国家风险还可能源自东道国非正常的经济环境,具体可能表现为过高的通货膨胀率、高额的国家债务、严重的贸易失衡等。2008年美国的次贷危机及之后的全球金融危机致使许多国家发生严重的经济衰退,相关的跨国企业自然也无法避免承受重大的经济损失。

（三）货币风险

货币风险(Currency Risk),又称汇率风险(Exchange Rate Risk),是指在一定时期的跨国经济交易中,以外币计价的债权或债务由于汇率波动而引起其价值的潜在变动。目前大多数国家实行浮动汇率制,这意味着汇率波动比以前更加频繁和剧烈,企业面临的货币风险更显著、更难以预测。汇率波动对于从事国际贸易者和投资者的影响尤其大,分别表现为贸易性货币风险和金融性货币风险。在国际贸易活动中,商品和服务的价格一般以外汇计价,从而使得交易方难以衡量盈亏水平,由此产生的风险称为贸易性货币风险。国际金融市场上流通的资金都属于外汇,若某中国企业在国际金融市场上借入美元若干金额,还款时需将人民币兑换成相应的美元金额,此时若人民币兑美元汇率下降,即意味着1单位人民币可兑换的美元变少了,该企业需要花费更多人民币才能还清款项,因此产生了利益损失,造成此类损失的风险即为金融性货币风险。

（四）商业风险

商业风险(Commercial Risk)是指企业在生产经营过程中,因商业战略、策略、手段或方式选择不当所造成的潜在损失或失败。企业在商务活动的任何阶段都有可能面临商业风险,对于经营者来说,需要审慎评估企业每一步的选择方向,包括进入哪个市场、瞄准哪类消费者、提供什么样的产品或服务、如何定价和推广,等等。商业风险不仅仅出现在国际商务活动中,同样也出现在国内商务活动中,但由于国际商务环境的复杂性,其出现此类风险的可能性更大,造成的后果也可能更加严重。例如,在国内业务中,一家企业可能只需事先通知便可终止一项难以获利的业务。然而,经营国际业务的企业要想终止双方业务合作关系,可能会为了遵守某些地方的保护主义法规而付出更大的代价。

以上四类风险中,前三类都是从事国际商务的企业需面临的额外风险,商业风险则是所有类型企业都必须面对的风险。这些风险都是商品流通中普遍存在的经济现象,但并非不可避免、不可预测的。商业主体可通过市场调查、分析及评估,对风险进行预测,并采取相应的措施加以管理,避免出现损失或将可能造成的损失控制在最小范围内。

第二节 国际商务的产生背景

一、全球化的含义

全球化(Globalization)是指世界向一个更加一体化和相互依存的经济体系转变的趋势。货物与资本的跨国流动是全球化的最初形态,全球化在前期经历了跨国化、局部的国际化两个阶段。在全球化的演变过程中,区域性、全球性的经济实体开始出现,文化、价值观、生活方式、意识形态等精神力量亦产生跨国交流、碰撞、冲突与融合。总体来看,全球化是一个以经济全球化为核心,包含政治、文化、科技、军事等多层次、多领域的相互联系、影响、制约的多元概念。

二、全球化的推动力

通常认为,有两大因素推动全球化发展:一是第二次世界大战后,阻碍商品、服务和资本自由流动的各种政策制约减少了;二是技术变革的促进,尤其是20世纪后期以来通信、信息处理以及交通运输技术的突破性发展。

(一)贸易与投资壁垒的下降

20世纪二三十年代,世界大多数国家处于自我封闭状态,对进口和外商直接投资施加诸多限制,如对进口商品收取巨额关税、禁止外商进入本国从事生产经营等。然而,此类政策招致的是他国的报复行为,最终使得全世界范围内贸易和投资壁垒高筑,各国经济呈现割裂状态,社会需求受到极大抑制,间接导致了20世纪30年代的经济大萧条。

此次教训之后,世界上的主要发达工业国家意识到消除贸易壁垒的必要性。1948年《关税与贸易总协定》(General Agreement on Tariffs and Trade, GATT)应运而生,各成员基于该协定展开了8轮谈判,并取得了实质性进展。20世纪初,GATT主要成员的平均关税水平约在20%—40%的区间内,而在20世纪50年代,这些成员的平均关税水平降至10%—25%,90年代更是降至5%左右,削减力度十分大。[1]

国际贸易壁垒不断降低的同时,许多国家也在逐步取消对外商直接投资的限制。根据联合国统计数据显示,1992—2009年间,在世界各国针对外商直接投资出台的2700项立法规定中,有九成都为外商直接投资创造了更加宽松的政策环境。这些措施无疑都推动了全球化的深入发展。一方面,国际贸易壁垒的下降使得企业的业务活动不再局限于国内市场,而是向外扩展到世界范围,市场全球化得到进一步发展;另一方面,外商直接投资壁垒的减少使企业能将研发、设计、生产、装配、销售等环节分别置于最佳区位,从该角度看,生产全球化趋势不断加深。

国际贸易和投资壁垒虽然到目前为止已削弱许多,但未来是持续削弱还是反向增强,仍是个未知数。各国企业面对外来竞争者要求"保护"的呼声仍此起彼伏,一些发达国家领导人对于是否进一步降低贸易壁垒的态度尚不明朗。需要认识到的是,未来仍有诸多不确定因素会对全球化进程造成影响。

新闻摘录

受累于美国"贸易壁垒",沃尔沃新工厂存忧

2018年6月20日,瑞典知名车企沃尔沃在美国南卡罗来纳州的新工厂落成。至此,沃尔沃汽车的世界版图上又多了一个重要坐标,横跨欧洲、亚洲、美洲三大市场的全球制造布局完成。

---

[1] 查尔斯·希尔.国际商务:第9版[M].北京:中国人民大学出版社,2014.

2018年以来,特朗普政府在全球范围内挑起贸易摩擦,通过提高关税等手段设置贸易壁垒,而汽车产业或在此轮"贸易战"中受到较大影响。6月20日,沃尔沃汽车首席执行官萨缪尔森表示,如果特朗普政府对外国汽车及其零部件征收高额关税,招致贸易伙伴报复,那么可能会导致沃尔沃汽车美国工厂增加就业机会的计划受阻。

规划难达预期

据了解,沃尔沃在美国南卡罗来纳州查尔斯顿的新工厂预计投资将超过11亿美元(约合人民币70.4亿元),建成后将在年内为该地区提供1 500个工作岗位,次年可达4 000个。

按照沃尔沃的规划,该工厂落成后年产能可达15万辆。新工厂将首先生产沃尔沃S60车型,其中包括传统车型和一款插电混合动力的新能源车型,后者是基于沃尔沃SPA平台设计的。到2021年,全新一代沃尔沃XC90将在此投产。未来,若领克汽车在美推出,也会选择在该工厂生产。萨缪尔森表示,目前沃尔沃乘用车表现强劲,对提升该集团的整体盈利水平至关重要。该工厂的规划产能和就业岗位,对于拉动当地经济增长具有重要作用。

近些年美国政府在全球范围内挑起的"贸易战",将较大程度影响到跨国车企的自由竞争。在新工厂庆祝活动上,萨缪尔森通过媒体表示,如果存在贸易壁垒和限制,沃尔沃的美国工厂将无法提供预期的工作岗位,且规划产能也将很难达到最大值。该发言得到了众多网友的跟帖,有网友在推特上转发并@特朗普。

"更短的菜单和更高的价格,不会是一个很好的餐厅。"萨缪尔森说。按照他的逻辑,关税壁垒会导致美国汽车的出口量减少,且生产汽车的进口零部件成本增加。在缺乏竞争的市场环境下,消费者可供选择的产品减少且单品价格攀升,将最终降低整体购买率。

据汽车、动力总成领域的市场预测调查公司LMC Automotive估计,2019年沃尔沃在美国销售的车辆中有87%来自其他国家。沃尔沃新工厂所在的南卡罗来纳州,除沃尔沃外,还有包括宝马汽车组装厂、波音公司的飞机制造厂在内的数家大型制造类企业。该类工厂在生产和销售方面都对进出口存在较大的依赖。

美设"贸易壁垒"

"贸易保护主义本质上是妨碍贸易自由,不利于社会整体利益和生产效率的提高。"一位长期研究国际贸易的学者指出。据其分析,特朗普政府之所以打"贸易战",是因为"贸易战"或将利于支持特朗普政府的利益集团,而非美国整体的利益。然而实际情况却是骑虎难下,关税壁垒惹来众怒。

据《金融时报》援引美国商务部数据,2017年美国进口汽车827万辆,出口198万辆。美国进口主要来源于墨西哥和加拿大,2017年从这两个国家共进口了427万辆。按照《金融时报》的测算,美国进口汽车的均价比出口汽车的均价每辆约低8 000美元。

特朗普政府曾试图重启北美自由贸易协定(NAFTA)[①]谈判,促使部分企业增加在美生产,减少海外投资。2018年5月,特朗普政府对美国的汽车进口开展调查,计划对从欧洲、日本以及NAFTA国家进口的汽车征收25%的关税(此前的税率为2.5%)。6月初,美国政

---

① 2018年12月,美国、墨西哥与加拿大领导人签署了取代《北美自由贸易协定》的贸易协议——《美国-墨西哥-加拿大协定》(USMCA)。

府还宣布对欧盟、加拿大和墨西哥开始加征钢铝关税,并于6月15日单方面宣布对进口额为500亿美元的中国商品加征25%的关税。对此,相关国家和地区纷纷采取了捍卫自身合法权益的反击措施。

(资料来源:中国经营网.受累于美国"贸易壁垒",沃尔沃新工厂存忧[EB/OL].(2018-06-22)[2023-02-09].http://www.cb.com.cn/index/show/zj/cv/cv13424031263,部分内容有删减)

思考题:拜登政府上台后,美国的贸易政策有哪些新变化?

(二)技术变革

第二次世界大战后,随着卫星、光纤和无线技术的发展,通信技术取得革命性突破。其中一个至关重要的创新发明是微处理器,它使得高功率、低成本的计算成为可能,构成了许多电信技术的发展基础。在此背景下,全球的通信成本得以大幅下降,对于跨国企业来说,协调和控制全球组织的成本也大大降低。1930—1990年间,从伦敦至纽约3分钟的通话费用从244.65美元降至3.32美元,而到了1998年,消费者则只需支付36美分,企业的电话费率甚至更低。

20世纪90年代以来,互联网的普及使得企业在全球范围内开展生产和经营活动变得更加快捷。1990年,全球互联网使用人数不到100万;到1995年,使用人数上升至5 000万;2010年该数字增长到19.7亿;截至2020年5月底,根据互联网世界统计(Internet World Stats,IWS)机构数据显示,全球约有46.48亿人在使用互联网,占世界人口的比重高达59.6%。互联网的出现很大程度上打破了时间和空间的限制,在此条件下,买卖双方之间可以实现全球范围内的方便对接。随着无线通信技术的发展,尤其是近年来第五代移动通信技术(5G)的日益普及,高数据速率、低延迟、节省能源、降低成本、提高系统容量变得不再遥远,这同时在很大程度上使得万物互联成为可能,不论是企业生产还是物流,甚至消费环节都将更加智能化。企业不论规模大小,都能以前所未有的低成本进行全球扩张,由此全球化进程大大加快。

通信技术正在创造一批全球受众,运输技术则正在使世界变成一个地球村。第二次世界大战结束以来,交通运输领域亦出现了数次重大的技术革新,以商用大型喷气式客机和集装箱的出现为重要代表。商用客机的投入使用使得人们往返两地的差旅时间大大缩短,有利于提升商业运营效率;集装箱的引入则使得货物运输效率得到极大提高,在5G和物联网日益普及的今天,以集装箱为代表的现代物流技术变得更加智能化、集约化,货物跨境流动更加便捷,由此加快国际贸易深入发展。

当贸易和投资壁垒的减少为企业国际化开辟道路时,技术的进步则为其提供了有效可行的方法。一方面,新技术的出现缓解了企业在进行国际化经营管理过程中可能产生的矛盾。如今,企业比以往任何时候都能更加有效地与海外分公司或子公司、外国合作伙伴进行互动与交流,通过实时、迅捷地传输各类数据和信息,确保全球业务平稳且持续地运行。另一方面,企业能利用信息技术来创造更多的市场价值,树立自身竞争优势。例如,信息技术使企业能更有效地将其产品或服务推向国际市场,尤其对于中小企业而言,技术进步使其能够负担国际业务所需的费用,从而能在国际市场上找寻商业机会并付诸实践。

拓展阅读

第四次工业革命的机遇与挑战

人类社会的发展与新技术的发明和应用紧密联系在一起。目前人类史上已发生过三次工业革命,如今正迎来第四次工业革命。第一次工业革命需追溯到19世纪末期,蒸汽机的发明催生了机械化生产,人类自此步入工业时代。第二次工业革命兴起于20世纪初期,电力的应用使大规模生产方式问世,推动了钢铁、机械等重工业的崛起。第三次工业革命始于20世纪70年代,计算机技术促进生产自动化,大大解放了生产力,促进了生产效率的提升。而第四次工业革命,则是产生于21世纪,以物联网、大数据及人工智能为代表的数字技术所驱动的社会生产方式变革。它促使工厂之间、工厂与消费者之间实现"智能连接",推动生产方式从大规模制造转为大规模定制。

第四次工业革命的核心是网络化、信息化与智能化的深度融合。在这场技术革命中,工厂内外的生产设备、产品及人员将连接在一起,汇集所有相关信息,预判错误,不断进行自我调整,以适应瞬息万变的市场环境。越来越多的技术系统或产品能够在无人介入的情况下自主执行某些功能。比如,装载了GPS的汽车能够"知道"自己在哪里;内置的微型相机和传感器使两个系统能够相互"辨认";一个程序化控制的系统能够识别外界条件并作出反应,且在此过程中不断升级迭代。

第四次工业革命将带来社会生产方式的深刻变化。一是产品生产方式从大规模制造向小规模定制转变。以人工智能为基础的自动化设备、连接企业内外自动化设备和管理系统的物联网,能够使研发、生产、销售过程更加迅捷、灵活和高效。换言之,消费者的需求能更加及时地传递到工厂,而工厂也会更加灵活地切换生产线以满足各类需求。基于此,个性化定制方式将会逐渐取代原来的单一产品大规模制造方式。

二是工业增值领域从制造环节向服务环节拓展。在新兴数字技术的推动下,数据解析、数字软件、系统整合能力将成为工业企业竞争力和利润的主要来源。企业利用大数据做用户研究和分析,既能帮助巩固现有消费市场,还能为其开拓新市场,创造更多价值。例如,设备制造商借助大数据技术,向设备使用商提供预测性维护方案与服务,可通过延伸服务链条提升自身竞争力,并达到价值增值的效果。通用电气公司原是以制造为主的企业,但现在将业务领域拓宽至技术、管理、维护等服务领域,而且这部分服务创造的产值已超过公司总产值的三分之二。

三是智能化设备取代程序化劳动。数字科技浪潮之下,机器人识别、分析、判断能力仍在不断提升。2017年5月,人工智能围棋程序"阿尔法狗"(Alpha Go)与世界排名第一的中国围棋选手柯洁进行了三场比赛并全部取胜,意味着人工智能在分析博弈领域一定程度已超越了人类。从生产服务过程来看,之前人们普遍认为只有重复性、手工操作的业务能被自动化设备取代,然而现有的设备已经可以识别多种业务模式,能够在相当广的范围从事非重复性、需要认知能力的工作。比如,在律师业务中,计算机系统已经替代了法律助理、专利律师的一部分工作。环境复杂或需要与人互动的业务工作,在之前一直难以实现自动化,但由于技术进步,此领域的程序化也有了显著进展。再比如,"机器人床"能变身为轮椅并自动行走,可自动升降,平稳地将病人扶起坐上轮椅。未来,大多数程序化工作以及部分非程序化工作将被智能设备所替代,或者因得到智能设备的辅助,效率得以大幅提高。

综合来看,第四次工业革命将极大地提高生产力,推动产业结构与劳动力结构的转变,从而改写人类发展进程。每一次工业革命发生后,世界各国的竞争地位就会出现变化,一些国家崛起并成为某些领域甚至世界经济的主导者。在第一次工业革命中,英国凭借蒸汽机等技术成为"世界工厂"。在第二次工业革命中,美国依靠大规模生产方式成为世界工业及科技霸主。在第三次工业革命中,日本依托精益生产方式在汽车、家电等行业迅速崛起。而这次的工业革命也和以往一样,必将引起世界经济格局的变化。谁抓住了机遇,以最快的速度实现超越行业、企业边界的"智能连接",谁就能率先进入大规模定制生产时代;谁有效地应用了大数据和智能设备,谁就能在价值链中占据优势;谁顺利地完成了劳动力转型,谁就能使国民收入快速增长。从这个意义上说,第四次工业革命不仅会重塑未来经济格局,而且还会改变国家竞争格局。

(资料来源:刘湘丽.第四次工业革命的机遇与挑战[J].新疆师范大学学报(哲学社会科学版),2019,40(01):125-132,部分内容有删减)

思考题:第四次工业革命的全面实现还面临哪些挑战?

三、全球性机构的产生

随着全球化纵深发展,国与国之间的交流越来越密切和频繁,冲突和碰撞也日益增多。在此背景下,建立超国家性质的机构以对国际市场进行统一的规范、管理和监督,逐渐成为世界共识。自20世纪40年代末以来,许多重要的全球性机构登上历史舞台,从不同领域共同推动全球经济秩序的建立。

(一)关税与贸易总协定与世界贸易组织

关税与贸易总协定(General Agreement on Tariffs and Trade),简称GATT,是各国政府间缔结的关于关税和贸易政策的多边国际协定。该协定于1947年10月30日在日内瓦签订,并于次年1月1日正式生效,旨在削减关税和其他贸易壁垒,消除国际贸易中的差别待遇,促进国际贸易自由化。GATT最初只是一个临时性的协定,并不是一个组织,也没有常设机构,直到1960年才设立"代表理事会",逐渐发展成为一个临时性国际机构。

GATT自1947年诞生至1995年被世界贸易组织所取代,历经了48年历史。在此期间,其正式成员从最初的23个增长到1994年的128个,成员之间的贸易额约占世界贸易总额的90%。GATT共推动了8轮多边贸易谈判,将全体缔约方的平均关税从20世纪40年代末的40%左右,降至90年代末发达经济体的4%左右和发展中经济体的13%左右,同时使许多非关税壁垒措施的运用受到了约束,为商品的自由流动扫除了诸多障碍。此外,GATT还建立了一套规范国际贸易活动的政策规章,对国际贸易秩序的建立以及国际贸易自由化的发展产生了深远影响。

世界贸易组织(World Trade Organization),简称WTO,是由GATT发展而来,以多边贸易法律框架为基础,负责管理世界经济和贸易秩序,具有法人地位的国际组织。WTO 的宗旨是在提高人民生活水平和保证充分就业的前提下,继续扩大货物和服务的生产和贸易,目标是建立一个完整的、更具有活力的永久性多边贸易体制。与 GATT 相比,WTO 不仅适用于货物贸易,还适用于服务贸易和知识产权贸易,从更广泛的层面推动着国际贸易的发展。

拓展阅读

关税与贸易总协定的"前世今生"

在 20 世纪 30 年代,资本主义世界爆发经济危机和第二次世界大战,进一步激化了资本主义的基本矛盾,加深了西方国家的货币信用制度危机以及国际收支危机。此时,资本主义世界希望有更加强大的全球性国际金融组织能够提供长期和短期贷款,逐步让经济得以恢复、让生产得以发展。另外,第二次世界大战爆发之后,西方资本主义强国为争夺世界市场而产生的"贸易战"对各国经济的恢复阻碍愈来愈大,此时各国对贸易自由化的呼声也愈来愈高。

美国由于其在第二次世界大战中积累起来的雄厚实力使得其对外扩张的欲望尤为强烈,试图建立起一个由美国主导的、稳定的多边国际贸易和金融秩序。同时,亚洲、非洲以及拉丁美洲新独立的国家,急需大量的资金以发展民族经济,平衡国际收支,但是他们对于资本主义国家给予的"经济援助"存有戒心,更希望能够获得国际经济组织的贷款。另外,国际经济组织的形成还依赖于世界经济内在发展所提供的基础条件,随着生产和资本国际化的不断发展,需要各国共同参与经济活动,由此产生了国际上要求经济一体化、贸易自由化以及金融一体化的需求,这使得国际经济组织应运而生。

在上述各种因素的共同作用下,1944 年 7 月,英国、美国、苏联和法国等共 44 个国家参加了布雷顿森林会议,成立了国际货币基金组织和国际复兴开发银行(即世界银行),旨在改善国际贸易环境、稳定国际金融秩序。之后,美国又提出了"扩大世界贸易与就业方案",提议建立国际贸易组织,以此补充布雷顿森林会议。此建议得到了许多国家的赞同,在 1947 年最终形成了关税与贸易总协定。

20 世纪三四十年代,世界贸易保护主义十分盛行,国际贸易壁垒是导致世界经济萧条的一个重要原因。在第二次世界大战结束之后,各国面临的重要任务是解决复杂的国际经济问题,尤其是制定国际贸易政策。

1946 年 2 月,联合国经济及社会理事会举行第一次会议,呼吁召开联合国贸易与就业问题的会议,并起草国际贸易组织宪章,针对世界性削减关税进行谈判。随之经济及社会理事会设立了筹备委员会。1946 年 10 月,筹备委员会召开第一次会议,审查美国提交的国际贸易组织宪章草案。1947 年 4 月—7 月,筹备委员会在日内瓦举行第二次全体大会,针对关税问题进行谈判,商讨并修改"国际贸易组织宪章"草案。

以美国为首的 23 个国家经过多轮谈判最终于 1947 年 10 月 30 日在日内瓦签订了"关税与贸易总协定"。关税与贸易总协定原本只是国际贸易组织成立前的过渡性步骤,它的大部分条款将在"国际贸易组织宪章"被各国通过后纳入其中。但是,由于各国对外经济政策方面的分歧以及多方面的困难,该宪章在短期内难以被通过。因此,这23个发起国于1947年年底签订了《临时议定书》,并于1948年1月1日生效。此后,关税与贸易总协定的有效期一再延长,并根据实际情况不断修订。此后,"关税与贸易总协定"便成为各缔约方共同遵守的贸易准则。

建立世界贸易组织的设想是在1944年布雷顿森林会议上提出的,但是后来由于美国的反对,没能成立。同年,美国拟订并发起了关税与贸易总协定,作为推行贸易自由化的临时契约。1986年关税与贸易总协定乌拉圭回合谈判启动后,欧共体和加拿大于1990年分别正式提出成立世界贸易组织的议案。1994年4月在摩洛哥马拉喀什举行的关税与贸易总协定部长级会议正式决定成立世界贸易组织。

1995年1月1日,世界贸易组织成立,关税与贸易总协定与其并存1年。世界贸易组织负责管理世界经济和贸易秩序。其基本原则是通过实施市场开放、非歧视和公平贸易等原则,来实现世界贸易自由化的目标。1996年1月1日,世界贸易组织正式取代关税与贸易总协定临时机构。

世界贸易组织是具有法人地位的国际组织,在调解成员争端方面具有更高的权威性。与关税与贸易总协定相比,世界贸易组织涵盖货物贸易、服务贸易以及知识产权贸易,而关税与贸易总协定只适用于商品货物贸易。

自2001年12月11日起,中国正式加入了世界贸易组织,这标志着中国的对外开放进入了一个全新的阶段。

(资料来源:讲故事的翁老头.关税及贸易总协定的"前世今生"[EB/OL].(2020-10-30)[2023-02-08].https://mp.weixin.qq.com/s/LvOcgP5En12SiRX7agIhOg,部分内容有删减)

思考题:关税与贸易总协定形成的因素有哪些?

(二) 联合国

联合国(United Nations)是一个由主权国家组成的国际组织,成立标志是1945年10月24日《联合国宪章》的签订生效。截止到2018年年底,全世界共有193个国家加入联合国。联合国的宗旨是:维持国际和平及安全;发展国际间以尊重人民平等权利及自决原则为根据之友好关系;促成国际合作,以解决国际间属于经济、社会、文化及人类福利性质之国际问题;构成一协调各国行动之中心。

联合国虽不制定法律,但为其成员国提供协助解决国际冲突的办法,并影响各国的政策拟定。自成立以来,联合国在维护世界和平、推动世界经济发展和人民生活水平提高、保护世界遗产和全球生态环境等方面发挥了重要作用。

(三) 国际货币基金组织

国际货币基金组织(International Monetary Fund,简称IMF),以1944年7月在布雷顿森林会议签订的《国际货币基金组织协定》为依据,于1945年12月27日在美国华盛顿成立。IMF的基本职责是监察货币汇率和各国贸易情况,提供技术和资金协助,确保全球金融制度正常运作。IMF旨在促进国际货币合作,稳定国际汇率,扩大和平衡发展国际贸易,促进成员国经济向好发展。

(四)世界银行

世界银行(World Bank)是布雷顿森林会议之后,与IMF同时产生的两个国际性金融机构之一,也是联合国下属的专门机构之一。世界银行与IMF起着相互配合、相互补充的作用。世界银行主要负责世界经济的复兴和发展,主要任务是向各成员国提供发展经济的中长期贷款;IMF主要负责国际货币相关事务,主要任务是向成员国提供应对国际收支暂时不平衡的短期外汇资金。

(五)亚洲基础设施投资银行

亚洲基础设施投资银行(Asian Infrastructure Investment Bank,AIIB),简称为亚投行,是一个政府间性质的亚洲区域多边开发机构。亚投行重点支持基础设施建设,其主要宗旨是通过在基础设施及其他生产性领域的投资以促进亚洲经济可持续发展、创造财富并改善基础设施互联互通,同时加强与其他多边和双边开发机构紧密合作,推进区域合作和伙伴关系,应对发展挑战。截止到2023年1月,亚投行共有106个成员。

第三节 国际商务的发展新趋势

由于国际分工深化、新兴技术加速崛起等多重因素的综合影响,国际商务呈现出一些新的发展趋势。

(一)贸易投资一体化趋势明显,跨国企业对全球贸易的主导作用日益增强

经济全球化背景下,生产要素在全球范围内的流动更加自由,跨国企业通过在世界各地建立生产和营销网络,推动贸易投资一体化发展,对国际经济贸易格局产生深刻影响。这种影响体现在几个方面:一是国际贸易格局由以产业间贸易为主,转向以产业内贸易、企业内贸易为主,主要表现为中间品、零部件贸易在国际贸易中的比重提高。二是国际贸易竞争从以比较优势为焦点,转变为以跨国企业数量和在国际范围内整合资源的能力为主。事实上,一国具备国际竞争优势的企业越多,在世界市场上整合各方资源的能力就越强。三是跨国企业产业转移不断加快,加工贸易的比重持续上升,并已成为发展中国家对外贸易的增长点。

(二)国际贸易结构不断升级,服务贸易和技术贸易加速发展

伴随着科技进步和经济发展,大多数国家的产业结构都在不断升级,旅游、咨询、金融等第三产业得到快速发展。基于此,全球进出口贸易结构也在发生巨大变化,呈现出多元化、细分化的发展趋势,其中服务贸易和技术贸易的增长成为亮点。据WTO发布的《2018年世界贸易统计报告》(World Trade Report 2018)预测,全球服务贸易占总体贸易的比重到2030年将达到25%,且逐渐向金融、保险、电信、信息、咨询等新兴服务业倾斜。技术贸易方面,高技术产品在制成品贸易中的地位大大提升,其中以通信技术产品贸易增长最快。

（三）跨境电子商务蓬勃发展，数字贸易成为国际贸易新模式

数字化技术的持续革新推动跨境电子商务的兴起和发展，全球贸易开始从传统贸易时代过渡到数字贸易时代。跨境电子商务是数字经济发展到一定阶段的产物，属于新兴国际贸易业态，通过将贸易流程电子化、网络化，极大地打破了传统贸易所面临的地理障碍和国家障碍，使商品实现无国界流动。数字贸易则可视为对跨境电子商务的数字化拓展，更侧重于数字化交付内容及服务的跨境流动，核心在于"数据流动"。未来，人工智能、5G、区块链、物联网、3D 打印以及其他技术突破，将可能从根本上改变国际贸易格局。

本章小结

1. 国际商务是指国家政府或企业为寻求经济或政治利益而进行的跨国界的商业活动，包括商品、服务、资本等任何形式的经济资源的国际转移。

2. 国际商务的主要参与者分为跨国企业和中小企业两类。

3. 国际商务与国内商务的主要区别是，前者环境更加复杂，企业需面临更多样的风险，包括跨文化风险、国家风险、货币风险等。

4. 全球化是指世界向一个更加一体化和相互依存的经济体系转变的趋势，其推动力主要包括贸易与投资壁垒的下降、技术变革等。

5. 全球化发展过程中，众多全球性机构陆续出现，从不同领域共同推动全球经济秩序的建立。

6. 国际商务的发展新趋势包括三个方面：贸易投资一体化趋势明显，跨国企业对全球贸易的主导作用日益增强；国际贸易结构不断升级，服务贸易和技术贸易加速发展；跨境电子商务蓬勃发展，数字贸易成为国际贸易新模式。

重要术语

国际商务（International Business）

跨国企业（Multinational Enterprise）

中小企业（Small and Medium Enterprise）

全球化（Globalization）

思考讨论

1. 阐述国际商务的定义，并说明国际商务定义的两个要点。

2. 作为国际商务的一类主要参与者，中小企业相比于大型跨国企业，存在哪些优势和劣势？

3. 简要说明国际商务的产生背景。

4. 结合国际商务的发展新趋势，说一说中国企业应该如何发展转型以在国际商务中获取竞争优势？

案例分析

眉州东坡的国际化战略

近年来,中国餐饮企业经历了一波前所未有的海外扩张浪潮。全聚德、花家怡园等中餐名企纷纷确立国际化的发展战略,眉州东坡也是其中之一。餐饮企业的国际化道路上有风雨也有彩虹,眉州东坡在这条路上走出了自己的故事。

一、眉州东坡的创立及发展

1. 眉州东坡的创立

眉州东坡的创始人王刚来自苏东坡的故乡眉州,年少时练就扎实的烹饪技术,通过对东坡饮食文化的搜集整理、钻研,最终打造了独特的眉州东坡菜式,基础是川菜,兼具八大菜系之长。1996年,第一家眉州东坡在北京樱花东街附近开业,经过二十余年的积累,品牌文化得到弘扬,企业覆盖全球,放眼海外,着力打造大型的美食连锁集团。

在创业初期,王刚秉持"大众的就是永远的"理念,将目标客户定位在大众消费群体,这一时期先后创建了正餐、小吃、火锅三个品牌,协同发展战略使得眉州东坡的竞争力大大增加,也为后续的发展提供了保障。在服务方面,餐厅坚持物美价廉的准则,悉心关照每一位顾客,无条件为顾客退换菜,贯彻"顾客至上"的理念。

然而,由于初创时期缺乏经验和专业的市场调研,餐厅管理也随之出现问题,为此眉州东坡及时引进信息化的管理工具,将餐厅信息、员工信息导入计算机进行管理;营造自强向上的企业文化,提升员工的集体归属感和凝聚力;原材料统一采购和配送,并进行监管;企业管理者向专业人士学习,丰富自身能力。企业的组织架构也相应有所调整,从矩阵式管理转变为事业部的管理,各个品牌分而治之。总公司管理各个分公司,分公司之间相互独立,管理单个品牌,管理职能得以彰显。

2. 眉州东坡的快速发展期

经过多年摸索,王刚将中餐标准总结为:"模拟手工,国标生产,既保证了妈妈的味道,又符合国内国际的标准"。为此眉州东坡确立了农业公司、中央厨房、食品加工厂"三位一体"生产线,严格把控质量,保证最终成品的品质。农业公司在源头上发力,维持采购食材的质量稳定;中央厨房扩充菜品,实现模拟手工的标准化作业生产线;食品加工厂创新核心技术,批量生产优质产品,为眉州东坡的发展提供源源不断的活力。这一时期标准化模式更上一层楼,王刚还提出现代化工厂的构想,产品加工采用机器人作业,以减少人力成本。

二、眉州东坡的国际化战略

1. 进军海外市场

从2006年开始,王刚先后走访考察了英国、美国的人文风情,环境优美、"到处散发着浓郁文艺气息"的剑桥深深吸引了王刚,但在剑桥开店只是王刚的一个梦想,当时眉州东坡的能力尚不能撑起他的梦想。对美国的考察让王刚有了比较,考虑人口、市场包容度等方面后,在美国开店都更加适合。在仔细商定之后,王刚将眉州东坡美国店设立在华人较多、贸易繁荣的洛杉矶,眉州东坡由此走出了国际化进程的第一步。但王刚也认识到,眉州东坡在美国实际上是从零开始,这个过程极为艰难,他将目光聚焦于未来,结合美国餐饮行业的管理理念,慢慢推动眉州东坡的海外发展。

2. 开展战略合作

国际餐饮企业为提高品牌形象,促进消费升级,往往与主流时尚品牌开展跨界合作,相互渗透,互利共赢,如意大利米兰的 Gucci 咖啡店、香港中环的 Armani 酒吧等。餐饮文化和时尚文化的合作瞄准的是消费阶层相近的人群,跨界品牌碰撞出新鲜感,提高效益,对于中国餐饮企业的国际化有着较好的借鉴作用。眉州东坡的国际化进程中选择与美国零售业集团 Westfield 公司进行战略合作。Westfield 公司是一家垂直综合购物中心集团,涵盖了开发、设计、租赁经营、管理和营销多个方面,在全球设立的购物中心有百余个,零售商超过 23 700 家,国际影响力大。二者的战略合作通过海外分店加盟来进行,眉州东坡占有 51% 的股权,Westfield 公司占有 49% 的股权,本地经营者获得充分授权,更有助于眉州东坡的本土化。

3. 海外分店落户美国

2013 年年底,眉州东坡将两家海外门店分别开在了美国的洛杉矶和阿卡迪亚,位于富人区和中高档地区的 Westfield 购物中心,且规模均在 1 000 平方英尺以上,被列为中高档餐厅。

分店开业后,仍有几个难题摆在眉州东坡眼前:一是如何适应当地人的口味和饮食习惯、文化背景?二是当地原材料和租金的价格、利率难以控制。三是缺乏对当地食品安全等的法律法规的了解。王刚及团队深入分析,将难题逐个击破。通过调研发现,中餐馆在国外价格实惠,多是走低端路线,不受重视,于是眉州东坡努力传达中餐的高端形象,上调整体档次。在菜品上采用传统川菜的技法,与当地特色食材进行有机融合,尽量满足当地人的口味。人才管理方面,聘请律师根据企业定位和当地法规制定价格,确定未来的发展方向。店内的服务人员多从本地招聘,但厨师需要定期回中国培训。在供应链方面,中餐供应链在美国不具备系统性,需要眉州东坡自行构建,因此门店既有餐厅,又有中央厨房和办公区,沟通更为密切、便利。

三、国际化战略的挑战

风险和挑战总是伴随着机会而生。眉州东坡在美国的经营已经打下根基,但每月亏损平均达到十万美元,加剧了在根基上起高楼的难度。除了高额的经营成本,文化背景的不同也提高了管理成本。美国对劳工制度的规定也与国内不同,按照加州的规定,员工连续工作 4 小时必须带薪休息 10 分钟;工作时长超过 8 小时发放 1.5 倍薪水,超过 12 小时发放 2 倍薪水。洛杉矶比弗利店的开业也经历了一番波折。装修设计计划、装修材料、施工阶段都需要多个部门进行审批、检查,导致开业时间比原计划推迟了 5 个月的时间,超过房东的 4 个月免租装修期,成本回收的周期被大大延长。

四、疫情下的挑战与应对

2020 年,新冠疫情的全球暴发让整个餐饮行业遭受重创,线下门店一度关门歇业,眉州东坡更是损失惨重,春节期间的退餐高达 11 144 桌,整月的损失近亿元。在此艰难困境下,王刚表示"就算再难,也绝不裁员"。为了自救,眉州东坡搭建了一个临时的"平价菜站",将春节囤积的新鲜食材放在店内售卖,还开通了线上购买渠道,通过外卖提供无接触式送餐服务。在社会责任履行上,眉州东坡同样也没有缺席。王刚带头成立防控疫情小组,所有门店都为其所在城市的防疫人员免费送餐,既恢复了门店的正常运转,又积累起良好的口碑。

在王刚看来,眉州东坡的海外扩张与中国的国际影响力息息相关,中国的消费者和投资者出海是发展的必然趋势,但首先要做足准备,在不同的市场作出改变。未来科技是第一生产力,让科技为餐饮行业赋能,才能更好地与国际餐饮市场接轨,将中国的饮食文化精华传向世界。

思考题:
1. 眉州东坡的国际化采取了怎样的合作方式?
2. 在市场定位、产品供应、人员管理方面,眉州东坡采取了怎样的战略?
3. 未来眉州东坡将如何应对国际化带来的挑战?

参考文献

查尔斯·希尔.国际商务:第9版[M].北京:中国人民大学出版社,2014.

李玉俊.经济全球化背景下国际贸易发展的趋势及我国应对策略[J].时代金融,2018(08):10-11.

林季红.新编国际商务教程[M].北京:中国人民大学出版社,2008.

S. 塔默.卡瓦斯基尔,加里·奈特,约翰·R. 里森伯格.国际商务:新进展:第2版[M].北京:中国人民大学出版社,2012.

王静颖.经济发展新常态下国际贸易发展的现状及趋势研究[J].现代商业,2019,520(03):171-172.

王炜翰,王健,梁蓓.国际商务:第2版[M].北京:机械工业出版社,2015.

赵春明.国际商务[M].北京:北京大学出版社,2016.

Anand J, McDermott G, Mudambi R, et al. Innovation in and from emerging economies: New insights and lessons for international business research[J]. *Journal of International Business Studies*, 2021, 52(4): 545-559.

Nambisan S, Luo Y. Toward a loose coupling view of digital globalization[J]. *Journal of International Business Studies*, 2021, 52(8): 1646-1663.

第二章　国际商务理论基础

[学习目标]

- 掌握国际贸易基本理论的内涵与应用
- 掌握国际直接投资代表性理论的内涵与应用
- 理解发展中国家的国际直接投资理论的内涵

[素养目标]

- 学习用历史的眼光认识理论的贡献与局限
- 正确分析理论对中国国情的适用性,提高理论联系实际的能力

[引导案例]

世界工厂正从中国"消失"?

目前已有众多实例表明东南亚地区正凭借低廉的劳动力条件成为继中国之后跨国公司生产基地新的承接点,如日本传感器公司奥泰斯、松下等大型制造公司都将其在中国的生产基地转移至越南等东南亚国家。随着中国劳动力优势的逐步减弱,类似的事件可能发生在中等规模公司。

中国经济的发展壮大与传统制造业紧密相关。但随着全面小康社会的建设,居民个人可支配收入水平逐步提高,工资的上升压缩了众多传统制造业的利润空间。有数据表明,中国制造业企业的人工成本几乎以每 5 年翻一番的速度增长。除此之外,社科院经济学部发布的《经济蓝皮书春季号:2016 年中国经济前景分析》也指出,目前中国很多地区尤其是东部地区,工人工资水平已远超东南亚国家。

与中国不断攀升的人工成本相比,东南亚地区的成本洼地为跨国公司新设工厂带来新的曙光。面对国际经济发展所带来的难得机遇,东南亚国家只要复制中国之前走过的路就比较容易掀起经济新高潮。而真正面临转型新挑战的中国,在加速改革进程的同时,还需要思考底层剩余劳动力的安置问题。

(资料来源:搜狐网.世界工厂正从中国"消失"?[EB/OL].(2019-02-18)[2023-02-08]. http://www.sohu.com/a/295483741_100246910,部分内容有删减)

思考题：
1. 跨国公司为什么不在本国进行生产而需要将产业转移出去？
2. 厂商在选择对外投资区域时应考虑哪些因素？

作为国际商务活动的核心内容，国际贸易与国际投资是世界经济形成和发展的重要纽带。第二次世界大战以来，各国和地区间经济活动的不均衡发展和科学技术的不断进步推动了世界经济格局的新变化。以中国为代表的发展中国家在世界经济中的重要性显著提升。国际商务理论的不断改进和持续发展既是学界对理论模型的主动探索，也是现实经济问题持续演变的必然结果。本章将主要围绕国际贸易理论、国际直接投资理论、发展中国家的国际直接投资理论等三大方面对国际贸易相关理论进行阐述。

第一节 国际贸易理论

一、古典国际贸易理论

产生于18世纪中叶的古典国际贸易理论主要包括亚当·斯密（Adam Smith）的绝对优势理论[①]和大卫·李嘉图的比较优势理论[②]。

（一）绝对优势理论

18世纪末期，亚当·斯密开创性地提出绝对优势理论（Absolute Advantage Theory），又称为绝对成本说。它的基本含义是：自然优势或后天有利的生产条件是国际分工产生的基础，贸易基于国际分工而产生，任何参与国都可从贸易中获利。具体而言，如果一国生产某种产品的成本比另一国生产这种产品的成本更低，那么该国处于绝对优势，应专门生产并出口这种产品；如果一国生产某种产品的成本比另一国高，那么其处于绝对劣势，应放弃对这种产品的生产，转而从他国进口。

绝对优势理论的提出建立在以下几个假定的基础上：

（1）世界上只有两个国家，生产两种产品，只有一种生产要素投入——劳动力，即"2×2×1"模型；

（2）两国生产不同产品的劳动生产率分别高于对方；

（3）生产要素在一国范围内可自由转移，且机会成本不变；

（4）国家间商品可自由流动，但生产要素不能自由流动；

（5）国内商品市场和生产要素市场均为自由竞争市场；

（6）没有生产成本之外的其他成本，如运输成本或其他交易成本。

我们举一个简单的例子来具体说明这一理论：假设只有中国和美国两个国家生产粗布和酒，中国生产每单位粗布需要3小时，生产每单位酒需要6小时；美国生产每单位粗布

---

① 亚当·斯密.国富论[M].北京：商务印书馆，2015.
② 大卫·李嘉图.政治经济学及赋税原理[M].南京：译林出版社，2011.

需要 6 小时,生产每单位酒需要 3 小时。由此可知,中国在生产粗布上具有绝对优势,美国在生产酒上有绝对优势。

如表 2-1 所示,分工(贸易)前,两国各自耗费 9 小时的劳动,共计耗费 18 小时的劳动;两国各自生产 1 单位粗布和 1 单位酒用于消费,共计 2 单位粗布和 2 单位酒。按照绝对优势分工原则,中国应只生产具有绝对优势的粗布,进口具有绝对劣势的酒;美国应只生产具有绝对优势的酒,进口具有绝对劣势的粗布。分工(贸易)后,两国可分别生产出 3 单位的粗布和 3 单位的酒。如果两国将各自生产的产品按照 1 单位粗布可换得 1 单位酒的原则(即 1∶1 的比例)进行交换,那么中国比分工前多了 1 单位的粗布,美国比分工前多了 1 单位的酒,两国均从贸易中获利。就全世界商品总量而言,分工后,粗布和酒的总量都增加了 1 单位,全世界福利水平上升。因此,基于各国生产商品技术差异的国际分工促使了国际贸易的发生,并惠及贸易参与国及全世界。

表 2-1　中国和美国分工(贸易)前后的绝对生产成本①

国家	分工前		分工后	
	粗布	酒	粗布	酒
中国	3 小时/1 单位	6 小时/1 单位	9 小时/3 单位	0
美国	6 小时/1 单位	3 小时/1 单位	0	9 小时/3 单位
合计	2 单位	2 单位	3 单位	3 单位

绝对优势理论是英国经济学家亚当·斯密在 1776 年发表的《国民财富的性质和原因的研究》(即《国富论》)一书中提出的。他将劳动分工可以提高生产率的理论推广到国际领域;同时,绝对优势理论有力地批判了"零和博弈"的观点,认为建立在绝对优势基础上的分工促进了贸易的产生,参与贸易的双方都可以从中获益,国际贸易是"正和博弈",因而斯密主张实行自由贸易,这为后来自由贸易的发展奠定了坚实的基础。

当然,绝对优势理论也有一定的局限性:第一,该理论基于机会成本不变这一条件对国际贸易产生的原因作出说明,随着经济社会的发展,人们发现当生产要素在一国流动时,机会成本是变化的;第二,该理论分析的前提是两国各在一种产品的生产上具有绝对优势,然而现实并不总是如此,此时绝对优势理论失效。李嘉图的比较优势理论提出"两利相权取其重,两弊相权取其轻"的观点,优化了对贸易问题的解释。

(二) 比较优势理论

大卫·李嘉图(David Ricardo)生活在英国工业革命迅速发展的时代。这一时期英国的贸易深受对法战争的影响,战后英国政府为维护土地贵族阶级的利益,颁布了《谷物法》,规定必须在国内谷物价格上涨到限额以上时,才能进口,而限额却在不断提高。这一规定减小了粮价下降对土地贵族阶级的危害,但由此带来的工人工资的上涨却严重损害了工业资产阶级的利益,社会矛盾演变为工业资产阶级和土地贵族阶级的矛盾。围绕《谷物法》的存废问题,阶级斗争愈演愈烈。大卫·李嘉图在其 1817 年出版的代表作《政治经

---

① 魏浩.国际贸易学:第 1 版[M].北京:高等教育出版社,2017.

济学及赋税原理》中提出了著名的比较优势理论,支持了英国工业资产阶级主张进口谷物的观点。比较优势理论继承了绝对优势理论的一些观点,同时又将该理论向前推进了一步,在很大程度上对当时社会的经济现象作出了解释,在国际贸易理论发展过程中具有里程碑式的意义。

比较优势理论的基本观点是:在"2×2×1"模型下,如果一个国家生产两种产品的绝对优势都大于另一个国家,那么该国可以专门生产优势较大的产品,与此同时,另一国可以专门生产劣势较小的产品。该理论回答了绝对优势理论不能解释的经济问题。

比较优势理论建立在以下假定基础上:

(1) 世界上只有两个国家,生产两种产品,生产过程中只投入劳动力这一种生产要素,即"2×2×1"模型;

(2) 一国生产两种产品的劳动生产率均高于另一国;

(3) 生产要素在一国范围内可自由转移,且机会成本不变;

(4) 国家间商品可自由流动,但生产要素不能自由流动;

(5) 国内商品市场和生产要素市场均为自由竞争市场;

(6) 没有生产成本之外的其他成本,如运输成本或其他交易成本。

类似地,我们假定只有中国和美国两个国家生产粗布和酒,分工前,中国生产每单位粗布和酒分别需要 6 小时和 8 小时,美国生产每单位粗布和酒分别需要 5 小时和 4 小时,美国在两种产品的生产上都具有绝对优势。比较发现,中国生产粗布的成本是美国的 1.2 倍 (6/5 = 1.2),生产酒的成本是美国的 2 倍 (8/4 = 2),说明中国在生产粗布上具有相对优势,中国应专门生产并出口粗布,进口酒;同理,美国应生产和出口酒,进口粗布。

如表 2-2 所示,分工后中国在相同的时间内按照分工前的技术水平可以生产 2.33 单位粗布,同样的,美国可以生产 2.25 单位酒。社会总福利大于分工前的福利水平。如果两国按照 1∶1 的比例进行交换,那么中国可以获得 1.33 单位的粗布和 1 单位的酒,美国可以获得 1 单位的粗布和 1.25 单位的酒,两国均可以从贸易中获利。

表 2-2　中国和美国分工(贸易)前后的相对生产成本①

国家	分工前		分工后	
	粗布	酒	粗布	酒
中国	6 小时/1 单位	8 小时/1 单位	14/6 = 2.33(单位)	0
美国	5 小时/1 单位	4 小时/1 单位	0	9/4 = 2.25(单位)
合计	2 单位	2 单位	2.33 单位	2.25 单位

比较优势理论放松了绝对优势理论严苛的假定条件,认为一国只要发挥其具有的相对优势,就可以通过参与国际贸易和国际分工提高本国福利。国家间进行贸易的原因是各国相对技术水平的差异。比较优势理论对绝对优势理论作出了有益的补充和完善,为在更大范围内推行自由贸易奠定了理论基础。同时,比较优势的思想为研究贸易理论开

---

① 魏浩.国际贸易学:第 1 版[M].北京:高等教育出版社,2017.

拓了新思路,学者们开始关注影响比较优势的因素。因而,比较优势理论无论对国际贸易理论的发展还是对国际经贸领域实际经济问题的解析都具有重大的积极意义。

拓展阅读

比较优势是陷阱吗?

当前,部分经济学者认为李嘉图当年提出的按比较优势分工的理论已经过时,这类观点的主要质疑在于,若按照李嘉图的理论,发展中国家应生产并出口劳动密集型产品,发达国家应生产和出口技术和资本密集型产品,并从中获益。但长期来看,这种分工和贸易方式将会使发展中国家处于被动地位,拉大两类国家之间的经济差距。因为相较于廉价的劳动密集型产品,发达国家出口的"资本密集型"产品"一般"附加值更高。

(资料来源:王东京.比较优势并非陷阱[EB/OL].(2017-03-24)[2023-02-09]. https://www.ccps.gov.cn/xrld/wdj/wdjll/201812/t20181212_118597.shtml,部分内容有删减)

思考题:
1. 发展中国家的比较优势是什么?
2. 你同意上述说法吗?

二、新古典贸易理论:要素禀赋理论(H-O 理论)

在李嘉图的比较优势理论创立 100 年之后,1919 年,瑞典经济学家伊·菲·赫克歇尔(Eli F Heckscher)首次提出了要素禀赋论的基本论点,之后戈特哈德·贝蒂·俄林(Gotthard Bertil Ohlin)进一步完善,最终形成要素禀赋理论(H-O 理论)。要素禀赋理论认为各国差异性的生产要素丰裕度是贸易的起因,该理论是对比较优势理论的补充和推动,因而也被称作新古典贸易理论。

要素禀赋理论的基本假设包括:
(1) 世界上只有两个国家,使用两种生产要素,生产两种产品,即"2×2×2"模型;
(2) 各国可利用的生产要素的总量不变,且被充分利用;
(3) 生产要素在国内各部门可自由流动,但在国际不能自由流动;
(4) 两国生产同种产品的技术相同,生产不同产品的技术不同;
(5) 在一国范围内,商品市场和生产要素市场为完全竞争市场;
(6) 无运输成本及其他交易成本,不存在国家间进行贸易的障碍;
(7) 生产规模收益不变,即生产要素增加时,商品的产出量也以相同的比例增加;
(8) 不存在要素密集度的逆转;
(9) 两国消费偏好相同。

要素禀赋理论的基本思想是:各国间要素禀赋的差异是国家间贸易产生的基础。在各国生产要素存量一定的情况下,一国应该出口主要使用本国丰裕要素生产的商品,进口主要使用本国稀缺要素生产的商品。根据各国不同的生产要素丰裕度及需求理论可知,生产要素在不同地区存在价格差,由此引起各国在生产同种商品时成本各异,最终表现为产品的价格差,贸易随之产生。

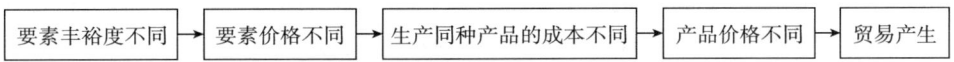

总之,赫克歇尔—俄林的生产要素禀赋理论对"如果不同国家的劳动生产率无差异,那么产品价格是否会有差异?贸易还会不会发生?"这一问题从要素禀赋层面作出了解释,是对比较优势理论的又一次发展。同时,相较于古典国际贸易理论只有一种生产要素投入的假定,要素禀赋论建立在两种生产要素投入的基础上,更符合现实情况。

20世纪50年代初,瓦西里·里昂惕夫(Wassily Leontief)以美国为分析对象,对要素禀赋理论进行了实证检验。然而,检验的结论与理论推断完全相反!根据要素禀赋理论,结合当时美国的生产要素禀赋状况可知,美国生产资本密集型产品的成本相对较低,应出口此类产品;生产劳动密集型产品的成本相对较高,应进口此类产品。但里昂惕夫采用投入产出法对第二次世界大战后美国贸易发展状况进行分析时却发现美国进口的主要是资本密集型产品,出口的却是劳动密集型产品。该发现又被称为"里昂惕夫悖论"或"里昂惕夫之谜"。

"里昂惕夫悖论"激励着众多学者对此作出进一步的研究,推动了国际贸易理论的不断发展。学者们纷纷从不同角度试图对这一悖论进行解释:

(1)对"生产要素丰裕度"的理解不同。日本经济学家小岛清认为,悖论存在的主要原因是双方对于要素丰裕度的理解和计算存在差异,要素禀赋理论将价格因素考虑在内,而里昂惕夫的出发点仅仅在于资源禀赋。

(2)存在要素密集度逆转。要素禀赋理论的假设条件是不存在要素密集度逆转,但若现实情况与假设不符,即如果同一种产品在两个国家由于生产条件的不同而导致要素密集属性发生变化,那么要素禀赋理论的结论就很难保证成立。

(3)美国劳动力效率较高。里昂惕夫认为美国拥有他国3倍之多的劳动生产率,因而如果从这一角度来看,美国是劳动力资源丰裕的国家。但后来的学者对美国的劳动力状况进行分析发现,美国的劳动生产率只是国外的1.2—1.25倍,反驳了里昂惕夫对悖论的解释。

三、新贸易理论

第二次世界大战后,国际贸易格局产生重大调整,有相当多的贸易发生在有相似要素禀赋的工业化国家之间,产业内贸易比重急剧上升,开始取代产业间贸易。国际贸易领域的新现象使得传统的古典贸易理论面临挑战,新贸易理论应运而生。20世纪70年代末到80年代,学术界开始创新性地关注规模经济、差异化产品及不完全竞争等因素在贸易中的作用,作为其中的代表人物,克鲁格曼构建了垄断竞争贸易模型,从供给层面解释了国际贸易的产生。

传统的国际贸易理论都基于规模收益不变的假定,但事实上,规模的变化通常会引起效率的改变。当产品的产量在一定范围内时,平均成本随产出的增加而递减的现象被称为规模经济。

如前文所述,传统国际贸易理论的另一重要假定是产品市场完全竞争。这意味着:①产品具有同质性,市场上不同企业生产的同种产品是完全相同的;②产品价格由市场决定,单个厂商无定价权。在企业规模尚不足以支撑企业获得对产品的定价权的时候,生产差异化产品便成了企业扩大市场份额、获得较高利润的手段。然而,差异化产品所要求的多品种、小批量生产与规模经济所要求的大规模生产存在着矛盾。如何解决这一矛盾呢?显然,国际贸易提供了一个最佳的解决办法。厂商可将大批量生产的产品出口到国际市场,同时从别国进口差异化产品,满足国内多样化的需求。

新贸易理论的主要观点包括:第一,关于国际贸易产生的原因,该理论将不完全竞争作为分析的假定条件,认为规模经济和差异化产品是国际贸易发生的根源,同时,也承认传统比较优势理论中关于贸易产生的原因在于技术和要素禀赋差异的论述;第二,关于国际分工模式的决定因素,新贸易理论认为形成国际分工的因素除了一国的经济特征,还包括某种历史偶然性;第三,关于贸易收益,传统理论认为按照比较优势分工并进行贸易对任何参与国都是有利可图的,贸易利益来源于比较优势的发挥带来的生产率的提高,新贸易理论认为,除此之外,利益来源还包括规模经济性、不完全竞争、产品差异性等,而且,在国际贸易中,一国也可能受制于垄断竞争市场结构而使自身利益受到威胁;第四,主张自由贸易为最佳贸易政策,同时认为规模经济会使贸易参与国在其中获利更多。

新贸易理论将规模经济和不完全竞争的思想纳入国际贸易理论分析中,对发生在经济特征及结构相似的国家间的产业内贸易进行了有效的阐述,如发达国家间的贸易。实际上,新贸易理论是对比较优势来源的新探索,认为国家间发生贸易的基础不一定是技术水平的差异或生产要素禀赋的不同,对规模经济的追求也会推动企业进行出口,而对差异化产品的需求则会推动企业进行进口,国际分工也随之受到影响。

新贸易理论大大推进了国际贸易理论对现实世界的解释效力。首先,它放松了传统贸易理论的假设,认为市场是不完全竞争的,这点更符合现实世界的情形。对国际贸易理论基本命题的修改,也意味着国际贸易新理论的形成。其次,它敏锐地意识到规模经济也会助推国家间贸易的发生,且带来潜在的贸易利益。最后,它对产业内贸易的发生以及国际分工格局的确定作出了较好的阐释。

四、新新贸易理论

传统国际贸易理论与新贸易理论均是从宏观视角分析贸易产生的原因。20世纪90年代以来,越来越多的学者们注意到,企业是国际贸易实践的重要载体,而在此之前的国际贸易理论并未将微观主体的异质性纳入分析范畴,对现实中出现的新经济问题的解释效力自然也打了折扣。

新新贸易理论是国际贸易理论发展的又一次重大进步,它将对国际贸易的分析拓展到微观层面。异质性企业贸易模型和企业内生边界模型是这一视角的代表性观点,主要回答了企业国际化过程中的两个关键问题:第一,企业是否要进入国际市场?第二,在国际化路径的选择上,企业是通过出口还是通过对外直接投资进入国际市场?

2003年,哈佛大学教授马克·J.梅里兹(Marc J Melitz)在垄断竞争模型的基础上加入企业生产率因素,提出了"异质性企业贸易模型",也称梅里兹模型。其主要观点包括以下三个方面。第一,国际贸易推动高生产率企业走出国门,而低生产率企业只能服务于国内需求,甚至存在倒闭风险。这是因为在开放经济下,生产率较高的企业更有实力承担进入国际市场的额外边际成本,这些企业更加容易走出国门,从事出口贸易,抢占市场份额,提高企业利润。对生产率水平较低的企业而言,如果从事贸易的成本并没有被利润所弥补,那么企业仍然面临亏损,因而这些企业往往只服务本土市场。生产率落后的企业还可能被迫退出市场。这就解释了为什么一部分企业可以进入国际市场,而另外一部分企业只能在本国市场活动或者退出市场。第二,贸易自由化引起资源在行业内的重新配置,从而提升了行业整体生产率水平。通过淘汰低效率企业,行业生产率总水平获得提升。同时,行业资源也更加集中地流向高生产率企业。国际贸易引起行业生产率水平的提高,这也是异质性企业贸易模型的核心观点。第三,对消费者福利而言,虽然自由贸易减少了国内企业数量,影响了国内市场产品供给,但贸易开放为国外"物美价廉"的产品进入国内市场提供了可能,消费者福利水平总体上升。

异质性企业贸易模型开启了国际贸易领域研究的新局面,极大地推动了贸易理论的发展。新新贸易理论的贡献主要表现在以下三个方面。第一,放松了同质企业的假定,从微观企业角度提出国际贸易的新观点。第二,为企业是否进入国际市场参与自由贸易提供了新的理论依据。第三,发现了提高行业生产率的新路径。

随着企业内部,尤其是跨国公司内部大量贸易行为的发生,异质性企业贸易模型的局限性日渐显现,它无法解释为什么这些海外生产不是通过正常的市场交易、分包或许可等形式进行,而是在企业边界内发生。基于此,许多学者对异质性企业贸易模型进行了补充和拓展,其中包括博尔·安特拉斯(Pol Antràs)和埃尔赫南·赫尔普曼(Elhanan Helpman)开创的企业内生边界模型。这一模型将组织理论与贸易理论相结合,研究了异质性企业国际化路径的选择问题,分析了企业的异质性如何影响企业边界、外包、内包等战略决策。具体而言,安特拉斯通过对美国进出口行业的分析发现,企业内部进口和出口贸易在美国进、出口贸易中的比例较大,且两类行业中出口企业的资本、技术密集度较高,强调了在企业国际化行为中资本密集度和契约制度的重要作用。他们认为异质性企业会根据自身特点选择不同的组织或契约制度。通常,资本和技术密集型企业倾向于采用内部一体化或垂直一体化,贸易行为多发生在母公司与子公司或者子公司之间,即发生在企业内部。之后,安特拉斯又建立了一个动态一般均衡李嘉图南北贸易模型,说明了随着产品的成熟度加深,高技术中间品在其中的重要性会下降,同时南方国际契约存在不完全特性,二者共同导致了产品生命周期的出现。受发展中国家低廉的劳动成本的吸引,低技术密集度的中间品会通过对外投资的形式在企业内部进行转移,之后才会以外包形式发生在企业边界之外。

企业是选择对外直接投资(Foreign Direct Investment, FDI)、出口还是只在国内生产?在生产组织形式上,跨国企业是通过外包还是FDI的形式进行企业内贸易?企业内生边界模型都给出了答案。这一理论将国际贸易理论研究从宏观视角转移到组织层面的微观视角,整合了国际贸易理论和国际投资理论的前沿学说,为跨国企业的贸易和投资决策提供了新的理论支撑。

第二节 国际直接投资理论

第二次世界大战后掀起了一股国际直接投资的热潮。尤其是20世纪60年代之后,国际直接投资已经成为国际资本流动的主要形式。这一新的经济现象,引起了学术界的普遍关注,学者们从垄断优势、技术创新等不同的角度探讨国际直接投资产生的内在动因,形成了一系列影响深远的国际直接投资理论。其中,比较有代表性的国际直接投资理论包括垄断优势理论、内部化理论、国际生产折中理论、资源基础理论等。

一、垄断优势理论

1960年,垄断优势理论由美国经济学家斯蒂芬·海默(Stephen Hymer)提出。之后,查尔斯·金德尔伯格(Charles Kindleberger)又在市场结构的不完美性等方面作出了有益的补充。垄断优势理论首次从垄断优势这一新的视角解释对外直接投资,意味着独立的国际直接投资理论从此形成。由于垄断优势理论跟产业组织理论紧密相关,因而又被称为产业组织理论。

垄断优势理论认为跨国公司在进行对外直接投资时,由于客观存在的文化差异、信息成本、政府倾向等原因,使得跨国公司通常处于不利的一方。为了顺利实现对外直接投资,跨国公司必须利用自身的垄断优势,弥补在竞争中的不利因素,才能抢占市场份额,获取高额利润。该理论认为跨国公司通常具有以下几方面的垄断优势:

(1) 技术优势。凭借强大的科研团队,跨国公司在新产品、新技术、新工艺的研发和生产上具有天然的优势,同时,先进的技术成果可以通过知识产权保护达到技术垄断的目的,增加竞争对手模仿的难度和成本。海默认为技术优势是最重要的垄断优势。

(2) 资金优势。一方面,庞大的资金规模以及高超的资产协调能力,有助于企业抵御风险。另一方面,跨国企业可以利用信誉这一无形的资产,更便捷、更低廉地筹措资金。

(3) 管理优势。经过长期的发展,跨国公司已经总结出了一套先进的、匹配企业风格的现代化管理经验。同时,它们还拥有较为成熟的组织管理系统、经验丰富的管理人才以及大量高素质员工,这些都为跨国企业高效有序的运营打下了良好的基础。

(4) 规模经济优势。虽然跨国公司的子公司可能为了广泛获取比较优势而分布在不同地域,但仍然可以通过一体化生产获得规模效应。

(5) 生产的国际空间布局。生产的全球化布局规避了母国和东道国对经营规模的限制,为抢占国际市场创造条件。

(6) 销售网络优势。跨国公司所拥有的遍布全球的、独立的销售网络、分销渠道以及优质的信息服务,压缩了物流运营成本,提高了商品流通速度,保证了国际市场的及时供货,有利于提高企业的利润。

(7) 政策优势。跨国公司可能受益于某些政策倾斜,如税收优惠、资金支持等。

此外,海默认为国际直接投资根本上的起因在于不完全竞争市场的存在。因为在不完全竞争市场环境下,企业获得所需的产品和生产要素的交易成本增加,甚至无法通过国际市场的正常交易获得,各国政府也会采取一定的市场干预手段调控经济,如调整汇率、制定关税、建立非关税壁垒等,从而诱发了企业通过对外直接投资巩固贸易利得的动机。

海默的垄断优势理论包含了众多富有科学性的论点,独辟蹊径地结合垄断优势和市场不完全竞争视角分析了企业的国际直接投资活动,并细化了市场不完全的类型。另外,垄断优势理论将对外直接投资和间接投资区分开来,为后续学者对投资理论的进一步深化打下了基础。但是,垄断优势理论是在对美国特定企业研究的基础上所得出的结论,在解释普遍意义上的国际直接投资方面存在明显的局限性,尤其是对中小企业的国际投资。

二、内部化理论

20世纪30年代后期,美国经济学家罗纳德·科斯(Ronald Coase)关于交易成本问题的探讨,彰显了最初的内部化理论的思想。第二次世界大战之后,英国学者彼得·J.巴克莱(Peter J Buckley)、马克·卡森(Mark Casson)以及加拿大学者艾伦·M.鲁格曼(Allan M Rugman)把科斯的市场交易成本理论引入国际直接投资理论中,进一步扩充了内部化理论的研究内容。

内部化理论认为企业可以通过建立内部市场取代外部市场,减少不必要的市场交易成本。公司内部的转移价格发挥着润滑内部市场的作用,其中三个重要前提是:第一,不完全竞争市场激发了市场主体的逐利行为,企业所进行的所有经济活动都是为了尽可能多地获得利润;第二,要素市场的不完全使企业产生建立内部市场的动机;第三,当内部市场的建立超越了一国的国界时即为对外直接投资,跨国公司也因此形成。

内部化理论认为国际直接投资根本上来源于中间产品(尤其是知识产品)的特殊性质与市场结构之间的矛盾。知识产品的特点主要包括:第一,投资巨大,耗时较长,在外部市场的一次性转让不能弥补知识产品前期的大规模投入;第二,可以使研发企业获得技术垄断优势;第三,难以进行市场定价。由于上述三方面的特殊性,企业更愿意建立内部组织体系,将知识产品以较低的成本在母公司与子公司之间转移,保证独有的技术不被泄露或模仿,以保障企业在技术研发及创新阶段的巨额费用得到最大限度的弥补。

一般而言,只有当内部化的收益成本比大于在外部市场交易的收益成本比时,建立内部市场对企业来说才是合适的。内部化收益来源于消除外部市场交易障碍而带来的经济效益。一般来说,内部化收益主要包括以下几个方面:

(1)统一协调管理相互联系的各分支机构所带来的经济效益。实行内部化后,母公司可以及时准确地根据市场情况调整企业短期的生产经营活动和长期的发展计划,有效减缓市场的"时滞"现象和不完全市场信息失真给企业带来的不利影响,保证企业生产经营活动的高效运转。

(2)制定有差别的内部转移价格带来的经济效益。跨国公司的最终目的是获取更多利润。内部市场的建立便利了跨国公司根据中间产品,尤其是知识产品的特点、时效在各分支机构实行差别定价,最大化企业利润。

(3)维持技术优势带来的经济效益。在不完全竞争市场,当市场各项机制不健全时,企业特有的知识产品面临被竞争对手模仿的风险。建立内部市场有效地避免了技术外溢给企业带来的经济损失,维持了跨国公司在技术上的垄断优势地位,保证了知识产品收益的最大化。

（4）减轻政府干预带来的经济效益。在不完全市场中，各国政府一般都会借助经济、政治等手段对市场进行干预和调控，跨国公司可以通过建立内部市场，制定内部转移价格的方式减轻干预的不利影响，并且达到规避外汇风险和政治风险的目的。

（5）消除外部市场的不确定性带来的经济效益。不完全竞争市场不可避免的垄断往往造成商品价格的波动，这将给企业的生产成本和销售状况带来很大的不确定性。内部化保证了母公司和各子公司之间稳定的供求关系，从而可以持续获得利润。

内部化理论认为建立内部市场也会带来一些额外增加的成本，主要包括：

（1）管理成本。母公司为了合理管控遍布全球的各分支机构，必须制定一套行之有效的管理办法，建立严格的组织管理机制，而这些管理手段的实施必然增加企业的管理成本。

（2）通信成本。为了防止信息、技术的泄露，维持在知识产品上的所有权优势，跨国公司通常会建立独立的、完善的内部通信系统。此外，各子公司所在地区的基础设施条件、环境、语言的差异会进一步提高沟通成本。

（3）资源成本。内部化过程实际上是将一个完整的大市场分割成若干独立小市场的过程，资源在分割后的市场无法达到最优配置，企业也难以获得最优规模经济。

（4）国家风险成本。分散在世界各地的跨国公司的子公司容易在不同程度上受到当地宏观政策的差别待遇。

内部化理论代表了西方国际直接投资理论的重要转折。这一理论将对国际直接投资动因的分析从垄断优势下的不完全竞争视角转移到跨国公司的国际分工、国际生产组织形式的视角，在对发展中国家的国际直接投资以及企业国际化路径的选择上均具有较强的解释力，弥补了垄断优势理论的不足。基于内部化理论，出口贸易可能受到贸易壁垒的限制，特许权转让可能导致企业垄断优势的丧失，相比之下，国际直接投资可以规避上述两种风险，成为企业国际化的重要方式。

但内部化理论也存在一些缺陷：第一，过度强调成本与利润之间的关系，未能对影响跨国公司国际直接投资的其他因素展开说明；第二，忽略了市场的不完全竞争对国际直接投资的积极影响；第三，主张对知识产品内部化，限制了先进技术、创新产品在世界范围内的溢出效应。

三、国际生产折中理论

鉴于上述国际直接投资理论的局限性，英国学者约翰·邓宁（John Dunning）在1977年提出国际生产折中理论（The Eclectic Theory of International Production），为解释对外直接投资的起因及影响因素提供了一种综合分析的方法。国际生产折中理论又被称为国际生产综合理论，也叫OLI范式（Ownership-Location-Internalization Paradigm）。

邓宁认为，一个企业只有具备所有权优势（Ownership-specific Advantages）、区位优势（Location-specific Advantages）和内部化优势（Internalization-specific Advantages）时，才会进行国际直接投资。三种优势的不同组合决定了跨国公司国际化活动的方式。

所有权优势（O）：所有权优势又被称为厂商优势，是一国企业本身所具有的，或者通过出口、许可权转让、国际直接投资而获得的其他企业所不具备的优势，具体而言主要包括：

①技术优势,包括研发能力、先进技术、专利产品等;②组织管理优势,包括完善的组织管理体制和大量专业的管理人员;③规模优势,随企业规模的扩大而产生的规模经济;④货币优势,即大企业的低成本、多渠道融资优势及政府贷款的政策扶持。

区位优势(L):区位优势体现为可供选择的投资目的地对国际直接投资的吸引力,是企业选择投资区域的重要参考条件。区位优势主要表现在以下几个方面:①天然的优势,包括便利的交通条件、丰裕的资源禀赋等;②经济因素产生的优势,如经济发展水平较高、产业聚集效应明显、经济结构合理等;③政治因素产生的优势,如东道国政治稳定、政策灵活、财税优惠等。区位优势是影响企业国际化生产体系布局和国际直接投资类型的直接因素。

内部化优势(I):内部化优势是指跨国公司为了避免外部市场的不完全竞争给企业带来的不利影响,通过对外直接投资的方式将企业业务"跨地区化",将中间产品的供需过程限定在企业之内,达到降低交易成本、保持垄断优势的目的。邓宁认为,市场不完全可分为结构性市场不完全和自然性市场不完全。前者包括政府干预和贸易壁垒,后者是指由于信息的不对称或信息获取成本过高而导致的不完全。市场的不完全不仅存在于中间产品中,也存在于最终产品中。对于资产的内部化或外部化处理是企业权衡利弊之后的结果。

紧密联系的三方面因素在一定程度上影响了企业国际化的方式。一般而言,当企业同时具备三方面优势时,倾向于选择对外直接投资进入国际市场;当企业拥有所有权优势和内部化优势但可供选择的投资东道国缺乏区位优势时,企业更可能采用出口的方式参与国际经济活动;如果企业仅拥有所有权优势,那么许可证贸易对企业来说更为适宜。

国际生产折中理论吸收借鉴了以往投资理论的精髓,综合分析了影响国际直接投资的因素,被称为对外直接投资"通论"。不可避免地,国际生产折中理论也存在一定的局限性。首先,该理论仍然停留在静态分析的层面。其次,片面地认为企业国际化的唯一目的是寻求更多的利润,而现实中企业出于寻求市场、资源或者战略发展的需要而进行对外直接投资的情况比比皆是。再次,不适用于解释那些缺少上述优势的企业的国际投资行为。最后,有学者认为这一理论只是之前国际直接投资理论的综合,缺乏独创性的理论贡献。

四、资源基础理论

1959年,英国著名经济学家伊迪丝·彭罗斯(Edith Penrose)提出资源是决定企业发展的核心要素,随后这一理论经过了不断的发展和丰富,形成了资源基础理论(Resource-based View)。这一理论的核心思想是,企业是资源的集合体,包括有形和无形的资源。当资源有价值且具备稀缺性、难以替代性、组织可获利性等特性时,便构成了企业核心竞争力的来源。企业的竞争优势和经济利润由资源构成和资源运用方式差异决定。

资源基础理论是近年来研究企业国际投资的一个重要理论框架,目前已被国际商务领域广泛认可。它基于微观企业异质性视角,认为企业所拥有的资源是其保持长期竞争优势最重要的因素,尤其是一些稀缺的、宝贵的、难以替代的无形资产,如先进技术和知识、管理经验和技能、营销渠道等,企业对这些可控的、有价值的资源的运用构成了其在国际化过程中的可持续竞争优势的根源[1]。企业制定国际化战略的基础都在于之前的资源配置,海外扩张是企业利用已有资源在国际市场寻租的结果[2],特质资源转移帮助企业化解由于复杂多变的国际环境导致的高成本与高风险,实现合理生产和规模经济。

从资源基础理论来看,企业的国际化是寻求与运用资源双重作用的结果。任何对外直接投资行为,包括投资主体、投资区位、投资产业与投资模式的选择和确定都离不开与资源相关的权衡。企业的发展计划,往往是结合自身比较优势与东道国宏观经营环境所作出的最优决策。与垄断优势理论、内部化理论、国际生产折中理论类似,资源基础理论也体现了比较优势的思想。

资源基础理论不仅适用于分析发达国家跨国企业的对外投资,也有助于解释发展中国家企业国际化的目标:企业可以通过对外直接投资获取他国资源,积累形成本国的垄断优势,具体可以表现为自然资源寻求型、市场寻求型、战略资源寻求型等对外直接投资。诚然,该理论也存在一定的缺陷,比如过分强调企业内部资源而在一定程度上忽视了企业外部环境的影响,可能导致由此制定的发展战略与市场条件不相匹配。此外,资源基础理论一般蕴含了一个前提假设,即企业作为独立主体而存在,不受任何国家直接干预,与国家或政府不存在利益关系,而这个假设与多数经济体的实际市场情况不相符合。

第三节 发展中国家的国际直接投资理论

20世纪80年代以来,发展中国家对外直接投资活动日渐频繁,传统国际投资理论不能很好地解释发展中国家对外直接投资的实践。面对传统国际投资理论的局限性,学术界开始探究适用于发展中国家的国际直接投资理论。

一、小规模技术理论

1977年,美国经济学家刘易斯·威尔斯(Louis Wells)首次提出了以发展中国家为研究对象的小规模技术理论(The Theory of Small-scale Technology)。该理论认为发展中国家的跨国公司拥有低成本的技术优势,具体而言,其竞争优势主要包括:①小规模生产技术优势。受经济发展程度、人民消费水平的影响,发展中国家的需求呈现出有限、零散、多样化的特征,而这恰恰为本国企业发展小规模技术、灵活地生产种类繁多的差异化产品提供了广阔的空间;②特殊产品优势。由于历史文化、传统观念等原因,种族越接近的人群对产品的接受度和认可度也越相似,发展中国家可以通过某些对外直接投资满足国外此类人群的消费需求,企业也因此拥有了难以取代的独特优势;③物美价廉优势。低廉的生产要素资源以及较低的宣传成本使得价格优势成为企业进军国际市场的一大利器。

通过将微观企业融入宏观市场环境,威尔斯巧妙地发现了发展中国家企业的相对优势,给这类企业的国际化进程带来了重要的启发,增强了发展中国家企业参与国际活动的

---

[1] Wernerfelt B. A resource-based view of the firm[J]. Strategic Management Journal. 1984,5(2):171-180.
[2] Filatotchev I, Strange R, Piesse J, et al. FDI by firms from newly industrialized economies in emerging markets: Corporate governance, entry mode and location[J]. Journal of International Business Studies,2007,38(4):556-572.

动力。但小规模技术理论的明显缺陷是,威尔斯认为发展中国家的技术是被动地接受发达国家的降级技术,技术创新也只是对现有技术的继承和模仿,这可能导致发展中国家企业在国际生产活动中逐渐陷入被边缘化的困境。此外,这一理论无法完全解释那些日益增长的发展中国家向发达国家的投资行为。

继小规模技术理论诞生之后,众多学者纷纷对发展中国家的对外直接投资研究作出新的补充,英国学者桑加亚·拉奥(Sanjaya Lall)便是其中一员。1983年,他提出了技术地方化理论(The Theory of Localized Technological Change),又称适应性技术理论,认为发展中国家在对引进技术的学习、消化和改造过程中潜移默化地形成了发展中国家的比较优势。与小规模技术理论相比,该理论更加强调对技术的引进、学习和创新,而并未停留在对技术的简单模仿和复制层面。

技术地方化理论认为,发展中国家相比发达国家的独特竞争优势主要得益于四点:①技术调整。根据本国市场的生产环境、资源特征对先进技术进行一系列的本土化改造。②改造后的产品更适合发展中国家市场。通过对引进的技术进行适当改善,生产出的产品将更契合本国市场需求的偏好,形成难以替代的竞争优势。③小规模生产技术产生更多经济效益。发展中国家特有的多种类、多层次、小批量的市场需求特点决定了小规模的生产技术更能适应生产需要,同时也会产生更多的经济效益。④廉价产品具有更大的市场。发展中国家的经济发展水平决定了其对低价商品拥有更强的购买力,而发展中国家的跨国公司恰恰能满足这一点。

技术地方化理论注重微观企业的创新活动,即便拉奥对此并未进行详尽的叙述,但它为经济发展落后的国家和地区参与国际化提供了富有启发性的思路,证明了发展中国家企业参与国际直接投资的可行性,这也是该理论最大的贡献所在。

二、技术创新产业升级理论

20世纪80年代之后,发展中国家企业的对外直接投资规模迅速扩张,已逐渐成长为可与发达国家一些跨国公司相竞争的重要主体。国际投资市场激烈的发展态势,也激发着学术界对发展中国家对外投资理论的研究兴趣。1990年,英国学者约翰·坎特威尔(John Cantwell)和托兰惕诺(Paz Estrella Tolentino)在《技术积累与第三世界跨国公司》(Technological Innovation and Third World Multinationals)一文中提出了技术创新产业升级理论(The Theory of Technological Innovation and Industry Upgraded),又称技术累积理论。

他们认为,虽然实现技术创新的方式因国家经济发展阶段而异,比如实力较强的国家具备自主研发的能力,而经济相对落后的国家往往借助知识外溢效仿学习,但不可否认,创新对于任何国家而言都是异常重要的。对发展中国家而言,对外直接投资有助于增强技术实力,完善地区产业结构。

此外,研究者还发现发展中国家对外直接投资在行业和区位选择上不是一成不变的。产业方面经历了由纵向向横向一体化生产的转变,向上下游发展的纵向模式主要体现为一种资源寻求型的经济活动,横向模式则更多是为了满足进出口贸易的需要。区位选择上,发展中国家企业经历了向临近发展中国家,再向其他发展中国家,最后向发达国家投资的历程。这一过程伴随着母国经济发展的不断进步,当缺乏投资经验时,母国倾向于利用周边国家相似的文化认同拓展海外业务,当企业竞争力发展到一定程度后,出于获取最前沿技术的需要,转而投向那些发达的国家。

技术创新产业升级理论较好地解释了发展中国家逆向投资急剧扩大的原因,强调了技术创新主要是建立在对先进技术的吸收和学习的基础上,是一个持续积累的过程。此外,该理论关于产业和空间分布演化方面的阐述,在一定程度上指导了外资活动的轨迹。

三、学习理论

20 世纪 90 年代以来,经济和技术水平相对落后的国家对发达国家的投资蓬勃发展。部分经济学家受学习理论(Learning Theory)的启发对此类对外投资的动机作出解释,提出学习型对外直接投资的观点。学习型对外直接投资是指发展中国家企业在优势不足的条件下,通过对外直接投资的方式,借鉴发达国家的经验和教训,规避可能的研发误区,以相对较低的成本获取领先的生产技术,以增强自身竞争能力。

发展中国家获取前沿技术和生产手段的途径通常有:①向来自发达国家投资的企业学习,以市场和资源换技术。但出于技术保护和知识产权问题,通常难以接触到关键技术;②技术进口,但这会给发展中国家带来沉重的成本负担。向发达国家进行直接投资,通过知识外溢学习和掌握高端技术,不失为经济发展程度较低的国家的有效之举。这些跨国企业进行国际化并不是为了扩张市场或赚取短期利润,而是基于追求长远利益最大化的战略目标。

知识型技术要素是发展中国家企业最为短缺的生产资源,且往往需要经过较长的研发周期、消耗大量的研发费用才可能取得进展。学习成本大大低于技术创新成本。经过技术模仿和学习,发展中国家不仅能较快地掌握发达经济体的先进技术,缩小与同期发达国家的技术差距,还能在消化、吸收和再创新后,结合本国优势产业资源在部分细分领域实现反超式的增长和突破。

学习型对外直接投资加快了企业在知识、技术方面的进步速度,与国家所处发展阶段的需求相吻合。在具体的国际化战略的实施过程中,一方面,企业需要熟悉东道国的投资政策和市场环境,关注领先技术的新进展和新突破,强化企业自身对技术的引进和吸收能力。另一方面,母国政府应为跨国企业提供更便利化的对外投资政策,对国家发展至关重要的产业定向扶持,帮助企业更好地走出去、学回来、用起来。

四、制度促进论

20 世纪 90 年代,学者们尝试将企业置于一定的制度网络,分析政府及政策、制度环境对跨国公司国际投资战略的影响。其中较为典型的制度论观点包括制度逃逸论、制度促进论等。

制度逃逸论认为母国落后的制度环境限制国内市场的发展,一些企业被迫通过国际化行为摆脱本国不成熟制度的约束。该观点主要用于解释制度不协调的发展中国家向制度比较先进和完善的发达国家的投资。

制度促进论则提出制度是促进企业对外直接投资的关键因素。事实上,许多国家都制定了促进本国对外直接投资的政策措施,例如,韩国、泰国、新加坡等国家成立了专门的对外投资管理机构,出台税收优惠和财政补贴等鼓励政策,为对外投资企业提供低息贷款、投资保险等。部分学者聚焦中国特有的制度环境和企业特征,提出对外直接投资的制度促进论,从以下几方面解释了制度因素对发展中国家企业对外直接投资的影响[①][②]:

(1)母国制度因素。企业拓展国际市场离不开母国政府的一系列政策支持。以中国企业"走出去"为例,中国政府一方面为开展国际业务的企业提供诸多政策便利,鼓励企业最大程度利用潜在比较优势,降低经营风险。另一方面为企业的国际直接投资活动做好相关保障,包括完善相关制度体系、改善营商环境等。政府的引导、支持和服务被部分企业内化成对外直接投资的优势,推动了企业"走出去"。

(2)母国与东道国之间特有的双边制度联系。影响投资地域选择的双边制度联系是研究企业走出去行为中值得关注的一个因素,它包括双边投资协定、文化渊源和联系等。制度促进论认为通过建立双边制度性安排从而降低企业跨境投资的风险和交易成本,也是企业拓展海外业务的重要推动力。

(3)东道国制度因素。当地安全稳定的政治环境、灵活优惠的经济政策是海外公司持续生产并获利的重要前提。东道国制度因素是区位优势的一个重要方面,影响着企业对外直接投资的区位分布。

制度促进论的贡献在于拓展了经典的国际生产折中理论,对来自中国等新兴、转型经济体的企业国际化行为提供了更为全面的解释。除此之外,投资发展周期理论、动态比较优势理论、投资诱发要素组合理论、综合优势论等也从不同角度深入分析了发展中国家国际直接投资的原因及动机。

拓展阅读

科技自立自强——中国未来发展新航标

当今世界正处于百年未有之大变局,变幻莫测的国内外环境对科技创新提出了更高的要求。2020年10月26日至29日召开的中国共产党第十九届中央委员会第五次全体会议强调"把科技自立自强作为国家发展的战略支撑",将科技创新提上了前所未有的新高度。

中国已进入数字经济新时代,数字化影响已深入渗透到全社会生产生活的各个方面。而数字化的关键就在于技术的创新和发展。依靠规模经济以维持领先竞争优势的时代已经一去不复返,通过技术进步实现跨越发展既是未来的发展要求,也是当前的现实需要。尤其是在新冠肺炎疫情席卷全球的背景下,一方面,外部世界面临更多的动荡和更加复杂的变化,反全球化现象时有发生,科技合作的不确定性进一步加大;另一方面,DNA测序、5G、机器人等在我国疫情防控中起到了关键的作用,科技对经济发展的重要性愈发凸显。这些因素共同决定了关系国民经济命脉的科学技术将成为未来发展的重中之重。

---

① 洪俊杰,黄薇,张蕙,等.中国企业走出去的理论解读[J].国际经济评论,2012(04):121-134.
② 闫大颖,洪俊杰,任兵.中国企业对外直接投资的决定因素:基于制度视角的经验分析[J].南开管理评论,2009,12(06):135-142.

经过多年的发展和创新,我国已在量子科技、人工智能、航空航天等领域取得了令人瞩目的成就。2020年,北斗导航系统完成卫星组网,形成卫星导航基础产品完整的产业链;中国火星探测器"天问一号"发射升空,开启了中国深空探测时代;中国量子计算原型机"九章"问世,顺利实现"量子优越性";自主研发的水陆两栖飞机"鲲龙"AG600成功实现海上首飞,显示了我国在水陆两栖飞机研制方面里程碑式的前进。一系列技术进步的案例都预示着我国在诸多高科技领域实现了从"追跑""跟跑""并跑"到"领跑"的角色转变。但不可否认,在部分领域的原创性、前瞻性科技创新方面,我国依然与世界科技强国存在一定的差距。

科技自立自强要求实现更高质量的科技创新。这要求我们在以下几方面下足功夫:①改善创新生态,营造良好的创新环境,夯实创新基础条件,塑造创新服务理念;②充分利用我国社会主义制度的优势,发挥科研院所和高校的作用,同时重视企业在科技创新中的主体作用,实现生产要素优化配置和资源共享;③注重创新人才教育培养,加强高科技人才队伍建设,培养具有国际水平的创新人才。

科技自立自强不是闭门造车,不是自我隔绝和封闭,而是要以互利共赢为基础,更加积极包容地实施国际科技合作战略,坚持宽口径、低门槛的合作模式,取长补短,在全球范围内围绕科技创新加强合作。同时,抓住新一轮技术变革和产业变革的机遇,加大研发投入,持续攻克关键的"卡脖子"技术,以此维护自身经济发展安全和国家安全,促进双循环格局下科技动能的有效发挥,助推中国在全球价值链中的地位进一步攀升。

(资料来源:新浪财经.中共十九届五中全会:把科技自立自强作为国家发展的战略支撑[EB/OL].(2020-10-29)[2023-02-08].http://finance.sina.com.cn/china/2020-10-29/doc-iiznezxr8787337.shtml,部分内容有删减)

思考题:中国在科技领域发展方面还存在哪些不足?应如何改进?

本章小结

1. 斯密的绝对优势理论认为一个国家在国际分工和贸易中的定位是由其绝对优势决定的。更进一步地,李嘉图的比较优势理论认为拥有相对优势的国家也可以参与贸易。要素禀赋理论从各国的资源禀赋角度解释国际贸易产生的原因。

2. 新贸易理论的观点可以概括为四点:国际贸易产生的原因、国际分工模式的决定因素、贸易收益的不确定性以及最佳贸易政策。新新贸易理论将微观主体的异质性纳入国际贸易分析范畴,极大地推动了国际贸易理论的发展。

3. 海默的垄断优势理论认为企业所具备的垄断优势是其进行国际直接投资的基础。科斯的内部化理论认为对外直接投资是企业建立内部市场以避免过高的市场交易成本的结果。邓宁的国际生产折中理论对上述结论进行综合得出,企业同时具备三种优势时,才会进行国际直接投资。资源基础理论的核心思想是,企业是资源的结合体。企业长久的竞争优势得益于资源有价值且具备稀缺性、难以替代性和组织可获利性。

4. 小规模技术理论和技术地方化理论分别从不同角度阐明了发展中国家跨国公司所具有的优势。技术创新产业升级理论阐述了技术创新与对外直接投资的关系,对发展中国家的逆向投资具有一定的指导意义。学习理论强调了对外直接投资过程中的学习效应。制度促进论认为制度因素是促进发展中国家企业对外直接投资的关键因素。

重要术语

绝对优势理论(Absolute Advantage Theory)
比较优势理论(Theory of Comparative Advantage)
要素禀赋理论(Factor Endowment Theory)
新贸易理论(New Trade Theory)
新新贸易理论(New-New Trade Theory)
垄断优势理论(Theory of Monopoly Advantage)
内部化理论(Internalization Theory)
国际生产折中理论(The Eclectic Theory of International Production)
资源基础理论(Resource-based View)
小规模技术论(The Theory of Small-scale Technology)
技术地方化理论(The Theory of Localized Technological Change)
技术创新产业升级理论(The Theory of Technological Innovation and Industry Upgraded)
学习理论(Learning Theory)
制度促进论(Institutional Promotion Theory)

思考讨论

1. 为什么说比较优势理论是对绝对优势理论的发展？
2. 要素禀赋理论如何解释国际贸易的产生？
3. 新贸易理论的主要观点是什么？
4. 新新贸易理论的贡献主要体现在哪里？
5. 试查找关于发展中国家国际直接投资的其他理论。

案例分析

数字经济赋能降低贸易成本

以云计算、大数据以及人工智能为核心技术的数字经济的高速发展引发了国际贸易市场的深刻变革,大幅降低了企业的贸易成本,包括跨境展示商品以及获取国际订单的成本,跨境交流、结算、物流运输等贸易流程也大大简化。同时,生产要素线上市场的出现和专业信息的快速获取也有助于进一步降低企业的生产成本和创新成本。

以"一带一路"沿线国家和地区为例,过去由于交通基础设施等原因,一些国家和地区的贸易成本相对较高,缺乏参与国际市场的机会,资源优势难以充分发挥。随着数字经济的快速发展,"一带一路"沿线越来越多的国家和地区开始运用移动支付技术、e-WTP(Electronic World Trade Platform,世界电子贸易平台)为国内生产效率低、资金实力弱的中小企业提供跨境综合服务。《中国"一带一路"贸易投资发展报告》数据显示,近几年"一带一路"参与经济体的运输时间和贸易成本均呈下降趋势。未来,随着"一带一路"沿线国家和地区在跨境电商、普惠金融、云计算和 e-WTP 倡议等数字经济领域的发展,数字经济在降低"一带一路"贸易成本中的重要作用将进一步凸显,届时"一带一路"沿线国家的发展潜力将得以持续释放。

（资料来源：中国财富网. 数字经济赋能降低贸易成本［EB/OL］.（2019-04-29）［2023-02-08］. https://baijiahao.baidu.com/s?id=1632127386983492354&wfr=spider&for=pc,部分内容有删减）

思考题：请谈谈数字经济对传统贸易理论的颠覆和挑战。

参考文献

保罗·克鲁格曼.克鲁格曼国际贸易新理论：第1版［M］.北京：中国社会科学出版社,2001.
蔡茂森,李永.国际贸易理论与实务：第2版［M］.北京：清华大学出版社,2015.
崔凡,邓兴华.异质性企业贸易理论的发展综述［J］.世界经济,2014,37(06)：138-160.
洪俊杰,黄薇,张蕙,等.中国企业走出去的理论解读［J］.国际经济评论,2012(04)：121-134.
李翀.发展中国家学习型对外直接投资——论发展中国家对外直接投资的原因［J］.福建论坛（人文社会科学版）,2007(06)：4-7.
卢进勇,杜奇华,杨立强.国际投资学：第2版［M］.北京：北京大学出版社,2017.
裴长洪,樊瑛.中国企业对外直接投资的国家特定优势［J］.中国工业经济,2010(07)：45-54.
佟家栋.国际经济学：第3版［M］.北京：高等教育出版社,2011.
魏浩.国际贸易学：第1版［M］.北京：高等教育出版社,2017.
冼国明,杨锐.技术累积、竞争策略与发展中国家对外直接投资［J］.经济研究,1998(11)：57-64.
闫大颖,洪俊杰,任兵.中国企业对外直接投资的决定因素：基于制度视角的经济分析［J］.南开管理评论,2009,12(06)：135-142.
尹斯斯,杨连星,孔令熠,等.异质性企业贸易理论是否服从卢卡斯批判［J］.世界经济,2017,40(10)：72-92.
赵春明,魏浩,蔡宏波.国际贸易：第3版［M］.北京：高等教育出版社,2013.
Buckley P J. Adam Smith's theory of knowledge and international business theory and practice[J]. *Journal of International Business Studies*, 2014, 45(1)：102-109.
Buckley P J. The contribution of internalisation theory to international business：New realities and unanswered questions[J]. *Journal of World Business*, 2016, 51(1)：74-82.
Cantwell J. Revisiting international business theory：A capabilities-based theory of the MNE[J]. *Journal of International Business Studies*, 2014, 45(1)：1-7.
Filatotchev I, Strange R, Piesse J, et al. FDI by firms from newly industrialized economies in emerging markets：Corporate governance, entry mode and location[J]. *Journal of International Business Studies*, 2007, 38(4)：556-572.
Narula R, Verbeke A. Making internalization theory good for practice：The essence of Alan Rugman's contributions to international business[J]. *Journal of World Business*, 2015, 50(4)：612-622.
Wernerfelt B. A resource-based view of the firm[J]. *Strategic Management Journal*, 1984, 5(2)：171-180.
Witt M A, Lewin A Y. Outward foreign direct investment as escape response to home country institutional constraints[J]. *Journal of International Business Studies*, 2007, 38(4)：579-594.

第三章　国际贸易实务

[学习目标]

- 掌握国际贸易术语及贸易实务相关的基本概念
- 熟悉国际贸易结算中常见的结算方式
- 掌握不同的国际贸易方式，了解跨境电商的内涵
- 了解贸易金融、供应链金融的内涵和常见的融资业务

[素养目标]

- 学习用历史、发展的眼光理解我国国际商务实践
- 理解技术创新下的新贸易形式对中国全球价值链升级的影响

[引导案例]

e-WTP平台，一种全新的贸易经营模式

随着信息技术的飞速发展，以互联网为媒介的贸易方式逐渐兴起。互联网凭借其高效的信息传输和海量的数据极大地改变了传统的国际贸易方式。2016年3月23日，阿里巴巴集团董事局主席马云出席"e-WTP：互联网时代的全球贸易规则"主题午餐会，呼吁全世界建立e-WTP平台(Electronic World Trade Platform)。建立该平台的目的在于为中小企业搭建属于自己的贸易平台，消费者也可以在这个平台上实现"全球买，全球卖"，通过该平台能有效打通贸易壁垒，减少贸易成本，促进全球普惠贸易，使众多中小微企业能够参与到国际市场中。2018年，e-WTP首个海外试验区已在马来西亚全面运营，随后依次落地非洲的卢旺达和欧洲的比利时。

e-WTP的搭建包括三个层面：一是规则层面，跨境平台意味着不同的国家参与，而各个国家的贸易规则不同，因此要首先在规则上达成一致；二是基础设施层面，各国需要建立以互联网为基础的新型设施，如智能跨境支付系统和快速通关措施等；三是技术层面，通过先进的技术保证网上交易的快捷和安全。

可以看出，e-WTP平台一旦搭建完成，首先会激发更多的贸易主体参与其中，打破传统的从生产商、经销商、出口商、进口商、零售商到消费者的流通链条，这不仅能加速大型公司的转型，拓展贸易渠道，还能让全球的中小企业直接和消费者产生联系，通过e-WTP

平台为其提供广阔的市场,接触来自世界各地的客户,这对于中小企业来说是非常有利的外部条件。其次,e-WTP 平台会提供更好的交易体验。基于大数据的数字观景、数字认证等形式简化了通关流程;智能的物流体系减少了物流时间,帮助商家实现了供应链升级;便捷安全的跨境支付系统让初次交易的商家放心买卖。最后,扩大了贸易产品的种类和频率。以往的国际贸易都以大宗商品为主,且主要集中在几个特定的类别上,而使用 e-WTP 平台可以进行小批量的交易,为更多种类的商品贸易提供了可能。总而言之,e-WTP 是一种全新的贸易经营模式,为传统的国际贸易实务注入了新活力。

(资料来源:曹铮,裴一蕾.e-WTP 平台在中智贸易发展中的作用[J].价值工程,2018,37(25):201-203,部分内容有删减)

思考题:
1. e-WTP 对促进全球贸易有哪些方面的作用?
2. 传统的贸易模式有哪些?与跨境电子商务有何区别?
3. 你认为未来传统的贸易模式会被取代吗?

随着网络技术的日趋完善,以跨境电商为代表的新的贸易方式逐渐成熟。然而,这并不代表传统的贸易方式即将退出历史舞台,事实上,新旧贸易方式正在不断融合,二者优劣互补,共同为推进国际商务活动的发展作出贡献。因此,掌握传统的国际贸易实务,以便更好地与新的贸易方式进行有机结合,仍是当前国际商务中的重要环节。国际贸易实务是从实践出发,全方位地展现贸易从开始到结束的全过程,其包含的内容繁多且复杂,可独立作为一门课程进行介绍。本章主要从国际贸易术语、国际结算、国际贸易方式和贸易金融四方面进行简要说明。

第一节 国际贸易术语

国际贸易实务的研究是以国际公约、国际惯例与规则及法律为依据,从企业、公司或个人的角度,探讨国际货物、技术或服务贸易的相关知识、技能与实际流程,即国际贸易的实际操作程序,其本质是知识与应用技术的融合。[①]

一、基本概念及国际贸易惯例

国际贸易术语(Trade Terms)是在长期的国际贸易实践中逐渐发展形成的,它是指用短语或英文缩写形成的用来说明商品价格由哪些部分构成以及买家和卖家在交接货物时彼此承担的责任、费用和风险归属划分的专门用语。国际贸易术语的运用能够提高交易效率和降低交易成本,有力地促进国际贸易的发展,在国际贸易实践中具有重要作用。

各国在国际贸易业务的实践中逐渐形成了各自的贸易术语,这些术语往往由于解释

---
① 姚新超.国际贸易实务:第3版[M].北京:对外经济贸易大学出版社,2015.

不同而易于产生贸易纠纷。为此,国际组织制定了统一的国际贸易惯例,对国际贸易术语的含义进行解释说明。目前,全球贸易商广为使用的贸易术语惯例是国际商会颁布的《国际贸易术语解释通则》(Incoterms)[①]。该惯例随着国际贸易的不断发展,也在不断地完善,其内容更加符合国际贸易的习惯做法。国际商会于1936年提出了一套具有国际性的解释贸易术语的统一规则,定名为 Incoterms1936,其副标题为 International Rules for the Interpretation of Trade Terms,即《国际贸易术语解释通则1936》。此后又分别于1953年、1967年、1976年、1980年、1990年、2000年、2010年和2020年进行了多次修订,以反映国际贸易的发展变化,使其内容更加符合国际贸易的习惯做法。

《国际贸易术语解释通则2020》(以下简称 Incoterms® 2020)已于2020年1月1日正式生效。Incoterms® 2020将11个贸易术语分为两组:一组是可以适用于任一或多种运输方式的术语,包括 EXW、FCA、CPT、CIP、DAP、DPU 与 DDP;另一组是适用于海运和内河水运的术语,包括 FAS、FOB、CFR 和 CIF。与 Incoterms® 2010相比,Incoterms® 2020重点对货物运输中的安全、运输、保险以及 FCA 条件下银行在特定货物买卖融资中对已装船提单的要求予以了修订。同时,Incoterms® 2020以更加简明的方式呈现重点贸易术语,包括对语言的修改、对引言和解释的扩充以及对条款顺序的重新编排,以更好地反映买卖交易的逻辑。

二、Incoterms® 2020 贸易术语解释

随着全球贸易规模的增长和复杂程度的增加,若买卖合同订立不当、存在误解,则会导致代价昂贵的纠纷发生。Incoterms® 2020是适用于国内与国际贸易的术语,以便利全球贸易行为,解决此类风险。

(一) EXW 术语

EX Works,即"工厂交货(填入指定交货地点)",是指卖方在其所在地或合同指定的其他地点(如工厂或仓库等)将未经出口清关且未装载于买方指定的任何运输工具上的货物交给买方处置之时,即完成交货,且风险及费用由卖方转移给买方,买方需负责进出口清关手续并支付相关费用。以该术语签订的买卖合同,在中国习惯被称为"产地合同"。买卖双方应尽可能清楚地指明交货地范围内的精确交货点。该精确交货点之前的责任、风险及费用等由卖方承担,之后则由买方承担。若双方不指定交货点,则视为留待由卖方选择最适合卖方目的的交货点。该术语是卖方承担义务最小、买方承担义务最大的术语。

[①] Incoterms 是 International Commercial Terms 的缩写形式。

(二) FCA 术语

Free Carrier,即"货交承运人(填入指定交货地点)",是指卖方在其所在地或其他指定地点,将已出口清关的货物交付给买方指定的承运人[1]或其他人,即完成交货,且风险及费用在交货地点由卖方转移给买方。以 FCA 进行的货物买卖可仅指定交货地在卖方所在地或其他地点,而不具体说明在该指定地点内的详细交货点。但特别建议双方应尽可能清楚地指明指定地点内的详细交货点,该交货点之前的责任、风险及费用等由卖方承担,之后则由买方承担。若合同中未指定详细的交货点,则视为留待卖方选择最适合卖方目的的交货点。因此,买方最好选择交货地范围内的详细交货点。若需要,FCA 术语要求卖方办理货物出口清关,但卖方无义务办理货物进口清关或经由第三国过境的清关、支付进口关税或办理进口海关手续。买方承担进口清关手续和相关费用。

与 Incoterms® 2010 相比,Incoterms® 2020 首次规范了 FCA 术语下已装船提单的问题,以解决由于交货点与港口距离较远、海运承运人无法提前出具提单而导致卖方可能在长时间内无法取得提单的风险。在新规定中,买卖双方可约定,买方指示其承运人在货物装船后向卖方签发已装船提单,卖方有义务向买方提交该已装船提单,以便买方使用该提单向承运人提货。但应注意,即使采用了这种可选机制,卖方也不承担运输合同义务。此外,若采用该可选机制,提前开具提单会导致内陆交货日期与装船日期不同,因此卖方须在信用证中妥善处理这两个时间。

(三) FAS 术语

Free Alongside Ship,即"船边交货(填入指定装运港)",指卖方在指定的装运港将货物交到买方指定船舶的船边(如码头或驳船上)或取得[2]已这样交运的货物时,即为交货。货物交到船边即风险发生转移,此后的一切风险和费用均由买方承担。由于卖方承担船边交货前的风险和费用,而且这些费用和相关作业费可能因各港口惯例不同而变化,因此,买卖双方应尽可能清楚地约定指定装运港内的装货点,货物将在此装货点从码头或驳船装上船舶。该术语仅适用于海运或内河水运。在集装箱运输时,卖方通常将货物在集装箱码头移交给承运人,而非交至船边,此种情况下应使用 FCA 术语,FAS 术语不再适用。

(四) FOB 术语

Free On Board,即"船上交货(填入指定装运港)",指卖方将货物运输至指定的装运港,并将货物装上买方指定的船舶或取得已交付至船上的货物时,即为交货。货物交到

---

[1] 承运人,指在运输合同中承担履行铁路、公路、航空、海洋、内河运输或多式联运义务的人,如货运代理商等。
[2] "取得"(Procure)一词适用于贸易中常见的交易链的多层销售(链式销售或连环贸易)大宗货物。

船上即风险发生转移,此后的一切风险和费用均由买方承担。FOB 术语不适合货物在装上船舶之前已交付给承运人的情况。例如,集装箱运输通常在集装箱码头交货,此类情况下则应使用 FCA 术语而非 FOB 术语。

（五）CFR 术语

Cost and Freight,即"成本加运费（填入指定目的港）",指卖方在船上交货或通过取得已如此交付货物的方式交货。货物灭失或损坏的风险在货物装上船舶时转移,但卖方须订立将货物从装货港运往约定目的港的运输合同并支付运费。该术语中风险和运费转移的划分点相分离,尽管由卖方承担运输至目的港的运费,但风险在货物抵达装运港并装上船时就已经转移至买方。若卖方依运输合同在目的港交货点发生了与卸货相关的费用,除非双方事先另有约定,否则卖方无权向买方要求补偿该项费用。

（六）CIF 术语

Cost Insurance and Freight,即"成本、保险费加运费（填入指定目的港）"。CIF 与 CFR 的唯一区别是货物运输保险问题,除此以外,其他完全相同。因此,CIF 术语下卖方要为买方在运输途中货物灭失或损坏的风险办理保险。该术语下,卖方只需投保符合《伦敦保险协会货物保险条款》(ICC)(C)[①]或其他类似条款的险别,而非 ICC(A) 条款的险别,这一点与 CIP 术语有所不同,但双方仍可约定其他较高的险别。此外,若目的地国家要求在本地购买保险,则双方可考虑使用 CFR 术语。

（七）CPT 术语

Carriage Paid To,即"运费付至（填入指定目的地）",指卖方在出口国将货物在双方约定地点交付给其指定的承运人或其他人,此风险由卖方转移给买方,但卖方需签订将货物从交货地运至约定目的地的运输合同并支付运费。该术语下,风险转移和运费转移的地点不同,货物风险在交货地发生转移,而目的地是卖方签订货物运至的运输合同及运费付至的地点。因此,特别建议双方在买卖合同中尽可能精准地确定交货地和目的地或交货地和目的地内的具体地点。

（八）CIP 术语

Carriage and Insurance Paid To,即"运费和保险费付至（填入指定目的地）",指卖方将货物于双方约定的地点和时间交给其指定的承运人或其他人。卖方须签订将货物运至指定目的地的运输合同并支付运费,还须为买方签订从交货点起至少到目的地的货物灭失或损坏的保险合同。与 Incoterms®2010 相比,Incoterms®2020 提高了卖方为买方利益所投保险的险别,即由 ICC(C) 条款的险别提升至 ICC(A) 条款的险别。但双方仍

[①] 《伦敦保险协会货物保险条款》(ICC)(C) 为最低险别,《伦敦保险协会货物保险条款》(ICC)(A) 为最高险别。

然可以自行约定更低的险别。此外,若目的地国家要求在本地购买保险,则双方可考虑使用 CPT 术语。

（九）DAP 术语

Delivered at Place,即"目的地交货(填入指定目的地)",指卖方在约定时间将货物运输到指定目的地或该指定目的地内的约定交货点,将仍处于抵达的运输工具上且已作好卸载准备的货物交由买方处置时,即完成交货。卖方承担将货物运送到指定目的地或交货点的一切风险和费用。该术语下,交货和到货的目的地相同。以该术语签订的贸易合同一般被称为"到达合同"①且为"实际交货"。

（十）DPU 术语

Delivered at Place Unloaded,即"目的地卸货后交货(填入指定目的地)",指卖方在指定目的地或在该指定目的地内的约定交货点,将货物从已抵达的运输工具上卸载并交由买方处置时,即完成交货。卖方承担将货物运送到指定目的地以及卸载货物的一切风险和费用。在该术语下,交货和到达的目的地是同一地点。DPU 术语是 Incoterms® 2020 唯一要求卖方在目的地卸货的贸易术语,若双方不希望卖方承担卸货的风险和费用,则不应使用 DPU 术语,而应使用 DAP 术语。

（十一）DDP 术语

Delivered Duty Paid,即"完税后交货(填入指定目的地)",指卖方在指定目的地或该指定目的地内的约定交货点,将仍处于抵达的运输工具上(卖方不负责卸货)且已完成进口清关并作好卸载准备的货物交由买方处置,即为交货。该术语下,卖方不仅负责将货物运输到目的地,还要办理货物的进出口清关手续,并支付所有进出口关税及相关费用。因此,该术语是所有贸易术语中卖方义务最大(买方义务最小)的术语。由于买卖双方所承担的义务过于失衡,卖方应谨慎地使用该术语。

拓展阅读

从对国际贸易术语的介绍中可以看出,不同的贸易术语下,买卖双方承担的义务和风险有很大的差别。在国际贸易的实际操作中,由于货物买卖的周期较长,在这个过程中可能出现各种意想不到的风险,因此,为了合理规避风险和避免损失,在签订贸易合同时,应根据自身情况,选择尽可能减少自身风险的贸易术语。

我国某公司向日本出口 30 吨甘草膏,必须在 2 月 25 日之前装集装箱,采用 FOB 新港

---

① "到达合同"(Arrival Contract)是指,卖方须将货物运送到指定的目的地(港)或交货点实际交付给买方处置,不能以交单代替交货,因而卖方承担货物在运输途中的风险。该类合同采用的贸易术语包括 DAP、DPU 和 DDP。

的贸易术语。2月上旬,该出口公司便将货物运到天津办事处,由天津办事处负责装运,然而天津处仓库午夜着火导致货物全部被焚。办事处立即通知总公司并要求补发,但总公司已经没有现成的货源,结果出口公司因货源不济,无法按期装船而造成了损失。

本案例中出口商使用的贸易术语是 FOB,该术语下,出口商需将货物装运至船上才能完成交货,在此之前要承担所有的风险和费用。而出口商总公司所在地交通方便,且有配套的物流运输服务,可以选择 FCA 术语。FCA 术语下,卖方只需在其所在地或其他指定地点交货,这样出口商就不必将货物运至天津办事处再装运,减少了因运输过程延长而导致的风险。

(资料来源:韩晶玉,李辉,郭丽.国际贸易实务[M].北京:对外经济贸易大学出版社,2014,部分内容有删减)

思考题:出口商或进口商如何选择国际贸易术语才能最大限度地减少贸易过程中可能遭遇的风险?

第二节 国际结算

一、国际结算的概念和业务种类

(一)概念

国际结算(International Settlement)是不同国家之间使用货币的收付结清国际债权债务关系的一种行为。产生国际结算的原因可归结为贸易原因和非贸易原因。由国际贸易的发生而产生的国际结算被称为国际贸易结算,是国际结算的最重要组成部分。由国际贸易以外的经济交流活动而发生的货币转移被称为非贸易结算。

(二)国际结算的业务种类

一般来说,国际结算通常有以下几种类型:现金结算,即货币结算,是最原始的国际结算业务,在当今的国际贸易中极少使用;票据结算,是指以票据(如汇票)流通代替现金流通,债务人(如受票人、出票人)以票据清偿其债务,汇票、本票和支票均为可流通票据,可以背书转让;凭单付款结算,指卖方凭商业单据要求买方付款,买方也只凭商业单据向卖方履行付款义务;电讯化结算,采用电子方法处理业务并审核有关单据,结清债权债务关系。

二、国际结算的信用工具:票据

在国际结算的非现金结算中,票据是可以代替现金流通的有价证券,能够充分发挥货币支付作用、结算作用、流通作用和信用保证作用。票据的一般概念是指由出票人开出的,自己承诺或委托他人(付款人)在见票或指定日期向收款人或持票人无条件地支付一定金额的可流通转让的支付凭证。

1. 汇票

汇票是国际商品买卖中使用最为广泛的一种国际结算工具。不同国家的法律对汇票的定义有差异，我国《票据法》对汇票的定义是由出票人签发的，委托付款人在见票时或者在指定日期无条件支付确定的金额给收款人或者持票人的票据。

汇票有三个基本当事人，即出票人、付款人（受票人）和收款人（受款人）。所谓基本当事人即汇票一经开立就存在的当事人。出票人就是签发命令或委托付款的人，在国际贸易结算中，出票人一般为出口商或信用证中的受益人。付款人（受票人）就是接受出票人命令或委托的人，在国际贸易结算中，付款人一般为进口商或信用证中的开证申请人、开证银行或付款行或承兑行。收款人（受款人）就是凭汇票享有受领票据金额的人，在国际贸易结算中，收款人一般为出口商或信用证中的受益人或议付银行。根据不同的标准，汇票通常可分为以下几种：

根据出票人的不同，汇票可分为银行汇票和商业汇票；根据汇票流通转让时是否随附单据，可分为光票汇票和跟单汇票；根据付款时间不同，可分为即期汇票和远期汇票；根据承兑人的不同，可分为银行承兑汇票和商业承兑汇票；根据记载权利人方式的不同，可分为记名汇票、指示汇票和无记名汇票。

2. 本票

本票是国际结算中使用的另一种重要票据。根据我国《票据法》的规定，本票是出票人签发的，承诺自己在见票时无条件支付确定的金额给收款人或者持票人的票据。一般可以根据签发主体将本票分为商业本票和银行本票，商业本票即由工商企业签发，银行本票即由银行签发。我国只有银行本票，由中国人民银行或其他金融机构签发。

本票与汇票一样具有票据的共同特性，但也有以下自身的特征：本票的支付是无条件的，即一旦出票人签发本票，出票人必须无条件地向受款人付款；本票的当事人只有出票人和受款人，而汇票有三个当事人；本票的出票人即付款人，受款人要求出票人付款是确定的权利，且该权利在出票时已经确定，因而不像汇票是一种期待权利，因此，即使远期本票也无须承兑。

本票依其区别标准不同，一般可分为以下几种：以本票上是否记载权利人为标准可以将本票划分为记名本票、无记名本票和指示本票；以出票人的身份不同可以将本票划分为银行本票和商业本票；以到期日的不同可以将本票划分为即期本票和远期本票。

3. 支票

支票也是国际结算中使用的一种结算工具，它通常是由出票人签发，委托银行或其他金融机构作为付款人，在见票时无条件支付一定金额给受款人或持票人的票据。

与汇票、本票相比，支票的职能主要是支付功能，因此支票只有即期，没有远期。而汇票、本票除了具有支付功能，还具有信用功能。出票人在签发支票后，应在付款银行有不低于票面金额的存款，如果存款不足，支票受益人在请求银行付款时会遭到拒付，这种支票叫空头支票。

三、汇付

（一）汇付的概念

汇付又称"汇款"或"汇兑"，是国际结算中传统的结算方式之一。它是指汇款人向本国银行申请，将款项交付给收款人的一种付款方式。汇付是一种基于商业信用的国际结算方式，主要用于清偿债务人与债权人之间的债务关系，如支付货款、佣金、预付款等，但无论是汇出银行还是汇入银行，均对贸易的货物和相关的单据不承担责任。

汇付的当事人一般有：汇款人，是委托银行汇出款项的债务人，国际贸易中一般指进口商；汇出行，指接受汇款人委托汇出款项的银行，一般为进口地银行；收款人，指接受汇款人汇款的债权人，也是汇款业务的受益人，一般为出口商；汇入行，指受汇出行委托，向收款人解付款项的银行，通常为收款人所在地银行。

（二）汇付的种类

1. 电汇

电汇，指汇出行依汇款人的申请，使用加押电报、电传或 SWIFT 通知收款人所在国家的汇入行，指示解付款项给收款人的一种汇付方式。根据汇款人申请，汇出行指示汇入行解付时，为了方便汇入行证实电传的内容，汇出行会加列只有双方银行知道的密码，汇入行核对密码无误后办理解付手续。电汇的特点是速度快，安全性高，银行无法占用资金，但费用相对较高。在实际业务中，通常采用 SWIFT 电汇方式结算，而电报和电传费用高且易传错，因此被逐渐淘汰。

2. 信汇

信汇是指汇款人向汇出行发起申请，汇出行使用信函等方式要求汇入行解付款项给收款人的一种汇付方式。使用信汇由于空间原因而导致通知速度较慢，在通知汇入行解付款项的过程中，汇入行可无偿占用汇款资金，因此信汇收取的费用较为低廉。

3. 票汇

票汇，指汇款人向汇出行提出票汇申请，在交款并支付手续费之后，汇出行代替汇款人开立以其分行或代理行为付款行的即期汇票。汇入行无义务通知收款人取款，由汇票的持票人凭票去汇入行取款。汇票是一种票据，可以背书转让，因此汇票的持有人不一定是收款人。相比其他汇付方式，票汇的优点在于取款灵活，手续简便，但缺点在于汇入行可占用汇款人的资金，进而可能发生汇票纠纷。

四、托收

托收，指债权人（卖方）委托银行向债务人（买方）收取款项的一种货款结算方式，债务人（买方）需提交以自己或其指定银行为付款人的金融单据（如汇票）。托收是一种商业信用，虽然银行参与结算，但最终债权人（卖方）是否能收到款项依赖于债务人（买方）的信用，银行只是代收代付，并不承担付款责任，因此，托收对于卖方有较大的风险。

托收的当事人一般有：委托人，通常是国际贸易中的出口商；托收银行，指接受出口商委托,办理托收业务的银行,一般为出口地银行;代收行,指接受托收行的委托,向付款人收取货款的银行,通常为进口地银行;付款人,即国际贸易中的进口商。

根据托收是否附带有商业单据,可以分为光票托收和跟单托收。光票托收是指仅开具金融单据(如汇票)而不附带商业单据(如运输单据)的托收。光票托收并非没有任何附带单据,只是不附带商业单据,其他如附带垫款清单等的托收仍被视作光票托收。跟单托收是指附有商业单据的托收,一般可分为付款交单和承兑交单。

五、信用证

(一)信用证的概念

信用证是对外贸易中普遍采用的一种结算方式,是开证银行对受益人的一种保证,只要受益人履行信用证所规定的条件,则开证银行保证付款。《跟单信用证统一惯例》(UCP600)第2条将信用证定义为:"信用证意指一项约定,无论其如何命名或描述,该约定不可撤销并因此构成开证行对于相符提示予以兑付的确定承诺。"从其定义可以看出,信用证是一种银行信用,使卖方在交货以前就能得到银行的付款承诺,因此能够很好地促进买卖双方在缺乏信任的情况下进行国际贸易。信用证的当事人一般有:

(1)开证申请人,向银行申请开立信用证的人,一般指进口人或者合同中的买方。

(2)开证行,开立信用证的银行。

(3)受益人,信用证上指定得到偿付的人,一般为出口商。

(4)通知行,将信用证转交给受益人的银行,一般是与开证行有业务关系的银行。

(5)议付行,愿意买入或贴现受益人跟单汇票的银行。议付行可以由开证行指定,也可以与开证行无任何关系,受益人提供单据,议付行审查无误后垫付货款给受益人且保留追索权。

(6)付款行,信用证上指定的付款银行。付款行,一般是开证行本身,也可以是受开证行的委托代为付款的其他指定银行(代付行),无追索权。

(7)偿付行,信用证上指定的代开证行偿还议付行或代付行垫款的银行。偿付行没有义务审核单据是否正确,只根据开证行的授权付款,其偿付是终局性的且具有追索权。

(8)保兑行,根据开证行的请求在信用证上加具保兑的银行。保兑行与开证行不能是同一家银行,其对信用证负有独立责任,与开证行一样负有第一性付款责任。保兑行有审单权,一旦受益人对信用证提出修改,保兑行对修改后的信用证是否还具有保兑责任取决于保兑行是否接受修改内容,即若保兑行拒绝接受修改内容,则仅对修改前的信用证负责。

(二)信用证的性质及特点

信用证作为一种不可撤销的承诺,是银行信用,与其他支付方式的特点不同。首先,信用证的开证银行与只承担一般担保业务的银行不同,其负有第一性的付款责任,属于主债务人。其次,信用证区别于买卖合同,是一种独立自足的文件。信用证一经开出,便与买卖合同无关,相关银行只遵循信用证指示。最后,信用证是一种单据买卖。在信用证之下,银行的付款原则是单据和信用证的规定表面相符,而无须理会单据以外的其他任何问题,甚至与单据的真假也无关。

（三）信用证的分类

由于贸易结算的客观需求是多种多样的,因而信用证的形式和种类也不同,在这里将简单列举信用证的几种常见分类：

1. 不可撤销信用证

不可撤销信用证指只要信用证已经开出,开证行不得在未经受益人或当事人的允许下单方面修改和撤销信用证条款,只要单证相符,开证行必须无条件履行付款义务。

2. 即期付款信用证和远期付款信用证

即期付款信用证,指开证行或付款行在审核单据无误后立即付款;远期付款信用证,指受益人开出远期汇票,开证行审核单据无误后在规定的时间内付款。

3. 可转让信用证和不可转让信用证

可转让信用证只能转让一次,是指信用证的第一受益人将信用证部分或全部转让给数个第二受益人的信用证;不可转让信用证,指受益人不能将信用证转让给他人的信用证。

拓展阅读

国际贸易结算是国际贸易中的重要环节,在选择结算方式时,要审慎地对待结算方式中的具体要求,尤其是使用信用证结算时,否则可能遭到银行拒付从而导致货、款两空。

我国某出口公司与外商成交一批粮食,共900吨。合同规定,分别于8、9、10月平均装运,每月禁止分批装运,付款方式采用即期信用证,贸易条件为CFR。出口公司于8月份装运了300吨,顺利结汇。第二批货物因货源不足,出口商分别租用了两艘船,于9月10日和14日分别在天津港和大连港装运了150吨货物,两份提单的卸货港为同一目的港。开证行收到出口商的第二批货物的单据后,以单据与信用证不符为由拒付第二批货物的货款,理由是违反每月禁止分批装运的规定。

这是一个典型的因单证不符而遭到拒付的案例。银行拒付是合理的,因为信用证已经明确规定每月禁止分批装运,而开证行凭单付款,在本案中,两份提单已经造成了明显的单证不符,开证行有权拒付。根据信用证的独立性原则,信用证独立于买卖合同,因此开证行可以拒付,但进口商不能拒收货物。

（资料来源：姚新超.国际贸易实务[M].对外经济贸易大学出版社：北京,2016,部分内容有删减）

思考题：作为重要的国际贸易结算方式,信用证结算有哪些优缺点？

第三节　国际贸易方式

一、传统的国际贸易方式

（一）经销

1. 经销的定义

经销是指进口商（即经销商）与国外出口商（即供货商）达成销售协议，承担在规定的期限和地域内购销指定商品义务的贸易方式。经销协议一经签订，会成为一种长期稳定的购销关系。

2. 经销的特点

经销实际上是一种买卖业务，经销商与供货商之间以个人对个人的关系签订经销协议，并在规定的期限和地域内购销指定商品，经销人自行销售、自负盈亏、自担风险。经销商在协议规定的区域内转售商品时，购买商品的用户与国外供货商之间没有合同关系。

3. 经销的方式

经销通常可以分为一般经销和独家经销两种方式。

（二）包销

1. 包销的定义

包销是经销的一种方式，指供货商授予包销人在指定的区域和期限内对特定的商品享有独家经营的权利，是一种独家专营权。独家专营权包括专卖权和专买权，即供货商只能把商品卖给包销商而不能卖给其他客户，包销商只有唯一的进货渠道，即特定的供货商，其不能向其他供货商购买商品。

2. 包销的特点

包销商与供货商之间是一种买断关系，包销商以个人的名义买断货物在指定区域和期限内的所有权，自行销售，自负盈亏，自担风险。包销商可以利用自己的渠道销售商品而不必担心市场上同类商品的竞争，有利于调动包销商的积极性；供货商也可以有计划地安排货物生产和出运，有利于商品的均衡供应。但包销的贸易方式约束力较大，难以灵活应对市场情况的变化，可能出现"包而不销"的现象。由于包销商拥有独家专营权，易在当地市场形成垄断力量，一旦供货商对包销商的依赖性增加，包销商可能以此为要挟，要求供货商作出压低价格等不利于自身利益的行为。

（三）代理

1. 代理的定义

代理是指委托人（卖方）授权代理商，在指定的区域和规定的期限内代表委托人从事授权范围内的法律行为，由此产生的权利和义务由委托人直接负责。按照不同的行业，有销售代理、购货代理、货运代理、保险代理等。

2. 代理的特点

在代理业务中，委托人与代理商之间是委托代理关系，和经销中经销商与供货商之间的买卖关系有着本质的区别。代理人完全按照委托人的指示行事，只能在委托人授权的范围内从事商业活动,他没有购买商品的义务,但有积极推销商品的义务。代理人不自筹资金、不担风险、不负盈亏、不自主经营,无论货价高低,只赚取佣金。

3. 代理的种类

按照委托人授权的大小,可以将代理分为总代理、独家代理和一般代理。

(四) 寄售

1. 寄售的定义

寄售是指在货物还未卖出之前,先将货物运往国外寄售地,国外的代销人应寄售人(一般指出口商)的委托,按照寄售协议代为销售货物。销售后所得货款在扣除代销人的佣金和其他费用后,由代销人通过银行汇付给寄售人。

2. 寄售的特点

从性质上来看,寄售人与代销人之间是一种委托代售关系,而不是买卖关系,代销人只能根据寄售人的指示处置货物,在货物售出之前,所有权仍归寄售人所有。寄售是先将货物运至进口地,再由代销人帮助寻找买家成交货物,属于先交货后成交,与先成交后交货的一般货物出口不同。对于寄售人,采取寄售的贸易方式有助于其扩大销路和拓宽市场,可以根据市场的需求掌握有利的售出时机;但是寄售人要承担货物售出前的一切风险,而且对代销人的依赖性也较强,一旦代销人违反协议,寄售人将承受巨大的损失。

(五) 拍卖

1. 拍卖的定义

拍卖是由专营拍卖业务的拍卖行接受货主的委托,在特定的时间和场合,按照相应的规章制度,以公开叫价竞购的方式,把货物卖给叫价最高的买主的一种贸易方式。拍卖已经有了上千年的历史,在当今的国际贸易中,采用拍卖方式出售的商品一般是品质不易标准化或难以储存的商品,如艺术品、茶叶、水果、烟草等。

2. 拍卖的特点

拍卖属于公开竞买的现货交易,拍卖开始后,竞买者的每一次叫价构成一项发盘,由拍卖主持人代货主选择出价最高者作为买主,一旦拍卖主持人的木槌落下,则表示接受,发盘一经接受,交易即达成。拍卖不仅须在特定的机构(一般指拍卖行)内有组织地进行,而且在长期的实践中,形成了一套自己特有的规章和制度,一些国家的买卖法中对拍卖业务也有专门的规定。

3. 拍卖的分类

根据出价方式,拍卖可以分为增价拍卖、减价拍卖和密封递价拍卖。

增价拍卖,也称买方叫价拍卖,是拍卖中最常用的一种方式。拍卖时,由拍卖人宣布预定的最低价格,这一价格一般比预估价格低,随后由竞买者根据事先规定的加码额度相继叫价,竞相加价,直到竞买者不再加码时,拍卖主持人落下手中的小木槌即完成交易,商品卖给出价最高的买者。

减价拍卖,又称荷兰式拍卖。减价拍卖与增价拍卖相反,是指拍卖人起初宣布预定最高价格,若无人应价则依次降价,直到有人接受为止。买主一旦接受价格即完成交易,不可撤销。这种拍卖方式成交迅速,适用于鲜花、蔬果、海鲜等不易保存的商品。

密封递价拍卖,又称招标式拍卖。拍卖人首先公布商品的详细属性,包括品质、数量、产地等,并同时列出拍卖条件,由买方按照拍卖条件,在规定的时间内将自己的出价密封后递交给拍卖人,由拍卖人对不同的竞买者进行审查比较,选择合适的买主。这种拍卖的特点是除了价格,拍卖人还有其他的附加条件需要考虑,一般拍卖大型设施或政府罚没物资时可能采用这种方式。

二、新时代的国际贸易方式:跨境电子商务[①]

跨境电子商务是一种新型贸易方式,它依托于互联网的发展,与国际贸易相结合,改变了传统的贸易模式,未来具有很大的发展潜力。

根据交易主体的不同类型,跨境电子商务可主要分为如下三种模式:

(一) B2B 跨境电子商务

B2B 跨境电子商务(Business-to-Business),是指企业对企业的国际商业活动,供需双方来自不同的国家,它们通过互联网电商平台进行交易,商品由跨境物流运送。

参与跨境电子商务的企业如果有固定的商业关系,企业可以使用平台向供应商订货、付款;如果企业希望在平台上寻找合作伙伴,则需要以信息和广告发布为主,平台凭借收取会员费和营销推广费的方式盈利。B2B 形式的跨境电子商务有利于企业减少寻找潜在客户的成本,扩大国外市场,树立品牌形象;但是,由于平台上充斥着大量同类型的企业,竞争较为激烈,利润空间也因此而压缩。国内 B2B 跨境电子商务平台有敦煌网、环球资源网、阿里巴巴国际站、中国制造网、易唐网等。

(二) B2C 跨境电子商务

B2C 跨境电子商务(Business-to-Consumer),是指企业借助于电商平台,直接向其他国家的消费者而非企业开展在线商品营销,并通过跨境物流送达商品、完成交易的一种国际商业活动。与传统的大额贸易相比,B2C 跨境电子商务对小额贸易更加友好,产品销售也更为灵活,面向的市场不受地域限制,可以有效地降低单一市场的竞争压力,市场空间巨大。但是,B2C 跨境电子商务模式极易被复制,产品同质化严重,企业的市场定位趋同,这极易引发价格战;另外,一些企业产权意识薄弱,一旦在海外经营中触碰了知识产权红线,极易面临法律赔偿,从而给企业带来损失。知名的 B2C 跨境电子商务平台有 Amazon、eBay、Wish、阿里巴巴速卖通、京东全球购、聚美优品海外购、蜜芽等。

(三) C2C 跨境电子商务

C2C 跨境电子商务(Customer-to-Customer),是指不同国家的个人卖方和个人买方通过第三方电商平台,展开商品和服务的在线交易活动。个人卖方通过第三方电商平台发布产品和服务的详细情况,个人买方按需选择商品和服务,交易和支付结算也在电商平台完成,商品由跨境物流送达。C2C 跨境电商平台依靠传统的广告和返点模式盈利。C2C 跨境电子商务模式下,消费者与个人卖方的直接沟通带有消费场景化、社交属性强的特征,能够最大限度地满足他们的个性化需求。但是,由于个人卖方进入平台的门槛较低,其提

---

① 这一章中仅对跨境电子商务进行简单说明,详细内容请见第十一章。

供商品的品质难以监管,消费者面对的海外商品良莠不齐,再加上数量小、金额少,消费者售后维权比较困难。目前较为知名的C2C跨境电子商务平台有洋码头、美丽说、淘宝全球购、海蜜等。

对中国的中小企业而言,跨境电子商务的发展不仅为其参与国际贸易提供了广阔的平台,还降低了国际贸易的进入门槛,对企业在国际上树立品牌形象、促进中国在全球价值链地位的提升有着重要作用。

第四节 贸易金融

一、贸易金融的内涵

贸易金融是一个比较宽泛的概念,大多数人认为,传统的贸易金融概念建立在《巴塞尔新资本协议》中对商品融资的定义上。根据《巴塞尔新资本协议》,商品融资(Commodities Finance)是指"对储备、存货或在交易所交易应收的商品(如原油、金属或谷物)进行的结构性短期贷款。商品融资中用商品销售的收益偿还银行贷款,借款人没有独立的还款能力。借款人没有其他业务活动,在资产负债表上没有其他实质资产。商品融资的结构化特征是为了补偿借款人欠佳的资信水平。贷款的评级反映了其自我清偿的特征以及贷款人组织这笔交易的能力,而不反映借款人的资信水平。"因此,传统贸易金融业务一般指商业银行在为贸易买卖双方办理结算业务的情况下,利用贸易过程中的资产为企业提供一系列融资服务。例如,出口企业资金周转不灵,可以以实际出口业务作为抵押向银行申请融资。贸易金融的产生为融资困难的中小企业提供了一种新的融资思路,保证了充足的现金流;银行也降低了融资风险,扩大了信贷业务,提升了盈利空间。

二、传统型贸易融资业务

(一)进口押汇

进口押汇是代表性的买方贸易融资方式,是一种为进口商提供短期资金融贷的业务。具体而言,银行应进口商要求代其对外垫付货款,并以收到的信用证或其他单据进行抵押,进口商需要在给定期限内偿还银行押汇贷款及利息。

如果使用进口押汇,进口商则无须支付货款就可先行取得货物,进而交易并取得利润。对于规模较小、融资困难的进口企业,进口押汇有利于其在瞬息万变的国际贸易市场上提升竞争力。此外,进口押汇有利于实现资金使用效用的最大化。例如,如果进口企业在到期付款时遭受汇率冲击,那么它可以自由选择其他币种来抵御汇率风险。

进口押汇一般包括信用证单据的押汇、远期信用证承兑的押汇和远期银行承兑汇票的贴现,企业均使用信用证单据或承兑汇票作为抵押,向银行申请短期贷款。

(二)出口押汇

出口押汇是代表性的卖方贸易融资方式,指在出口商将货物运走后,银行暂扣信用证或者合同要求的单据作为抵押,出口商银行审核无误后为出口商提供短期资金融通。若到期后出口商银行未收到货款,则其对出口商有追索权。出口押汇本质上是即期信用证,即银行提前将货款偿付给出口商而无须等待进口商的支付。这能够有效应对进口商在收到货款前的资金周转困难,同时出口企业还可以自由选择押汇的币种以规避汇率风险或提高资金收益率。出口押汇主要包括出口托收押汇和出口信用证押汇。

（三）打包贷款

打包贷款,是指出口商在提供货运单据之前,以供货合同或以自己为受益人的信用证正本作为抵押,向国内银行申请款项以用于组织备货装船运输的短期融资业务。出口商与国外进口商签订贸易合同后,如果资金周转出现困难而又无法获取进口商的预付款项,那么打包贷款能够有效缓解出口商备货过程中各个环节可能出现的资金压力;同时,融资款项专款专用于备用用途,银行的资金也有保证。但是,打包贷款的期限较短,银行所要求的条件也比较苛刻,一般贷款数额不能超过出口货物总值的70%。

（四）代付业务

代付业务,指国内银行的海外分支机构、境内和海外同业在付款到期日前提前垫付国内买方的应付款项,是一种短期资金融通业务。代付业务与进口押汇的区别在于融资款项的来源不同,进口押汇主要使用的是国内银行的资金,而代付业务的融资款项可以来自国外或同业,不仅缓解了国内银行的资金压力,还有可能会获得更低的融资成本,对于各种结算方式也有较强的兼容性。

（五）福费廷

福费廷,来源于法语"A FORFAIT",是一种卖方融资,指银行等包买商（专门从事福费廷业务的机构）根据不同的结算工具,无追索权地买断相应票据的一种贸易融资业务。

福费廷与其他贸易融资方式最大的不同在于无追索权,这意味着一旦买断,相当于银行等包买商放弃了要求前手偿还融资款项的权利。福费廷可以让出口商立即实现资金回笼而无须等待信用证到期,且取得的融资是终局性的,不必对债务人偿债与否负责,能够有效转嫁远期收汇风险及汇率和利率风险,因此推动出口商敢于与风险较高的贸易伙伴开展贸易活动。但福费廷业务的融资成本较高,且包买商一般会要求第三方担保以转移风险,出口商可能难以找到令包买商满意的担保方。

三、贸易金融的新发展：供应链金融

随着科技的进步,全球经济一体化、专业化的趋势加深,逐渐形成了不同企业间的产供销专业化生产的分工模式,将供应商、制造商、分销商、零售商和消费者连成一个整体的链状结构,从而形成了清晰的产业供应链。产业供应链的形成细化了产品内分工,使生产效率提高而制造成本下降,但同时也增加了企业的财务成本。这样一来,供应链分工的优势被削弱,甚至难以比肩传统生产方式的竞争力。[①] 因此,供应链金融有利于帮助中小企业解决融资难、供应链财务成本过高的问题。

供应链金融目前还没有统一的定义,从本质上来讲,供应链金融是贸易金融的延伸和深化。供应链金融突破了买卖双方形成的基础交易关系的局限,使融资活动沿着产品供

---

① 胡跃飞.供应链金融——极富潜力的全新领域[J].中国金融,2007(22):38-39.

应链将供应商、制造商、分销商、零售商、第三方物流、消费者和金融机构等联结在一起,通过对整个供应链和供应链相互交叉形成的网络中的资金流进行合理的安排和管理,提高整个供应链中流动资金的效率,为供应链各方提供多赢的融资解决方案。常见的供应链金融产品有应收账款质押贷款、保理等。

(一)应收账款融资

在国际贸易市场发展日新月异和金融创新层出不穷的环境中,传统的贸易金融手段逐渐演变,新产品不断涌现。综合型的贸易融资业务正是商业银行针对贸易主体对资金的不同需求,在传统贸易融资业务的基础上创新发展,逐步推广成为新的贸易融资产品。综合型贸易融资较传统贸易融资的功能更加多样化,在给企业提供融资的基础上增加增值业务;对风险的管理也更加科学,不再局限于传统的单据抵押,抵押品更加灵活。

应收账款原本是一个会计概念,而应收账款融资是指融资企业以未到期的应收账款向金融机构申请融资,以实现资金周转。应收账款一般可以质押、转让或证券化,因此可将应收账款融资细分为应收账款质押融资模式、应收账款转让融资模式(保理)和应收账款证券化融资模式。

1. 应收账款质押融资

应收账款质押融资是指企业(一般为卖方)为了融资,向银行等金融机构抵押自己未到期的应收款项以获取现金的一种融资业务。融资企业首先向商业银行等金融机构提交融资申请,商业银行审查后为融资企业核定授信额度并签订"质押合同",随后商业银行向融资企业发放贷款。应收账款到期时,买方将款项直接支付给融资银行,若买方无力支付,则融资银行有权利向融资企业追索剩余款项。这种融资方式可以有效解决企业质押物品不足的问题,为有优质应收账款且亟须壮大发展的中小企业开辟了一条新的融资渠道。

2. 应收账款转让融资

应收账款转让融资是指商业银行按照一定的折扣率买进融资企业未到期的应收账款,同时融资企业获取流动资金的一种融资业务。应收账款转让融资的典型产品是保理业务。保理业务形式灵活,种类较多,常见的分类有:根据交易涉及的地域不同可分为国内保理和国际保理;根据保理商有无追索权可分为有追索权保理和无追索权保理;根据是否将应收账款已转让通知债务人可分为公开保理和隐蔽保理。保理业务的优势在于出口商能够加速资金周转,有效降低坏账发生的概率,而对于保理商则可以赚取收益,优化资产结构。

3. 应收账款证券化融资

应收账款证券化是资产证券化的一种,它指企业把能够形成稳定现金流的应收账款出售给特定的金融机构,金融机构经过运作后形成资产池,以资产池中的现金流作为支撑,发行能够在资本市场上销售和流通的有价证券进行融资。这种形式的融资能够加速整个产业链的资金周转速度,有利于全产业链的发展壮大,但其风险在于企业资信不佳而导致资金链断裂,因此金融机构在前期审查中应尽可能地做到谨慎、详细,以规避不必要的风险和损失。

(二) 保兑仓融资

保兑仓融资是一种典型的预付账款融资模式,指买方向银行申请以卖方在银行指定仓库的既定仓单为质押的贷款额度的一种融资业务。保兑仓融资建立在银行信用的基础上,其要求卖方(供货商、核心企业)必须承诺回购货物,要求买方(融资企业)向银行缴纳一定数额的保证金,并由银行控制买方的提货权。传统的保兑仓融资模式主要由承兑的商业银行、融资企业和供货商三方参加,随着第三方物流的加入,三方保兑仓模式逐渐发展为四方保兑仓模式。其中第三方物流企业提供承兑担保并收取相应的费用,而供货商在融资企业没有足够的资金负担全部货物时要承担回购担保义务。以下将主要介绍四方保兑仓融资的运作流程,如图3-1所示。

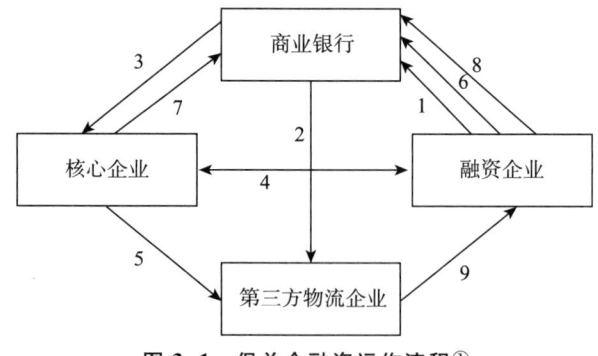

图 3-1 保兑仓融资运作流程①

(1) 融资企业向商业银行提出保兑仓融资请求;
(2) 银行审核后,同融资企业、核心企业和第三方物流企业签订"保仓兑合作协议";
(3) 商业银行调查核心企业的回购能力和信誉水平,双方签订"回购协议";
(4) 银行与第三方物流企业签订"监管协议";
(5) 核心企业向银行指定的仓库发货,并取得仓单;
(6) 融资企业向银行缴纳一定的保证金;
(7) 核心企业将仓单质押给银行,银行相应开出承兑汇票;
(8) 融资企业缴纳保证金后,向银行索要提货权;
(9) 仓库得到银行发货的指令,向融资企业发货。

从以上流程可以看出,保兑仓融资是一种将自己未来的提货权质押给商业银行的融资,它一般适合供应链下游的中小企业。供应链中间的企业一般为核心企业,在供应链中占据主导地位,有较强的话语权,其很有可能会为加速自身资金的周转而向其下游的中小企业压货,并且拖延应收账款的偿付,造成中小企业资金流的短缺。

开展保兑仓融资业务的风险在于融资企业的资信状况、质押商品的市场价格波动、第三方监管出现漏洞等。尽管如此,保兑仓融资有利于下游企业减轻一次性全额付款的资金压力,实现融资企业的杠杆采购和经销商的批量销售。同时,融资银行也开拓了新的业务,充分挖掘了客户潜力,且以指定仓库的既定仓单作为质押大大降低了融资银行的信贷

---
① 陈霜华,黄菁,陶凌云,等. 贸易金融理论与案例研究[M]. 上海:复旦大学出版社,2012:110.

风险。整体看来,保兑仓融资有利于提高整条供应链的生产效率,实现资源的优化配置和资金的循环运转,参与主体都能从中获益。

拓展阅读

深圳怡亚通供应链股份有限公司是中国首家上市的供应链服务业企业,该企业致力于以物流为基础,供应链服务平台为载体,互联网为共享手段,联合供应链各环节参与者,构建一个各行业深度融合的供应链商业平台。怡亚通的主要业务是专门为客户提供一站式供应链管理服务,除此之外,怡亚通还在供应链管理服务的基础上开展了以存货融资为主的金融业务。

依托供应链管理服务中的分销和采购两项核心业务,怡亚通在接受采购商的委托后,选择其客户中资信高的企业作为供应商,并为其垫付货款,货款在货物运送至客户时收取。对于生产商而言,这相当于在卖出货物后能够及时回收资金进行下一轮的生产;而怡亚通也从中赚取手续费,成为其盈利模式的核心之一。

供应链金融的创新模式还有很多。如伊利集团搭建的乳业产业链金融系统"乳链惠",也是凭借其在产业中的核心地位,牵头搭建系统、开发产品、建立团队与制度,主动申请类金融牌照,制定以全局长效性和系统性产业赋能为导向的产业融资解决方案,解决上游供应商、牧场及下游经销商的融资问题,保障产业供应链可持续发展。

思考题:相比于传统的贸易金融方式,供应链金融有哪些独特的优势?

本章小结

1. 国际贸易术语是指用短语或英文缩写形成的专门用来说明商品价格由哪些部分构成以及买家和卖家在交接货物时彼此承担的责任、费用和风险归属划分的专门用语。国际贸易惯例是国际组织统一制定的对国际贸易术语含义的解释说明,国际贸易惯例没有法律约束力,一切规定都应以贸易合同为准。

2. 目前最新的国际贸易术语是由国际商会颁布的《国际贸易术语解释通则2020》。Incoterms®2020 将 11 个贸易术语分为两组:一组是可以适用于任一或多种运输方式的术语,包括 EXW、FCA、CPT、CIP、DAP、DPU 与 DDP;另一组为适用于海运和内河水运的术语,包括 FAS、FOB、CFR 和 CIF。

3. 国际结算是不同国家之间使用货币的收付结清国际债权债务关系的一种行为。国际结算主要使用的工具有票据,包括汇票、本票和支票;汇付,包括电汇、信汇和票汇;托收,包括光票托收和跟单托收;信用证,包括即期信用证、承兑信用证等。其中票据和信用证结算是使用较为频繁的结算工具。

4. 跨境电子商务是一种新型贸易方式,它依托于互联网的发展并与国际贸易相结合,改变了传统的贸易模式,显示出很大的发展潜力。

5. 贸易金融是一个比较宽泛的概念,大多数人认为,传统的贸易金融概念建立在《巴塞尔新资本协议》中对商品融资的定义上。因此,传统贸易金融业务一般指商业银行在为贸易买卖双方办理结算业务的情况下,利用贸易过程中的存货、预付款、应收账款等资产为企业提供一系列融资服务。

6. 供应链金融是贸易金融的延伸和深化。从金融机构的角度出发,可以将其看作是人们为了适应供应链生产组织体系的资金需要而开展的资金与相关服务定价与市场交易活动。供应链金融的出现正是为了解决中小企业融资难、供应链财务成本过高的问题。

重要术语

贸易术语(Trade Terms)
工厂交货(EXW)
货交承运人(FCA)
船边交货(FAS)
船上交货(FOB)
成本加运费(CFR)
成本、保险费加运费(CIF)
运费付至(CPT)
运费和保险费付至(CIP)
目的地交货(DAP)
目的地卸货后交货(DPU)
完税后交货(DDP)
国际结算(International Settlement)
贸易金融(Trade Finance)
跨境电子商务(Cross-Border Electronic Commerce)

思考讨论

1. 简要说明各个贸易术语的含义和适用范围,并比较它们之间的异同。
2. 跨境电子商务有哪几种模式?分别有哪些优缺点?
3. 贸易金融和供应链金融分别对中小企业有何重要意义?
4. 对比阿里巴巴和京东,它们在供应链金融方面各自作出了哪些努力?

案例分析

"云上"广交会为外贸发展注入新动能

广交会成立于1957年,每年于春秋两季在广州举办,是中国对外开放的窗口、缩影和标志,举办至今从未中断。2020年,新冠肺炎疫情肆虐全球,全球国际贸易面临严峻挑战,据WTO统计,2020年上半年,全球货物贸易总额下降14%。由于疫情防控带来的人员流动不便,作为中国外贸晴雨表和风向标的广交会能否顺利召开一度成为各方关注的焦点话题。

2020年4月7日,在国务院常务委员会议上决定广交会于6月中下旬在网上举办。

这是中国首次完全以网络形式举办广交会。2020年6月15日,第127届广交会正式在"云"端开幕。为此,在本次广交会正式举办之前,中国对外贸易中心面向全球举办了22场线上推介活动,以帮助参展商提前适应本次"云上"广交会的新变化。最关键的还是平台搭建,为此,数千名技术专家专门为本次广交会搭建了数字化平台,使得参展商可以通过图文、视频、3D、VR以及24小时直播间等形式在线展示商品,还可以在线洽谈、在线交易。除此之外,举办方还在全球投入了1 300多台加速节点服务器,以确保平台的安全性、稳定性和流畅性。

在全球外贸活动停滞的背景下,这次"云上"广交会为中国外贸行业的恢复注入一针强心剂,也向世界传递出疫情下中国经济复苏的信心和决心。对于参展商而言,"云上"广交会为其提供了贸易商机,有利于其恢复生产;对于广交会本身而言,在"云上"举办不仅只是应对疫情的权宜之计,更是一次与数字化、智能化潮流相结合的有益尝试。疫情虽然让传统的贸易方式被迫叫停,但也催生出网上洽谈、网上办展、直播带货等新模式。从"线下"到"云上",从中国到世界,非常时期的"云上"广交会,正在为高质量外贸发展注入新动能。

(资料来源:腾讯云.央视《焦点访谈》解读首届"云"上广交会[EB/OL].(2020-6-22)[2022-01-28].https://cloud.tencent.com/developer/article/1648941)

思考题:

1. 请讨论疫情下坚持举办广交会的意义。
2. "云上"广交会相比于普通广交会有哪些优势?

参考文献

曹铮,裴一蕾.eWTP平台在中智贸易发展中的作用[J].价值工程,2018,37(25):201-203.
陈霜华,黄菁,陶凌云,等.贸易金融理论与案例研究[M].上海:复旦大学出版社,2012.
陈四清.贸易金融[M].北京:中信出版社,2014.
傅龙海.国际贸易实务[M].北京:对外经济贸易大学出版社,2016.
国际商会.国际贸易术语解释通则© 2010[M].北京:中国民主法制出版社,2011.
胡跃飞.供应链金融——极富潜力的全新领域[J].中国金融,2007(22):38-39.
胡跃飞,黄少卿.供应链金融:背景、创新与概念界定[J].财经问题研究,2009(08):76-82.
贾建华,孙莹.国际商务教程[M].北京:首都经济贸易大学出版社,2006.
宋华.互联网供应链金融[M].北京:中国人民大学出版社,2017.
孙天宏.贸易金融产品设计[M].北京:中国金融出版社,2011.
杨兴凯.跨境电子商务[M].大连:东北财经大学出版社,2018.
姚新超.国际贸易实务:第3版[M].北京:对外经济贸易大学出版社,2015.
Bergami R. Managing Incoterms 2010 risks: Tension with trade and banking practices[J]. *International Journal of Economics and Business Research*, 2013, 6(3): 324-338.

第四章 国际商务环境

[学习目标]

- 掌握国际商务环境的概念及不同类型的环境因素
- 理解各国商务环境的差异对国际商务活动的影响
- 了解"一带一路"主要经济走廊的环境特点
- 了解世界主要经济体的商务环境

[素养目标]

- 学习用辩证、发展的眼光评价我国营商环境
- 正确认识"走出去"跨国经营风险与防范

[引导案例]

共"铜"繁荣：万宝矿产在缅甸

万宝矿产成立于2004年，是中国北方工业有限公司旗下的子公司，专门从事海外矿产资源地质勘查、开采加工和矿石冶炼。作为国有企业，万宝矿产在积极响应国家"走出去"战略、"一带一路"倡议等方面承担着义不容辞的责任。

2007年，加拿大艾芬豪矿业公司，计划出售其与缅甸政府合作开发的蒙育瓦铜矿。万宝矿产由于之前与缅甸当局有一定的合作经验，因此坚持与其谈判，最终于2010年获得了蒙育瓦铜矿的经营权。就在万宝矿产以为一切都步入正轨时，突变骤然而起。2012年6月，在蒙育瓦市下的莱比塘铜矿的施工现场，近60名当地民众在佩戴政治党派徽章人士的带领下对施工进行抗议并对开发商提出了具体要求。随着媒体、激进分子、NGO等外部团体的介入，抗议活动进一步发酵，在当地乃至国内外产生巨大影响，万宝矿产面临着前所未有的舆论压力，铜矿的施工进程也被迫叫停。当地民众认为铜矿的开发对其就业、收入、环境和宗教都产生了负面影响，征地赔偿也不够透明，对开发商产生了极大的不信任。

面对此次危机，万宝矿产迅速与缅甸当局联系，同时寻求中国驻缅甸大使馆的帮助，召开大型媒体发布会，设立媒体开放日，并组织多方参与矿区环保研讨会，及时发布项目信息，最终在时任反对党民盟党主席昂山素季的调解下，万宝矿产与当地群众达成了和

解。在这次危机中,万宝矿产遇到的是典型的跨国公司本地化——在投资决策时未能对当地社会风险充分评估,项目落地时缺乏与当地居民的深入沟通。经此一役,万宝矿产迅速从中吸取教训,制定与实施短期、中期和长期的社会与社区发展计划,并逐步建立起包括政府、社区和居民、中方投资者、缅方合作伙伴、企业员工"五方共赢"的利益相关者合作体系。除此之外,秉持着"授人以鱼不如授人以渔"的原则,万宝矿产积极开展对在缅员工的职业教育培养,设立了"一带一路"奖学金,送优秀员工出国深造,积极为当地民众创设谋生之道。种种作为让蒙育瓦铜矿项目成为缅甸外商投资中的标杆项目。

(资料来源:
1. 黄成,陈昊,李承文. 共"铜"繁荣:万宝矿产在缅甸(危机篇)[EB/OL].(2020-06-21)[2022-02-17]. http://www.htcases.com/#/lib/c/view? did=6&id=41738&caseType=1;
2. 黄成,陈昊,李承文. 共"铜"繁荣:万宝矿产在缅甸(革新篇)[EB/OL].(2020-06-21)[2022-02-17]. http://www.htcases.com/#/lib/c/view? did=6&id=41736&type=1&caseType=1)

思考题:
1. 为什么万宝铜矿在具备海外经营经验的情况下还是遇到了经营危机?
2. 万宝矿产应对海外经营危机时的举措给了我们何种启示?

从万宝铜矿的案例可以看出,即使企业有一定的海外经营经验,也依然无法避免在东道国遭遇"水土不服"的境况,如果不能及时进行合理应对,这样的境况将给企业带来经济损失,更会阻碍企业"走出去"的战略部署和"走进去"的深入进程。本节将从经济环境、文化环境、法律环境和技术环境四个角度阐述国际商务环境的主要因素,同时对"一带一路"经济走廊、美国、日本和欧盟等主要经济体的国际商务环境进行介绍,有助于读者理解国际商务环境分析的基本框架,更深入地认识到国际商务环境分析的重要意义。

第一节　国际商务环境的主要因素

一、经济环境

不同国家的经济发展水平不同,一些国家经济发达,居民的可支配收入较高,而在另一些国家,经济可能依然落后,居民依然贫穷。企业在开展国际商务活动时,要根据一国的经济制度、经济发展水平、国民收入、消费结构等因素全面评估该国的商业吸引力,这有助于管理者评估市场走向,作出审慎的投资和经营决策。对于跨国企业来说,准确判断一个国家的经济环境并不容易,主要存在两方面的限制:第一,难以详细制定一套准确评估经济效益和预测经济潜力的可靠指标体系;第二,即使存在这样一套指标,在具体应用中理解它们与经济环境中的企业因素之间的关系时也会出现新的问题。[1] 但是,我们可以通过分析一些重要的经济指标,对一国的经济环境作出基本的判断。

---

[1] 约翰·D. 丹尼尔斯,李·H. 拉德巴赫,丹尼尔·P. 沙利文. 国际商务:环境与运作[M].北京:机械工业出版社,2009:72.

(一) 经济环境的主要指标

(1) 经济制度

经济制度本质上是一种经济秩序,它反映了统治阶级在社会生产关系中的统治地位,是统治阶级为了建立、维护和发展其政治统治而创建的一系列与经济问题相关的规则和措施。[①] 经济制度一般可以分为三类:市场经济制度、计划经济制度和混合经济制度。

市场经济制度就是以市场为导向的一种经济体制。在完全的市场经济制度中,生产要素由私人所有,商品和服务的价格由市场上的供求关系决定,政府对市场采取"不干预"态度。市场经济制度是亚当·斯密"看不见的手"理论的具体体现。纯粹的计划经济制度是指所有的生产要素归国家和政府所有,生产产品和服务的数量、定价都由政府决定,其宗旨是政府按"社会利益"分配资源,一切的经济活动都是为了国家利益而非私人利益。混合经济制度介于市场经济制度和计划经济制度之间,是一种既有市场经济的成分又有计划经济成分的经济制度。

当前,大多数国家的经济制度都是混合经济。即便像美国、瑞典等这些宣称自己为市场经济的国家,仍然有计划经济的成分,只是存在程度大小的差别。

(2) 国民经济

衡量国民经济状况最常用的指标有国内生产总值(GDP)和国民生产总值(GNP)。国内生产总值是指一定时期在一个国家的范围内,本国和外国居民所生产的最终使用的商品和服务的总和;国民生产总值是指一个国家的国民在国内、国外所生产的最终商品和服务的总和。前者是一个范围概念,强调的是地域性,而后者是一个国民概念。跨国企业更为关心一国的国内生产总值增长率,因为它在一定程度上反映了东道国的经济发展水平和经济活跃度,这对跨国企业决定是否在该国进行商务活动有很大的影响。衡量国民生活水平的指标还有人均国民收入、人均可支配收入等指标,跨国企业经营者应该同时使用这些指标来综合判断一国的市场潜力。

(3) 通货膨胀

通货膨胀是指由于货币供给大于对货币的实际需求,导致整体物价水平的普遍和持续上涨。与此相对应的通货膨胀率是指超过需求的那部分货币与实际货币需求量之比,在实际中一般用价格指数的增长率来间接表示。一些经济学家认为,温和的通货膨胀,即较低的通货膨胀率,有助于扩大产出和刺激经济增长。但不可否认的是,高通货膨胀会对经济产生较大的损害。高通货膨胀下,本国货币会快速贬值,企业难以实施长期的投资计划,经营风险增加。

(二) 国际货币体系

(1) 国际货币体系的演化

国际货币体系的演化大致可以分为以下三个阶段:

金本位制(1870—1914年)。金本位制体系是一种典型的固定汇率制,它的核心是以

---

① 安占然.国际商务:第2版[M].北京:北京大学出版社,2015:59.

黄金作为本位币,货币的价值由若干黄金的重量来衡量,国家之间的汇率就是各自货币的含金量之比。然而,金本位制过分依赖于黄金,而黄金的产量无法满足对黄金日益增长的需求。两次世界大战期间(1914—1944年),国际货币秩序混乱,金本位制几度中断。随着第二次世界大战的结束,以美元为中心的布雷顿森林体系应运而生。

布雷顿森林体系(1944—1973年)。布雷顿森林体系规定会员国的货币按照固定汇率与美元进行兑换,而美元与黄金挂钩,该体系同时还催生了国际货币基金组织和世界银行两大国际金融机构。但是,布雷顿森林体系存在的"特里芬难题"[1]始终无法解决,再加上世界各国生产力水平的提高和美国国内经济的不稳定,布雷顿森林体系最终在20世纪70年代后全面崩溃。

牙买加体系(1976年至今)。布雷顿森林体系崩溃后,国际上经过一系列激烈的讨论,最终签订达成了"牙买加协议"。"牙买加协议"实行浮动汇率制,推行黄金非货币化,扩大了对发展中国家的融资,降低了美元的国际储备作用。近年来国际货币体系面临着很大的动荡,未来国际货币体系究竟会走向何处,还是一个未知数。

(2) 外汇市场

国际交易相比国内交易会更加复杂,国内交易只涉及一种货币,而国际交易至少要用到两种或两种以上的货币。因此,无论是跨国企业还是小型进出口贸易公司,进行国际商务活动时首先要考虑的就是外汇兑换问题。外汇市场是指在国际从事外汇买卖的交易场所。外汇市场并不是企业融资的来源,但它能够给企业的融资活动和国际交易带来便利。投资者利用外汇市场主要有四个目的:货币兑换,指企业通过外汇市场将一种货币兑换为另一种货币的行为;货币对冲,指为了避免因汇率发生不利变动带来的潜在损失而采取的保值行为;套汇,指为了获利而在不同市场同时进行货币买卖的行为;货币投机,指通过预测某种货币的价值将发生变化而进行买卖从而获取利润的行为。[2]

(3) 汇率政策

与商品的国际流动一样,货币也会随着跨国商务活动在国家之间流动。不同货币之间的兑换比率就是汇率。汇率政策主要包括两种:浮动汇率制和固定汇率制。浮动汇率制是根据外汇市场上的供需来决定汇率水平,一般很少有政府实行完全的浮动汇率制度,大多数国家通过一定的干预措施来实行有管理的汇率浮动,只是不同国家的干预程度不同。固定汇率制是将一种货币对其他货币的汇率波动限制在一定的范围内。固定汇率制度的优点在于可以避免汇率波动风险,稳定进出口价格,有利于经济的稳定发展;但缺点是对外汇储备量有一定的要求,甚至会为了维护固定汇率而破坏内部经济平衡。

---

[1] 特里芬难题来源于1960年美国经济学家罗伯特·特里芬的《黄金与美元危机——自由兑换的未来》,指由于其他货币与美元挂钩,各国贸易的壮大会导致流出美国的货币在海外不断沉淀,为美国国际收支带来长期逆差;而美元作为国际货币核心的前提是保持美元币值稳定,这又要求美国必须是一个国际贸易收支长期顺差国。这一内在矛盾被称为"特里芬难题"。

[2] 约翰·J. 怀尔德,肯尼思·L. 怀尔德. 国际商务[M]. 北京:北京大学出版社,2015:238-239.

二、文化环境

(一) 文化的概念

文化的概念十分庞杂,许多专家从不同角度定义文化。最早从人类学立场界定文化的是英国学者泰勒(E. B. Tylor),他指出了文化的整体性。泰勒在 1871 年出版的《原始文化》一书中提出:"文化(Culture),或文明(Civilization),就其广泛的民族志意义来说,是包括全部的知识、信仰、艺术、道德、法律、习俗以及作为社会成员的人所掌握和接受的任何其他的才能和习惯的复合体[①]。"跨文化差异与管理领域的学者吉尔特·霍夫斯泰德(Geert Hofstede)将文化定义为一个环境中的人的"共同的心理程序",也是一个人群的成员与另一个人群的成员相区分的共同思维方式。可见,文化既包括精神层面的活动,即某个群体所认同的一整套价值观、信仰、道德规则和习俗惯例,还包括一个民族或社会的全部活动和生活方式。

一个国家或社会的文化通常较为稳定。但值得一提的是,互联网的发展提高了信息传播的实效性、公开性和互动性,而网络信息良莠不齐、真假难辨。近些年互联网已成为滋生极端民粹主义和民族中心主义的温床。在一系列的网络公共事件中,部分网民极易在舆论的引导下出现仇富、反全球化、反市场化、反权力的心态,并在网络平台上不负责任地发泄不满、发表抗议,给社会、政府和普通民众带来了极大的危害。

(二) 文化的组成要素

(1) 语言

语言是人类最重要的交流工具,也是保存各民族文明成果的载体。目前全球范围内使用最广泛的语言是英语,而汉语的使用人数最多。在开展国际商务活动时,语言沟通不是简单的文字翻译,更需要跨国公司对当地文化背景有深刻的了解。例如,同一种语言在不同国家的含义可能是不同的,英语中的"tabling a proposal"在美国指暂缓决议,而在英国则指马上行动。语言对于跨国企业推行全球广告也十分重要,不了解当地语言和文化,很有可能出现啼笑皆非的严重失误。例如,英国 Schweppes 公司曾试图在意大利出售"Tonic Water"(又名"奎宁水",一种以奎宁调味的含矿物质的饮料),但在意大利语中,"Tonic Water"等同于"Toilet Water"(厕所水),导致该公司陷入尴尬,遭受损失。

(2) 宗教

宗教是文化的重要组成部分,它是一种人类内在的精神活动和社会意识形态,影响着人们的行为和态度。目前世界上宗教流派较多,其中,基督教和佛教等被一些国家明确列为国教。基督教信奉耶稣,教义是《圣经》,又可细分为东正教、天主教、新教和一些其他教派。佛教信奉释迦牟尼,根据地域又可分为汉传佛教、藏传佛教等。进行国际商务活动时,应尊重当地的教规,了解当地人的宗教信仰和禁忌行为,清楚各个宗教内部的派系差别,这有助于跨国公司顺利进入市场。如麦当劳在印度不提供牛肉和猪肉,因为这会冒犯印度教教徒等的饮食习俗。

[①] 爱德华·泰勒.原始文化[M].上海:上海文艺出版社,1992.

(3) 礼仪与风俗习惯

礼仪是指在一种社会文化背景下,大家公认的恰当的行为举止、语言规范和衣着方式。中国人习惯在饭桌上谈生意,但在墨西哥,除非主人先提到生意,否则在饭桌上谈生意是很不礼貌的做法。美国人和日本人很注重时间,然而生活在拉美和地中海文化下的人们对时间的态度很随意。风俗习惯是人们根据自己的生活习惯、居住环境等形成的一种约定俗成、代代相传的行为方式,它体现在饮食、服饰、婚丧、节日等生活的方方面面,对跨国企业营销活动的设计和消费者的消费方式有着重要的影响。例如,日本人偏好白色,因为对他们来说白色是纯洁高尚的象征,而白色在中国则是不吉利的象征;匈牙利在饮酒前不允许碰杯;墨西哥禁止送黄色的玫瑰,等等。因此,企业在进行商务活动时需要了解当地的礼仪和风俗习惯,尽量做到"入乡随俗",这不仅有助于国际商务活动的顺利进行,还可以帮助经营管理者提高跨文化谈判、营销方面的表现。

(4) 社会结构

社会结构是指一种建立在文化基础上的社会组织,是社会主体之间互动交流、建立社会关系的平台,包括社会阶层结构、家庭结构、组织结构、区域结构等,其中社会阶层结构是核心。社会阶层结构也可以称为社会地位、社会等级,有些文化的社会阶层少,有些却很多。一般来说,大学教授、医生、官员、商界领袖等受过高等教育的人在社会中的地位较高,处于低阶层的人一般只受过职业培训或没有受过培训。社会阶层是可以流动的,阶层的高低也有可能发生变化,但在一些文化中,阶层基本已经固化,难以再改变。印度实行的种姓制使得社会很难出现阶层流动,这容易激化不同阶层之间的矛盾冲突,也让跨国企业在人力资源管理方面面临是适应本地政策还是使用更民主科学的管理方法的两难抉择。

在国际商务领域中,跨国公司应调整自身经营以适应东道国的文化环境被视作主流观点。然而,也有部分观点认为跨国公司有时候使用反文化做法反而是有益的,但这并不是在质疑东道国文化适应的正确性,而是旨在通过一些反文化实践的事实带来更平衡的跨文化经验观点。[①]

三、法律环境

(一) 法律体系

英美法系和大陆法系构成世界上绝大多数国家法律体系的基础,熟悉这两大法律体系有助于我们了解各国法律体系之间的差异。

(1) 英美法系

英美法系(Common Law),又称普通法系、判例法系,是指以英国普通法为基础发展起来的法律制度体系,它最早产生于12—14世纪的英国,于18—20世纪在世界范围内广为传播。相比于大陆法系,英美法系的法律分类没有严格的部门法概念,其法律分类比较偏重实用。目前使用英美法系的国家包括美国、加拿大、印度、巴基斯坦、孟加拉国、马来西亚、新加坡、澳大利亚、新西兰以及非洲的个别国家和地区。英美法系的立法精神是注重

---

① Caprar D. V., Kim S., Walker B. W., et al. Beyond "Doing as the Romans Do": A review of research on countercultural business practices[J]. *Journal of International Business Studies*, 2022, 53: 1449-1483.

法典的延续性,法官依据一系列判例进行判决,属于依例而行,而非依法而行。这些判例一般都经过了历史的检验,不仅有法官的创制,也有人民陪审员的贡献,有广泛共识的基础。英美法系的主要特点是灵活性较大,这是因为法官对法律的解读可能会赋予法律新的含义,也会影响未来的判案。但是,正是由于这种灵活性,导致对案件的判断容易产生冲突和纠纷。因此,为了包含所有可能发生的问题以及所适用法律各种可能的解释,实行英美法系的国家的合同往往很长并且很详细,公司在法律服务方面的费用也很高。

（2）大陆法系

大陆法系(Civil Law)是以罗马法的体系、概念和术语为基础,吸纳融合其他法系中的法律概念,综合发展而成的,代表法典有 1804 年的《法国民法典》和 1896 年的《德国民法典》。目前实行大陆法系的国家有阿根廷、中国、埃及、巴西、瑞典、韩国、德国、日本和法国等。大陆法系与英美法系最大的区别在于,大陆法系不存在判例,法律判决的形成依靠全面的法条和法规,产生的冲突和矛盾也较少。因此,实行大陆法系的国家的合同一般较短,公司在法律事务上花费的时间和精力也比较少。这是由于所有的法律条款都被编入了法典,合同各方的权利、义务和责任都可按照法典中所涉及的具体规则来实行。

（二）国际商务中的法律问题

一个国家的法律环境会影响到当地企业和跨国企业方方面面的商务活动,管理者通常要综合考虑多方面的法律问题,如法律如何影响日常经营活动、法律对哪些方面的商务活动有所限制等。这里着重介绍知识产权保护与反垄断方面值得跨国企业关注的法律问题。

（1）知识产权保护法

知识产权(Intellectual Property Rights),是指"权利人对其智力劳动所创作的成果和经营活动中的标记、信誉所依法享有的专有权利",包括小说的版权、软件的核心程序、艺术设计、可口可乐的配方等。对知识产权的保护有助于激励企业继续创新,推进产品或服务的更新换代。知识产权主要包括和专利、版权以及商标相联系的权利。

专利(Patent),是指政府部门允许专利申请人对其发明的新产品、新工艺享有通过生产、许可或出售的方式获取收益的一种法律权利。中国于 1984 年颁布了《专利法》,其性质主要体现为排他性、时间性和地域性。排他性指专利权人对其专利拥有独占权,任何人一经使用即为侵权;时间性指法律对专利权人的保护期是有时间期限的,超过这一期限则不再提供保护;地域性指专利权只有在一定的地域范围内才受到法律保护。

版权(Copyright),使用符号"©"标注,是指著作人对其作品依法享有自由处置的权利,包括何时发表、以什么样的方式发表、修改作品、有偿授予他人使用等。著作人包括摄影家、画家、作家、艺术家、音乐家等。例如闻名全世界的歌曲"生日快乐"实际上受美国《版权法》保护,版权由时代华纳公司拥有。

商标(Trademark),是指一个厂商的产品或服务区别于其他厂商的标志。根据中国法律规定,经商标局核准注册的商标受法律保护。商标是企业的无形资产,其价值很难被准确估量,因为它没有固定的评价标准。

当今的国际竞争主要是知识创新产品的竞争,但知识产品创造难却容易模仿,加上各国对知识产权的保护情况差异巨大,使得"盗版""山寨"仍普遍存在,这给企业创新带来了极大的伤害。如今中国正在进行知识产权改革,全力打击盗版,保护原创作品的知识产权已经成为共识。

拓展阅读

英国、美国的知识产权保护制度历史演变

英国和美国对知识产权的保护相对于其他国家是较为成熟的,其中英国是世界上最早建立现代知识产权保护制度的国家,而美国在起步阶段对知识产权的保护强度较为宽松,直到其经济实力达到一定高度,才逐渐加强了保护力度。时至今日,美国已经成为从知识产权中受惠最大的国家之一,因此美国也在不断推动国际知识产权保护。

意大利是最早推行对知识产权进行保护制度的国家。1474年,威尼斯诞生了世界上第一部专利法,随后便迅速传向欧洲各国,并最终于英国形成现代知识产权保护制度的雏形。1623年,英国议会通过了《垄断法条例》,法律规定新产品的"第一发明人"享有14年或14年以下的专利垄断权。这部法律是公认的世界上第一部具有现代意义的专利法,世界各国现行专利法也基本以其作为参考。《垄断法条例》的颁布使英国的技术发展有了质的飞跃,英国工业革命的兴起与由其促进的技术积累密不可分。1709年,英国颁布了世界上第一部具有现代意义的著作权法——《安娜女王法令》,这部法律与《垄断法条例》共同成为英国知识产权保护制度的纲领性法律,也为世界知识产权保护制度提供了参考。1852年,《专利法修正法令》的实施和国家专利局的成立,标志着英国确立了现代知识产权保护体制。知识产权保护制度的长期推行,给英国带来技术优势的同时也使知识产权保护理念深入人心,成为社会文化的一部分,一直保持至今。

美国与英国完全不同,早期的美国还未从战争的创伤中恢复,自身实力较弱,难以进行技术创新。因此,为保护本国利益,19世纪的美国对来自外国的知识产权采取了歧视性政策,以方便本国居民通过大量模仿进行技术上的仿制。直到1836年,美国才取消对外国公民授予专利的限制;1861年取消外国公民的专利申请费高于美国公民这一歧视政策;1891年才开始保护外国公民的著作权。20世纪70年代是美国加强对知识产权保护的转折点。1971年,美国的进出口贸易首次出现赤字,随后其生产力增速也逐渐放缓。为恢复生产力,美国开始把知识产权战略提上议程,以期加强对本国知识产权的国际保护,建立并保持自己的技术优势,巩固其在国际中的竞争地位,并积极推进国际知识产权保护体系的统一建立。这也正是我们今天看到的美国国际知识产权保护政策的指导思想。

(资料来源:夏珣.经济发展水平与TRIPS协定下知识产权保护[D].上海:复旦大学,2010,部分内容有删减)

思考题:19世纪的美国作为"后进国",采取先模仿后自主创新的方式进行技术升级,当自主创新能力逐渐提高后,美国转而实行严格的知识产权保护制度。你如何看待美国的这种做法?

(2) 反垄断法

垄断(Monopoly)是一个经济学概念,它是指某个行业内只有一个或几个企业。反垄断法(Antitrust/Antimonopoly Laws)就是指当企业出现垄断行为或趋势时,国家政府或者组织利用一定的法律法规来阻止公司固定价格、瓜分市场,获得不公正垄断优势。这类法律的目的在于维护市场交易秩序和保护消费者的利益,各个国家都会对反垄断进行立法,中国的《反垄断法》于2008年8月1日生效,包括总则、垄断协议、滥用市场支配地位、经营者集中、滥用行政权力排除、限制竞争、对涉嫌垄断行为的调查、法律责任和附则。

对于跨国企业,需要特别关注其经营比重较大的那些国家的反垄断法,尤其是反垄断法最为严格的美国和欧盟。通用电气和霍尼韦尔是两家美国企业,但它们在欧洲的合并计划被欧盟阻止,原因就在于欧盟认为两家企业强强联合可能会导致行业垄断,给消费者带来更高的价格。因此,反垄断法执行严格国家的企业认为,相对于那些来自反垄断法执行力度不大国家的竞争对手,它们会处于竞争不利的地位。

(三) 道德规范与社会责任

(1) 道德规范

道德,是指个人和企业的行为除了遵守法律,还需要遵守一系列的准则、标准和规范,这部分除法律之外的行为准则就是道德。一个社会中,道德规范是在当地文化和法律的基础上形成的,法律仅仅反映了社会的最低行为标准,仅有法律标准是远远不够的。比如法律不适用于规范所有的企业行为,因为不是所有不道德的行为都是违法的;法律也不能及时反映社会中最新出现的问题,这是因为法律的修订需要很长的周期,是对已发生问题的反映,不可能包含所有可能出现的社会问题。跨国管理者会经常面对一些界限非常模糊的行为,而他们会有一套在本国价值观和法律的基础上形成的是非判断标准,但这套标准是否能够适应国外环境是每一个跨国管理者都需要思考的问题。商业道德学者托马斯·唐纳森提出了三条"中间路线"指导原则:尊重人的尊严和基本权利;尊重当地的传统以及尊重制度环境。

跨国公司在国外普遍面临的道德问题就是贿赂。进行贿赂的目的之一是获得政府合同,比如拿到政府的特许经营、生产许可证等。贿赂无疑是扰乱市场秩序的行为,破坏了市场公平性,导致资源的错误分配,危害了经济的健康有序发展。打击商业贿赂行为是每个国家的重要任务。

(2) 社会责任

目前对企业社会责任(Corporate Social Responsibility, CSR)的定义并无一个确切的共识,相关的子概念也层出不穷。[①] 根据当前的主流观点,企业社会责任主要是指企业在获取利润的同时还要兼顾到投资者、消费者、其他公司和团体等利益相关者的利益,强调要在生产过程中关注周围环境,强调对企业所面对群体(如消费者、社会等)的贡献。

企业有义务监督员工的工作,但过分压榨员工会使其人权无法得到保障。服装行业是劳动密集型行业,发达国家在发展中国家投资设厂给当地的工人带来工作机会的同时

---

① Kolk A. The social responsibility of international business: From ethics and the environment to CSR and sustainable development [J]. *Journal of World Business*, 2016, 51(1): 23-34.

也可能带来压榨。20世纪90年代初期,新闻媒体曝光了美国服装制造商李维斯的"血汗工厂"制度,由此引发了针对成衣业和制鞋业发动的"反血汗工厂运动"。随着消费者道德意识的加强,越来越多的消费者开始拒绝由"血汗工厂"生产的产品,再加上来自劳工组织和人权组织等非营利性组织的不断施压,许多知名品牌公司将定制生产守则提上日程,承诺履行企业的社会责任。

随着全球生态环境的持续恶化,环境保护已成为全民关注的焦点问题。各国政府纷纷出台相应的环保政策限制企业对环境的污染,倡导绿色经济。中国制定的《中华人民共和国环境保护法》对企业排放污染物作出了严格的限制。2020年9月22日,国家主席习近平在第七十五届联合国大会上宣布,中国力争2030年前二氧化碳排放达到峰值,努力争取2060年前实现碳中和。许多公司也开始积极推进绿色运营,在降低污染治理成本的同时更好地履行了企业社会责任。

拓展阅读

"蚂蚁森林"引领种树潮流

阿里巴巴旗下的支付宝在2016年正式推出"蚂蚁森林"公益活动,通过步行、购物、网络购票、在线缴纳燃气水电费等行为,支付宝用户可以将减少的碳排放量在APP中换算为虚拟能量。用户用收集的"能量"来种植虚拟树,当虚拟树长成后,公益组织或环保企业可以"买走"用户的虚拟树,在现实的某个角落真正种下一棵树。截止到2021年年底,超过6亿用户在"蚂蚁森林"参与低碳生活,并累积产生"绿色能量"2 000多万吨。由用户申请并由蚂蚁集团捐资已累计种下3.26亿棵树,种植面积超过397万亩。[①] 这些树木对于防止沙漠化、改善沙漠环境起了非常重要的作用。"蚂蚁森林"在创造绿色的背后,还创造了数以亿元的生态财富,带动当地的人们摆脱贫困。其中的一个种树地区——库布其沙漠,已被成功整体治理,并成为联合国向全球推广的治沙标杆。

思考题:如何激励企业积极履行社会责任?政府是否需要制定相应的支持政策?

四、技术环境

(一)技术环境的定义

技术环境可以看作一个包括开发者和促进者的组织网络,指社会中各种技术的水平和方向,包括新产品、过程或原材料,以及基础科学的研究水平和取得的进步等。[②] 技术环境是国际商务环境分析的一个重要环节,它对跨国企业国际经营的影响是多方面的。从外部环境来看,一国的科技发展水平越高,对外资的吸引力越大;同时,外资也倾向于资本

[①] 数据来源于蚂蚁集团2021年可持续发展报告,可在其官网(https://www.antgroup.com)查阅。
[②] 齐绍洲,刘威,亢梅玲.国际商务环境[M].武汉:武汉大学出版社,2011:223.

和知识密集型产业。东道国优良的技术环境有利于降低跨国企业的风险和成本,有利于企业获得技术外溢的收益。从行业发展来看,技术进步将会改变人们对产品或服务的需求,进而为企业创造新的发展机会;但是,新技术的发明或应用也可能淘汰掉部分企业甚至使一个行业消亡。因此,越是技术更新较快的行业,就越应该将技术环境作为环境分析的重要因素。

(二)国际商务技术环境因素分析

(1)技术水平

从产业集聚理论来看,产业集群是激发企业创新的重要影响因素,跨国企业在产业集群中更容易获得创新资源要素,进行知识的转移和共享,吸收技术溢出。技术水平相对较高的国家更容易形成产业集群,这样的产业集群例子包括美国的硅谷、英国的剑桥科技园等。

跨国企业所在东道国的技术发展水平是不同的,按照技术水平的高低,可以划分为以下几类:技术领先者,如美国、日本和西欧国家等,这些国家无论是在基础设施还是在技术创新水平方面都有较大的优势。除此之外,还有潜在的技术领先者、技术的积极采用者和技术落后者。

(2)技术贸易

国际技术贸易是指不同国家的企业、经济组织或个人之间,按照一般商业条件,向对方出售或从对方购买技术使用权的一种国际贸易行为,其内容一般包括工业产权,如商标、专利;专有技术或技术诀窍;工程设计,工厂的设备安装、操作和使用;与技术转让有关的机器、设备和原材料等。然而,由于国家之间技术水平差异较大,技术贸易发展很不均衡,技术领先的发达国家在技术出口中一直处于垄断地位,以技术输出带动资本和商品输出。对于技术落后的国家而言,技术贸易带来技术扩散,技术进口国通过吸收和学习先进知识,结合本国的资源优势进行技术改进和再创新。

(3)金融市场

技术创新将科技与生产相融合,在这个过程中会伴随着不确定性和较大的风险。对致力于技术创新的企业,尤其是中小企业而言,新技术的研发需要大量的资金投入。因此,东道国金融市场的发达程度对跨国企业的技术创新至关重要。大量的研究表明,外部融资困难会约束企业的研发投入。当企业的内部资金不足以支撑研发投入,而又难以获得外部资金支持时,企业只能"量入为出",创新活动遭到制约。如果东道国的金融市场较为发达,便捷的融资渠道和低廉的融资成本将促使企业增加对技术研发的投入,从而为推进产业创新和持续发展奠定了基础。

(4)技术政策

技术政策属于产业政策的一种,可以简单将其理解为政府为了鼓励企业进行技术创新而采取的一系列公共政策的统称。关于技术政策的有效性目前仍存有争议,反对者认为技术创新是在市场条件下的企业自发行为;支持者认为,在市场失灵的情况下,考虑到外部性协调,可以通过外部政策的干预激励企业进行创新。技术政策的制定和演化受一国宪法和其他相关政策的影响。例如,美国的技术政策逐渐由自由主义向干预主义过渡,反映了政府逐步介入市场的过程;而中国是从高度计划经济向市场经济转变,是政府逐步发挥市场配置资源作用的过程。①

第二节 "一带一路"经济走廊下的商务环境

2013年9月7日,中国国家主席习近平在哈萨克斯坦纳扎尔巴耶夫大学发表演讲时提出共同建设"丝绸之路经济带"。同年10月3日,习近平主席在印度尼西亚发表演讲时,阐述了构建"21世纪海上丝绸之路"的构想,"一带一路"倡议由此产生。"一带一路"沿线国家众多,投资者面对的商业环境复杂,只有在"一带一路"倡议的框架下对其进行针对性分析,才能有效规避风险。本节将针对"一带一路"六大经济走廊分别从政治、经济和文化环境三方面进行分析。

一、中蒙俄经济走廊

(一) 政治环境

中蒙俄经济走廊贯穿亚欧大陆,连接东亚经济圈和欧洲经济圈,分为两条线路:一是从华北京津冀地区到呼和浩特,再到蒙古和俄罗斯;二是从大连、沈阳、哈尔滨到满洲里和俄罗斯的赤塔。中蒙俄三国的政治互信度较高,再加上三国领导人之间的频繁交流,更是将三方的关系提升到了新高度。中蒙俄三国共同签署的《建设中蒙俄经济走廊规划纲要》是首个多边经济合作走廊联合发布的官方文件,是"一带一路"建设的早期成果。

(二) 经济环境

中国是俄罗斯和蒙古国主要的外贸以及投资伙伴,随着"一带一路"倡议的促进,三国间的经济依存度不断提升,成为互相依赖的经贸合作伙伴。蒙古的经济体量较小,国内基础设施和医疗都较为落后。蒙古在地理位置上紧邻中俄两国,拥有丰富的自然资源,但由于其是内陆国家,没有出海口,跨境交通比较薄弱,因此丰富的自然资源始终无法有效转化为拉动经济发展的动力。俄罗斯属于新兴经济体,经济发展整体较为稳定,近年来经济增长有放缓的态势。俄罗斯的石油、天然气等自然资源较为丰富,是国际上重要的能源市场;地理位置上又是具有重要战略价值的过境运输国家,俄罗斯的战略地位不容小觑。通过中蒙俄经济走廊的建设,蒙古可以借助俄罗斯和中国的出海口,将自己丰富的自然资源输送到国际市场上,在一定程度上能够打破制约经济的瓶颈;俄罗斯也可以进一步巩固自身的战略地位,促进其与欧洲腹地国家的互联互通。②

(三) 文化环境

俄罗斯是一个多民族国家,其中俄罗斯族是主要民族,俄语是国内的官方语言。虽然俄罗斯属于亚洲国家,但文化上更偏向于欧洲文化,主要宗教是东正教。俄罗斯的教育比

---

① 韩元建,陈强.美国政府支持共性技术研发的政策演进及启示——理论、制度和实践的不同视角[J].中国软科学,2015(05):160-172.
② 侯淑霞,孙国辉等.中蒙俄经济走廊学术论丛[M].经济管理出版社:北京,2016:6.

较发达,国民受教育程度普遍较高,且拥有强大的工会组织。① 蒙古国的人民基本属于蒙古族,语言上与中国的蒙古族类似,文化和风俗习惯也基本一致。蒙古国实行的是免费教育,因此教育普及率较高,人口素质也较高。

二、新亚欧大陆桥经济走廊

(一) 政治环境

新亚欧大陆桥经济走廊从中国山东省青岛市出发,途径中国多个中西部省市②,绕开极端寒冷地区,且全年无冰冻期,最终抵达荷兰的鹿特丹。2014年4月,习近平主席在比利时布鲁日欧洲学院发表演讲时表示:"我们要在亚欧大陆架起一座友谊和合作之桥。"2015年3月28日,国家发改委、外交部和商务部联合发布的《推动共建丝绸之路经济带和21世纪海上丝绸之路的愿景与行动》中提出共同打造新亚欧大陆桥。新亚欧大陆桥将亚洲和欧洲市场紧密相连,"1+16"的合作机制推动了中国—中东欧国际关系的发展,为未来进一步的经贸合作提供了保障。

(二) 经济环境

中东欧国家经济社会的多样化特点显著,内部发展不平衡,最富裕国家与最落后国家的人均收入差距近十倍。V4国家③、克罗地亚、斯洛文尼亚以及波罗的海三国的经济社会发展水平居前,其中V4国家的传统装备制造业和高新技术产业发展迅速,在世界市场占据越来越重要的地位。从经济转型角度看,V4国家、斯洛文尼亚及波罗的海国家是较早完成转型的国家,而保加利亚、罗马尼亚和阿尔巴尼亚等仍处在转型过程中。④

(三) 文化环境

中东欧国家历史悠久,人文气息浓厚,但是近年来民粹主义开始在欧洲大陆蔓延。民粹主义带有明显的反全球化倾向,认为包括中国在内的新兴国家在全球化中受益,欧盟要保护好自己的市场和就业岗位以免新兴国家挤占国内市场。大批涌入的难民使欧洲充满着不稳定因素,而普通民众在欧洲一体化的过程中感受到经济与政治条件不平等的加剧,对主流政党的信任感迅速下降。民粹主义盛行,使得欧洲难以有时间和余力对接来自中方的诸如"一带一路"倡议的合作。⑤

三、中国—中亚—西亚经济走廊

(一) 政治环境

中国—中亚—西亚经济走廊东起中国新疆,经中亚向西到波斯湾、地中海沿岸和阿拉伯半岛,途经的主要国家有中亚五国⑥、伊朗、土耳其等国。中国与中亚、西亚的战略关系

---

① 泰阳,张瑾.内蒙古参与"中蒙俄经济走廊建设"的环境分析与对策研究[J].物流科技,2018,41(02):134-136.
② 新亚欧大陆桥途经的中国省份包括山东、江苏、安徽、河南、陕西、甘肃、青海和新疆。
③ V4国家是指"维谢格拉德集团四国",是由中欧的波兰、捷克、斯洛伐克和匈牙利四国组成的一个跨国组织。
④ 郭业洲."一带一路"跨境通道建设研究报告(2016)[M].北京:社会科学文献出版社,2016:83.
⑤ 金鑫,张秋生."一带一路"跨境通道建设研究报告(2017—2018)——安全风险研究专辑[M].北京:社会科学文献出版社,2018.
⑥ 中亚五国是指哈萨克斯坦、吉尔吉斯斯坦、塔吉克斯坦、乌兹别克斯坦、土库曼斯坦。

总体较好,随着中国经济的高速发展,中国已经成为世界第一大能源进口国,而中亚和西亚是能源丰富型国家,中国—中亚—西亚经济走廊的建设将着力于能源合作,以期在能源资源方面对中国未来的经济建设提供持续、稳定的帮助。

然而,受中亚、西亚国家特殊的地理位置、宗教文化特点影响,这一区域也存在着显著的地缘矛盾和政治风险。① 受历史问题影响,乌兹别克斯坦、吉尔吉斯斯坦、塔吉克斯坦等国家之间存在边界纠纷,近年来多次发生边界冲突,中亚五国围绕水资源分配等问题难以协调一致。② 西亚国家内部政权则更不稳定,围绕宗教、种族等问题的冲突不断,矛盾错综复杂,宗教极端势力猖狂。政治上的风险给推动中亚和西亚区域一体化带来了阻碍。

(二)经济环境

中亚、西亚各国的经济发展水平差距较大。中亚五国的经济体量普遍不大,其中哈萨克斯坦的 GDP 总量相对较高,基础设施建设较为完备,电信通信行业发展迅速,是中亚地区经济发展速度最快、政治局势相对稳定的国家。西亚国家中,以色列凭借发达的科学技术和现代产业,成为西亚国家中经济发展水平较好的国家;科威特、阿联酋和沙特阿拉伯等依靠石油输出的国家,人均收入水平也非常高;战争冲突频发的国家,如阿富汗、伊拉克等国的经济发展则较为落后。

(三)文化环境

中亚地区民族众多,分布复杂,各民族的文化力量相互角力,犹太教、基督教和伊斯兰教在这里交融碰撞,造就了该地区繁杂多样的文化环境。西亚是最早的古代文明发源地之一,这里各个宗教的分支教派繁多③,容易产生宗教隔阂和宗教冲突。因此,该地区历来都是宗教极端势力、民族分裂势力、国际恐怖势力的重灾区。④

四、孟中印缅经济走廊

(一)政治环境

2013 年 5 月,李克强总理在访问印度期间正式提出了推进孟中印缅经济走廊建设,得到了印度、孟加拉国和缅甸的积极响应。同年 12 月,各方在中国昆明签署了孟中印缅经济走廊联合计划,四国共同合作机制正式建立。建设孟中印缅经济走廊有利于四国之间加强互信,促进经贸合作的互利共赢和区域的共同繁荣。印度为联邦制民主共和国,采取英国式议会民主制,政治环境相对稳定,但地方政府的权力过大,各联邦之间的法律不同导致政府出台的政策难以得到有效执行。缅甸实行多党民主制,近年来政治局势变化较大,各势力之间的博弈激烈,国内族群之间存在隔阂,利益难以协调,再加上政府和军方的关系复杂,导致缅甸的经济发展受到制约。孟加拉国每隔五年进行一次大选,由民族主义党和人民联盟两党轮流执政。

---

① 郭利华,李佳珉,葛宇航等.中国—中亚—西亚经济走廊[M].北京:中国经济出版社,2018.
② 王维然.中亚区域经济一体化研究[M].北京:知识产权出版社,2014:195-200.
③ 徐照林,朴钟恩,王竞楠."一带一路"建设与全球贸易及文化交流[M].南京:东南大学出版社,2016:186.
④ 王颂吉,白永秀.中国—中亚—西亚经济走廊建设:进展、问题与对策[J].贵州社会科学,2016(08):126-133.

（二）经济环境

印度 2018 年 GDP 总量为 27.26 亿美元,是世界上发展最快的国家之一,与巴西、俄罗斯和中国并称为"金砖四国"。印度的人口众多,并且国内城市化和家庭结构的变化正在推动印度对各种产品的强劲需求,市场潜力较大。孟加拉国和缅甸的经济发展水平较为落后,目前还属于欠发达国家,其中孟加拉国的产业基础薄弱,对外开放程度较低,尽管孟加拉国对经济走廊建设的响应十分积极,但国内的经济环境使其"心有余而力不足"。① 孟印缅三国共同的经济风险在于基础设施建设不足,经济管理体制不太完善,贸易和投资便利化难以实现,这制约了经济走廊建设的推进。

（三）文化环境

孟印缅都是多民族国家,尽管三国的官方都讲英语,但地方性语言依然流行。印度语言使用情况非常复杂,2011 年人口普查数据显示,印度母语总数共计 19 569 种,其中将印地语和英语作为第二、三语言的人占调查总数的 72.69%。② 宗教方面,缅甸信仰自由,但 85% 以上的人都信仰佛教；孟加拉国的国教是伊斯兰教,信奉的人数占总人口的 88.3%；印度的宗教相对复杂,除 80% 的人口信仰印度教外,还有大量伊斯兰教等其他宗教的信徒。③ 综合来看,孟印缅的社会文化多样性突出,也使得外国投资者与当地的文化融合面临障碍。

五、中巴经济走廊

（一）政治环境

2013 年 5 月,李克强总理在访问巴基斯坦时正式提出建立中巴经济走廊,目的在于帮助巴基斯坦进行基础设施建设,解决其经济发展面临的结构性问题。中巴经济走廊北起中国的喀什,南至巴基斯坦的瓜达尔港,全长 3 000 公里,是贯通南北丝路的关键枢纽。中国 60% 的能源补给来自中东,80% 的石油进口经过马六甲海峡。原有的能源运输路线长、风险大,打通中巴经济走廊后,中国与南亚、西亚、欧洲、非洲的经贸距离将大大缩短。一旦围绕瓜达尔港的中巴铁路和油气管道建设成功,巴基斯坦将成为我国通向西亚、欧洲、非洲等地区的重要物流枢纽。④ 巴基斯坦实行多党制,目前国内政党有 200 多个,国内政局难以稳定,各个党派对国家的认同感不高,地域主义观念盛行,因此在走廊线路的问题上还存在争议。

（二）经济环境

近几年,巴基斯坦进行了大规模的经济改革。2018 年,巴基斯坦 GDP 总量达到 3.12 亿美元,服务业增加值占 GDP 比重上升到 53.5%⑤,但大多属于批发和零售等低端服务业,以

---

① 杨思灵,高会平.孟中印缅经济走廊建设问题探析[J].亚非纵横,2014(03):45-53.
② 金鑫,张秋生."一带一路"跨境通道建设研究报告(2017-2018)——安全风险研究专辑[M].北京:社会科学文献出版社,2018:217.
③ 杨言洪."一带一路"黄皮书 2014[M].银川:宁夏人民出版社,2015:223-229.
④ 李希光等.中巴经济走廊——中国"一带一路"战略旗舰项目研究[M].北京:文津出版社,2016:69.
⑤ 数据来源:世界银行。

农业为基础的棉纺织业是其工业部门中最重要的产业。受政治变动影响,巴基斯坦的通货膨胀严重且波动极大,人民储蓄率低,贫富分化严重,对外资依赖性强。因此,走廊建设的资金偿还问题将成为中巴经济走廊建设的主要经济风险。

(三)文化环境

巴基斯坦的国教为伊斯兰教,穆斯林约占其总人口的95%。伦敦经济与和平研究所2018年发布的《全球恐怖主义指数报告》显示,巴基斯坦在全球受恐怖主义影响最严重的国家中排名第五[①],大量人口因恐怖主义的肆虐而死亡。尽管巴基斯坦对恐怖组织加强了打击力度,但短期内要彻底使安全形势转好仍然是困难重重。

六、中国—中南半岛经济走廊

(一)政治环境

中南半岛位于中国与南亚次大陆之间,是南亚三大半岛之一。中南半岛地理位置优越,是连接亚欧大陆与南亚半岛的重要桥梁。中国—中南半岛经济走廊东起珠三角经济区,经南宁、凭祥、河内最终至新加坡,是中国与东盟国家合作的跨国经济通道。2014年12月,李克强总理在大湄公河次区域经济合作第五次领导人会议上指出,要发掘中国与中南半岛国家新的增长动力和合作模式;2016年5月,中国—中南半岛经济走廊发展论坛正式发布《中国—中南半岛经济走廊倡议书》。

中南半岛的多数国家正处于民主改革的转型时期,新旧体制的交替带来了政局的动荡甚至是政治危机的发生,如泰国虽然实行民主制,但军人干政的传统依然存在,泰国也由此成为世界上军事政变最多、权力更替最频繁的国家之一。国家政权不稳导致政策不断变动,无法连续执行,这给当地的投资者带来了不利影响。

(二)经济环境

新加坡是中南半岛各国中经济发展水平最高的国家,也是全球最富裕的国家之一。新加坡资源匮乏,需要依靠美、日、欧和周边市场,属于外贸驱动型经济。新加坡还是重要的金融、贸易和航运中心之一。其他国家包括越南、柬埔寨、缅甸、老挝、马来西亚和泰国都属于发展中国家,正处于经济转型阶段。东南亚各国的货币、经济和金融系统稳定性差异较大,投资容易受到汇率变动的影响。就东南亚整体而言,其劳动密集产业增势明显,区域生产关联网络构建迅速,在其产业结构调整、经济增长中产生了积极效果,地区内各国的经贸潜力也相应上升。

(三)文化环境

中国—中南半岛经济走廊所覆盖的地区为全球跨界民族最多的区域之一,民族最多的国家中,越南有54个民族、老挝有68个民族,缅甸有135个民族,这就导致了各国的民族关系复杂,再加上信仰的宗教种类繁多,使得中南半岛各国的文化多样性较强。多样的文化环境也带来了不稳定和冲突,如中缅边境就居住着10多个跨界民族武装,威胁着边境的安全稳定,对跨国企业来说,安全风险较大。

---

① 资料来源:http://globalterrorismindex.org。

拓展阅读

"一带一路"贸易投资指数

贸易与投资是推动世界经济发展的两大动力,是释放沿线国家发展潜力的重要途径,是推动构建开放型世界经济体系的重要支撑和基石。为了全景式反映"一带一路"经贸合作的规律、趋势与变化,由中国国际经济交流中心牵头,联合对外经济贸易大学、路孚特、国家开发银行四家机构成立了联合编制组,共同建立了一套具有科学性、权威性和动态性的评估体系。

(一)指数构建方法

当前国内外学术研究中有许多关于多指标综合评价的方法,根据指标权重的确定方法不同,大致可以分为两类:一类是主观赋值法,主要采用咨询调查的方法确定权重,例如德尔菲法等,但这种方法往往主观色彩浓厚,受人为因素影响较大,很难反映客观真实情况;另一类是客观赋权法,根据指标间相互关系与变异程度来确定各自权重,例如主成分分析法、因子分析法、熵权法等。考虑到熵权法[①]具有更强的客观性,这里采用熵权法来计算指标的权重。

(二)贸易总指数的指标构成

"一带一路"贸易指数评价体系由贸易规模、贸易便利化、贸易风险和贸易潜力4个一级指标、6个二级指标和22个三级指标构成。[②] 2018—2019年间部分沿线国家贸易总指数情况如表4-1所示。

表4-1 "一带一路"部分沿线国家贸易总指数排名

排名	国家	得分	排名	国家	得分
1	中国	0.994	47	马耳他	0.116
2	印度	0.407	48	黑山	0.106
3	韩国	0.399	49	突尼斯	0.103
4	新加坡	0.393	50	斯里兰卡	0.101
5	俄罗斯	0.351	51	波黑	0.100
6	意大利	0.291	52	斯洛伐克	0.097
7	土耳其	0.265	53	孟加拉国	0.096
8	波兰	0.247	54	亚美尼亚	0.094
9	泰国	0.237	55	北马其顿	0.093

---

① 熵权法基于信息论,将熵作为系统无序信息的度量,如果指标的熵越小,则该指标可提供的信息量越大,在综合评价中所起的作用越大,权重就越高。

② 贸易指数二级指标包括贸易硬环境、贸易软环境、贸易经济风险、贸易社会风险、贸易金融风险、贸易政策风险;三级指标包括农业进出口总额、矿产进出口总额、制造业进出口总额、服务业进出口总额、铁路货运量、航空货运量、港口吞吐量、关税水平、海关清关效率、廉政指数、消费者价格指数、经济稳定性、社会安全、环境政策、汇率稳定性、信用水平、经常账户占GDP比重、政府效率、法制程度、人均收入增速、签订FTA数目、GDP增速。

（续表）

排名	国家	得分	排名	国家	得分
10	智利	0.235	56	肯尼亚	0.087
11	马来西亚	0.232	57	乌兹别克斯坦	0.082
12	乌克兰	0.213	58	加纳	0.081
13	印度尼西亚	0.206	59	蒙古国	0.081
14	阿联酋	0.196	60	塞浦路斯	0.081
15	以色列	0.193	61	巴林	0.079
16	捷克共和国	0.193	62	阿尔及利亚	0.079
17	秘鲁	0.188	63	纳米比亚	0.079
18	沙特阿拉伯	0.184	64	乌拉圭	0.078
19	新西兰	0.184	65	厄瓜多尔	0.077
20	保加利亚	0.181	66	阿塞拜疆	0.076
21	斯洛文尼亚	0.175	67	坦桑尼亚	0.075
22	立陶宛	0.173	68	白俄罗斯	0.073
23	南非	0.171	69	土库曼斯坦	0.072
24	越南	0.170	70	尼日利亚	0.070
25	阿曼	0.167	71	卢旺达	0.065
26	拉脱维亚	0.165	72	喀麦隆	0.063
27	爱沙尼亚	0.165	73	黎巴嫩	0.062
28	奥地利	0.164	74	安哥拉	0.061
29	罗马尼亚	0.164	75	莫桑比克	0.060
30	巴拿马	0.158	76	马尔代夫	0.060
31	埃及	0.156	77	萨尔瓦多	0.058
32	匈牙利	0.153	78	玻利维亚	0.056
33	摩洛哥	0.152	79	老挝	0.055
34	葡萄牙	0.147	80	文莱	0.055
35	克罗地亚	0.146	81	尼泊尔	0.052
36	卢森堡	0.135	82	毛里塔尼亚	0.051
37	菲律宾	0.133	83	柬埔寨	0.047
38	科威特	0.126	84	塞舌尔	0.046
39	卡塔尔	0.126	85	赞比亚	0.045
40	塞尔维亚	0.125	86	牙买加	0.043
41	巴基斯坦	0.125	87	吉尔吉斯斯坦	0.039
42	哥斯达黎加	0.125	88	塞拉利昂	0.037

(续表)

排名	国家	得分	排名	国家	得分
43	哈萨克斯坦	0.124	89	乌干达	0.034
44	格鲁吉亚	0.123	90	巴巴多斯	0.032
45	摩尔多瓦	0.119	91	津巴布韦	0.030
46	希腊	0.119	92	乍得	0.012

（三）投资总指数的指标构成

"一带一路"投资指数评价体系包括投资规模、投资便利化、投资风险和投资潜力4个一级指标,并由6个二级指标和30个三级指标构成。[①] 2018—2019年间部分沿线国家投资总指数情况如表4-2所示。

表4-2 "一带一路"部分沿线国家投资总指数排名

排名	国家	得分	排名	国家	得分
1	中国	0.988	47	摩尔多瓦	0.055
2	印度	0.654	48	蒙古国	0.055
3	新加坡	0.523	49	阿塞拜疆	0.053
4	韩国	0.269	50	厄瓜多尔	0.053
5	意大利	0.259	51	哥斯达黎加	0.052
6	以色列	0.247	52	卡塔尔	0.052
7	印度尼西亚	0.238	53	文莱	0.052
8	波兰	0.206	54	斯里兰卡	0.052
9	智利	0.202	55	科威特	0.051
10	俄罗斯	0.198	56	巴巴多斯	0.051
11	葡萄牙	0.196	57	摩洛哥	0.050
12	捷克共和国	0.168	58	乌拉圭	0.050
13	泰国	0.141	59	阿曼	0.048
14	卢森堡	0.131	60	玻利维亚	0.048
15	奥地利	0.131	61	乌克兰	0.047
16	越南	0.130	62	吉尔吉斯斯坦	0.046
17	阿联酋	0.124	63	乌兹别克斯坦	0.046

---

① 投资指数二级指标包括投资硬环境、投资软环境、投资经济风险、投资社会风险、投资金融风险、投资政策风险;三级指标包括金融业投资总额、制造业投资总额、服务业投资总额、铁路总里程数、互联网普及率、百人电话持有数、合同执行复杂度、新企业注册复杂程度、新企业注册所用时间、总税率、成人识字率、商业管制、经济稳定性、经营安全风险、基尼系数、失业率、公共债务占GDP比重、外债占GDP比重、短期外债、外债占外汇储备比重、汇率稳定性、党派政治、公民自由与政策权力、脆弱状态指数、法治程度、社会稳定、FDI存量、劳动者素质、劳动者成本、市场规模。

（续表）

排名	国家	得分	排名	国家	得分
18	巴林	0.124	64	尼日利亚	0.046
19	新西兰	0.124	65	加纳	0.045
20	秘鲁	0.115	66	黑山	0.043
21	塞浦路斯	0.113	67	萨尔瓦多	0.042
22	沙特阿拉伯	0.108	68	突尼斯	0.040
23	马来西亚	0.107	69	尼泊尔	0.039
24	斯洛伐克	0.103	70	柬埔寨	0.039
25	南非	0.095	71	土库曼斯坦	0.038
26	保加利亚	0.087	72	阿尔及利亚	0.037
27	希腊	0.086	73	老挝	0.037
28	马耳他	0.086	74	肯尼亚	0.036
29	土耳其	0.085	75	赞比亚	0.035
30	菲律宾	0.084	76	坦桑尼亚	0.035
31	哈萨克斯坦	0.083	77	马尔代夫	0.033
32	斯洛文尼亚	0.083	78	北马其顿	0.032
33	罗马尼亚	0.082	79	塞舌尔	0.032
34	匈牙利	0.079	80	亚美尼亚	0.032
35	爱沙尼亚	0.078	81	波黑	0.031
36	巴拿马	0.075	82	莫桑比克	0.030
37	克罗地亚	0.073	83	纳米比亚	0.029
38	立陶宛	0.072	84	卢旺达	0.022
39	埃及	0.070	85	黎巴嫩	0.022
40	牙买加	0.067	86	安哥拉	0.021
41	巴基斯坦	0.066	87	乌干达	0.021
42	拉脱维亚	0.065	88	塞拉利昂	0.018
43	塞尔维亚	0.062	89	津巴布韦	0.012
44	孟加拉国	0.061	90	喀麦隆	0.012
45	白俄罗斯	0.061	91	毛里塔尼亚	0.010
46	格鲁吉亚	0.056	92	乍得	0.003

思考题：从贸易投资指数的分布情况来看，"一带一路"沿线区域有哪些不平衡的发展现状？

第三节　世界主要经济体的商务环境

一、美国

（一）政治环境

美国是联邦制国家，政治制度是资产阶级的民主制，政权组织形式为总统共和制。美国的政治制度受到了欧洲启蒙运动的深刻影响，以"天赋人权"和"三权分立"作为理论基础。"三权分立"即指立法权、行政权和司法权分别由国会、总统和联邦法院行使，"三权"分别独立，相互制衡，以避免权力过分集中于个人或某一个部门。美国在国家形式上实行联邦制；在选举制度上主要实行普选制、直接预选与正式选举、选区制、选民登记制、简单多数制等；在政党制度上实行以"民主党"和"共和党"为核心的两党制度；在司法制度上实行违宪调查制度在内的既相互联系又相互独立的联邦司法制度与地方司法制度。总体而言，美国的政治制度具有以下几个特点：第一，宪法和法律有绝对的权威；第二，分权与制衡实现"三权分立"；第三，实行两党制和利益集团制；第四，实行联邦制。多数学者认为，美国的政治文化是在英国传统思想基础上进行本土化实践的综合产物。

（二）经济环境

第二次世界大战结束后，美国凭借经济和政治优势大力推行贸易自由化和市场自由化，形成了以布雷顿森林体系和关贸总协定为核心的国际经济新秩序，美国也成功将美元推广为"世界货币"，美联储成了世界的中央银行。然而，随着布雷顿森林体系的崩溃，美国经济滑入滞胀状态。为解决一系列经济危机，当时的政府开始对自由贸易加以限制，先后通过了带有贸易保护主义色彩的贸易法案。进入20世纪90年代，东欧剧变、苏联解体等一系列国际重大事件的发生，使美国不得不对贸易政策重新作出调整。在公平贸易的同时，政府以战略调控和可行的产业政策的方式对贸易进行管理，包括减少出口限制、协助企业出口等。

美国的金融体系较为发达，形成了由联邦储备委员会、联邦公开市场委员会和联邦储备银行组成的联邦储备系统。其中，中央银行是金融体系的核心，其职能是实行宏观调控，保障金融体系稳定运行。美国的中央银行是联邦储备委员会，简称"美联储"。美联储是联邦储备系统的最高权力机构，具有制定货币政策和金融监管的双重职能。联邦公开市场委员会是专门负责制定执行公开市场操作政策的决策机构。联邦储备银行是美联储的地方下设分支机构，既是政策执行部门，又是具体办理中央银行业务的业务部门，分布在全美各大城市。除此之外，美国还存在着大量的商业银行。商业银行既可以选择在联邦政府注册，也可以选择在州政府注册，前者称为国民银行，后者称为州立银行。其中，国民银行不得跨州设立分支行，州立银行能否设立分支行要根据每个州的相关政策而定。其他非银行金融组织还包括金融信托、投资银行、共同基金、金融、保险公司等。

（三）法律环境

美国在英国法律体系的基础上，与本国实际情况相结合而形成"混合型"法律体系，即制定法和判例法同时存在。制定法是由立法机关通过一定的程序制定的具有普遍约束力的法律,主要包括联邦宪法和州宪法、地方立法机关颁布的规范性文件等。判例法是基于法官对案件的审理结果而形成的具有法律效力的判定。在这种混合法律架构下,美国的法律体系既有传统的被动性特征,又有主动性特点。

美国的司法系统实行"双轨制",即联邦和各州都有相对独立的司法体系,但两者之间又互相关联。美国除了有国家宪法,每个州还有州立宪法,一般情况下,如果州立宪法与国家宪法不抵触,联邦最高法院无权干涉州立宪法,官方和非官方机构会提出供各州立法参考的模范法典草案,但每个州的采纳程度是不一样的。确定法律效力的基本原则是制定法高于判例法;联邦法高于各州的法律;宪法高于其他法律;立法机关制定的法律高于行政机关颁布的规章。

美国的立法权由国会掌握,法律制定的流程是先在参众两院都通过,再经总统批准。州立法的程序与国会立法程序基本相似。一些较小的政治单位,如市议会和镇管理委员会也可以颁布法律,这种法律一般被称为法令。一般而言,美国在刑法和民商法方面的立法权基本属于各州。这种分散的司法系统使不同地区之间的法律经常产生冲突,大大阻碍了美国全境内法律体系的统一。

(四)文化环境

大部分学者认为,美国文化同法律体系一样,都是英国传统思想与本土文化综合的产物,其基本内容主要包括新教理念、自由主义、民族主义和实用主义。[①] 美国虽然表面世俗化,但其内核是一个以基督教和天主教为主的宗教化的国家,新教精神是美国国民特性的核心。美国自诞生起就未曾经历过封建主义,因此自由主义深深根植于美国国民的思想,甚至达到了"非理性"的程度。[②] 从价值观来看,美国属于高度个人主义国家,个人的贡献高于集体贡献,上下级之间的权力距离相对较小。美国人对自己的国家和民族有相当强烈的自豪感和优越感,民族主义基本等同于爱国主义,对本国自由民主的制度有着强烈的自信心。实用主义的核心是实践优先、独立务实,注重实践结果,不拘泥于特定的模式或规则。

美国人口中相当一部分为各国移民,移民是美国经济、科技发展的重要源泉。截至2018年,美国人口总数为3.27亿,其中拉丁裔美国人占17.4%,非裔占13.2%,亚裔占5.4%。由于移民的多元化,美国的常用语言除了英语,还有西班牙语、法语、印第安语、阿拉伯语等,但其官方用语为英语。作为移民大国,美国奉行多元文化主义以减少种族冲突。多元文化主义要求主流社会承认民族及身份认同的差异性,确保少数族裔及弱势群体的文化同主流文化的平等地位,主张对少数族裔及弱势群体给予倾斜性照顾,鼓励其参与政治。美国包容与开放的理念为美国多元主义的发展奠定了思想基础。然而,不同族群之间的矛盾始终无法从根本上解决,民主党与多元主义文化结成同盟,而共和党则反对多元文化主义。两党之间的竞争逐渐白热化,加剧了美国社会的不稳定性。

---

① 牛霞飞,郑易平.美国政治文化的特点及其对政治制度稳定性的影响[J].世界经济与政治论坛,2016(05):44-64.
② 路易斯·哈茨.美国的自由主义传统[M].北京:中国社会科学出版社,2003:9-10.

二、日本

（一）政治环境

1945年日本战败之后，美军作为获胜方占领日本，试图将日本改造为和平民主的国家，并热烈讨论了是否保留天皇的问题，最终的结果是保留天皇制，原因在于保留一个无害的、如同英国王室一样的礼仪上的象征，将对日本的改造有利。随后，日本于1947年颁布了《日本国宪法》，宪法确定了以立法、司法和行政三权分立为基础的议会内阁制。国会是国家的最高权力机关和国家唯一的立法机关，国会由参议院和众议院组成，议员则由选民投票选出。内阁是日本最高的行政机关，由内阁府、11个行政省和内阁的辅助机构三部分构成。其中"省"是指行政部门，类似于我国的"部"，分别有外务省、财务省、法务省、总务省、文部科学省、经济产业省、农林水产省、国土交通省、厚生劳动省、环境省和防卫省。

1955年，日本保守、革新两党分别实现了大联合，形成了以自民党和社会党"保革对立"为主要特征的"1955年体制"，自那时起，自民党连续执政长达38年。1986年，自民党在选举中大获全胜，标志着"1986年体制"的形成。在此背景下，社会党也开始向自民党政策靠拢。冷战结束后，自民党大选的失败标志着"一党优位制"的结束，"非自民党"联合政权诞生，形成"1996年体制"。2005年，自民党以绝对优势赢得了大选，此后，自民党以"一党优位制"的新形态重现日本的政治舞台，形成"2005年体制"，日本政治右倾化日益加深。

（二）经济环境

日本属于高度发达的经济体，服务业处于世界领先地位，科技发展水平较高，其产业结构基本由第一产业向第二产业并最终向第三产业发展变迁。日本虽然是第二次世界大战的战败国，但与同是战败国的德国相比，其本土工业体系和基础建设并未受到毁灭性的打击，这给日本战后经济的复苏提供了良好的基础。战后日本经济迅速恢复，以年均超过10%的GDP增速一跃成为世界第二大经济体。然而自1970年以来，布雷顿森林体系崩溃等一系列国际重大政治事件的发生遏止了日本经济的高速增长。尤其是在20世纪90年代签署"广场协议"之后，日本GDP增速放缓，资产泡沫破裂引发资产缩水，经济进入低迷阶段。

金融方面，日本金融机构体系由日本银行、民间金融机构和政府政策性金融机构等组成，其中日本银行承担着中央银行的职能。日本通过大规模的金融制度改革，削弱了政府对金融机构的限制，这一系列自由化的政策有效地推动了日本金融体系的国际化进程。日本的股价指数有两个，一个是日经股价平均数，另一个是东证股价指数。日本总共有6个证券交易所，东京证券交易所规模最大，拥有的上市公司也较多。东交所的特点是，上市不需要政府审查而是由东交所负责更为细致的审查，其审查体系自成一派，不仅从数据标准的角度审查，还检查申请上市公司内部的信息披露体制。

（三）法律环境

日本的现代法体系是第二次世界大战之后确立的。战后的司法改革，使原本受德、法影响较大的日本法律体系转为受美国影响较大的法律体系。根据波茨坦公告的原则，日本作为战败国需要对其宪法进行修改。1946年颁布的日本宪法主要有以下三个特征：主权在民、保障基本人权和放弃战争、军队,否认交战权。同时确立了象征天皇制,宪法规定天皇的权力仅限定在根据国会的提名任命内阁总理大臣,根据内阁的决定召集国会或解散众议院等形式上、礼节上的行为。日本是法律体系较为完备的国家,其中最重要的是宪法、民法、商法、民事诉讼法、刑法和刑事诉讼法这六大法典。按照法律主体,日本的法律可粗略分为公法、私法和社会法。公法是规定国家组织、国家和个人关系的法律,如宪法、行政法等;私法是个人行为之间的法律,如婚姻法等;既不属于公法又不属于私法的法律一般被称为社会法,如劳动法、社会保障法等。

审判制度方面,日本法院可以分为四个级别:最高法院、高等法院、地方法院和简易法院。最高法院设立在东京,享有司法审查权、规则制定权、司法行政权等。高等法院设立在东京、大阪、名古屋、广岛、福冈、仙台、札幌和高松八个地方,主要负责下一级法院判决后不服的上诉案件等。高等法院可下设分院,是高等法院的派出机构。地方法院设立在各个都道府县所在地,是一审法院,负责除最高法院、高等法院、简易法院及家庭法院负责审理的案件外的其他所有案件的审理。简易法院主要负责审理轻微的刑事案件以及金额较少的民事案件。检察制度方面,战后日本的检察制度实行审检分离的原则,即检察机关从原先的法院中分离到法务省,属于行政权力的范畴。

(四) 文化环境

日本是全世界老龄化最严重的国家之一,截至 2017 年,全日本 65 岁以上的老年人口比例高达 27%,其中生育率的降低和预期寿命的延长是导致日本老龄化日趋严重的直接原因。日本的文字由汉字、假名和罗马字组成。假名又分为平假名和片假名,日本利用汉字的草书字形创造了平假名,利用汉字的偏旁部首创造了片假名。日本的主要种族为大和民族,宗教信仰为神道教。日本的民族特点是善于钻研和学习,由此衍生出的"工匠精神"体现在社会的各个维度。日本重礼仪,是权力距离较大和集体主义较高的国家。因此,日本企业文化重视集体主义和团队合作精神,不断增强员工对企业文化的认同感。

日本自始至终都属于单一民族,民族的传统和文化得以很好地保存和延续。但日本文化又具有兼容并蓄性。在中国唐朝年间,日本大量派遣唐使全面学习中国的传统文化,又在 19 世纪"明治维新"之后吸收欧美文化,中西方文化碰撞形成了日本独特的文化特点。正如《菊与刀》中的描述,"菊"是日本皇室的象征,"刀"是日本武士道精神的体现。日本人的国民性格充满着矛盾,尚武而祥和,傲慢而守礼,刻板而求变,服从而倔强,忠诚而叛逆,勇敢而懦弱。这种矛盾的民族性在一定程度上影响着日本经济的发展历程。

三、欧盟

(一) 政治环境

欧洲联盟,简称"欧盟",是由欧洲共同体发展而来的,现拥有 27 个成员国,总部位于比利时首都布鲁塞尔。第二次世界大战结束后,以阿登纳、丘吉尔为首的一批政治家希望在保证各国利益平等的基础上建立新的政治秩序。1950 年,法国外长舒曼提出成立欧洲煤钢共同体,起初仅有法国、德国、意大利、荷兰、比利时和卢森堡 6 个成员国,经过 40 多年的努力,最终在 1991 年 12 月签订了《欧洲联盟条约》,即《马斯特里赫特条约》(以下简称

《条约》)。1993年11月,《条约》生效标志着欧盟的正式成立。

欧盟是一个全新的超国家组织,既有国际组织的属性,又有联邦体制的特征。[1] 欧共体政策制定和实施主要由5个机构来承担,欧洲议会、欧洲理事会、欧盟理事会、欧盟委员会和欧洲法院。欧洲议会是欧盟唯一一个由欧盟公民选出的组织,因此其组成涵盖了各个成员国,选出的议员不代表本国利益,而是代表其所属的选区利益。欧洲理事会由各成员国的国家首脑和欧盟委员会主席组成,又称欧盟首脑会议或欧盟峰会,其职能是共同商议并决定欧盟对内、对外的重大决策,欧洲理事会是欧盟最高的决策机关,通常每两年召开一次会议,特殊情况下可由轮值主席国召开非正式会议。欧盟理事会由各成员国的部长组成,又被称为部长理事会,其主要职能是负责协调各成员国之间的事务并拥有立法权,是欧盟重要的决策机构。欧盟委员会是欧盟的常设机构,也是欧盟唯一有权起草法令的机构。其主要职能是为欧洲议会和欧盟理事会提出并准备立法提案、管理和执行欧盟的项目和预算等,在外交和安全政策方面,欧盟委员会只有建议权和参与权。欧洲法院是欧盟的最高法院,主要职能是解释并确保各成员国对共同法律和条约的执行,受理涉及共同体法律的案件并作出裁决,如审理英国"脱欧"案件。

(二) 经济环境

欧盟内不同国家的经济体制是有区别的,如德国实行社会市场经济体制,而意大利实行自由经济政策,政府机构不干预企业的经营。就欧盟整体的经济结构来看,农业在整个国民经济中所占的比重较小,工业和建筑业的比重在20%—30%之间,服务业所占比重最高,在70%左右,体现了发达工业化国家组织的特征。欧盟之所以能够成为和美国相媲美的发达资本主义经济体,其根本原因是欧盟内部的一系列市场自由化政策。首先,欧盟内部形成了关税联盟。成员国内部相互之间取消关税,加强海关合作,对外则制定统一的贸易规则,实施对第三国的共同关税,将所获关税作为共同体收入的一部分。其次,实行单一市场。欧盟通过实行一系列政策消除各成员国之间的有形边界和无形边界,试图建立资本、人员、商品和服务自由流通的统一大市场,以此降低内部各国的贸易成本。同时,经济上发行统一货币。欧元的诞生可以追溯到1978年举行的不来梅首脑会议,这次会议正式确定了欧洲货币体系和汇率制度,发行的欧洲货币由各国货币加权组成,货币单位为埃居(ECU, European Currency Unit)。1994年在法兰克福成立欧洲货币局,协调各成员国的货币政策并加强欧洲货币单位的作用。1995年马德里首脑会议将单一货币命名为欧元。从1997年起,逐步取消各成员国的货币,推广统一货币。从2002年元旦起,欧元完全取代12国货币,成为欧元区的唯一法定货币。最后,政治联盟。为了共同抵抗来自外界的种种干扰,欧盟建立了统一的外交政策,目的在于提升其在国际市场的话语权,与其他发达经济体形成分庭抗礼之势。

欧盟的金融体系包括欧洲中央银行体系和欧元体系。欧洲中央银行体系由欧洲央行和27个成员国的央行组成。欧洲央行是统一发行欧元的中央银行,总部设立在德国的法兰克福,其主要目的是保持欧元区价格和购买力的稳定。并非所有的欧盟成员国都使用

---

[1] 杨言洪,刘宝成,李爱文. 国际商务环境研究[M].北京:对外经济贸易大学出版社,2011:257.

欧元,因此欧洲中央银行体系不能作为欧元区的货币管理单位,但其对欧元区的货币政策有决定权。欧元区各国央行的职能是在监管本国金融体系的基础上执行欧洲央行的货币政策,并为其提供本国的金融信息支持。欧洲央行的股份由欧元区的各国央行唯一认购和持有,各国央行的参股比例由各成员国占共同体 GDP 的比例和各国人口占欧盟人口的百分比分配。各国上缴外汇储备的比例由其在欧洲央行的参股比例决定,上缴的外汇大部分是美元和日元,还有少部分为黄金。非欧元区的国家虽然不纳入欧洲央行的管辖范围,但需各自上缴 7% 的资本作为对欧洲央行体系运行成本的分担。

欧盟还设立了欧洲投资银行,旨在通过提供长期的无息或低息贷款,平衡地区间的发展差异,促进高科技创新领域的发展,实现欧洲复兴。资金来源主要包括三方面:一方面是所有的欧盟成员国在欧洲投资银行的参股,另一方面是部分成员国提供的特别贷款,还有一方面是其通过发行债券在资本市场上的融资。欧洲投资银行与欧盟的其他金融机构共同作用,旨在促进各成员国的协同发展。欧洲投资银行在财政和行政方面保持独立,除了对欧盟内部投资,也对欧盟以外的地区进行投资。

(三) 法律环境

欧盟的法律基本框架由三大支柱构成:欧洲共同体政策法规、共同体外交与安全政策和司法与内部事务。欧洲共同体政策法规是欧盟法律的基础,始建于 20 世纪 50 年代,共同体外交与安全政策、司法与内部事务始建于 20 世纪 90 年代。欧盟的法律框架可以分为三个层次:①一级法规,由欧洲理事会讨论制定,经各成员国依法定程序批准后生效,其目的在于作出欧盟发展方向、成员国扩大等一体化发展的重要决策;②二级法规,在一级法规的基础上,由欧盟委员会起草,经欧盟部长理事会批准颁布,各成员国据此直接实施或转化为本国法律,欧盟委员会和欧洲法院履行监督职责;③判例法,欧盟理事会或欧洲法院根据二级法规作出的对具体事件或案例的判决或裁定。

共同法律的形式有四种:法规、指令、决定和意见建议。①法规(Regulation),由欧盟委员会起草,经欧盟部长理事会审议批准,所有成员国必须将其作为本国法律并直接实施。法规一旦确定,该法规就会在成员国自动生效,成员国不得对其进行修改。成员国相应的法规和行政措施必须与此法规一致。②指令(Directive),欧盟委员会起草,经欧盟部长理事会审议批准,各成员国依据指令,将其转化为适应本国的法律。指令是框架性的法规,其实施需要成员国在 2—3 年内依程序转化为国内法执行。③决定(Decision),由欧盟委员会起草并自行批准,或经欧盟部长理事会审议批准,发布方法与法规类似且具有强制执行性。但与法规的区别在于,法规适用于所有的成员国,而决定适用于某一个或部分成员国。④意见建议(Opinion and Recommendation),由欧盟委员会起草,经欧盟部长理事会、欧洲议会等审议批准。意见建议是就一些议题的观点阐述,体现了欧盟立法趋势和政策导向,供成员国参考,不具备强制性。

除此之外,还有决议(Resolution)、绿皮书/白皮书(Green Paper/White Paper)、通讯(Communication)、通告(Notice)和研究(Studies)等。

(四) 文化环境

欧盟的文化是一种泛欧文化。尽管每一个成员国在民族、宗教和语言等文化因素上存在分歧,但欧洲文化几乎都可以溯源到希腊文化和古罗马文化。欧洲文化吸收了希腊文化中关于自然和理性的认识,希腊文化中有着对自然本身探索的最初萌芽,产生了最原始的"自由"和"民主",这都被吸纳到欧洲文化当中。罗马文化是希腊文化的继承者,将希腊精神结合罗马的统治形式,形成了罗马法的原则。罗马法对欧洲文化有着深远的影响。希腊罗马文明奠定了欧洲文化中物质和制度的基础,基督教文明则是欧洲文化信仰层面的灵魂。多数学者认为,基督教文化是欧洲文化的重要组成部分。除此之外,日耳曼文化也成功地融入了欧洲文化主干之中。经历了文艺复兴、宗教改革、启蒙运动、资产阶级革命和工业化发展,欧洲文化日趋多元且相对成熟、理性,呈现出基督教信仰影响深远、重商主义特征明显和扩张主义贯穿始终的特点。[①]

在过去的几十年中,欧洲经历了多次移民潮,由此产生的种族矛盾、文化冲突等问题不断升级。冷战之后,"多元文化主义"和"多样统一"开始盛行于欧洲乃至整个西方社会,欧盟各国也以此为理论指导,主张以民主协商和政治方式解决移民冲突。多元文化主义试图在基于差异而产生的族群认同与国家认同之间寻求一个平衡,主流文化的单一性无法满足族群的多样化需求,忽视族群文化差异和集体权利,会激发族群冲突和矛盾。[②]

然而自"阿拉伯之春"以来,中东、北非等地的战争难民开始不断涌入欧洲国家,"多元文化主义"在解决移民问题上显得越来越无力,欧盟各国陷入对难民危机的治理困境。多元文化主义根植于脆弱的"现代理性"的基础之上,即假设仇恨、偏见、暴力等现代社会的特征可以通过民主协商解决。事实上,这种假设难以实现。随着欧洲恐怖袭击的愈演愈烈,多元文化主义政策逐渐陷入困境。

本章小结

1. "环境"是指围绕并影响企业生存和发展的所有力量或因素的总和。不同国家的经济制度、文化、法律体系等有所不同,分析国际商务环境对企业的跨国经营意义重大。

2. 文化既包括精神层面的活动,即某个群体所认同的一整套价值观、信仰、道德规则和习俗惯例,还包括一个民族或社会的全部活动和生活方式。文化的组成要素有语言、宗教、利益与风俗习惯、社会结构等。

3. 英美法系和大陆法系构成世界上绝大多数国家法律体系的基础。

4. 中国正与"一带一路"沿线国家积极规划中蒙俄、新亚欧大陆桥、中国—中亚—西亚、孟中印缅、中巴、中国—中南半岛六大经济走廊建设。

5. 美国的政治制度受到了欧洲启蒙运动的深刻影响,以"天赋人权"和"三权分立"作为理论基础。日本保留天皇制作为如同英国王室一样的礼仪上的象征,并确定了以立法、司法和行政三权分立为基础的议会内阁制。欧洲联盟,简称欧盟,是由欧洲共同体发展而来的,现拥有27个成员国,总部位于比利时首都布鲁塞尔,是一个全新的超国家组织,既有国际组织的属性,又有联邦体制的特征。

---

① 田瑾.十八、十九世纪奥斯曼帝国与欧洲文化交往研究[D].西安:西北大学,2009.
② 陈薇.多元文化主义的世界性:欧洲观念的对抗与共享[J].华中科技大学学报(社会科学版),2019,33(6):95-101.

重要术语

环境(Environment)
国内生产总值(GDP)
国民生产总值(GNP)
通货膨胀(Inflation)
汇率(Exchange rate)
文化(Culture)
英美法系(Common Law)
大陆法系(Civil Law)
知识产权(Intellectual Property Rights)
一带一路(The Belt and Road)

思考讨论

1. 经济环境包括的因素有哪些？你还能想到其他哪些因素？
2. 文化环境的组成要素有哪些？你认为还有哪些文化要素会对国际商务活动产生影响？
3. 选择1—2个"一带一路"沿线国家，对其商务环境进行具体分析。
4. 运用本节知识，从国际商务环境的角度分析一家跨国公司成功或失败的原因。

案例分析

可口可乐并购汇源果汁失败告终

2008年9月3日，我国最大的饮料公司之一——汇源果汁集团有限公司宣布接受可口可乐的收购要约。可口可乐公司计划以每股12.2港元，总计24亿美元收购在香港上市的汇源果汁集团，一旦收购成功，可口可乐预计可持有汇源果汁大约66%的股份和全部未行使可转换的证券资产。随后，以"牵手"为首的多家企业联名上书商务部，反对此次并购，原因在于两家饮料巨头合并后，可能形成市场垄断，从而挤压非碳酸饮料领域其他企业的生存空间。最终商务部以《反垄断法》为依据，于2009年3月18日宣布禁止可口可乐收购汇源果汁。国家市场监管总局相关负责人表示："该案是第一个根据《反垄断法》禁止的案件，对果汁行业的进一步发展，具有重大意义。"

判定此案的关键在于界定相关市场，因为只有相关市场的概念明确之后才能确定其市场份额。例如，若将相关市场界定为非碳酸饮料市场，根据英国加纳地亚公司"2008年中国饮料市场年报"的数据，可口可乐并购汇源果汁之后，双方在中国非碳酸饮料的市场占比不超过20%，不构成垄断。商务部将此案相关市场界定为果汁类饮料市场而不是非碳酸饮料，理由是：果汁类饮料和碳酸类饮料之间替代性较低，且三种不同浓度果汁饮料之间存在很高的需求替代性和供给替代性①。本案中商务部就相关市场的判断借鉴了国外的做法，以产品是否具有替代性来界定相关市场是比较合理的。

可口可乐是国际知名软饮料生产企业，其在中国的市场份额长期保持第一，而作为中国规模最大的果蔬汁生产企业，汇源果汁2008年的高浓度果汁市场占有率位居第一，份额高达56.1%。可以看出，可口可乐牵手汇源果汁是强强联合式的并购，其合并后的果汁市场份额远超50%。另外，国内大多数果汁企业属于中小型企业，在市场中本就勉力支撑，若并购成功，"汇源"和"美汁源"两个知名品牌将迅速占据中国市场，中小果汁企业难以面对激烈的市场竞争。多方面的条件表明，合并后的可口可乐和汇源果汁已具备形成寡头市场的条件，可能支配市场，导致市场结构的显著性变化。

（资料来源：陈静芝，蔡晓秀，严奇彪.可口可乐并购汇源案的反垄断分析[J].法制与社会，2009(17)：99-100，部分内容有删减）

思考题：
1. 可口可乐在中国已经占据了较大的市场份额，为何还要并购汇源果汁？
2. 你认为案例中对于相关市场的界定合理吗？请阐述理由。
3. 如果此次并购成功，将会给国内饮料市场带来怎样的影响？

参考文献

陈薇.多元文化主义的世界性：欧洲观念的对抗与共享[J].华中科技大学学报（社会科学版），2019，33(06)：95-101.

郭利华，李佳珉，葛宇航，等.中国—中亚—西亚经济走廊[M].北京：中国经济出版社，2018.

郭业洲."一带一路"跨境通道建设研究报告（2016）[M].北京：社会科学文献出版社，2016.

金熙德.日本政治结构的演变趋势[J].日本学刊，2006(01)：81-93.

金鑫，张秋生."一带一路"跨境通道建设研究报告（2017—2018）——安全风险研究专辑[M].北京：社会科学文献出版社，2018.

刘雪.文化分类问题研究综述[J].泰安教育学院学报岱宗学刊，2006(04)：9-11.

卢馨，郑阳飞，李建明.融资约束对企业R&D投资的影响研究——来自中国高新技术上市公司的经验证据[J].会计研究，2013(05)：51-58.

牛霞飞，郑易平.美国政治文化的特点及其对政治制度稳定性的影响[J].世界经济与政治论坛，2016(05)：44-64.

彭世勇.霍夫斯塔德文化价值理论及其研究方法[J].解放军外国语学院学报，2004(01)：95-99.

彭维刚.全球商务：第3版[M].北京：中国人民大学出版社，2016.

钱海松.我国技术贸易影响技术进步的理论机制与实证检验[D].杭州：浙江工商大学，2016.

宋慧中，别曼.广场协议后日本经济增长问题研究与启示——剖析日本经济低迷之谜[J].南方金融，2020(12)：54-62.

泰阳，张瑾.内蒙古参与"中蒙俄经济走廊"建设的环境分析与对策研究[J].物流科技，2018，41(02)：

---

① 商务部网站.商务部新闻发言人姚坚就可口可乐公司收购汇源公司反垄断审查决定答记者问［EB/OL］.(2009-03-25)[2023-02-09].

134-136.

王颂吉,白永秀.中国—中亚—西亚经济走廊建设:进展、问题与对策[J].贵州社会科学,2016(08):126-133.

王豫刚.日本经济的"双循环"[N].经济观察报,2021-02-08(039).

夏珣.经济发展水平与TRIPS协定下知识产权保护[D].上海:复旦大学,2010.

谢冰,胡美林.高新技术企业对外直接投资区位选择研究——基于产业集群的视角[J].财经理论与实践,2006(04):101-103.

徐照林,朴钟恩,王竞楠."一带一路"建设与全球贸易及文化交流[M].南京:东南大学出版社,2016.

杨言洪,刘宝成,李爱文.国际商务环境研究[M].北京:对外经济贸易大学出版社,2011.

张卫.人口老龄化与技术进步:日本的经验与启示[J].当代经济管理,2021,43(07):77-85.

赵宝煦."和为贵"、"中庸之道"与"武士道"精神——关于日本政治文化的思考[J].北京大学学报(哲学社会科学版),1999(04):48-54.

Caprar D. V., Kim S., Walker B. W., et al. Beyond "Doing as the Romans Do": A review of research on countercultural business practices[J]. *Journal of International Business Studies*, 2022, 53: 1449-1483.

Kolk A. The social responsibility of international business: From ethics and the environment to CSR and sustainable development [J]. *Journal of World Business*, 2016, 51(1): 23-34.

第五章　国际商务规则

[学习目标]

- 理解世界贸易组织的特点及面临的挑战
- 了解多边贸易规则、双边贸易与区域贸易规则的发展
- 理解双边和区域一体化趋势的影响
- 掌握区域一体化的不同类型
- 了解世界主要区域经济组织的区别和共同点
- 掌握货物、服务和知识产权所使用的国际贸易规则

[素养目标]

- 理解中国在区域经济合作中的角色与作用,树立正确的历史观、民族观、国家观
- 深刻体会中国在遵守各项贸易协定和国际组织规章制度方面所展现出的大国风范,树立规则意识和法治观念

[引导案例]

沃尔玛在墨西哥

沃尔玛因其"天天低价"的经营理念闻名于世界,其拥有的信息系统和产品分享系统保证其能够大幅降低商品定价,这些策略使其获得了巨大成功。然而,沃尔玛刚涉足墨西哥市场时遇到了不少困难,最大的难题之一就是墨西哥对很多在其商铺中销售的商品都征收进口税,使沃尔玛的低价策略难以实行。

此外,刚进入墨西哥市场时,由于不清楚当地人的需求,沃尔玛的货架上堆满了溜冰鞋、钓具和手动除草机等在墨西哥根本不受欢迎的商品。当地的店铺经理没有向总部报告当地人根本不需要那些商品,而是将这些商品全部打折出售,结果沃尔玛的自动订货系统在第一批商品卖出去之后又订购了这些商品……同时,由于墨西哥的道路状况很差且运货卡车较为缺乏,沃尔玛的后勤供给也遇到了难题。此外,沃尔玛还遇到了阿肯色州的管理人员跟当地的经理之间的文化冲突问题。

这些难题在不断的尝试和纠正中得以化解,特别是1994年《北美自由贸易协定》的签订帮助沃尔玛解决了大部分难题。《北美自由贸易协定》将美国产品销往墨西哥的出口关

税从10%降低到了3%。在《北美自由贸易协定》签订的前两年,沃尔玛对墨西哥的Homeric、Gigante和Soriana等一些顶尖的零售商还不能构成较大的威胁,但随着协定的签署,贸易壁垒不复存在。沃尔玛跟墨西哥的那些企业拥有了同等的地位——沃尔玛具备了成为墨西哥最大零售商的条件。《北美自由贸易协定》促使墨西哥加快改善运输条件,这就帮助沃尔玛解决了后勤供应问题。《北美自由贸易协定》还促使墨西哥向外国投资者打开了大门。沃尔玛从亚洲和欧洲等地进口商品时要缴纳大额进口税,外国企业意识到如果在墨西哥建立制造工厂,既可以利用成本较低的墨西哥劳动力来降低生产成本,还可以免税将产品运往北美自由贸易区——墨西哥、美国和加拿大。

随着这些企业开始在墨西哥投资设厂,沃尔玛也就可以直接从当地的生产商那里购买商品而无须再缴纳高额进口税。例如,墨西哥的山姆会员店从日本进口索尼公司的Wega电视机的时候,需承担23%的进口关税和巨大的运输成本,因此一台Wega电视机在沃尔玛会员店的售价就达到了1 600美元。1999年,索尼在墨西哥建立了一家生产工厂,沃尔玛的墨西哥山姆会员店就可以直接从索尼的墨西哥工厂中购买Wega电视机而不用再缴纳进口税,这一策略也使得运输费用大大减少。山姆会员店将成本降低的部分收益反哺消费者——每台Wega电视机的售价降至600美元。

如今沃尔玛在墨西哥已开设1 242家店面,功能各不相同,囊括山姆会员店、Bode9asl(折价店)、沃尔玛超级运营中心等,已发展为当地规模最大的零售连锁商店。

(资料来源:约翰·D.丹尼尔斯,李·H.拉德巴赫,丹尼尔·P.沙利文.国际商务:环境与运作(第13版)[M].北京:机械工业出版社,2012,部分内容有删减)

思考题:《北美自由贸易协定》的签署对沃尔玛在墨西哥的成功起到了什么作用?

正如我们所看到的,跨国公司在国际化过程中,将很大程度上受到不同类型的国际规则的影响。本章将从世界贸易组织多边贸易规则、双边贸易投资规则、区域贸易协定等方面介绍当前最重要的国际商务规则,同时根据交易对象分类别介绍不同的贸易规则。

第一节 WTO与多边贸易体制

世界贸易组织(WTO)是各成员之间协商制定贸易规范和贸易政策的国际贸易组织,其种种协定是多边贸易制度与各成员贸易政策制定的法律依据。

一、世界贸易组织的建立

世界贸易组织是在关税与贸易总协定的基础上建立起来的。

(一)关税与贸易总协定

关税与贸易总协定(又称关贸总协定,简称GATT)是一个全球性的以市场经济、自由竞争为基础,为降低或减免关税、消除地区间贸易壁垒而缔结的成员方政府间多边贸易协定。它缔结于1947年,于1948年1月1日正式生效,从最初23个缔约方发展到100多个缔约方。

关贸总协定明确规定,缔约方政府在处理贸易和经济事务的关系上,应以提高人民物质生活水平、保障实际购买力和市场有效需求的巨大增幅、拓展全球资源的充分开发利用、扩大生产和交易为目的,保证充分就业,期望达成以互惠互利为宗旨的多边贸易协议,促进进口关税大幅度削减,消除贸易壁垒,取消成员之间贸易中的歧视待遇。因此,关贸总协定积极倡导贸易自由化的趋向十分突出。

自关贸总协定诞生以来,八轮多边贸易谈判促使关税大幅度下调,谈判的议题内容从起初的货物贸易拓展到服务贸易、知识产权以及与贸易有关的投资等新领域、新议题。

虽然不可否认 GATT 取得了巨大的成就,但与其宗旨之间还有一段不小的差距。关贸总协定中的某些缔约方违背其基本原则,以内部立法或行政措施来推行贸易保护主义,对其他国家或地区实行贸易歧视,甚至利用关贸总协定中的某些"灰色区域"通过双边安排强迫别国或地区接受某些产品的出口限制等。这些都与关贸总协定促进贸易自由化的努力形成强烈的反差,不利于世界贸易经济的发展。

(二)乌拉圭回合谈判

1986 年 9 月,关贸总协定各成员方贸易部长在乌拉圭拉开了第八轮多边贸易谈判的序幕,谈判一直延续到 1994 年 4 月才得以签署最终协议,这场马拉松式的谈判历时 8 年,是 GATT 史上耗时最长的一次谈判,也是全球范围内意义重大、影响最为深远的一轮谈判,因会议地址设在乌拉圭埃斯特角城,故称为"乌拉圭回合"。此轮谈判达成了《建立世界贸易组织的马拉喀什协议》(简称《WTO 协定》)。根据协议规定,1995 年 1 月 1 日建立世界贸易组织(WTO)。以乌拉圭回合谈判达成的所有协定、规则为内容的世界贸易体制(简称"WTO 体制")替代了 1947 年的关贸总协定,改变了第二次世界大战后四十多年建立起来的以关贸总协定为主体的框架。以关贸总协定协议内容为基本规则的多边贸易体制,成为当今世界多边贸易体系的法律依据。

(三)关贸总协定与世界贸易组织的关系

就组织结构和管理职能方面而言,世界贸易组织比关贸总协定有更进一步的发展。与关贸总协定相比,世界贸易组织的机构更加完善,职权划分更缜密,职能范围更广泛。从法律层面看,1947 年关贸总协定在其实践中形成的一整套法律制度,并不因 WTO 协定的诞生而废止,它在四十多年经贸实践的过程中形成的一整套贸易规则及法律条款,仍然是世界贸易组织法的重要组成部分。与关贸总协定相比,世界贸易组织具有以下特点:

(1)关贸总协定仅是一个多边贸易协议条文,并没有形成组织架构,而世界贸易组织从诞生那天起就建立起了一个永久性的组织机构,设立了为本组织服务的秘书处。

(2)关贸总协定的缔约方尽管四十多年来已经把协定当作一份永久性的承诺,但关贸总协定仍然是建立在"临时性协议"的基础上,其适用范围、制度的涵盖面都不及 WTO 完整、广泛和持久。

(3)世界贸易组织广泛地涉及货物贸易、服务贸易、与贸易有关的知识产权、技术合作协议等内容。关贸总协定规则的适用范围仅限于货物贸易。

(4)世界贸易组织的协议规则基本都是多边的,它涵盖了所有成员方的承诺。关贸总协定作为一份多边贸易条约,在 20 世纪 80 年代又增添了许多新的诸边协议,在各成员方之间有较为宽泛的自选性质。

（5）在解决贸易争端机制方面，世界贸易组织更快、更有自主能动性，比关贸总协定在处理争端裁定上更高效。

二、世界贸易组织的宗旨和基本原则

世界贸易组织确立的规则是国际贸易正常运行和各成员方贸易政策制定的法律依据，继承了关贸总协定的主要原则，比关贸总协定所涉及的交易范围更为广泛、更为实际，是一个真正具备现实意义的国际贸易体系。

（一）世界贸易组织的宗旨

坚持走可持续发展的道路，促进各成员方对全球资源的最佳开发利用、最大限度地保护环境、维护自然生态平衡。扩大全球范围内的货物、服务的产能和贸易，加强采取各种相对应的措施和方式，以符合不同经济发展水平的成员方间多层次、多样性的需求。充分确保发展中经济体在日益增长的国际贸易中获得与其经济发展水平相适应的份额和利益；持续提高人民生活水平，保障就业，大幅度稳步提高各地区的实际收入和有效需求；消除贸易壁垒和贸易歧视，努力寻求全球经济的平衡发展。

（二）世界贸易组织的基本原则

1. 非歧视性原则

世界贸易组织最基本的原则就是非歧视性原则，它明确要求各成员方在制定贸易政策时不能以歧视性为出发点。具体表现在以下几个方面：

（1）最惠国待遇原则

最惠国待遇原则是整个WTO体制的核心和基本原则。它是指一成员在现阶段或者将来的某个时间段给予其他任一成员的优惠和好处，也务必给予组织内所有成员同等的待遇。在国际贸易关系中，最惠国待遇的内容主要指签订双边或多边贸易协议的任意一方，在贸易往来、关税增减、航运管控、对方公民法律地位等各方面的权益，只要给予任何签约的第三方减让、特权、优惠或豁免待遇时，缔约的另一方和其他各方都能得到与之地位同等的待遇。

（2）国民待遇原则

国民待遇原则是指成员之间相互承诺给予对方的自然人（公民）、法人（企业）、商船及商务活动在本国或本地区内享有与本国或本地区自然人、法人、商船等相对应的同等待遇。世界贸易组织协定签署后，国民待遇原则的适用对象从货物产品拓展到服务业、服务从业者和知识产权拥有者。国民待遇原则因货物、服务、知识产权领域具体受惠对象不同，具体适用的范围也不同，因而在使用上其体现的重要性和具体规则也有所不同。

国民待遇原则是世界贸易组织成员对其他各成员方产品及关联人员一视同仁的保证，也是最惠国待遇原则的重要补充，其功能主要是为了竞争公平，预防成员间歧视性保护，确保实现贸易自由化在各地区落地，两个原则的目标都是保证"市场竞争机会均等"。

2. 贸易自由化原则

世界贸易组织协定通过多边贸易谈判达成贸易自由化原则，实现削减关税、减少或消除贸易壁垒、扩大成员方相互间的货物和服务贸易的目标。世界贸易组织的贸易自由化原则具体体现为要求成员实行关税减让,禁止实施数量限制。

(1) 关税减让

关税减让原则规定降低或免除关税是促进国际贸易的最重要手段之一。各国或地区应根据实际情况在可行的范围内决定关税减让的幅度,但关税减让承诺一旦作出,一般情况下就不应该再次提高。

(2) 一般性取消数量限制

世界各国或地区的数量限制一般是对允许进出口商品的数量采取配额、许可证等限制措施;一般性取消数量限制原则规定在一般情况下,各成员方在贸易往来中不得对其他成员的产品货物进口和本国或本地区产品货物出口实施禁运或者限制,无论是采取配额、许可证等何种措施。世界贸易组织允许各成员采取一定的保障性措施保护本国或本地区工业或其他产业,这种保护措施应运用调节关税或内部税的政策手段,并尽可能维持在较合理的低水平上。

3. 透明度原则

根据世界贸易组织规则规定,透明度原则要求世界贸易组织的成员方在实施有关贸易政策、法令以及各成员之间签订的现行贸易协定时,都必须在成员方间公布,使各成员方政府、企业和个人可以了解并熟知其内容。透明度原则是最惠国待遇原则和国民待遇原则得以实施的重要保障。

4. 促进公平竞争原则

促进公平竞争原则是世界贸易组织得以签署的根本和基础,它是世界贸易均衡发展的第一步,各成员方要有措施、有政策地维护商品、服务和服务提供者在本国或本地区市场上的公平竞争,避免或消除扭曲及扰乱市场公平竞争的措施,在货物贸易、服务贸易和与贸易有关的知识产权等各个市场领域,创造和维护公开、公平和不被人为扰乱歪曲的市场环境。为了贸易活动能在公平、公正的环境下运行,世界贸易组织规定准许各成员方采取相应措施抵制倾销行为和出口补贴对进口国或地区造成的利益损害,但在实施程序上必须符合世界贸易组织的原则规定。

5. 鼓励发展和经济改革原则

世界贸易组织大约3/4的成员方是发展中国家或地区以及向市场经济转轨的国家或地区,世界贸易组织鼓励其成员发展经济,积极探索进行经济向好的改革,实施市场经济。

三、世界贸易组织的职能和法律地位

(一) 世界贸易组织的职能

世界贸易组织共有以下五项职能:

(1) 实施协议

世界贸易组织的首要职能是对贸易协议的执行、管理和实施提供基本框架,促进世界贸易组织协议条款在成员间切实的执行、实施和管理,并不断促进各项目标得以实现。协议实践方面,世界贸易组织对多边贸易协议和诸边贸易协议的立场是不同的,多边贸易协议的内容是所有缔约成员都必须认同并承诺的,而诸边贸易协议尽管保留在世界贸易组织框架内,却无法获得与多边贸易协议同等程度的支持和权益。

（2）组织谈判

世界贸易组织为其成员提供谈判场所以处理《建立世界贸易组织的马拉喀什协议》及各附件有关的多边贸易关系。如果成员方部长会议作出相关决定,世界贸易组织还能为各成员的多边贸易关系进一步谈判提供场所,并为实施该谈判的结果提供执行框架。

（3）争端解决

为国际贸易争端的解决提供方案和组织上的支持,是世界贸易组织的第三项职能,管理并实施《建立世界贸易组织的马拉喀什协议》附件二中有关贸易争端解决规则与程序的谅解。

（4）贸易政策审议

世界贸易组织的第四项职能是根据《建立世界贸易组织的马拉喀什协议》附件三进行成员的贸易政策审议。

（5）国际合作

为更好地协调制订合理的全球经济政策,世界贸易组织与国际货币基金组织、世界银行及其各附属机构开展相应的合作。

（二）世界贸易组织的法律地位

世界贸易组织作为一个正式的国际组织,具有完备的法人资格,是国际法主体,享有特权和豁免,组织机构的在职人员及其各成员的派出代表,均享有《联合国专门机构之特权与豁免公约》权限范围内所规定的特权与豁免相适用的待遇。尽管世界贸易组织从属机构及其供职人员享有联合国专门机构的待遇,但其本身并不属于联合国的专门机构,不在联合国体系之中,这是世界贸易组织诞生之初西方国家力求避免联合国对世界贸易组织的各种影响所致。

纵观全球经济,世界贸易组织、世界银行和国际货币基金组织已然成为第二次世界大战后稳定国际经济秩序的三大支柱,加强与世界银行和国际货币基金组织的合作,是世界贸易组织的工作目标之一,良好的合作关系是加强三大组织间协同行动的重要保证。世界贸易组织在政策合作中比关贸总协定扮演了更重要的角色。

拓展阅读

世界贸易组织困境和改革路径

从1948年关贸总协定生效到1995年世界贸易组织成立再到如今,多边贸易已经有70余年的发展史。然而21世纪多边贸易谈判一蹶不振,虽在巴厘岛及内罗毕部长级会议中达成了《贸易便利化协定》,实现了《信息技术产品协议》的扩大和农产品补贴的约束,但与多哈回合谈判的最初愿景相去甚远。与之相反的是,区域贸易协定不断增加,令不少学者担忧世界贸易组织将被置于其阴影之下,逐渐边缘化。2017年特朗普上台后,世界贸易组织的多边贸易治理机制更是频频面临挑战。一方面,多边贸易谈判因中美贸易逆差硝烟四起,美国要求将工业补贴和国企竞争规则纳入世界贸易组织规制,欧盟为平息域内反自由主义,成为美国推进反补贴、反倾销新规的盟友。另一方面,被誉为"皇冠上珍珠"的世界贸易组织争端解决机制遭遇前所未有的危机,上诉机构因大法官任命屡屡遭遇美国阻挠而濒临瘫痪。

当前全球贸易的多边治理已站在充满不确定性的十字路口,世界贸易组织需要深入改革以摆脱其谈判机制和争端解决机制的困境。美国、欧盟、加拿大和中国等各自提出了世界贸易组织改革的方案,涉及维系争端解决机制、提高透明度、规制工业补贴、发展中经济体特殊及优惠待遇等方面。由于各方案差异较大,世界贸易组织要在改革中摆脱困境,需坚持世界贸易组织宗旨,折中各方提议,务实解决上诉机构法官不足、决策机制效率不高等核心问题。

坚持发展为导向及对发展中经济体的特殊及差别待遇原则

以发展为核心,坚持对发展中经济体的特殊及差别待遇原则,应是世界贸易组织改革遵循的导向;要致力于全球经济平衡发展,照顾发展中经济体的合理诉求是必要的也是必不可少的环节。

发展中经济体在世界贸易组织中超出总成员数的三分之二,因而世界贸易组织应在贸易和投资自由化的实施方案中为发展中经济体谋求与其经济规模相匹配的增长份额。一方面,世界贸易组织改革应切实取消农产品补贴、出口支持等措施,推动《贸易便利化协定》的实施。2015年内罗毕部长级会议上,各成员方达成了取消农产品出口补贴、出口融资支持、出口信贷等方面的承诺。但从各成员方内部的措施来看,美欧等发达经济体目前在国内仍然维持了较高的农产品补贴。要推动农产品补贴的真正"退市",世界贸易组织依然任重而道远。值得注意的是,《贸易便利化协定》自2013年签署协议后,直至2017年方达成促使其生效的《贸易便利化协定议定书》,各项措施落地执行还仍需时日。另一方面,世界贸易组织应进一步调研制约发展中经济体贸易和投资能力的问题,启动更广泛的发展议题谈判,开展更多支持发展中经济体贸易和投资能力提升的项目,使发展中经济体能从自由贸易中真正获益。

采纳协商一致与"关键多数"谈判并存的复合决策机制

多边贸易谈判乏力是世界贸易组织所面临的贸易治理困局的主要表现。协商一致原则虽具有非常重要的价值,但在成员数目众多且利益多元化的多边贸易谈判中亦导致谈判陷入僵局,因此需在既有的协商一致原则下创建具有灵活性的补充谈判机制以赋予多边贸易谈判新的活力,在自由化议题和发展议题的冲突中寻求突破的路径。从理论和实践可行性来看,世界贸易组织可在协商一致的基础上,对争议性较大的议题采纳"关键多数"的谈判方法,即以贸易份额而不是成员数目来判断协定的合意程度,将其开放利益授予全体成员。

以非正式立法合作补缺正式条约的签署

非正式立法具有补缺世界贸易组织谈判机制欠缺效率的功能。世界贸易组织的多边谈判以达成有约束力的正式协定为目的,鲜有非正式立法的空间。然而这种正式的立法结构已成为制约国际经贸规则产出的桎梏,不仅阻碍了实体规则的形成,也妨碍了程序规则的改进。因此世界贸易组织应关注"软法合作",并借鉴其他国际经济组织在"软法合作"方面取得的成效。例如2008年国际货币基金组织针对国家主权财富基金管理规范倡导的"圣地亚哥"原则,虽不具有强制性,但为不少国家的主权财富基金主动接受。美国所倡导的"国际竞争网络"采取软法合作的方式,亦推动了120多个成员之间竞争规则的融合。可见"软法合作"的非正式性、灵活性及合作精神可补缺正式立法的不足。

适度推进贸易救济规则改革,抵制单边主义

当前,以美国、欧盟为首的发达国家提出了在世界贸易组织下推进反补贴等贸易救济规则改革的需求,其改革方案对中国均有一定的针对性,那么中国是否应该一味对该议题谈判进行反对呢?实际上,贸易救济规则的具体实效主要取决于进口方反倾销、反补贴、保障措施等内部规则,而现有的世界贸易组织贸易救济条款为非完全契约,仅对进口方反倾销、反补贴等调查做有限程序干预。中国倘若一味回避贸易救济规则的改革,不仅无助于解决美国钢铁和铝制品关税措施问题,一旦世界贸易组织争端解决机制彻底陷入瘫痪,中国亦将无法利用世界贸易组织规则对美欧现有国内贸易救济规则进行抵制。

中国应积极联合发展中经济体,对世界贸易组织的改革提出代表发展中经济体的贸易救济规则的改革方案:在争端解决机制上扩大并加深对进口方反倾销、反补贴、保障措施的审查范围和审查标准;提高进口方实施贸易救济措施的门槛和举证责任;增强反倾销、反补贴调查的透明度和非歧视性;禁止成员制定一国一税、目标税率等规则或滥用保障措施等。

推进争端解决机制的改革

除了实体规则,争端解决机制的改革也势在必行。毕竟,推进世界贸易组织上诉机构法官遴选程序重新启动、维持其正常运作成为当前世界贸易组织所面临的刻不容缓的任务。

第一,成员应改革世界贸易组织争端解决机制,改善争端解决程序的透明度、参与性和效率,如规定专家组审理和上诉机构审理中应予披露和可予披露的信息,明确上诉机构权限,严格控制其审议时限和审议范围。

第二,欧盟和中国等必须联合其他世界贸易组织成员方,启动世界贸易组织争端解决机制的修订工作。例如,欧盟和中国等可根据世界贸易组织的表决机制,在无法达成协商一致的情形下,启动投票的表决方式,解决上诉机构成员不足问题;并且,欧盟和中国可根据世界贸易组织的条约解释规则,召集成员对《关于争端解决规则与程序的谅解》(Understanding on Rules and Procedures Governing the Settlement of Disputes, DSU)中的规则进行解释,在获得世界贸易组织四分之三成员同意后,对DSU上诉机构法官选任规则进行补充,从制度上修订上诉机构成员数量、任期,并制定上诉机构大法官缺席时的补选机制。

第三,在世界贸易组织争端解决机制趋于稳定后,建议适量扩大世界贸易组织争端解决机制的管辖范畴,用以提高成员的退出门槛及撤回成本。

(资料来源:王燕.全球贸易治理的困境与改革:基于世界贸易组织的考察[J].国际经贸探索,2019,35(04):105-116,部分内容有删减)

思考题:作为重要的发展中经济体,中国应当从哪些方面推动世界贸易组织的改革?

第二节 双边贸易投资规则

一、双边自由贸易协定

中国的自贸区谈判起步较晚,大致经历了三个发展阶段:①初始阶段(2001—2005年):2001年,中国与东盟决定共同建立自由贸易区,开启了我国自贸区建设的新征程;②高速发展阶段(2005—2010年):这一时期的自贸区合作国家以发展中国家居多,也包括一些经济体量较小的发达国家,如新加坡、新西兰等;③金融危机之后的发展阶段(2010年至今):自由贸易协定伙伴国范围不断扩大,涵盖议题也愈加丰富,整体向更高质量、更高标准迈进。

双边自由贸易协定(Free Trade Agreement, FTA)的目的在于最大限度地实现协议双方之间的贸易自由化。多边贸易体制在多哈回合谈判后遭受挫折,改革步伐停滞。近年来全球经济不确定性还在持续,贸易格局发生了深刻的变化,各国都积极加大了自由贸易协定谈判的力度,原来以"多边"为主导的谈判,随着贸易环境的变化逐步调整为侧重"双边"和区域的谈判。

经过多年的积极推进,我国与众多国家在自贸区建设方面达成了一系列共识。截至2021年年底,中国已相继签署了19个自由贸易协定,涉及26个发达国家以及发展中国家和地区,其中包括韩国、新加坡、澳大利亚、毛里求斯、格鲁吉亚、冰岛、秘鲁、智利、巴基斯坦、柬埔寨、马尔代夫、瑞士、哥斯达黎加、新西兰等国家和地区。同时,与斯里兰卡、以色列、挪威、摩尔多瓦、巴拿马、巴勒斯坦等国家的双边贸易协定也正在加紧谈判中。在双边自贸谈判领域方面,从常规的货物贸易、服务贸易(包括金融、证券业的开放)、海外投资到电子商务、知识产权、环境、竞争政策等议题均有涉及,彰显了我国全方位对外开放的决心。

设立双边自由贸易区在一定程度上避免了多边谈判的障碍,可以更好地根据我国与他国的具体情况,结合双方的比较优势达成合作,拓展我国对外开放的广度和深度。自贸协定的签署,不仅使我国人民以更低的成本更加便捷地获取了与生活息息相关的优质国外产品,如新西兰奶粉、瑞士药品和名表、东南亚热带水果等,同时,也为我国企业开展国际化业务创造了新机遇,有助于消除TPP、CPTPP等其他自贸区给我国产业升级造成的消极影响,降低国家间开展贸易往来的不确定性及风险,为双边经贸合作构筑稳定的政治环境。

虽然自贸区的建立是以兼顾双方利益为前提的,但是较高水平的开放也给我国制造业带来了一定的冲击,尤其是对敏感产业及尚未具备国际竞争力的新兴产业。以中国—韩国自贸区为例,中韩两国在大宗产品生产方面具有较高的相似性,而得益于企业更高程度的规模化及更优惠的石油进口成本,韩国在化工产品方面往往具有价格优势。随着中韩两国进口产品关税的降低,韩国可能抢占我国同类产品的市场份额,挤占国内企业的利润空间,制约我国化工产业的发展壮大。

二、双边投资规则

双边投资协定(Bilateral Investment Treaty, BIT)是国家间签订的保护境外投资安全的条约、协定和换文等协议的总称,是为了相互保证一方国民或公司在另一方境内的投资安全,缔约国在本着相互尊重主权和平等互利的原则基础上通过协商谈判签订的协议。目前,国际上将双边投资协定分为传统型和现代型两大类别。传统型的双边投资协定内容主要在友好通商航海条约中体现;现代型的双边投资协定又分为美国式双边投资保护协定及德国式促进与保护投资协定,二者都是指两国间订立专用于投资保护的双边协议。

联合国贸易和发展组织(UNCTAD)发布的《2019年世界投资报告》数据显示,2018年度全球各经济体间共达成40项国际投资协定,其中30项是双边投资协定(BIT),10项是包含投资条款的协定(Treaties with Investment Provisions,TIP)。国际投资协定(International Investment Agreement,IIA)总量达到3 317项,双边投资协定有2 932项,包含投资条款的协定有385项。从数量上看,双边投资协定仍占主要地位。到2018年年底,至少有2 658个国际投资协定生效。

当前全球双边投资规则主要的国际投资条约有友好通商航海条约、美国式双边投资保护协定、德国式促进与保护投资协定等。

(1) 友好通商航海条约

友好通商航海条约主要是所在地确立的缔约国之间彼此的友好关系,东道国对于前来从事商业活动的对方国民给予相应的安全自由保障、赋予航海的自由权等。条约内容虽然有关于投资保护的相关规定,但侧重点主要是保护航海贸易,而非保护投资者。在第二次世界大战以前,在国际贸易当时全球的经济活动中占主导地位,国际投资方兴未艾。因而在双边贸易条约中关于航海贸易的保护规定较多,而关于投资保护的规定则比较少。

第二次世界大战结束后,全球政局趋于稳定,以经济发展为主导力的新国际秩序给世界经济的恢复和发展提供了有利环境,国际投资规模发展增速迅猛,各国订立的友好通商航海条约越来越多,对于投资保护的规定也越来越多。然而,仅在贸易条约中提及投资保护的问题是远远不够的,各国对于投资保护专门性条约的需求越来越强烈。

(2) 美国式投资保护协定

第二次世界大战后,美国为了保护不断增加的对外投资,除了签订综合性的友好通商航海条约以外,还开始实行海外投资保险制度。这一制度的核心是当美国国内的承保机构在有关的政治风险事故发生并依约向投保的海外投资者理赔之后,海外投资者享有的向东道国政府索赔的代位权应被对方缔约国承认,目的在于保护本国公民在对方境内的投资,保护对象仅限本国单方面投资,而非双方投资。投资保证协定由美国首次发起,并先后在加拿大、日本、澳大利亚、英国等国家推行,因此也被称为美国式投资保护协定。

截至目前,美国已与上百个国家签订此类协定,协定内容依国别而异。协定签署之初,美国依靠其在经济规模上的优势,要求发展中国家实行所谓"国际标准"或"最惠国待遇"。随着广大发展中国家的发展壮大,此准则已逐渐遭到抵制并演化为"国民待遇",确保东道国对外来投资者采取无差别、非歧视性的对待。

(3) 德国式促进与保护投资协定

从20世纪50年代末开始,联邦德国、瑞士等欧洲国家认识到友好通商航海条约难以对其海外投资进行有效保护,因而创立了一个新的双边投资条约模式——促进与保护投资协定。双边投资条约最先在欧洲一些发达国家和发展中国家之间签订,其中以联邦德国最具有典型意义,因而又称为德国式促进与保护投资协定。

1959 年,德国与巴基斯坦签订了世界上第一个双边投资协定。此后应运而生的《德意志联邦共和国与某国关于促进和相互保护投资的条约范本,2005 版》(简称为"德国 BIT 示范文本")成为欧洲国家签订投资协定时较有权威性的 BIT 示范版本。协定条款从传统友好通商航海条约中汲取了有关外国投资的内容并加以具体化、细则化,还参考美国式投资保护协定中有关投资保险、代位求偿及争端解决等规则内容,切实有效地为资本输出国的海外投资提供保护。主要内容涉及外国投资者的待遇、受保护的投资和投资者、国有化与征收、货币的汇兑与转移、代位求偿权、争议的解决等。此外,德国式的双边投资协定具有签约程序正式、内容具体全面、适用范围广泛等特点。

各国签订的投资保护协定尽管有所差别,但基本内容是相通的,一般包含无差别待遇原则、政治风险的保证、国有化征用问题、投资项目及内容、营业活动的限制、外籍人员的雇佣、外资纳税的规定、代位权条款、多边投资保护协定、多国间投资保险计划和机构、解决投资争端公约和解决投资争端国际中心等方面的规定。

(4) 中欧投资协定

中欧双边投资协定是中国和欧盟之间达成的一项全面、平衡、高水平的投资协定,旨在从制度层面为双方企业相互投资创造宽松的市场条件,提供更好的营商环境。2013 年 11 月 21 日,中欧两方宣布正式启动中欧投资协定谈判。第一轮谈判于 2014 年 1 月 21 日举行,历时 7 年,经过 35 轮艰辛谈判,最终于 2020 年 12 月 30 日尘埃落定。

协定主要包含市场准入、公平竞争、可持续发展以及争端解决等方面的规则,涉及内容远远多于传统双边投资协定。在市场准入方面,双方都对彼此承诺了较高水平的市场准入,采取准入前国民待遇加负面清单的模式,并通过对与投资相关人员的流动以及外汇转移进行规定从而促进投资自由化、便利化。公平竞争规则方面,协定主要围绕国有企业、补贴透明度、强制技术转让、标准制定等内容展开。同时,协定加入了劳工和环境等可持续发展议题,并为投资行为提供了合理有效的争端解决机制。

中欧全面投资协定的达成将进一步推动建立横跨欧亚的投资循环圈,释放更多的投资空间,使欧洲企业来华投资更加便捷、透明,为企业投资行为提供更有力的制度保障,加强中欧两地在国际投资方面的合作,拉动新冠肺炎疫情背景下的全球经济复苏。同时,在客观上有助于稳定中国和欧盟的地缘政治关系。

新闻摘录

中国推动投资便利化议题在世界贸易组织收获广泛支持

近年来,国际社会积极推进多边投资规则的制定。2016 年 9 月,G20 领导人杭州峰会达成《G20 全球投资指导原则》,对促进二十国集团从原来的危机应对机制向长效治理机制转变具有里程碑意义。

2016 年 10 月,在 G20 峰会谈判成果的基础上,我国率先向世界贸易组织提出投资便利化议题,创造性地将投资、贸易和发展三大领域融合在一起,讨论增强投资政策透明度、提升行政审批效率和加强国际能力建设合作等,以及世界贸易组织如何通过制定投资便利化规则有效提升成员的贸易能力,尽快实现其发展目标。借助世界贸易组织近年来通过谈判达成《贸易便利化协定》的积极势头,选择各成员共识度较高的投资便利化问题,打破了世界贸易组织十余年来对投资议题一直未能讨论的禁锢局面,向制定国际多边投资规则的目标迈出了关键的一步。

实际上,投资便利化议题在各主要国际组织的受重视程度均在不断提升。除G20以外,OECD、世界银行和联合国贸易和发展会议也在近年来加强了对投资便利化议题的研究,并从各自角度为投资便利化措施提供了国际参考标准。根据联合国贸易和发展会议估算,为了实现2030可持续发展目标,发展中成员国仍存在每年约2.5万亿美元的资金缺口。通过多边规则制定,推动提升全球范围内投资的自由化和便利化水平,为跨境投资提供一个更稳定、透明和具有可预见性的政策环境,将极大促进国际资金流向发展中成员,是实现2030可持续发展目标的关键环节。

2017年4月,中国及其他发展中成员国巴西、阿根廷、尼日利亚等组成"投资便利化之友",以进一步推动投资便利化议题在世界贸易组织得以确立,并促进该议题在世界贸易组织中的讨论。迄今为止,我国协调相关方在世界贸易组织举办了6次非正式对话会议及2次研讨会,吸引了逾80个世贸成员参加讨论,在短期内就投资便利化议题凝聚了较强的共识。2017年11月,我国还通过南南合作基金支持尼日利亚在其首都阿布贾举办"投资便利化与非洲发展"高层论坛,进一步加强了日内瓦谈判官员与非洲国家投资和贸易部门负责人以及企业界的直接对话,争取到部分曾一度对世界贸易组织讨论投资规则"谈资色变"的非洲成员的支持。

2017年12月10日,中国商务部部长钟山与欧盟、日本、加拿大、巴西、阿根廷等66个世贸成员国部长一道参加了投资便利化早餐会。64个成员参与联署《投资便利化部长联合声明》。虽然仍有印度、南非和少部分非洲成员对投资便利化议题持怀疑态度,立即取得多边成果的难度依然较大,但中国通过成功举办投资便利化早餐会,凝聚了来自发达国家、发展中国家和最不发达国家的广泛共识,向全体世界贸易成员发出了强有力的政治信号,未来势必将世界贸易组织关于投资便利化的讨论推向新的高度,为最终达成多边规则框架奠定良好基础、贡献中国智慧。

(资料来源:人民日报. 中国推动投资便利化议题在世贸组织收获广泛支持[EB/OL].(2017-12-20) [2023-02-20]. http://finance.people.com.cn/n1/2017/1220/c1004-29718958.html,部分内容有删减)

思考题:
1. 结合上述案例和所学内容,简要说明推动投资便利化的重要性。
2. 中国在促进投资便利化的道路上做了哪些努力?还存在哪些亟待解决的问题?

第三节　区域经济一体化与区域贸易规则

如果签订协议的国家或贸易集团超过两个,那么该协议一般被称为区域贸易协定(Regional Trade Agreement,RTAs)。区域经济一体化是指地理上邻近的两个或两个以上的国家(或地区)政府通过谈判协商签订条约或协议,相关国家甚至让出部分主权制定统一的对内对外经济政策、财政与金融政策等,消除国家间影响经济贸易发展的障碍,实现本区域内的互利互惠、协调发展和资源优化配置,最终形成一个政治、经济高度协调统一的有机体的过程。近年来世界主要国家和地区间签署双边和区域贸易协定的趋势一直在增强。据世界贸易组织的统计显示,截至2021年,全球向世界贸易组织通报的区域性贸易协定累计达803份,其中生效实施的有584份(如图5-1所示)。

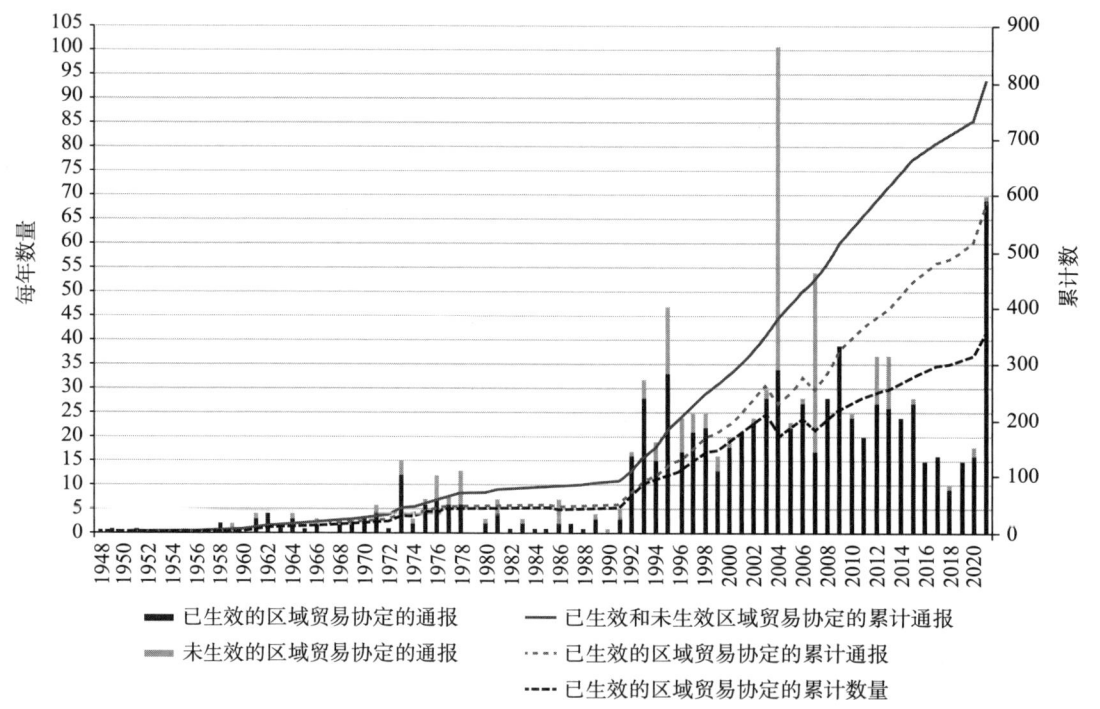

图5-1　1948—2021年区域贸易协定的演变

注:区域贸易协定的通报中货物、服务以及加入一项区域贸易协定是单独计算的。累计线显示了某一年生效的区域贸易协定/通报的数量。已生效的区域贸易协定的通报按生效年份显示,未生效的区域贸易协定的通报按未生效年份显示。

(资料来源:世界贸易组织区域贸易协定数据数据库,http://rtais.wto.org/UI/Charts.aspx)

一、区域经济一体化的基本特征和发展趋势

自20世纪90年代以来,全球区域经济一体化组织不仅在数量和规模上不断增长扩大,在体制机制等方面也出现了多样化和跃进式的变革创新,呈现出一系列趋势明显和特点突出的发展势头。

(一) 成员的异质性增强

最初的区域经济一体化一般是基于国家间的经济及政治制度、发展水平、地理条件、文化或历史等的相似性形成。北美自由贸易区的成功建立并运行从实践上证明了发达国家和发展中国家可以在同一个区域组织中和平相处并相互得益。亚洲太平洋经济合作组织(以下简称"亚太经合组织")内的成员在社会政治制度、历史文化以及宗教信仰等方面存在巨大差异的情况下,共同开展经济协调合作活动。随着世界经济的发展和变化,地缘关系和政治因素越来越淡化,互惠互利成为区域经济一体化的基本原则和前提条件。

(二) 谈判趋势的多角度化

区域自由贸易谈判正在趋向多元化延伸,一个国家或地区不只是参与一个区域经济组织,还同时参与其他国家或地区的双边或多边贸易谈判。如中国除了加入亚太经合组织,还与东盟、中亚和西亚的很多国家签订了双边协议。

(三) 合作形式平等、开放化

平等协商、开放的区域经济一体化是一种新型的区域经济合作形式。所谓开放性是指经济一体化没有专门的组织机构和机制化的贸易安排,成员经济体通过经济和贸易合作实现区域经济的相互依赖,以促进各成员经济体的经济发展,亚太经合组织就是这样一种新型的区域经济合作形式。

(四) 自由贸易领域不断扩大

近年来在全球各地发展起来的区域贸易,其签订的协议范围不仅仅局限于货物贸易,已广泛地涉及服务业、知识产权、贸易技术壁垒、贸易争端解决机制和超越国家制度安排等方面,有的区域贸易协议甚至提出了用共同的竞争政策替代各自的反倾销程序等。

区域经济合作的上述新形式、新特征必将对21世纪的世界经济、政治形势的发展变化、国际新格局的形成以及经济全球化的进一步发展产生重大且广泛的影响。

二、区域经济一体化的形式

区域经济一体化实质是成员国政府把部分经济主权自愿让渡给区域经济一体化组织,从而换取更大的经济利益,区域内签约国在经济政策上实现一定程度的统一,经济主权让渡程度决定了该组织经济一体化深入的程度,从而划分出不同层次的经济一体化组织,通常有以下六种类型:

(一) 优惠贸易安排

优惠贸易安排(Preferential Trade Arrangements, PTA)是指在成员国之间通过区域内协定或其他合作形式对全部贸易商品或一部分商品给予特别的关税优惠,这在经济一体化中是比较低端、松散的组织形式。优惠贸易安排典型的例子包括1932年英国与其大英帝国以前的殖民地国家之间实行的"英联邦特惠制"以及1967年成立的"东南亚国家联盟"。

(二) 自由贸易区

自由贸易区(Free Trade Area, FTA)是指区域内国家间通过签订自由贸易协定共同组成一个独立于其他经济体之外的贸易区,域内各成员之间相互减少或取消关税及其他贸易壁垒,实现商品在区域内统一的贸易政策下自由流通,但贸易区内每个成员国仍保留对区域外非成员国的原有壁垒,如 1960 年成立的"欧洲自由贸易联盟"以及 1993 年成立的北美自由贸易区。由于自由贸易区成员仍然保留各自对区域外非成员的关税等贸易壁垒,其税率的差别可能很大。因此,自由贸易区需要制定统一的货物原产地规则,避免原产自非成员国的商品进入区域中关税较低的成员国,再以零关税进入原本关税壁垒较高的成员国市场。

(三) 关税同盟

关税同盟(Customs Union)是指区域内两个及两个以上的经济体通过签订协议或条约,相互之间取消关税和其他贸易壁垒,同时对非同盟国实行统一的关税贸易政策。关税同盟的一体化程度高于自由贸易区。由于关税同盟内的国家需要统一关税政策,所以它的存在已经显现出明显的超国家性质。欧盟的前身"欧洲经济共同体"在 1968 年以前就是典型的关税同盟。

(四) 共同市场

共同市场(Common Market)要求在关税同盟的基础上,成员之间完全取消关税和非关税壁垒,建立共同关系之后,在共同市场统一的规则下,生产要素在成员国间完全自由流动,主要特征是共同市场内成员国之间实现商品、服务、资本和人员的自由流动,商品和服务自由流动表示货物贸易和服务贸易的自由;资本的自由流动意味着成员国之间不得阻碍资本的直接或间接流动;人员的自由流动表示成员国内的人员可以自由地向另一个成员国移动,寻找工作机会、接受教育或者长久居住。

与关税同盟相比,共同市场内的国家需要向共同体让渡可以干预资本和人员流动的权利。建立共同市场的成员国在财政政策、货币政策和就业政策方面要达到很高程度的协同合作,但是实现这种层次的合作非常之困难。目前除了欧盟,还没有在其他地区成功地建立起共同市场。

(五) 经济同盟

经济同盟(Economic Union)的经济贸易一体化程度比共同市场更高。经济同盟内各国除了要实现共同市场的目标外,还要求成员国制定和执行某些统一的经济和社会政策,其中经济政策主要包括财政政策、汇率政策和货币政策。经济同盟的一体化程度从贸易扩展到生产分配,甚至区域内的整个国民经济,形成了一个庞大的经济实体。

究竟在多大的经济政策范围内实现统一才能够称得上是经济联盟,目前还没有明确的界定,具有普遍共识的重要标志是货币政策的统一。截至目前,世界上只有欧盟达到了这一阶段。

(六) 完全经济一体化

完全经济一体化(Complete Economic Integration)是经济一体化的最高形式,又称政治同盟(Political Union)。它要求在经济联盟的基础上,建立统一的超国家管理机构,各成员国在贸易、经济、财政甚至外交政策上都必须完全一致,成员国之间消除一切影响产品及服务贸易生产要素流动的障碍。欧盟目前在朝着完全经济一体化的方向前进。

三、世界主要区域贸易协定

(一) 欧洲联盟

欧洲联盟(European Union),简称欧盟,是目前经济一体化程度最高的组织,共有 27 个成员国。

1. 从关税同盟到共同市场

1957 年,法国、联邦德国、意大利、比利时、荷兰及卢森堡六国外长签订了《罗马条约》,旨在创造共同市场,取消成员国间的关税,促进彼此间商品、劳动力、资金、服务等要素的自由流通。1968 年 7 月 1 日,共同体内部的关税和限额全部取消,建立关税同盟,并逐步实现统一的对外关税税率。从 1975 年开始,共同体的关税收入全部归共同体支配。建立共同对外关税是同盟体系完成的标志,并进入了经济一体化的第一阶段。

1986 年 2 月在卢森堡和海牙举行的首脑会议上,当时的 12 个成员国签署了《单一欧洲法案》,提出要在 1992 年 12 月 31 日前完成内部统一市场的建设。《单一欧洲法案》规定了商品、人员、服务和资本的自由流通,取消共同市场内所有的自由贸易障碍,如废除海关通关手续、不同的认证手续、不同增值税和消费税等。同时,《单一欧洲法案》对经济货币、社会政策、科技发展、环境保护以及外交政策领域的合作也作出了明确的规定,促进了欧洲内部更加紧密的合作。

2. 从共同市场到经济与货币联盟

1988 年 6 月,成员国政府首脑启动了新一轮推进经济和货币联盟的程序,以加快欧盟真正完成建立单一货币市场的目标。1989 年 4 月,高级委员会提出的《德洛尔报告》详细论证了实现经济和货币联盟的条件以及实现该目标的三个阶段。

第一阶段是从 1990 年 1 月 1 日至 1993 年 12 月 31 日。成员国要在此阶段取消贸易中所有的货币和资本流动的障碍,成员国之间要实行更紧密的经济政策方面的协调与相互监督。

第二阶段从 1994 年至 1996 年,实现成员国之间经济政策的广泛趋同。截至 1996 年,多数成员国未达到趋同要求,因此实行经济和货币联盟的第三阶段任务推迟到 1999 年 1 月 1 日。

第三阶段是建立欧洲中央银行,主要职能是管理欧洲货币的供应和负责维持货币的稳定。1995 年 12 月,欧盟在西班牙首都马德里召开首脑会议,再次讨论了经济和货币联盟的问题。会议决定统一欧洲货币,并将欧洲单一货币定名为"欧元"(EURO)。1999 年 1 月 1 日欧元正式启动。欧洲中央银行正式取代各国中央银行确定利率,并锁定了首批加入欧元区的 11 个成员国的汇率。2002 年,有形的欧元纸币和硬币取代各欧元区成员国的货币,单一货币正式开始流通。

拓展阅读

英国脱欧进程及对其欧洲和世界格局的影响

历时数年脱欧的英国,其政治和社会陷入空前分裂,局势的不确定性对欧洲乃至全球经济前景带来了负面影响,也对欧洲一体化进程带来了创伤性的冲击。

英国脱欧进程

2016年6月23日,英国脱欧公投通过,此后,英国脱欧进程一波三折(见表5-1)。继2018年11月特蕾莎·梅政府与欧盟就脱欧协议达成一致以来,英国脱欧实质性进展有限,国内陷入严重分裂局面。英国议会三度否决脱欧协议,特蕾莎·梅辞去首相职务,英国脱欧一再延期。2019年7月,鲍里斯·约翰逊接任保守党党魁及英国首相,迅速完成组阁并重启对欧谈判,秉持"与其继续留欧,毋宁死在阴沟"的强硬态度与策略,尝试通过延长议会休会期来摆脱议会钳制,无协议脱欧风险引发市场广泛忧虑。由于此前议会未对首相的脱欧协议进行表决,因而经约翰逊申请,2019年10月28日,欧盟同意将脱欧日期由原计划的2019年10月31日推至2020年1月31日。2020年,英国脱欧进程明显加快,经过英国下议院、上议院审核、女王批准、欧洲理事会及议会表决等一系列核准手续,最终于2020年1月31日正式脱欧,并于12月31日结束为期11个月的过渡期,标志着英国与欧盟达成的未来关系协议开始生效。

综合来看,英国脱欧过程中多次延期主要出于四点原因:一是法律约束,约翰逊政府在无法与欧盟达成协议的情况下须根据英国法律向欧盟申请延期。二是议会掣肘,如约翰逊关于提前大选的提议连续两次被议会否决,在失去议会多数地位的情况下约翰逊政府脱欧策略的推行必然受阻。三是关键矛盾短期内难以化解,英国在北爱尔兰边界问题上尚未达成可行的替代方案。四是欧盟反对无协议脱欧立场。

表5-1 英国脱欧进程

关键日期	主要事件
2016年6月23日	英国脱欧公投,民意脱欧(51.9%支持,48.1%反对)
2017年3月29日	英国首相特蕾莎·梅触发《里斯本条约》第50条声明,英欧启动为期两年的脱欧谈判
2017年6月	英欧正式开启脱欧谈判
2017年12月	英欧达成第一阶段共识,英国同意支付欧盟"分手费",双方同意进行第二阶段英欧未来经贸合作伙伴关系讨论
2018年3月	英欧达成脱欧过渡期政治共识,过渡期至2020年12月底
2018年7月	英国发布《英国与欧盟未来关系白皮书》(《脱欧白皮书》),作为后续谈判主要指导性文件,确定英国"软脱欧"立场
2018年11月	英欧达成脱欧协议草案(《脱欧白皮书》的细化内容)
2019年1月15日	英国议会否决英国首相特蕾莎·梅的脱欧协议

(续表)

关键日期	主要事件
2019年3月12—14日	英国议会第二次否决脱欧协议,并通过动议排除无协议脱欧,支持延期脱欧
2019年3月29日	英国议会第三次否决脱欧协议
2019年4月11日	欧盟与英国达成一致,英国脱欧延期至10月底
2019年5月24日	特蕾莎·梅宣布将于6月7日辞去首相职务
2019年7月23日	英国前外交大臣鲍里斯·约翰逊成为保守党新党魁
2019年7月24日	约翰逊正式接任英国首相,迅速完成组阁,重启对欧谈判
2019年8月28日	约翰逊提请女王延长议会休会期至10月14日,并获得批准
2019年9月4—9日	防止无协议脱欧法案成为英国法律,议会两度否决约翰逊关于提前全国大选的动议
2019年10月31日	原计划的脱欧日期,但因议会推迟了对首相脱欧协议的表决,故向欧盟申请延期脱欧
2020年1月9日	英国下议院通过脱欧法案
2020年1月22日	英国上议院通过脱欧协议法案,意味着英国"脱欧"前的所有法律准备已完成
2020年1月23日	英国女王伊丽莎白二世批准了"脱欧"协议相关法案
2020年1月24日	欧洲理事会、欧盟委员会主席签署英国"脱欧"协议
2020年1月29日	欧洲议会通过英国脱欧协议
2020年1月30日	欧盟正式批准英国脱欧
2020年1月31日	英国正式脱欧,进入为期11个月的过渡期
2020年12月31日	英国结束脱欧过渡期

英国脱欧将使欧洲一体化遭遇严重挫折

英国脱欧使欧盟失去一个重要伙伴,欧洲一体化"三驾马车"解体,对依然困于低潮甚至停滞状态的欧洲一体化合作无疑是雪上加霜。它会极大地打击成员国深化一体化的凝聚力,动摇后入盟国家和弱势边缘国家的信心,也挫伤了候选国加入欧盟的积极性。在经济上,英国脱欧将极大地影响欧盟自由贸易和单一市场化的向前推进,给英国和欧洲的劳动力市场管理、对外贸易和国际资本流动机制等带来更大的不确定性。在欧债危机影响未尽、经济复苏依然低迷的形势下,这些不确定性将使欧盟经济发展更加难以预测。脱欧表现出来的"负面示范"效应也会不断发酵外溢,使原本并不稳固的成员国关系面临更加复杂而严峻的挑战,致使欧盟经济一体化进程面临停滞乃至倒退的风险。

脱欧也可能加剧欧盟内部的力量失衡。英国的疑欧立场屡屡成为欧洲一体化前进的阻碍和离心因素。英国脱欧可以减少欧洲一体化深化的部分内外阻力,但英国作为欧盟第二大经济体,其脱欧也意味着欧盟将减少1/6的GDP,在世界经济格局中地位下降,而其长期形成的内部力量平衡格局也将被打破。因为欧盟失去英国这个重要的平衡砝码,缺少英国制约的德法主导力量得到进一步加强,法国经济上的保护主义倾向和德国的国际影响力将进一步提升,成员国对德国主导欧洲的担忧将愈加明显。

全球治理面临巨大考验

英国脱欧所折射的欧洲社会反一体化和保护主义现象,不仅使全球多边合作治理面临考验,也会对欧洲地区和世界政治格局产生复杂影响。

一是欧俄关系将迎来缓和改善的新机遇。英国是欧盟中最坚定的大西洋主义国家,在贸易自由与安全政策领域,推动欧盟与美国接近。乌克兰危机使得欧俄关系陷入僵局,英国对俄立场强硬。英国脱欧后,英欧的相互制约关系会由此松懈,欧盟成员国内部对俄温和力量得以抬升,欧俄关系趋于改善的可能性增加,俄罗斯在欧洲大陆的影响力将逐步扩大,其全球地位也将会逐渐提升,亚欧大陆的政治版图也许因此发生变化。

二是助长反一体化、反全球化思潮的兴起。英国脱欧不只是经济和政治利益博弈的结果,也是对区域治理价值导向和欧洲一体化前途命运的抉择。在一定意义上,脱欧是对以合作和开放为价值基础的区域一体化进程的否定。英国完成脱欧后,这股反一体化、反全球化的思潮可能表现更为明显,威胁着一体化和全球化发展的进程。

三是世界政治格局和全球治理变革复杂化。作为世界多极化格局中的重要一极,欧盟主张多边主义,积极推进区域共治和全球化治理,特别是在多边贸易等领域发挥重要的作用。英国脱欧使欧盟的整体实力、外交资源受到损减,其全球作用的发挥也将增加许多制约,甚至给全球化进程与全球治理增加新的阻力和不确定性。同时,英国将无法依托欧盟在欧洲和世界事务中发挥其作用,另外其国际地位也将受到不良影响。国际各方力量对比和世界政治格局或将由此发生变化。

(资料来源:

1. 光明日报.英国脱欧对欧洲及世界格局的影响[EB/OL].(2019-01-17)[2023-02-20].http://www.xinhuanet.com/world/2019-01-17/c_1210040096.htm,部分内容有删减;

2. 中国银行研究院.英国脱欧进程的发展前景、经济影响与金融变局[R].2019,部分内容有删减)

思考题:结合上述材料中的内容,谈谈英国脱欧的利弊主要体现在哪些方面?

(二)北美自由贸易协定

北美自由贸易区是包括加拿大、墨西哥和美国的自由贸易集团。1991年6月,美、加、墨三国政府代表正式开始就一项三边自由贸易协定展开谈判。历经14个月的反复磋商,三国最终在1992年8月12日签署了《北美自由贸易协定》(NAFTA),这标志着北美自由贸易区的建立。1994年1月1日,该协定正式生效。北美自由贸易协定规定,自生效之日起在15年内三国应逐步消除它们之间的贸易壁垒,实现商品和劳务的自由流通。美国、加拿大和墨西哥三国根据关税与贸易总协定的基本原则,以自由贸易区的形式来实现贸易、投资等方面的全面自由化,从而带动提升整个北美地区的经济贸易发展。

自2017年起,美国多次以北美自由贸易协定对美国制造业不利为由,要求对协定内容重新谈判。2018年10月1日,美国、加拿大和墨西哥达成一项新的三方贸易协议,即《美墨加三国协议》(USMCA)。同年11月30日,三国领导人签署《美国—墨西哥—加拿大协定》,替代了原来的北美自由贸易协定。鉴于三国在诸多领域存在分歧,经过多轮协商谈判后,2020 年 1 月 29 日,又签署了修订后的《美国—墨西哥—加拿大协定》。协定于 2020 年 7 月 1 日生效,正式取代了 1994 年生效的北美自由贸易协定。与北美自由贸易协定相比,修订后的 USMCA 对产业布局、争端解决等条款进行了较大程度的修改,对投资、劳工和环境保护、数字贸易等条款也进行了更新。无论是从谈判过程还是从协定内容来看,都体现了典型的"美国利益优先"的思想。

促使北美三国达成自贸协定的因素主要包括以下三个方面:

第一,美、加、墨三国具有实行经济一体化的可能性。三国在地理位置上山水相连,语言文字、价值观念和风俗习惯等都具有较高的近似性。三国的经济互补性强且依存度很高。美国和加拿大互为对方的第一贸易大国,在经济贸易方面有着异常密切的联系,双方的跨国投资也相当可观,加拿大外来投资的 70% 来自美国,尤其在汽车、机械等制造业领域。此外,两国间的生产一体化程度也很高。美国与墨西哥之间也存在密切的经济贸易联系,美国是墨西哥的最大投资国,也是最大贸易国;墨西哥则是美国的第三大贸易国。

第二,来自欧洲经济一体化的压力。20 世纪 80 年代以来,世界经济一体化成为世界经济的一个突出现象。为了适应全球激烈的竞争态势,更多的国家正在或即将组成新的区域经济一体化组织或者加入已有的一体化组织当中。多年来欧洲一体化的扩大和深化进程曾使美国倍感压力。

第三,符合北美各成员国发展经济的需要。对美国而言,建立北美自由贸易区,实行美、加、墨三国经济一体化,既能扩大商品出口和资本输出市场,加快经济增长,又可以为建立由其主导的美洲经济圈奠定基础;对加拿大而言,一体化规则既可以有效抑制美国日益高涨的贸易保护主义,限制美国的反补贴税、反倾销税调查申请等,又为其开发墨西哥市场提供了法律依据;对墨西哥而言,建立自贸区既能从美国和加拿大获得更多的先进技术和资本投资,提高经济质量和总量,又可以增加出口,获得外汇,解决债务问题。

(三) 亚太经济合作组织

亚太经济合作组织(APEC)是继欧洲联盟和北美自由贸易区之后组成的又一大区域经济合作组织。1989 年 11 月,亚太地区的 12 个国家(包括澳大利亚、美国、加拿大、文莱、印度尼西亚、日本、韩国、马来西亚、新西兰、菲律宾、新加坡和泰国)在澳大利亚首都堪培拉召开了首次部长级会议,宣告 APEC 成立。中国于 1991 年加入 APEC。目前亚太经济合作组织 21 个成员的总人口数占世界人口的 45%,生产总值占世界的 56%,贸易额在世界总贸易额中的占比也达到了 49%。这一组织在全球经济活动中具有举足轻重的地位。然而就世界贸易组织的标准来说,APEC 不能算是一个正式的区域贸易组织。亚太经济合作组织从其产生、发展到运作模式均有别于欧盟和北美自由贸易区,它有其自身的特点,这些特点契合 APEC 各成员的经济发展状况和经济运行模式。

亚太经济合作组织是在区域内各国的历史、文化、宗教、政治和经济制度以及价值观都有很大差别的情况下建立起来的。21 个成员中有 7 个发达工业国家,分别为美国、加拿大、日本、澳大利亚、新西兰、韩国和新加坡,其余都是发展中国家和地区。亚太地区贸易增长并不是建立在内向发展和对区外贸易的歧视上,而是建立在全方位(包括区内区外)降低贸易壁垒的基础上。因此,APEC 具有如下几方面的特征:

(1) 开放性

为避免使亚太经济合作组织朝着组成一个集团的方向发展,建立一个实行"开放的经济联合体"的新型国际经济组织,亚太经合组织推行开放的多边贸易体制,主要体现在 APEC 主张对区域外的非成员开放,各成员可以在自愿的基础上有条件或无条件地给予非成员优惠待遇。

(2) 协商性和平等互利

亚太经济合作组织不靠谈判达成条约规定,而是靠成员的协商和领导人的承诺来行事。承诺与协商虽然不具备法律意义上的强制性,但作为一种国际信誉,也有很强的约束力。APEC 不存在超国家决策,从而也不存在国家管理权力的让渡,体现了 APEC 的平等原则:协商加自主行动,在协商一致的基础上,各成员达到目标统一即可采取自主行动。

(3) 单边行动计划和集体行动计划相结合

上述协商一致原则的具体体现就是集体行动计划,自主自愿原则的具体体现就是单边行动计划。单边行动计划与集体行动计划的相互促进和补充是 APEC 组织方式的主要特点。

(四) 中国—东盟自由贸易区

伴随着经济全球化浪潮不断推进,东盟各国普遍意识到必须通过建立区域经济一体化组织来进一步拓展国际市场。2001 年 1 月,在文莱举行的东盟首脑会议上,中国与东盟 10 个成员国宣布了将在未来 10 年内建成自由贸易区的目标。2002 年 11 月 4 日,东盟与中国领导人会议在柬埔寨首都金边举行,会议签署了《中国与东盟全面经济合作框架协议》,宣布于 2010 年建成中国—东盟自由贸易区。这是中国对外商谈的第一个自贸区,也是东盟作为一个整体组织对外商谈的第一个自贸区。根据《中国与东盟全面经济合作框架协议》所确定的内容和时间表,中国与东盟稳步推进自贸区建设进程,并相继签署了多项协议和议定书,公布并实施自贸区全面降税。2010 年 1 月,中国—东盟自由贸易区如期建成。

中国与东盟全面经济合作的目标是各缔约方之间加强经济、贸易和投资合作;促进货物和服务贸易,逐步实现货物和服务贸易自由化,并努力创建透明、自由和便利的投资机制;为缔约方之间开展更加紧密的经济合作开辟新领域,制定适当措施;为东盟新成员国更有效地参与经济一体化提供便利,积极制定相应措施缩小各成员国间经济发展水平的差距。

(五) 区域全面经济伙伴关系协定

区域全面经济伙伴关系协定(RCEP)最初由东盟于 2012 年发起,谈判国主要包括东盟 10 国和中国、日本、韩国、澳大利亚、新西兰、印度,共 16 个国家。由于参与谈判的发达国家与发展中国家在诸多方面存在利益博弈,因而 RCEP 经历了八年谈判长跑,最终于 2020 年 11 月 15 日正式得以签署。其中,印度虽然也参加了多年的谈判,但最终出于国家利益的考虑未能加入该协定。RCEP 覆盖了目前世界上人口规模最大、最具发展潜力的自由贸易区。

RCEP 总共包含 20 章,内容既涉及传统议题,如货物贸易、投资、服务贸易等,也涉及一些新的贸易议题,如知识产权、电子商务、竞争政策、国有企业等。从协议规则来看,其主要进步体现在以下四点:①规定成员国间多数货物贸易免征关税,比例高达90%;②进一步促进电子商务便利化;③原产地规则更加丰富、灵活;④更大程度开放服务贸易和国际投资。

作为当前全球人口最多、经贸规模最大的贸易协定,RCEP 成员国中包括了高、中、低收入三类国家,决定了 RCEP 是兼顾不同国家发展阶段,平衡各方利益之下的产物,如 RCEP 在个别条款上为最不发达国家设置了差别待遇,给予此类国家一定程度的灵活性,体现了其包容开放的原则。RCEP 的签署有利于各成员国实现产业间优势互补,促进技术创新和外部循环,增强应对外贸摩擦的能力。对中国而言,RCEP 将在一定程度缓解我国对传统欧美国家的过度依赖,是我国深化区域经济一体化、助推开放型世界经济建设的重要一步。

值得一提的是,作为名副其实的经济大国,中国不仅代表了广大发展中国家的利益诉求,也熟稔多领域高标准的贸易投资规则,中国的特殊性使其在 RCEP 谈判中起到了无可替代的"桥梁"作用。我国政府高度重视区域贸易协定的达成,多次呼吁各方共同努力推动 RCEP 谈判的进程。同时,中国以自身开放为表率,通过实际行动表明立场,积极为全球治理贡献中国力量,在区域经济合作中充分展示出了负责任的大国形象。

拓展阅读

CPTPP,中国未来自由贸易发展的新机遇

随着日本、澳大利亚、墨西哥、新加坡、新西兰、加拿大等六国政府的批准,CPTPP(全面与进步跨太平洋伙伴关系协定)于 2018 年 12 月 30 日正式生效,成为跨太平洋地区的第一个大型自贸协议。作为比 WTO 规则更为严格的贸易体系,CPTPP 成员国之间相互的开放程度更高,关税水平更低,对服务业和知识产权方面提供了更强有力的保护。CPTPP 不仅降低了一些货物的贸易成本,还在服务业、劳工、环境、知识产权等方面提出了更高的贸易标准。

长期以来,中国一直秉承支持自由贸易、推动经济全球化的原则和立场,对 CPTPP 及其前身都持开放态度。在新的形势下,权衡其对中国的利弊之后再制定我们的应对政策才是中国的最优选择。

CPTPP 优势明显,代表未来自由贸易的发展方向

(1) CPTPP 经济总量不容忽视

CPTPP 目前包括 11 个国家,经济总量占全球的 13.2%,贸易总量占全球的 15%,是有 5 亿多人口参与的亚太地区极具影响力的多边贸易协定。

(2) CPTPP 标准"全面且进步"

尽管相对于 TPP,CPTPP 的内容有所减少,门槛有所降低,但其标准仍是"全面且进步",除一般自贸协定只为降低交易成本的目的外,还包括了对劳动和环境标准的要求,以及在知识产权、国有企业等方面的各项开放和自由贸易要求。为使 CPTPP 顺利通过,CPTPP 删掉了 TPP 中三分之一的原始文本,但对"电子商务章节"(对通过数字贸易创建

的数据提供广泛保护)、"政府采购章节"(规定向外国投标人同等开放政府采购合同)以及"国有企业章节"(主要体现在限制成员国政府补贴国有企业和限制成员国政府干预市场方面)等条款内容加以保留,目前这在其他自贸协定中是没有的。

(3) 扩容前景好

CPTPP成员国包括了日本、加拿大、澳大利亚、智利、新西兰、新加坡、文莱、马来西亚、越南、墨西哥和秘鲁等11个国家。同时,CPTPP还拟定了未来成员加入的条件。2018年11月20日,CPTPP首席谈判代表会议基本敲定将设立工作小组,未来关于任何其他国家和地区的加入要求均由委员会进行审议。新成员申请需先经过工作小组的磋商,最终在委员会进行表决。

新形势下,中国加入CPTPP的利弊

(1) 有利于遏制贸易保护主义势头,推动自由贸易

积极加入CPTPP,与中国力促全球化、推崇自由贸易的原则相一致,有利于遏制当前以美国为代表的贸易保护主义和孤立主义的势头,推动全球范围内的自由贸易。加入WTO 20年后,中国需要进一步开放,尽管中国显然已经不是原来的发展中国家,但我们也不是发达国家。这个特点让我们既要参与,又要有针对性地对贸易规则做一些保留和修正。

(2) 有利于中国企业参与世界竞争以及服务业的"走出去"

侧重保护知识产权和服务贸易的CPTPP协议符合中国不断提升的服务业以及电子商务、信息技术等优势产业的发展,协议将为中国企业的"走出去"创造一个公平、自由而广阔的世界市场,为中国企业在这些国家服务业方面的发展提供便利和权益保障。

(3) 加入CPTPP有利于缓解中美的结构性矛盾

CPTPP在服务贸易、知识产权保护等方面有着更高的标准,与中国的发展阶段相吻合。中国加入CPTPP会释放中国保障自身真实性和可信性的信号,展示出中国更加开放的姿态,这有利于中美下一步的谈判。

当今的全球贸易体系出现变革,多边贸易体系受到冲击,美欧、美日、日欧等多个双边体系正在形成。长期来看,中美贸易的结构型矛盾很难在短期内解决。因此,当前中国面临紧迫的时间窗口期。为防止在国际贸易中处于被动局面,中国应提前准备,积极加入更多的区域性贸易体系,应对美中贸易对抗带来的震荡。

(4) 有利于与第三方合作,加大"一带一路"的国际平台支持

中国自提出"一带一路"倡议以来获得了全球各方的关注,但也面临一些挑战。首先,中国倡导的方案被一些国家默认为是中国对外扩张的战略,因此采取提防的立场;其次,"一带一路"尚没有对应的国际组织或机构落地运行,且中国这方面的国际经验不足。因此,积极加入CPTTP可以为"一带一路"倡议的推进提供更广泛的国际依托,借鉴CPTTP的贸易规则能够更有效促进"一带一路"倡议的落地和深化,也有利于消除各方的疑虑从而减少推进的阻力,增进与第三方的合作。

(资料来源:全球化智库. CPTPP,中国未来自由贸易发展的新机遇[R]. 2019,部分内容有删减)

思考题:结合上述案例和所学内容,你认为中国是否应立即加入CPTPP?为什么?

第四节 不同贸易类型的国际商务规则

一、国际货物贸易规则

(一)《联合国国际货物销售合同公约》(CISG)

1980年,由联合国国际贸易法委员会主持制定的《联合国国际货物销售合同公约》在维也纳举行的外交会议上获得通过,并于1988年1月1日正式生效。

《联合国国际货物销售合同公约》主要内容包含以下四个方面:

(1) 公约的基本原则。在全球范围内建立国际经济新秩序的原则、平等互利原则以及兼顾不同社会、经济和法律制度的原则。这些基本原则是执行、解释和修订公约的依据,也是处理国际货物买卖关系和发展国际贸易关系的行为准绳。

(2) 适用范围。第一,公约原则只在国际货物买卖合同中适用,即营业地点在不同国家的当事人之间所订立的货物买卖合同中;第二,明确规定了不适用于该公约的某些国际货物买卖,如经由拍卖的销售、电力的销售等;第三,公约只适用于销售合同的订立和卖方和买方因此种合同而产生的权利和义务;第四,公约不适用于供应货物一方的绝大部分义务在于供应劳动力或其他服务的合同;第五,公约不适用于卖方对于货物对任何人所造成的死亡或伤害的责任。

(3) 合同的订立。包括合同的形式和发盘(要约)与接受(承诺)的法律效力。

(4) 买方和卖方的权利义务。第一,卖方责任主要表现为三项义务:交付货物、移交一切与货物有关的单据、移转货物的所有权;第二,买方的责任主要表现为两项义务:支付货物价款、收取货物;第三,详细规定卖方和买方违反合同时的补救办法;第四,规定了风险转移的几种情况;第五,明确了根本违反合同和预期违反合同的内容及含义,以及发生此类情况时双方当事人或公司应履行的义务;第六,对免责的条件作了明确的规定。

(二)《1994年关税与贸易总协定》(GATT)

关税与贸易总协定的宗旨是为货物贸易确定贸易自由化的规则,达成互惠互利的协议,以求大幅度地削减和降低关税,取消国际贸易壁垒,消除国际贸易上的歧视待遇,是关于关税和贸易准则的多边国际协定和组织。

二、国际服务贸易规则

(一)《服务贸易总协定》(GATS)

《服务贸易总协定》的宗旨是在促进所有成员方获得互惠利益,在确保权利和义务总体平衡的原则上,为服务贸易自由化达到更高的水平奠定基础。考虑到各成员服务贸易发展水平的不平衡,《服务贸易总协定》允许各成员方对服务贸易进行必要的管理,鼓励发展中经济体成员积极提高国内服务能力、效率和竞争力,以便其更多地参与到世界服务贸易中。

《服务贸易总协定》的主要内容涉及以下五方面:第一,最惠国待遇,即各成员方无条件给予任一成员方的服务和服务提供者的待遇应不低于其给予任一其他成员相同的服务和服务提供者的待遇;第二,透明度原则,除非在紧急非人为情况下,各成员方公布所有普遍适用的有关或影响本协定实施的措施,应迅速并最迟不得晚于该措施生效之时;第三,市场准入,在最惠国待遇中所确定的服务提供方式中,有关市场准入方面,每个成员承诺给予其他任何成员的服务和服务提供者的待遇,应等同或不低于其协定承诺中所同意和确认的规定、限制和条件之标准;第四,支付和转移,所有成员对其具体承诺有关的经常交易不得实施国际转移和支付方面的限制;第五,保障收支平衡的限制,当成员方收支出现严重的失衡危机、对外财政困难或遭受威胁时,贸易中涉事一方成员可以对其已作出的具体承诺,包括与该承诺有关交易的支付和转移,采取或维持限制。

(二)《国际服务贸易协定》(TISA)

《国际服务贸易协定》是 2012 年年初以美国为主导的发达经济体开始采取的一种新的服务贸易谈判策略。与 GATS 相比,TISA 在服务贸易规则、范围和运行模式上提出了新的要求,旨在达成覆盖服务贸易所有领域的、更高水平的协定,进一步扩大市场准入,消除成员间的服务贸易和投资壁垒。TISA 与 TPP、TTIP 一起,成为美国在新时期推动全球贸易规则变革的三大重要举措。

TISA 确立的原则主要包括:实施全面的外资国民待遇,即除各成员已明确保留的例外措施之外,其他所有服务部门规定对外资要一视同仁;原则上应取消必须设立合资企业的各种要求,不得限制外资控股比例和经营范围;约束对提供跨境服务的限制,包括许可、居住要求等,约束对通过投资提供服务的机构设立、参与合资企业或经济需求测试等的要求;实现数据跨境自由流动,取消数据必须预先存储于使用方境内服务器中的要求;在自然人流动方面,增加商务访客、专家和技术人员准入的便利性,包括对企业市场开拓意义重大的内部调动人员;新的开放措施一旦实施不得收回等。

拓展阅读

WTO 服务贸易谈判的演进

当前,国际服务贸易增长势头迅猛,随之出现许多新的服务贸易相关的问题与争端,亟须新的贸易规则。然而,原有的 WTO 服务贸易总协定(General Agreement on Trade in Services, GATS)已经不能适应新形势的需要,为建立新规则而启动的多哈回合贸易谈判却一直陷入僵局。为此,众多 WTO 成员纷纷另寻解决办法,希望能够尽早达成新的服务贸易协定,解决服务贸易领域出现的新问题。由于各成员方发展程度不同,要求所有成员方都接受一个高标准的经济规则非常不现实,所以各成员方之间倾向于签署 BIT(双边投资协定),不同区域的多个成员方也在不同时间段进行多边谈判,比如 TISA(国际服务贸易协定)、TTIP(跨大西洋贸易与投资伙伴协定)、CPTPP(全面与进步跨太平洋伙伴关系协定)、RCEP(区域全面经济伙伴关系协定)、FTAAP(亚太自由贸易区)等多边贸易协定。

国际服务贸易协定(TISA)由美国于 2011 年 12 月发起,它是由美国和欧盟、澳大利亚共同主导的 WTO 的次级贸易团体。这一次级贸易团体也被称作"服务业挚友俱乐部"

(Really Good Friends of Services，RGF）。TISA 旨在放开成员之间的服务贸易，实现成员之间的服务贸易自由化，为各成员的政府、工人、农民、消费者争取更多合作的机会。如果 TISA 谈判成功，成员之间的投资和服务贸易壁垒将大范围削减，形成统一的服务业市场准入标准，重塑国际服务贸易规则。截至 2018 年 6 月，各方已经完成了 21 轮谈判，目前 TISA 已经基本完成框架和细则，等待各方减让表的最后谈判。尚在参加谈判的 23 个成员既包括发达国家和地区，也包括发展中国家和地区，成员服务贸易总额超过全球总量的七成。其中，高收入成员 14 个：澳大利亚、加拿大、中国台湾地区、中国香港地区、冰岛、以色列、日本、韩国、列支敦士登、新西兰、挪威、瑞士、美国和欧盟；中高收入成员 8 个：智利、哥伦比亚、哥斯达黎加、毛里求斯、墨西哥、巴拿马、秘鲁和土耳其；中低收入成员 1 个：巴基斯坦。新加坡曾经加入 TISA 谈判，后选择退出。

2013 年启动的跨大西洋贸易和投资伙伴关系协定（TTIP）谈判在美国和欧盟之间进行，谈判内容涉及服务贸易、政府采购、原产地规则等，双方关注点主要在于服务贸易领域的开放，但由于美国政府未能在换届前完成谈判，TTIP 的谈判在 2016 年陷入停滞。

全面与进步跨太平洋伙伴关系协定（CPTPP）于 2018 年 3 月签署了完整协议，签署方包括 11 个国家，涵盖的领域包括海关监管与贸易便利化、投资、服务贸易、金融服务、电信服务、政府采购、知识产权、透明度与反腐败等。TPP 的前身是 TPSEP（跨太平洋战略经济伙伴关系协定），在 2002 年由新西兰、新加坡、智利三个国家首先提出倡议，2005 年文莱加入后，四国联合提出高标准的贸易协定，即 P4 版本。随着更多国家的加入，2015 年形成 TPP 的 P12 版本，新增加的八个国家是美国、澳大利亚、秘鲁、越南、马来西亚、墨西哥、加拿大、日本。

RCEP（区域全面经济伙伴关系协定）通过削减关税及非关税壁垒，建立了统一市场的自由贸易协定，其包含货物贸易、服务贸易、自然人移动、投资、竞争、电子商务、知识产权、政府采购等多项内容，值得注意的是，RCEP 还在金融、电信方面设立了专门的附件。

综合以上服务贸易规则以及多边贸易规则中与服务贸易相关的部分，可以发现，目前服务贸易规则的新趋势包括：

（1）与跨境数据流动相关的服务贸易规则成为重要议题；

（2）服务贸易自由化的标准更高，具体体现在更多行业范围的市场准入、更广泛的服务贸易提供模式、更高标准的一般义务、更多的边境后措施；

（3）有利于发达经济体的竞争优势；

（4）发达经济体与新兴经济体之间的博弈将长期存在。

（资料来源：

1. 张悦，崔日明. 服务贸易规则演变与中国服务贸易的发展[J]. 现代经济探讨，2017(05)：39-43；

2. 赵瑾. 全球服务贸易壁垒：主要手段、行业特点与国家分布——基于 OECD 服务贸易限制指数的分析[J]. 国际贸易，2017(02)：31-39，部分内容有删减）

思考题：随着国际服务贸易规则的逐步演变，我国应如何抓住这一契机做大做强服务贸易？

三、国际贸易中的知识产权规则

（一）《与贸易有关的知识产权协定》（TRIPs）

《与贸易有关的知识产权协定》是关贸总协定乌拉圭回合签署的一揽子协议中的一部分。将知识产权纳入关贸总协定的议题于1990年通过。1994年4月15日，《与贸易有关的知识产权协定》等一揽子协议在摩洛哥马拉喀什签署。

《与贸易有关的知识产权协定》涉及知识产权的各个领域，协议不仅在很多方面超越了现有的国际公约水平，而且把关贸总协定中关于有形商品贸易的基本原则引入知识产权保护领域。保护范围涉及专利、工业设计、商标、地理标志、集成电路的布图设计等。

（二）《巴黎公约》

《巴黎公约》是《保护工业产权巴黎公约》的简称，1883年3月20日在巴黎签订，1884年7月7日生效。最初成员国有11个，截止到2017年5月14日，随着阿富汗正式加入，该公约缔约方总数已达177个成员。《巴黎公约》适用的保护范围是工业产权，包括发明专利权、实用新型、工业品外观设计、商标权、服务标记、厂商名称、货物标记或原产地名称以及制止不正当竞争等。

《巴黎公约》体现了如下几项基本原则：

国民待遇原则，在工业产权保护方面，公约各成员必须在法律上给予公约其他成员等同于本地国民的待遇。即使是非成员方国民，只要他在公约某一成员方内有住所，或有真实有效的工商营业场所，亦应给予相同于该地国民的待遇。

优先权的作用在于保护首次申请人，使他在向其他成员国提出同样的注册申请时，不致由于两次申请日期的差异而被第三者钻空子抢先申请注册。凡在任意一个缔约方申请注册的商标，可以在缔约方中享受自初次申请之日起为期6个月的优先权。发明、实用新型和工业品外观设计的专利申请人从首次向成员之一提出申请之日起，可以在一定期限内（发明和实用新型为12个月，工业品外观设计为6个月）以同一发明向其他成员提出申请，而且以第一次申请的日期为以后提出申请的日期。

独立性原则是指申请和注册商标的条件由每个成员的法律决定，各自独立。商标在一成员地取得注册后，就独立于原商标，即使原注册地已将该商标予以撤销，或因其未办理续展手续而无效，都不影响它在其他成员地所受到的保护。同一发明在不同国家所获得的专利权彼此无关，即各成员独立地按该地的法律规定拒绝、撤销或终止某项发明专利权，不受其他成员国对该专利权处理的影响。

《巴黎公约》的内容还包括建立管理工业产权的主管机关；发明人有权在专利书上署名；各成员不准以内部法规定不同为理由，拒绝给某些达到批准条件的发明授予专利权或宣布专利权无效，以及对未经商标权人同意而注册的商标等问题作出规定。这些是《巴黎公约》对成员的最低要求。

本章小结

1. 世界贸易组织于1995年取代了关贸总协定，成为各成员方进行友好协商的平台，各成员方可以在其框架之下进行无歧视国际贸易协商。同时 WTO 也为各成员方的贸易争端协调和各项协定的实施提供了一个强制约束,但因为包含了世界上大部分国家和地区,而这些国家和地区的社会文化、经济发展水平、自然资源等各种因素导致自身谋求的利益不同,所以全球自由贸易谈判进展缓慢。

2. 由于贸易协议降低或取消了成员之间的关税,使得成员之间的商品交易价格要低于非成员之间的商品交易价格,因而贸易活动迅速从非成员之间向成员之间转移,同时低价格也扩大了人民的消费需求和消费意愿,这就促进了贸易转移和贸易创造。

3. 区域经济组织发展迅速,几乎覆盖了全世界所有主要国家和地区,包括欧盟、北美自由贸易区、亚太经济合作组织、中国—东盟自由贸易协定以及更多的双边或多边协议,这些组织由于涉及国家和地区较少、社会文化接近等因素,使得其利益诉求比较接近。

4. 国际贸易过程可分为货物贸易和服务贸易,两种不同的贸易方式分别受不同的协议规则约束:国际服务贸易方面主要有《服务贸易总协定》和《国际服务贸易协定》;货物贸易方面,主要有《联合国国际货物销售合同公约》和《1994 年关贸总协定》。此外,贸易中的知识产权问题也越来越受关注,主要有《与贸易有关的知识产权协定》以及《巴黎公约》。

重要术语

世界贸易组织(World Trade Orgnization, WTO)
关税与贸易总协定(General Agreement on Tariffs and Trade, GATT)
多边贸易规则(Multilateral Trade Rules)
双边贸易协定(Bilateral Trade Agreement)
双边投资协定(Bilateral Investment Agreement)
区域贸易协定(Regional Trade Agreement)
区域经济一体化(Regional Economic Integration)
北美自由贸易协定(North America Free Trade Agreement, NAFTA)
服务贸易总协定(General Agreement on Trade and Service, GATS)
国际服务贸易协定(Trade in Services Agreement, TISA)
与贸易有关的知识产权协定(Agreement On Trade-related Aspects of Intellectual Property Right, TRIPs)
联合国国际货物销售合同公约(United Nations Convention on Contracts for the International Sale of Goods, CISG)
数字贸易(Digital Trade)

思考讨论

1. WTO 的宗旨和职能是什么?
2. 何谓区域经济一体化?区域经济一体化的层次及特点有哪些?
3. 相比于多边贸易体制,双边自由贸易有哪些优势?

4. 愈加盛行的双边贸易协定对全球贸易发展有什么影响?
5. 与国际货物贸易相比,国际服务贸易有什么特点?
6. RCEP 的签署为跨国企业带来了哪些机遇和挑战?

案例分析

货物还是服务?——数字经济带来的挑战

规范国际贸易行为的规则框架由产品向货物和服务的分化展开。在世界贸易组织的多边层面,通过两个不同的协议对两种不同类型产品的贸易进行约束:关税与贸易总协定(GATT)和服务贸易总协定(GATS)分别适用于国际货物贸易和国际服务贸易两大类型贸易。因此,在确定指导产品贸易的原则时,一个协议的适用性排除了另一个协议的适用性。换句话说,世界贸易组织的监管框架并未设想产品既可以是货物又可以是服务。然而,随着数字化革命演进,货物和服务的混合贸易——数字贸易逐渐混淆了 GATT-GATS 适用范围的基本区别。下面介绍当前数字产品的分类以及处理问题。

网上订购的实物

这类商品是指从亚马逊(Amazon)或 E-bay 等电子零售店购买的与实体零售店相同的有形商品。比如,一位消费者在亚马逊上订购了一台苹果笔记本电脑,在网上付款,然后笔记本电脑被送到她家。网上订购的笔记本电脑与她本可以直接从众多苹果商店中择一购买的笔记本电脑没有区别,我们认为,这两种情况都接近世界贸易组织所说的"货物"的概念。

数字化媒体

数字化媒体,如音乐、软件和书籍,在分类方面提出了一个更具挑战性的问题。这些传统上被视为商品的产品,越来越多地通过电子传输和消费,而无须存储在 DVD、蓝光或书籍中。对于数字化媒体内容的分类现状几乎没有共识。为了解决这类商品的分类问题,厘清电子商务为发展中经济体带来的经济发展机会以及其他问题,1999 年,WTO 总理事会就电子贸易中所有与贸易有关的问题展开全面分析。但是,直到今天,世界贸易组织成员还没有就数字内容电子传输的性质或处理方案达成协议。1999 年,欧盟发布了一份通讯,声称所有的电子传输都由服务组成,因此,这些产品应该属于服务贸易总协定(GATS)的范围。

而美国和其他一些国家倾向于将这些产品归类为商品或商品与服务的混合体,并认为数字媒体的贸易应受关贸总协定规则的约束。通过电子传输交付是否构成货物贸易,将决定 WTO 附件 1A 协定(如《技术性贸易壁垒协定》,简称 TBT 协定)是否适用。鉴于最近因未经授权的监视和个人数据被盗而引发的安全担忧,监管机构有充分理由对软件是否携带恶意程序进行核查,并确保它们符合强制性的技术法规。其中,技术法规和合格评定的程序以 TBT 协议为指导,而将数字媒体的传播视为一种服务的供应,将消除 TBT 协定对这类产品贸易的适用性。

3D 制造产品

3D 制造通过将连续的材料层(例如塑料、金属、陶瓷、水泥、木材、食品和人体细胞)添加到平坦表面上来进行加工,直到这些材料层形成三维物体。3D 打印机在一定程度上类似于 2D 打印机,它们需要首先创建计算机辅助设计文件(CAD 文件),为打印机生成电子蓝图。用户可以通过从头开始设计或扫描目标对象来创建 CAD 文件,然后通过网络来编辑和共享 CAD 文件。虽然 3D 打印产品目前只是一个发展势头良好的贸易对象,但它未来有可能影响全球价值链的重新配置。这主要是由于以下两个原因:首先,采用 3D 打印可以制造各种产品——从玩具、微电池到人体肾脏、整个房屋,几乎包括了所有产品。其次,3D 打印制品的大部分价值体现在设计和生成 CAD 文件中。CAD 文件是最终制造产品的电子蓝图,生成 CAD 文件后,实际打印只需要制造商具有 3D 打印机和所需的打印材料。

关于 3D 打印产品分类的核心问题是 CAD 文件应当归类为货物还是服务,但目前没有任何共识或权威文献为该问题指明方向。现实中,美国联邦巡回法院就遇到过这类问题。一家销售牙科矫正器的美国公司向巴基斯坦的工程师发送了顾客的牙齿测量结果,该工程师生成牙科矫正器的 CAD 文件并将其发回给美国公司,当这些 CAD 文件进入美国时,是否属于应该受到美国海关和边境保护局监管的"货物"?法院认为"货物"意味着"物质事物",而电子数据传输不是货物。

智能产品

从手机和手表到洗衣机和空调,如今绝大多数日常使用的设备都包含一个数字组件,而这一组件可以借助互联网与世界进行电子连接,通常被称为"智能物体"或物联网。首先,区分传统电子产品和现代智能产品是十分重要的。自进入计算机时代,携带计算机芯片并能够在数字电路中处理数据的电子设备就一直伴随着我们。智能设备的独特之处在于它们具有开创性的能力,可以在类似的智能设备之间发送和接收数据,也可以使用云计算收集数据,从而将数据用于各种目的。这些设备的价值来自并依赖于传感器和机器之间恒定和瞬时的数据流。更重要的是,这些设备的很大一部分使用价值源自它们通过连接物联网基础设施发送和接收数据的能力。跨国汽车制造商戴姆勒副总裁提到物联网革命时表示,传统汽车制造商可能沦为汽车业的富士康(总部位于中国的 iPhone 制造商),而科技巨头拥有至关重要的数字操作系统。国际贸易法对物联网设备的分类状况缺乏明确规定,无论它们是一种商品还是一种服务。世界贸易组织上诉机构指出:"可以发现某些产品同时属于关贸总协定和服务贸易总协定的覆盖范围""这些产品包括与某一特定商品有关的服务或与某一特定商品同时提供的服务"。

《加拿大对于期刊的各项措施》规定对"分刊"期刊征收相当于所有广告价值 80% 的税。美国声称,此举违反了 GATT 保障国民待遇的义务,并对加拿大对"分刊"经营期刊所征的税收提出了质疑。加拿大认为,这项税收针对的是不受关贸总协定义务约束的广告服务。WTO 上诉机构驳回了加拿大对该产品的定性,认定商品为"由两部分组成的货物",即编辑内容和广告内容,这两部分都具有服务属性,但是它们结合在一起形成了一个物理产品——期刊本身。上诉机构的裁决包含了一项明确的界定,即产品可以是同时具有服务属性的货物。上诉机构还消除了确定物联网产品是货物还是服务的需要,将重点放在消费属性的衡量上。如果产品被衡量为消费的是其服务属性,则适用 GATS;如果产品被衡量消费的是其货物属性,则适用 GATT。然而,这并没有完全解决当前的问题。为了衡量一个贸易产品是为了其"服务属性"还是为了其"货物属性",必须对两个属性有一个确定的理解。各方对数字化贸易是属于货物还是属于服务贸易这个问题尚未达成共识(世界贸易组织的大国成员间曾经在这一问题上出现过不协调的先例),WTO 争端解决机构也仍无法给出依据两种目的属性判断产品是货物还是服务的明确标准。

要解决数字贸易是货物还是服务的问题,只能借助于明确的立法而非司法解释,这似乎是走出上述四种情形的分类困境的基础。关于数字贸易的多边协定,必须首先解决其分类问题,以便确定两种贸易协定的适用性。越来越多的人倾向于将数字贸易认定为货物贸易。首先,电力,本质上为电子的流动,就世界贸易组织的法律而言,电力本身属于关贸总协定的管辖范围。其次,《全球电子商务日内瓦部长级宣言》规定暂停对电子传输征收关税,后来的部长级会议又延长了这一规定的适用时间。当其再次被提上议程时,WTO 成员纷纷表示放弃对电子传输征收关税。这似乎再次表明,数字交易构成了商品贸易,而不是服务贸易。

(资料来源:Neeraj R S. Trade rules for the digital economy:Charting new waters at the WTO [J]. *World Trade Review*, 2019, 18(S1):S121-S141,部分内容有删减)

思考题:
1. 商品贸易和服务贸易在贸易规则上的主要区别有哪些?
2. 数字经济对全球贸易方式和规则带来了哪些影响?

参考文献

世界贸易组织.世界贸易报告 2018 年[M].上海:上海人民出版社,2018.
王炜瀚,王健.国际商务:第 3 版[M].北京:机械工业出版社,2019.
薛荣久.国际贸易:第 6 版[M].北京:对外经济贸易大学出版社,2016.
赵俊平,付会霞,姚丽霞.区域经济一体化理论与实践:第 1 版[M].哈尔滨:黑龙江大学出版社,2012.

应 用 篇

第六章 国际市场进入与跨国战略管理

[学习目标]

- 熟悉跨国公司海外市场进入策略
- 掌握跨国公司全球战略管理的概念与内涵
- 掌握跨国公司不同类型的全球战略
- 熟悉企业组织结构的定义与组织设计的内涵
- 了解跨国公司组织结构的演变

[素养目标]

- 培养大局意识、前瞻意识
- 正确认识战略目标(远大抱负)与战略实施(脚踏实地)之间的关系

[引导案例]

海尔的成功离不开其全球战略管理

海尔国际化主要经历了四个发展阶段。从1984年到1990年属于内向型发展,主要针对国内市场的消费者需求进行创新,迅速树立了品牌形象,赢得了市场和口碑。1990年到1996年是出口时期。1990年,海尔开始做出口,一开始便选择进入高标准和严要求的德国和美国市场,凭借其性价比优势赢得市场,开启了国际化之路。通过一段时间的奋斗,海尔国际化取得了显著的成绩,产品源源不断地销售到美国、中东、日本等地。1996年到1998年是对外投资时期。1996年,海尔开始对外投资,建立了位于菲律宾的CDLKG电器有限公司,随后在美国、印度尼西亚等地区先后进行了投资。1999年之后,海尔重点实行本土化战略,在美国建立了第一个本土化公司,之后按照不同国家不一样的环境,实行产品和技术的创新以及管理的本土化。

由此可见,海尔在国际化的过程中,第一步选择攻克欧美发达国家,再逐步进入发展中国家,即采取了"先难后易"的策略。这种策略虽然在第一步时,由于发达国家要求更为严苛,面临难度较大,但这一过程刺激了创造力的发挥,提高了产品的质量水准,从而为后续进入发展中国家市场积累了宝贵的经验,打下了坚实的基础。同时,海尔也采取了"三位一体""三融一创"的本土化战略。"三位一体"是指产品开发、生产和销售的本地化。

研发和制造的本地化使海尔能够根据消费者的需求进行生产,营销的本地化使海尔拥有了自身独特的营销网络和稳定的合作伙伴,大量雇用当地员工更有利于海尔与当地消费者建立密切的关系,树立品牌形象。"三融一创"是指在当地逐步实现融资、融智和融文化,将海尔打造为世界著名品牌。通过这一战略,海尔迅速赢得了广阔的海外市场。

(资料来源:高继风.浅析海尔集团的国际化战略[J].现代国企研究,2018(12):83,部分内容有删减)

思考题:
1. 海尔进入国际市场的策略是什么?
2. 海尔的成功给跨国公司的全球经营带来了怎样的启示?

在全球化不断发展的背景下,企业面临着更为激烈的市场竞争和前所未有的发展机遇。选择合适的国际化战略已成为企业突破发展瓶颈、实现更大规模增长的重要途径。海尔基于对自身状况和国际市场形势的分析,结合不同国际化战略的优缺点制定了适合自身发展的市场进入策略和全球本土化战略。勇于突破,持续创新,也是海尔成功打造国际化品牌的关键。海尔作为全球知名的跨国公司,从一家小企业成长到今天,其国际化战略值得借鉴。本章将分别从国际市场进入策略、跨国公司的全球战略管理、国际企业的组织结构几方面介绍跨国战略管理中的重要问题。

第一节 国际市场进入策略

一、进入时机

当企业发现有吸引力的海外市场时,进入该市场的时机是首先需要考虑的问题。当企业在其他外国企业(竞争企业)之前进入一个新市场,则为先进入者,会获得先进入者优势;反之,则为后进入者,虽然一定程度上失去了先机,但也可以获得后进入者优势。

(一)先进入者优势和后进入者劣势

先进入一国市场的企业可以获得先进入者优势。首先,可以培养消费者偏好,影响消费者重复购买的选择。简单来说,消费者会形成"先入为主"的心理刺激。其次,消费者积累的产品使用经验会形成固定的习惯,而转向新的产品需付出新的搜寻、学习成本。因此,如果后进入市场的产品不够吸引消费者,消费者会继续购买之前的产品以避免转换成本。除此之外,先进入者优势还来源于规模经济、经验曲线等产生的成本优势。对于某些具有规模经济特质的产业来讲,比如钢铁、飞机产业等,如果某些企业率先进入某国市场,它就有可能先形成规模经济,从而产生极大的成本优势,给后进入者带来较高的成本壁垒。另外,从专有技术的角度来看,先进入企业往往拥有产品和工艺方面的新技术,形成了一定的竞争优势。从稀缺资源获取的角度来看,先进入某个国家的企业可能会对该国的自然资源、人力资源等形成先获取优势,而对地理空间、技术空间、顾客认识空间等形成先占优势,从而获得产业竞争中的绝对优势。

与先进入者优势相对应,后进入者可能会遭遇先进入者树立的进入壁垒,丧失了如定价这样重要的先机;同时后进入者不得不面临资源、市场被先进入者抢占的被动局面。为了和先进入者展开竞争,后进入者需要面对较大的创新压力,以吸引消费者改变消费选择。

(二)后进入者优势和先进入者劣势

后于竞争对手进入某个国家市场也有其竞争优势。例如,可以产生搭便车的效应,节省先期投入,并且可以从先进入者的失败中吸取教训。同时,先进入者可能很快会面临技术和产品过时,被加以改进的后进入者迅速赶超。此外,公司发展到一定规模后就会在一定程度上产生惯性。先进入的企业由于惯性问题不能适应环境变化,固守原有技术或营销战略,不愿创新,会逐渐失去竞争优势,轻易被模仿甚至超越。

二、选址决策

跨国公司一般希望通过在国外直接投资以实现资源的最佳配置和利润最大化。而在企业实际投资过程中,却时常出现投资者的主观决策与客观环境变化所造成的差异,以致投资以失败告终。因此,跨国公司进行对外投资时需要认真评估投资环境以降低风险。

(一)国外直接投资的动机

跨国公司进行对外直接投资时,首先要明确投资动机,即明确目标选择。跨国公司不同的目标选择主要可以分为以下几类:

(1)资源导向型

跨国公司进入国外富含某些自然资源的区域,通过投资于铁矿、煤矿等领域,开采国外资源,弥补国内资源劣势。此外,有些原材料因为其特殊性并不适合长途运输,跨国公司也需要在原材料所在地直接投资建厂以方便对原材料资源的获取。

(2)市场导向型

跨国公司为开发东道国市场或进一步扩大东道国市场份额而进行对外直接投资,使跨国公司能绕过东道国市场的贸易壁垒,更好地满足东道国消费者的偏好。

(3)效率导向型

跨国公司为提高效率而进行对外直接投资,目的在于通过在全球范围内选择最佳区位,使其全球性的生产经营网络更加合理化。

(4)战略导向型

许多外国投资企业进入国外市场是为了学习当地企业先进的技术和管理经验等战略性资产,这里的战略性资产指企业拥有的有价值的、稀缺的、难以被模仿或替代的资产,如品牌专利、独特的顾客信息、高素质人才等,它们能给企业带来长期竞争优势。

(二)国外投资环境的影响

因为经济、政治、文化、法律等差异,跨国公司在进行对外投资时面临很多国外市场环境的不确定性,这种不确定性可能造成企业预期投资收益的损失,即给企业带来风险。因此,企业在做投资决策前需要谨慎考察国外投资环境,主要包括以下八个方面:

(1)政治环境

政治环境主要包括一国的政治制度、政权稳定性、政策的连续性、政策措施、行政体制和行政效率、政府对国外投资的态度、行政对于经济干预的程度以及政府和其他国家的关系等。

（2）法律环境

法律环境主要包括一国的法律规范、法律秩序、法律制度和司法实践以及公民具有的法律意识和法治观念，尤其是涉外法律法规的完备性、连续性和稳定性。

（3）经济环境

经济环境主要包括一国经济的稳定程度、经济发展战略、经济发展阶段、经济增长率、劳动生产率、对外经济贸易政策与体制、外汇管理制度、国际收支情况、地区开发政策、商品和生产要素市场的开放程度等。

（4）社会环境

社会环境主要是指一国的社会稳定性、社会秩序、社会风气、社会对于企业的态度以及科研机关与企业的合作关系等。

（5）文化环境

文化环境主要包括一国的社会服务、教育水平、价值观念、民族意识、开放意识、宗教、语言等。

（6）自然地理环境

自然地理环境主要是指一国的土地面积、地形地貌、气候状况、雨量大小、地质条件、自然风光、与海洋接近程度以及各种自然资源储备状况等。

（7）基础设施状况

基础设施状况是吸引外资的重要物质条件，包括一国的城市和工业基础设施两个方面，例如交通运输、港口码头建设、厂房设备、能源和原辅材料的供应、供水供电设施、通信设备、城市生活设施、文娱教育设施以及其他社会服务设施等。

（8）产业配套环境

产业配套环境是指区域经济发展的相关产业条件，包括产品零部件与半成品的采购和供应情况、产品销售服务、物流融资等与生产相关的议价能力及其他服务等。

（三）国外投资环境的评估方法

美国汉纳矿业公司在巴西建立了一家生产精矿原料产品的子公司，计划逐年扩大生产，在出口量到达 200 万吨时成为一个获利企业。然而，公司一开始就遇到了问题：由于当地的铁路部门不能满足其运输要求而无法把产品运往市场。由此可见，和国内市场相比，企业在国外投资面临更大的风险，一旦决策失误，会给自己带来巨大的损失。在国际投资中，通常使用的投资环境分析方法包括投资障碍比较法、投资环境等级评分法等。

（1）投资障碍比较法

投资障碍比较法即对潜在的东道国进行投资环境优劣比较，投资障碍少的国家，就是投资环境较好的国家。需比较的障碍包括政治障碍、经济障碍、资金融通障碍、人员素质障碍、法律行政体制的障碍等。

（2）投资环境等级评分法

投资环境等级评分法又称为等级评分法或多因素分析法，是美国经济学家罗伯特·斯托伯（Robert Stobaugh）提出的。这种方法是从东道国政府对外国直接投资者的限制和鼓励政策着眼，注重对软环境的研究，分析了影响投资环境的微观因素，具体是根据八类关键因素所起的作用和影响程度的不同而确定不同的等级分数,继而把每一大因素分为若干个子因素,按有利或不利的程度给予不同的评分,最后把各因素的等级得分加总作为对其投资环境的总体评价。

投资环境评估因素主要有以下八类:①资本撤回限制;②允许外国所有权比例;③外国企业与本国企业之间的差别待遇与控制;④币值稳定程度;⑤政治稳定程度;⑥给予关税保护的态度;⑦当地资本的供应能力;⑧年通货膨胀率。

使用这种方法时应该注意以下几个问题:第一,影响国际投资的八类因素对不同企业的投资影响程度是不同的。第二,各类因素应适当加权,因为有些因素可能具有决定性作用,如政治稳定程度等。第三,此评分标准只适合一般性投资评估,如果投资产业对某种因素非常敏感,则需要参照其他标准进行评分。第四,随着时间的推移,投资环境可能发生某些变化,过去的评分结果不一定适用于现在和将来。

三、进入模式

跨国公司进入国际市场可以采用股权投资(也称股权安排)的形式,也可以采用非股权投资的形式。股权投资是指跨国公司通过购买其他公司的股票或以货币资金、无形资产和其他实物资产直接投资于其他公司从而获得该公司的控制权,一般来说,控制权与跨国公司所持股份成正比。非股权投资是指跨国公司未在东道国企业中参股,而是与东道国企业签订某种合约,以此取得控制权。

(一)股权进入模式

跨国公司进行股权投资需要在独资经营或合资经营中作出选择,主要受跨国公司总体战略及东道国政府政策等因素的影响。

(1)全资(子公司)进入

跨国公司进入东道国市场采取独资经营的方式,也被称为全资(子公司)进入。这种方式最大的优点在于高层管理人员可以完全获得对子公司的控制权,受外界干扰小,并能确保有价值的技术和工艺最大程度上留在子公司内部,便于跨国公司从总体战略出发,协调子公司的日常经营活动。

这种方式的弊端在于成本高和风险大。成立全资子公司会耗费大量资源,要求跨国公司有强大的资金实力支撑。同时,跨国公司也需具备相应的风险抵御能力来面对东道国市场上较大的不确定性,容易遭到东道国的政策限制。

(2)合资(企业)进入

跨国公司通过在东道国与当地一家或数家企业共同出资,分享股权、利益共享、风险共担,以此达到进入东道国市场的目的。采取合资企业进入策略的跨国公司可以减少金融风险以及政治不确定性的影响。跨国公司可以利用合资的方式快速进入东道国市场以规避政策限制,利用当地企业更好地与政府打交道并熟悉当地市场环境。另外,还能一定程度上实现资源共享。但相比于全资进入的方式,合资的方式容易造成合伙人因意见不合发生冲突,其自主性和灵活性较弱;并且公司内部的核心技术容易泄露,从而培养出潜在的竞争对手。

(二) 非股权进入模式

(1) 许可经营

许可经营(License)是指跨国公司(许可方)通过许可协议,允许东道国某一公司(被许可方)使用其包括专利、商标、版权、专有技术等在内的知识产权,并在协议中规定使用费用,以此方式进入该国市场。许可经营可以使跨国公司绕过关税、限额等出口壁垒,风险较小。但如果被许可方开发出了自己的专有知识并开始在被许可的产品领域实现创新,那么许可经营的协议就可能是短命的,最坏的情况是被许可方成为许可方在当地市场的强劲竞争对手。

(2) 特许经营

特许经营(Franchise)是指跨国公司(特许方)授予东道国某一公司(被特许方)以某种规定的方式从事业务活动的权利,授权范围包括允许销售特许方的产品,使用特许方的商标、专有技术等,通过收取特许使用费的方式获得报酬。特许经营与许可经营的区别在于被特许方通常必须遵循特许方产品质量、日常管理和市场营销等方面的严格准则,以保证特许品牌在国外市场的质量和形象。

特许经营的优点主要包括以下三个方面:第一,特许方能够以特许经营的方式低成本、低风险地进入新市场,还可以使它们在每个目标市场上通过标准化来保持全球一致性。第二,特许经营是一种可以快速进行区域性扩张的进入模式。公司经常通过这种方式率先抓住市场机遇来获得竞争优势。对被特许方而言,从事别人已经成功的事业可以减少经营成本和风险。第三,特许方还能从当地经营者所掌握的文化知识和技术中获益,降低了其因为不熟悉市场而错误决策的风险,同时创造了竞争优势。

特许经营可能的缺点在于:特许合同会限制被特许方自主经营能力的发挥,降低了组织的灵活性;由于经营能力参差不齐,特许方的品牌可能遭到拖累,面临优势被侵蚀的风险。

(3) 管理合同

管理合同(Management Agreement)是指跨国公司与东道国某一企业签订协议,在一段特定的时期内向另一家公司提供管理上的专业知识,并在一个具体期限内收取一定费用。这种形式的合同一般出现在发达市场和新兴市场国家的公共事业部门,包括转让专业化技术知识或管理方面的专业技能。管理合同的优点在于跨国公司可以通过与其他公司签订管理合同来获得进入海外市场的机会,而不必使自己的大量有形资产面临投资风险。其次,东道国政府也可以通过管理合同授权公司来经营和改善公用设施,特别是当一个国家缺少投资资金时。管理合同的缺点在于提供专有知识的一方可能最终会在当地市场上培养出一个难以应付的新竞争者,而且这种模式具有阶段性,即一旦合同约定完成,企业就必须离开东道国,除非又有新的管理合同签订。

(4) 交钥匙工程

交钥匙工程(Turn-key Project)是比管理合同提供更进一步的无形资产输入的合同进入方式,指跨国公司为东道国建造工厂或其他工程项目,负责工程的建造、设备安装、调试、人员培训等整个过程,然后完整地交给对方,能直接投产或使用。跨国公司的重要获利途径是工程交付后的后续服务提供,如发达国家出资在一些落后国家承建发电厂等基础设施,表面上并不划算,但从长远来看,将来发电厂所需的零配件供应、维护与整修等,会长期依赖发达国家的支持,由此累积下来的利益十分可观。通过交钥匙工程,东道国政府也可以得到世界一流的公司为其设计建造的基础设施项目。但与管理合同类似,交钥匙工程也可能会培养出将来的竞争者。因此,跨国公司都会尽量避免参与那些存在将自己的核心竞争力转移给其他公司的风险的项目。

拓展阅读

美国前总统特朗普提出"美国优先"口号,希望让一些在海外从事加工、制造的企业回流美国,重振美国制造业。但从实际来看,愿望虽好,却难以成真。

原因之一便是美国制造业工人劳动力成本较高。从数据看,美国工人的小时工资收入约为22美元,加上社保、税收等,超过40美元。而其他制造业国家,比如其邻国墨西哥制造业的用工成本只有其十分之一左右。中国工人的综合用工成本,尽管近年上涨较明显,也不到美国的四分之一。制造业大多为劳动力密集型,劳动力成本占比较大,而美国制造业用工成本不具备竞争力。

原因之二在于制造业具有显著的产业集群效应,往往和上下游供应链企业聚集在一起,由此产生规模效应,大幅减少成本,而且缩短了研发周期。美国经历了长期的制造业外流,绝大多数制造业行业已经集体性外迁。企业做决策是非常务实的,现在即便有单个企业考虑回流美国,或者有外资企业希望投资美国,但缺少供应链配套支持也会成为限制它们大规模投资美国的一个重大因素。

由此可见,国际企业尤其是制造业企业大都是效率导向型的:通过在劳动力相对更廉价的发展中国家投资建厂,大幅降低企业生产成本,同时还能利用当地的配套设施,进而提高竞争力。企业的市场进入策略是在对投资环境评估分析后作出的选择,并不是"政治"导向,而是"企业利益"导向。

(资料来源:宋国友."美企回流"难过四道坎[EB/OL].(2019-05-15)[2023-02-20]. http://opinion.huanqiu.com/hqpl/2019-05/14894931.html?agt=15417,部分内容有删减)

思考题:
1. 美国制造业选择在中国投资建厂的原因是什么?
2. 为什么"让制造业重回美国"这一提议会遭受挫折?

第二节 跨国公司的全球战略管理

跨国公司的全球战略是指跨国公司为了保持长期竞争优势和总体效益最优化,而在全球范围内进行资源的优化配置,具体是指在全球竞争分析(包括外部环境与内部条件分析)的基础上,确立跨国公司的战略模式、战略目标与经营方向,进行战略规划并组织实施与控制的全过程。

跨国公司的全球战略管理具有以下几个特征:长远性、稳定性、竞争性、系统性、全球一体化。其中,全球一体化特征是最显著的特征,跨国公司具体战略的制定和评估必须从全球角度出发,从全球范围考虑公司的各种经营活动安排。

一、跨国公司战略分析工具

(一) SCP 范式

SCP(Structure-Conduct-Performance,结构—行为—绩效)模型是由美国著名产业经济学家乔·贝恩(Joe S. Bain)、谢勒(F. M. Scherer)等人建立的权威的产业分析框架,帮助跨国公司从特定行业结构、企业行为和经营绩效三个角度来分析企业外部冲击。其中,外部冲击主要指外部环境风险,包括经济、政治、文化环境等不确定性给企业带来的损失;行业结构主要是指外部各种环境的变化对企业所在行业可能的影响,包括行业竞争的变化、产品需求的变化、细分市场的变化、营销模型的变化等。行业结构决定了企业市场行为,而企业市场行为又决定了其经营绩效(如图 6-1 所示)。

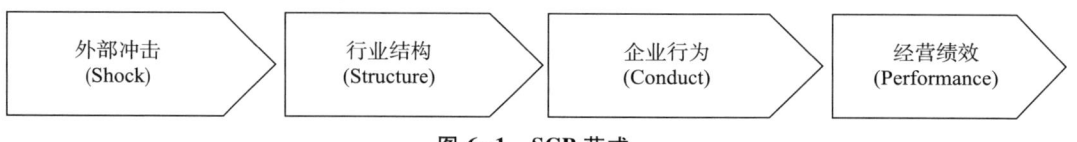

图 6-1　SCP 范式

(二) 波特战略模型

1. 价值链模型

美国著名战略学家迈克尔·波特(Michael Porter)将企业的生产经营活动分成基本活动和支持活动两大类(如图 6-2 所示)。基本活动包括企业生产、销售、后勤等活动;支持活动包括人事、财务、研发等活动,二者共同构成了企业的价值链。企业根据价值链进行战略部署,重点将资源运用在价值链的核心位置。因此价值链分析法可以帮助企业确定核心竞争力,从而形成其他企业难以超越的竞争优势。

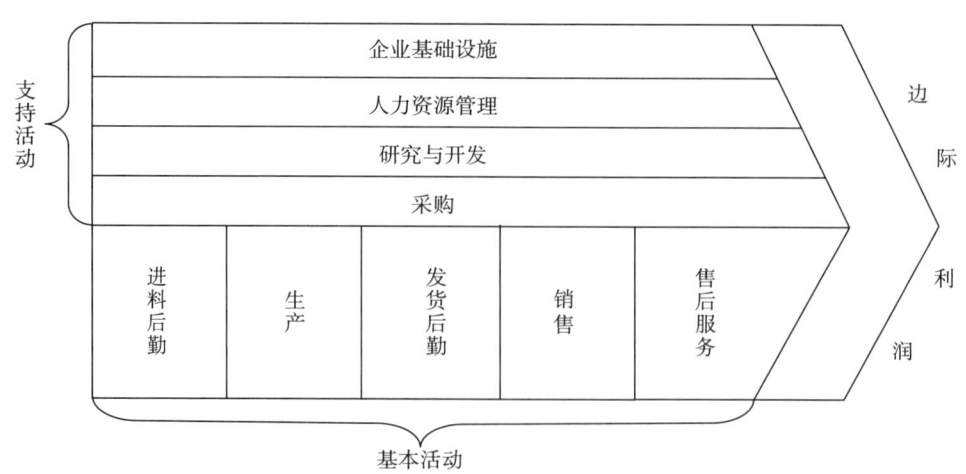

图 6-2　波特价值链模型

2. 波特"钻石"模型

波特提出的"钻石"模型又称国家竞争优势理论,它强调国家的强大在于国家整体的竞争优势,而对竞争优势的取得,关键在于以下四个基本要素和两个辅助要素的整合作用(如图6-3所示)。

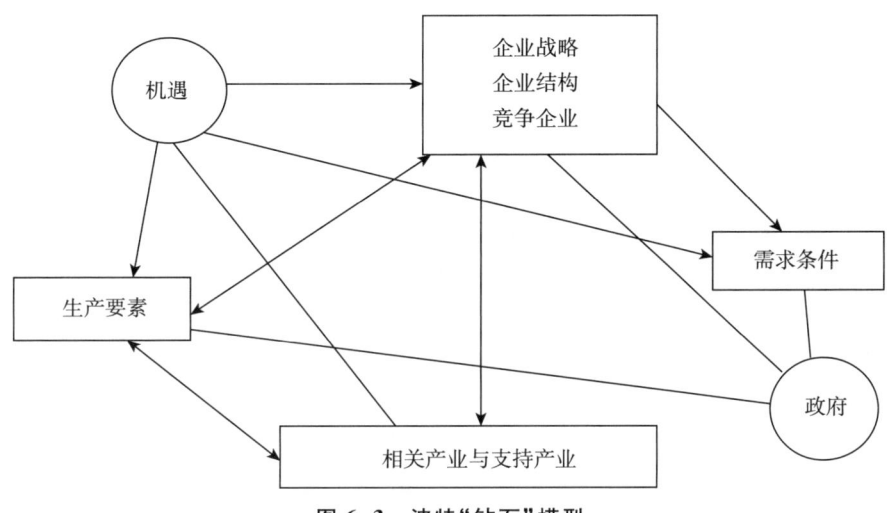

图 6-3 波特"钻石"模型

（1）生产要素

一个国家的生产要素状况包括人力资源、资本资源、基础设施等。波特将各要素按等级划分成初级要素和高级要素两大类,前者包括地理位置、资源、气候等,后者包括基础设施建设、科学技术等。其中,高级要素的作用更大,是一国取得竞争优势的关键。

（2）需求条件

需求条件指某个行业的产品或服务的国内需求性质。波特十分强调国内需求在刺激和提高国家竞争优势中的作用。如果一国消费者的需求更多元化,倾向于高品质产品,那么会有助于该国企业为保持国内竞争优势而严格要求自己,不断进步,从而留住消费者。

（3）相关产业与支持产业

在行业内如果拥有更多的相关产业与支持产业,那么外溢效应能给企业带来辅助性效益,甚至便于企业间形成合作,共享资源,分散风险,更有利于企业竞争。最终密切相关联的企业聚集在一起,甚至可能形成企业集群,为企业自身带来更多的集聚效应。

（4）企业战略、企业结构和竞争企业

波特认为,不同国家的企业战略、企业结构各具特色,成熟的企业战略和成功的企业结构能帮助企业在行业内形成长期竞争优势。另外,竞争对手的表现也会影响企业自身。一个强劲的竞争对手会促使企业因为害怕自身竞争优势被取代而不断优化升级,变革进取。

除了上述提到的四个基本要素,还有两个辅助要素——机遇和政府——同样会给企业带来重大影响。新的机遇可能引发企业变革,而政府政策对企业的影响巨大,可能带来更好的机遇,也可能带来损失的风险,需要加以警惕。

3. 波特五力模型

波特五力模型是迈克尔·波特在20世纪80年代提出的分析产业竞争力的模型,便于分析一个行业的基本竞争态势,是企业制定竞争战略时常用的战略分析工具。波特认为,存在五种力量影响产业竞争力,包括潜在进入者威胁、替代品威胁、买方议价能力、卖方议价能力以及现有企业间的竞争程度(如图6-4所示)。

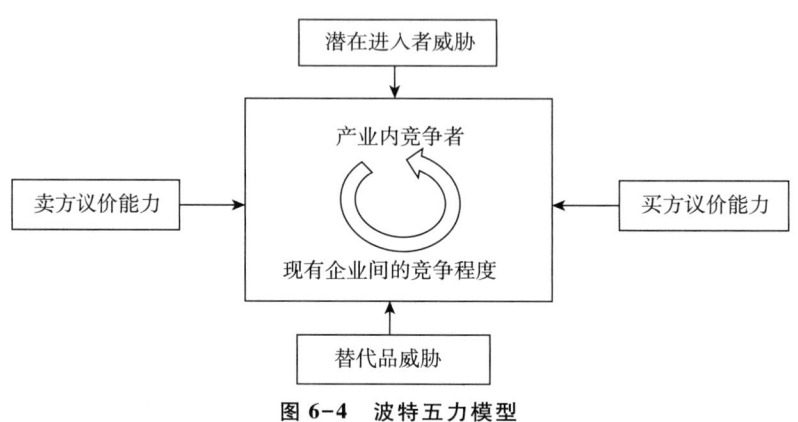

图6-4 波特五力模型

(1)卖方议价能力

卖方议价能力指提高投入要素价格或降低单位价值质量,以此来影响企业的产品竞争与利润获取的能力。普遍情况下,卖方如果具备以下条件会获取更高的议价能力:占据较大市场份额、地位稳定、存在大量买方;产品具有独特价值,难以被替代或模仿;卖方易于进行前向一体化,买方却不易进行后向一体化。

(2)买方议价能力

买方议价能力指买方压低价格或要求更高品质的产品和服务,以此来影响企业获取利润的能力。普遍情况下,买方如果具备以下条件会获取更高的议价能力:存在少量买方,且买方需求占据卖方成交额的比重大;存在大量卖方,且产品标准化程度高;买方易于进行后向一体化,卖方却难以进行前向一体化。

(3)潜在进入者威胁

潜在进入者可能会抢占行业中现有企业的市场份额,或取代现有企业的竞争优势,甚至给现有企业带来生存威胁。如果潜在进入者面临较小的行业进入障碍,且现有企业又没有事先预期或应对能力有限,那么潜在进入者将会带来更严重的威胁。其中,行业进入障碍主要指产品差别和转换成本、渠道建立、规模经济、政策等因素;现有企业的应对能力取决于自身资金实力、规模大小、风险防范能力等。

(4)替代品威胁

两个或两个以上企业所生产的产品可能互为替代品,在市场份额的争夺上面临激烈的竞争,从而影响自身战略部署。企业为了赢得竞争会采取提升效率、压低价格、提高产品质量、生产差异化产品等策略。

(5)现有企业间的竞争程度

现有企业间的竞争程度主要指行业中现存企业之间的竞争程度,这与企业自身能力特别是核心竞争力息息相关。当同业竞争较激烈时,企业为了保持自身独特的竞争优势,会采取更为激进的策略来培育自身的核心竞争力,如品牌、客户关系等。

（三）SWOT 分析

SWOT 分析（企业竞争态势分析法）是基于内外部竞争环境和条件,列举优势 S（Strengths）、劣势 W（Weaknesses）、机会 O（Opportunities）、威胁 T（Threats）,加以综合分析得出结论。其中优势和劣势是内部因素,机会和威胁是外部因素。企业通过对这些因素的排列和组合,结合内外环境和自身的实际情况,作出科学的战略部署（如图 6-5 所示）。

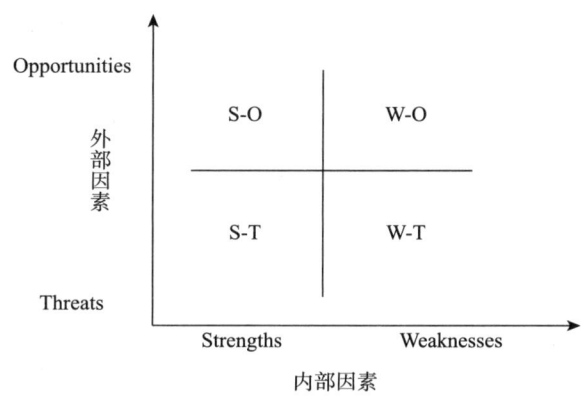

图 6-5　SWOT 分析模型

二、跨国公司国际经营战略类型

跨国公司在国际经营中通常面临着两种竞争压力:降低成本压力和地区响应压力（如图 6-6 所示）。一些加工制造业因为存在大量同行竞争而面临巨大的降低成本的压力,当消费者需求的产品体现同质化特点时,企业向全球市场提供标准化的产品,以最大程度降低企业成本。而追求差异化产品的消费者、各国市场基础设施、分销渠道的差异等因素又使企业面临地区响应压力,企业对不同的国家提供差异化的产品与营销策略,又必然会增加成本。因此,企业需要权衡两种不同压力而作出战略选择。在国际市场上,企业一般选择四种战略部署:国际战略、全球战略、多国战略、跨国战略。

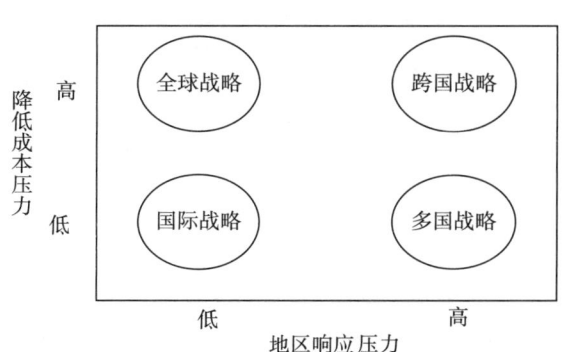

图 6-6　跨国公司国际经营战略模型

（1）国际战略

当企业刚进入国际市场,还没有强大的同行竞争者,面临的降低成本和当地响应压力都很低时,往往选择国际战略。常见的做法是在国内设立国际部或一个出口办公室,将国内产品稍作调整,然后销往各国市场。采用国际战略的企业一般将产品研发职能集中于母国,总部保持对营销和产品策略的严密控制。因此,也有学者将国际战略称为母国中心战略。

（2）全球战略

全球战略又称全球标准化战略,旨在全球范围内通过经验曲线效应、区位经济和规模经济进行资源的优化配置,降低企业成本。采用全球战略的企业将研发、生产、营销活动集中于若干个优势区位,但不改变产品的供应和营销策略,以避免成本的增加。当企业降低成本的压力高而当地响应压力低时,往往选择全球战略,在降低企业成本的同时能满足消费者的普遍需求。

（3）多国战略

多国战略又称本土化战略,是指企业广泛地进行产品创新和营销策略创新以最大程度地满足国别差异,适应本土化需求。通过提供与当地市场相适应的产品以满足消费者差异化需求,强调通过定制化产品和服务为企业创造价值,增加利润。当地区响应压力高而降低成本压力低时,可以采取多国战略。值得注意的是,定制化产品和服务势必带来成本增加,在企业能满足消费者多元需求的同时,也可以在一定程度上利用经验曲线效应、区位经济和规模经济来降低成本。

（4）跨国战略

跨国战略是可以同时取得低成本和差异化优势的战略。当企业同时面临较高的降低成本压力和当地响应压力时,往往选择跨国战略。企业一方面需要通过学习效应、区位经济和规模经济等控制成本,另一方面需要采取差异化的产品营销策略以适应当地市场需求,同时通过全球学习实现产品和技术在母公司与全球子公司体系内流动来保持其核心竞争力,因此也有学者将跨国战略称为全球学习战略。

随着时间的推移,国际市场竞争日益激烈,新的竞争者不断涌现,消费者追求定制化产品和服务,国际战略和多国战略的劣势逐渐明显,企业不得不面临战略转型,转向跨国战略。比较典型的企业如麦当劳,早期采取国际战略,部署统一的产品和营销策略,在中国的市场份额被注重本土化经营的肯德基抢占后,不得不开始考虑中国市场的本土化差异,作出战略调整。

第三节 国际企业的组织结构

一、国际企业的组织结构设计

企业的组织结构是对下属单位职能的安排,也是企业组织系统中各个组成部分在系统中的地位以及各部分彼此联系和作用的形式。狭义上,组织结构指为了更好实现组织整体目标而进行的部门层次划分。广义上,组织结构还包括专业化协作、经济联合体等。

企业在国际化的进程中主要需要进行两方面的思考:一方面,企业组织结构是否与其全球化战略相适应;另一方面,企业总部母公司是否能通过选择对子公司最佳的控制模式而促进二者的良性互动。美国企业管理学家艾尔弗雷德·D. 钱德勒(Alfred D Chandler, Jr)曾提出"结构紧跟战略"的理论,解释了组织结构的变动与战略的关系。组织结构的功能在于分工和协调,是保证战略实施的重要手段,企业战略应与组织结构相匹配,以更好地实现企业总体目标。当国际市场发生变化时,企业会选择新的战略,企业现行的组织结构一般也会随之调整。国际企业组织结构设计包括两个方面:一是法律方面的组织形式设计,即确定母公司和国外分支机构之间的法律和所有权关系,以便于处理财务和税收事项;二是管理组织结构形式设计,旨在提高企业效率和充分利用企业资源,以实现组织利益最大化。

(一) 国际企业的法律组织形式

国际企业通过对外直接投资到海外设立分支机构,从法律形式上看,形成了母公司、子公司、分公司结构。

(1) 母公司

母公司指在母国政府机构登记注册的法人组织,是通过对外直接投资对海外经济实体进行有效控制的总公司。母公司的行为特征可概括为:母公司能对所属公司进行实际控制;对所属公司的控制关系是建立在股份占有或签订契约的基础上;母公司在经营体系中,始终处于主动、积极、支配、控制的地位。

(2) 子公司

子公司是指由母公司根据相关法律在各个东道国设立的法人企业,一般以投入全部或部分股份的形式设立。在法律上,子公司拥有独立而完整的管理组织体系,在经营方面更加灵活和独立,同时需要服从母公司总体战略部署控制。但这种控制是间接的,与母公司拥有股权的比例正相关。子公司的特点可概括为:具有自己独立的公司名称、公司章程和行政管理机构;有自己独立的财产,能独立进行核算、自负盈亏;可以以自己的名义进行各类民事法律活动,包括进行诉讼。

(3) 分公司

国际商务中,分公司是指母公司在国外所开设的不具备独立法人资格的附属公司。分公司的行为特征可概括为:分公司不具备法律与经济的独立性;没有自己独立的公司名称和公司章程;代表母公司从事经营业务,母公司直接控制分公司的业务;分公司的资本全部源自母公司,没有自己的财产,并以总公司的资产对分公司的债务承担法律责任。

(二) 国际企业的管理组织形式

(1) 国际部

早期跨国公司刚刚进入国际市场时,产品品种有限,企业重心仍然放在国内市场,海外销售比重较小,业务在地理上也不分散,此时企业面临的国外环境影响力不大,公司通常采取在总公司下设立一个国际部的组织形式,以全面负责管理国外业务(如图 6-7 所示)。这种组织形式在初期确实加强了企业对国际业务的管理,提高了企业的国际市场管理意识,但由国际部统一制定的销售策略,会限制子公司针对当地情况而灵活决策,使得国内产品分部与国外子公司之间容易产生争议,造成管理人员相互推卸责任的后果;部门之间的相互分隔也阻碍了公司核心能力在国内产品分部和国外子公司之间的流动,不利于生产要素的优化配置。随着公司海外业务扩大或子公司数目增加,国际部较难适应繁杂的海外业务,这种组织结构形式渐渐过时。

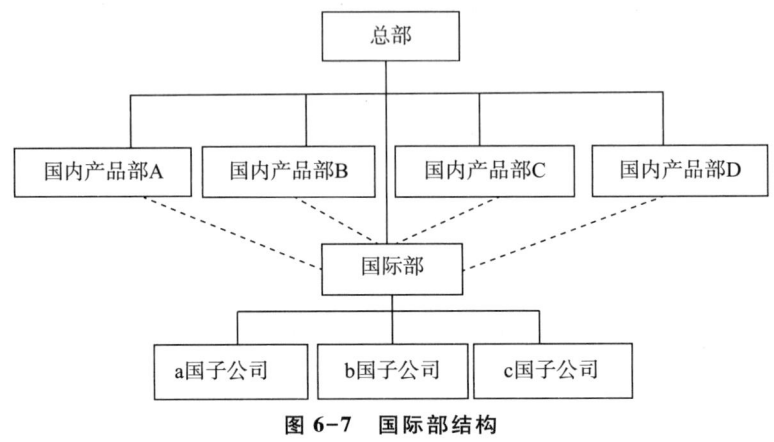

图 6-7 国际部结构

(2) 全球职能结构

全球职能结构也是早期跨国公司选择的一种组织结构形式,指按职能划分的组织结构,一般分设生产制造、财务、市场营销和研究与开发等部门,适用于产品市场的地区范围和需求数量比较平稳、经营产品品种很少且属标准化产品的企业,便于高层领导者对经营活动进行严密控制,符合专业化原则(如图 6-8 所示)。

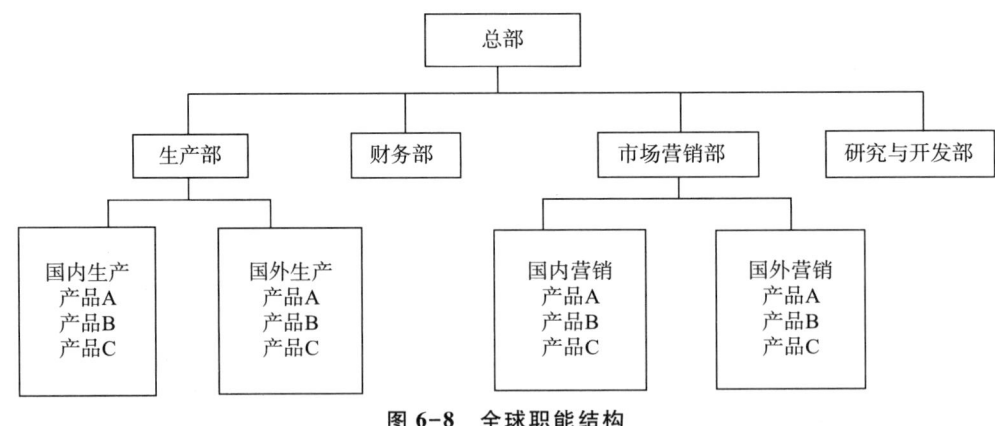

图 6-8 全球职能结构

全球职能结构最大的弊端在于各部门沟通困难,总部负担过重,难以适应产品多元化和地区多元化。20 世纪 80 年代,《财富》杂志对全球大型跨国公司进行了抽样调查:在被调查的 92 家公司中,只有 10 家一直采用这种结构,且多属于原材料采掘产业领域。随着企业产品种类增加、地理范围扩大,跨国公司纷纷转向全球产品分部结构和全球地区分部结构。

(3) 全球产品分部结构

产品多样化的企业倾向于采用世界范围的产品分部结构,跨国公司根据主要产品的种类及其相关服务的特点,设立若干产品分部,每一分部都建立一个独立的、高度自治的实体,负责该产品的国际生产经营活动(如图6-9所示)。经营决策权下放到各个产品分部,分部总经理分别对自己的绩效负责,有一定的自主性。企业的整体经营目标与战略计划仍由总部决策中心制定。

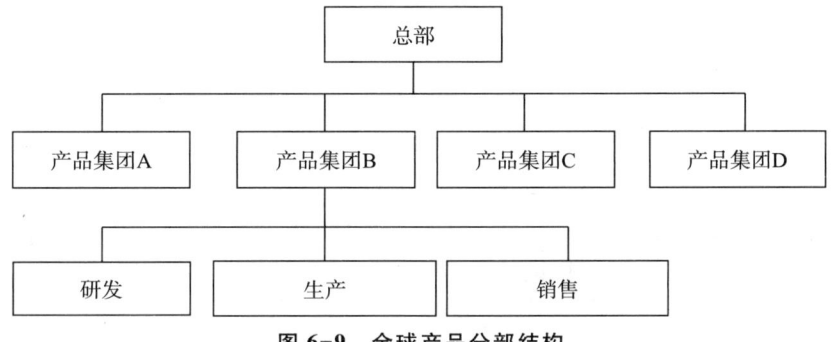

图 6-9　全球产品分部结构

全球产品分部结构的优点在于具有较大灵活性,当企业涉足新的产品领域时,只需在原有组织结构上增加一个新的产品系列部门;而且体现了分权化的经营思路,有利于调动产品部门经理的积极性。但值得注意的是,各部门可能会因为自己部门的利益而忽视企业整体利益;除此之外,这种组织形式意味着企业随产品种类的不同可以在任何一个特定的地区建立多个机构,导致机构设置重叠和管理人员浪费,从而导致产品知识分散化,不利于企业核心能力的建设。

(4) 全球地区分部结构

产品多样化程度低、涉及国家或地区多且采取多国战略而需凸显地区市场特色的跨国公司适合采用世界范围的地区结构,即全球地区分部结构(如图6-10所示):设立若干地区分部,每一个分部下再分设职能部门,经营决策权下放到每个区域,总部则掌握公司总的战略决策权和财务权。这种组织结构的优点在于公司可针对不同国家和地区的环境作出较佳的配合;更加强调各国子公司作为"利润"中心的地位,因而有利于各子公司的独立发展;高层管理、地区总部与各国子公司之间合理有效的权力分配与沟通途径,有利于简化高层管理公司的流程和难度。这种组织结构的弊端在于当产品种类较多时,各国会面临协调难题;较难有大量具有国际经验的管理人员充实到各地区总部;业务常过度集中于少数重要地区,会造成因为重视该地区效益而忽略公司的全球利益的情况。

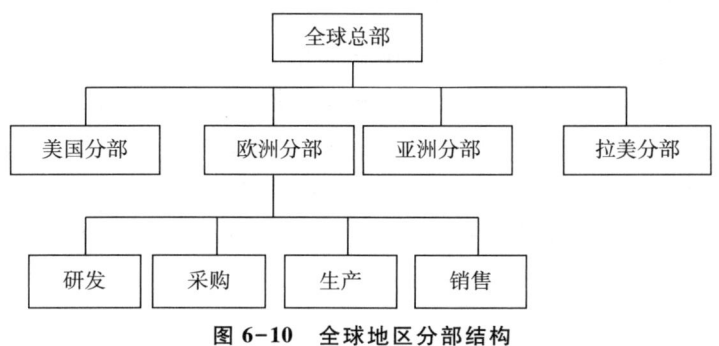

图 6-10　全球地区分部结构

(5) 全球矩阵结构

全球矩阵结构是全球产品分部结构与全球地区分部结构的混合体,同时满足跨国公司在地理区域和产品组别两个维度的需求(如图 6-11 所示)。当企业产品种类多、业务分布广时,适用于全球矩阵结构,既能满足产品多元化需求,实现经验曲线效应,又能适应地区本土特色,满足当地消费者需求,较好地满足企业对组织内部全部业务进行纵横交叉甚至立体式的控制与管理。

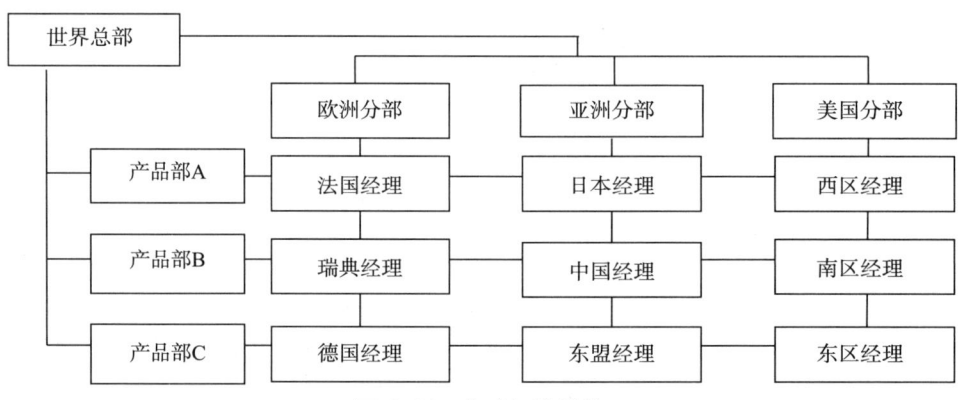

图 6-11 全球矩阵结构

需要注意的是,采用全球矩阵结构的协调难度较大,管理复杂,企业经理需要同时对产品分部和地区分部汇报工作,多重报告关系容易导致管理混乱,管理决策者常会陷于处理部门冲突的问题之中,有时会产生权责不清现象。因此,在实践中很容易形成一个呆板的"官僚"结构,很少有企业选择这种组织结构形式。基于这些问题,实施全球矩阵结构要求公司最高决策者的协调能力强;公司内部有完善、高效的管理网络;资源能在多部门共享。

(6) 网络型组织结构

随着跨国公司内外环境的日趋复杂,越来越多的跨国公司开始下放决策权限,推行自我管理,精简中间管理层。跨国公司内部传统的金字塔式阶层组织逐渐趋于扁平化和网络化,以提高信息传递的有效性及整个组织的灵活性和反应能力。因此,网络型组织结构出现,多决策中心取代单一决策中心,简化了中间环节,降低了管理和协调难度。

二、企业国际化组织结构的阶段性转变

在进入国际市场的初期,企业多利用国际部拓展海外业务,先在国内生产,再出口到国际市场。当在海外市场生产变得可行后,逐渐将生产转移到海外工厂。此时,国内市场是企业的重心,也是企业利润的主要来源。随着企业产品的多元化发展,企业会转向全球产品分部结构;若企业的国外销售占总销售比重增加,业务地理分布广,企业会向全球地区分部结构转变。随着企业海外扩张程度继续加深,最后会考虑转向全球矩阵结构(如图 6-12 所示)。

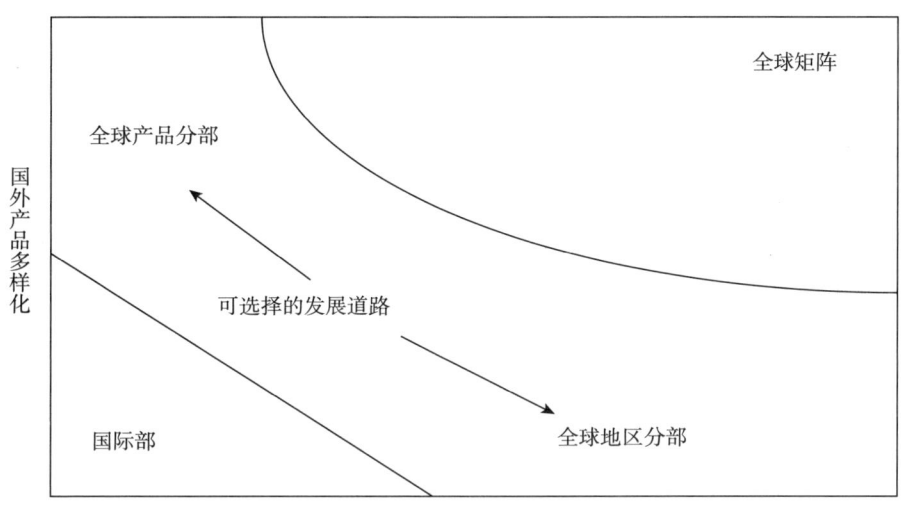

图 6-12 跨国公司组织结构阶段性演变

三、跨国公司组织结构的协调与控制体系

跨国公司常因为复杂的层级结构而产生许多控制协调问题,比较突出的后果是各子部门过分追求自己部门单位的利益而忽视了企业总体利益,从而造成各部门单位冲突频繁,最终不利于企业总体发展。为了解决这一问题,跨国公司一般会设计自己的协调体系与控制体系。协调体系(coordination system)有助于建立组织的水平联系,它可以提供子公司之间的信息流动,并由此协调它们各自的经营活动;控制体系(control system)利于建立组织的垂直联系和组织层级结构中的上下联系。

(一)集权与分权

集权(centralization)是指决策权集中在组织系统中的较高层级。与此对应,分权(decentralization)是指决策权分散在组织系统中的较低层级。组织内部通过对决策权的设计,能对部门间冲突起到一定协调作用,二者各有侧重,如表 6-1 所示:

表 6-1 集权与分权的特点

集权	分权
(1)有助于协调各部门单位的活动; (2)保证决策与组织整体目标相一致; (3)便于高层管理者集中采取措施实施组织变革; (4)避免各部门单位相似活动的重复进行	(1)可以减轻高层管理者的工作负担,使高层管理者可以将时间集中在关键问题上; (2)能激励各部门单位的工作积极性; (3)加强高层管理者对各部门单位的绩效评价; (4)决策不必层层上报,决策者与问题更接近,能够作出更好的决策并进行更灵活、迅速的应对

(二)国际企业的四大控制体系

(1)个人控制

个人控制指上级对下级直接控制,多用于高层管理者之间。

(2) 产出控制

产出控制体系是基于经营成果来评估一个单位的绩效,包括对利润、市场份额等方面的评估。

(3) 行政制度控制

行政制度控制主要指通过企业内部一系列规章制度来加强控制,如通过将企业总体目标与各部门单位绩效考核制度相关联,能避免各部门经理对企业整体利益的忽视。

(4) 文化控制

文化控制体系利用组织文化来控制员工的行为和态度。强有力的组织文化可以在员工中树立共同的准则、价值观、信念和传统,有利于形成更优的跨国网络结构,实现组织核心能力的高效流动。

拓展阅读

海尔的国际化战略不断创新,组织结构也与时俱进。据有关数据统计,海尔的组织结构从1984年以来调整次数高达37次,其中有三次大的改变,即从工厂制(单一职能结构)向事业本部制(产品/地区分部结构)转变,最终向矩阵结构和网络结构转变。在信息化时代的今天,海尔追求成为互联网企业,改变原有传统企业的封闭模式,实现各种资源的互联互通和多方共赢。

随着战略的转移和市场环境的变化,海尔的组织结构不断创新:从实现海尔名牌战略的职能型结构、到实现海尔多元化战略的事业本部结构、再到实现海尔国际化战略的流程型网络结构,体现了海尔的组织创新之路。海尔集团坚持全面实施国际化战略,截至2022年11月底,海尔在全球拥有33个工业园、133个制造中心、108个营销中心,全球销售网点超过23万个,销售网络遍布200多个国家和地区。海尔与时俱进、注重市场环境变化的创新理念贯穿战略管理始终,成为支撑海尔成功的强大动力,由此可见跨国公司全球战略管理的重要性。

(资料来源:

1. 董达,陈智俐.海尔集团国际化经营组织结构创新与启示[J].冶金管理,2001(10):32-35;

2. 海尔集团官网(https://www.haier.com),部分内容有删减)

思考题:

1. 海尔的组织结构演变体现了哪些特点?

2. 互联网时代,海尔的转变给了我们什么启示?

本章小结

1. 跨国公司对外投资时要谨慎选择进入策略:首先,需要准确判断进入时机,衡量先进入者优势和后进入者优势;其次,以何种方式进行对外投资也是企业需要考虑的问题,要明确自己的投资导向,对东道国投资环境做细致评估,综合考虑后进行决策判断。

2. 跨国公司的成功离不开全球战略管理,企业的所有经营活动都是围绕实现企业总体战略展开的,即如何提高企业核心竞争力,最终实现企业价值最大化。企业战略并不是一成不变的,随着市场环境的不断变化,跨国公司全球战略可以总结为以下四种:国际战略、多国战略、全球战略、跨国战略,应根据公司内部环境和外部环境特点选择适合自身的企业战略。

3. 跨国公司的内部组织结构必须与企业战略和市场环境相匹配,当国际市场发生变化时,企业会选择新的战略,企业现行的组织结构一般也会随之调整。跨国公司一般都经历了从国际部到全球产品/地区分部结构、再到全球矩阵结构的转变。但现实中,因为管理问题复杂,企业很难实现全球矩阵结构,高层决策中心常常不堪重负。进入信息时代,现在多数跨国公司逐渐演变出多决策中心的网络结构,对组织进行扁平化、网络化管理。

重要术语

先进入者优势(First-mover Advantage)
股权安排(Equity Arrangement)
非股权安排(Non-equity Arrangement)
许可经营(License)
特许经营(Franchise)
管理合同(Management Agreement)
交钥匙工程(Turn-key Project)
SCP范式(Structure-Conduct-Performance)
波特价值链模型(Poter's Value Chain Model)
波特钻石模型(Poter's Diamond Model)
波特五力模型(Poter's Five Forces Model)
国际战略(International Strategy)
多国战略(Multinational Strategy)
全球战略(Global Strategy)
跨国战略(Transnational Strategy)
母公司(Parent Company)
子公司(Subsidiary)
分公司(Branch)
全球地区分部结构(Global Geographic Structure)
全球产品分部结构(Global Product Division Structure)

思考讨论

1. 查阅资料,选择一个有效实施国际市场进入策略的案例,并分析其在企业的国际化发展中发挥了哪些作用。

2. 结合企业国际化组织结构转变的相关知识,分析企业如何根据市场及业务的发展进行组织结构的转型升级。

3. 以具体企业为例，简述组织结构扁平化的优劣势。

案例分析

VIVO 的国际化之路

VIVO 创立于 2009 年，2011 年正式进入智能手机领域，与苹果、华为、小米、OPPO 等品牌一同占据了绝大部分中国手机市场。早在 2014 年，VIVO 便启动了国际化战略，尝试在海外开辟市场，随着战略深化布局，国际化之路走得也愈发稳健。

一、VIVO 品牌的创立

VIVO 创建的时间正值中国手机市场向智能机过渡的时代，国内已有的手机品牌百花齐放，不断更新手机软硬件、技术等各方面功能，各品牌之间竞争激烈。此时的 VIVO 以"本分""设计驱动""用户导向"为企业的核心价值观，制定一系列行业跟随者战略，逐渐积累用户。

1. 以用户为导向，打造产品定位

为了了解消费者需求，VIVO 在 2010 年成立了消费者研究专项团队，深入调研目标市场和目标客户。对 VIVO 而言，实现产品差异化的措施之一就是与美国专业音频芯片制造商 Cirrus Logic 公司合作，打造音乐手机。2012 年，VIVO 正式推出全球首款具有 Hi-Fi 技术的智能手机 VIVO X1，尽管价格较同类产品高出了 500～1 000 元，但销量在当年就达到百万级别，差异化战略取得了胜利。

除了提高手机的音质，VIVO 通过市场调研还发现了另一个痛点，那就是受到光线影响，用户在夜间使用前置摄像头拍照的效果不佳。这之后 VIVO 引入 moonlight 柔光灯技术，建立影像研发中心，在夜景、人像、运动、变焦拍照等方面都取得了重大突破。同时也更加关注用户需求，使调研常态化，在 2015 年，公司与消费者的深度调研时长合计已经超过了 3 000 小时，覆盖 27.3 万名消费者。

2. 围绕用户体验，拓展营销和渠道

VIVO 建立初期所采取的营销方式是重点聚焦目标用户，主要是喜欢自拍、爱好追剧、喜爱年轻偶像的城镇女性，用流量明星代言产品的方式赢得营销话题，同时用赞助冠名、广告植入等方式接触潜在用户。随着互联网营销渠道的兴起，目标客户的关注点由电视渠道转为互联网上更多元的渠道，VIVO 的线上营销投入也随之增加，在社交平台、视频网站等的营销方式也愈发丰富。

在渠道布局上，VIVO 将重点放在线下门店，长期坚持市场下沉，深入四五线的市县乡镇等，并不断优化线下的导购、销售、售后服务，提高经销商的利润空间，使得 VIVO 能在全国各地的线下市场站稳脚跟。随着行业竞争加剧，VIVO 也开始转换思路，提出与消费者全方位无缝对接的全渠道体系，融合线上渠道、社会渠道、体验中心、专门店等，打造全渠道的一致体验。

3. 完善供应链体系,提升研发能力

VIVO 向来重视与上游供应商的对等互利合作。在品牌规模扩大之后,VIVO 开启与供应商的半开放定制合作模式。在影像算法方面,VIVO 影像研究院与 ArcSoft(美国虹软公司)共同开发了双摄虚化算法,应用在 VIVO X9 上。在屏幕指纹方面,VIVO 占据了先机,与汇顶科技在 2016 年就开始合作,引领屏幕指纹技术在智能手机行业的热潮。

二、国际化之路

VIVO 的国际化布局起始于 2014 年,由邻近的东南亚国家逐步辐射到南亚、欧洲等地区,目前在印度及东南亚的海外公司最为成功。VIVO 的国际化策略是:产品技术本土化,在海外市场进行相应的定制;本土化管理,当地人更懂当地人;提高消费体验,强化从售卖到售后的一系列服务;做好打持久战的准备,加强品牌建设。

1. VIVO 国际化的初期战略

2016 年,一方面,印度使用智能机的人数仍未过半,市场潜力巨大,并且 4G 开始在印度迅速普及;另一方面,为了发展制造业,印度工厂可以免税从中国进口零配件,而进口手机则加税 13.5%。双重因素下,国内的手机品牌纷纷在印度开设工厂。由于印度的手机产业群尚未形成,当地的零售店为个人私有,规模化的业务合作难以开展。在此基础上,VIVO 采取工厂先行、渠道随后的策略,首先在印度的手机生产中心诺伊达建立工厂,之后由国内的代理商担任销售执行经理等管理人员,同时最大化当地零售商的利润空间,形成平等关系。VIVO 在印度的本土化策略也在根据市场特点动态调整,例如争取到印度板球超级联赛的手机冠名权;在印度排灯节(类似于中国春节)期间重点投放广告等。VIVO 在印度的团队本土化比例高达 95%,因此在管理、产品和软件研发、用户洞察等方面更具有优势。市场研究机构 Counterpoint 发布的数据显示,2019 年第四季度,VIVO 在印度市场智能手机出货量榜单上排在第二位,同比增长 132%,可见其战略的成功。

与印度相似,泰国也对智能机存在较大的需求,是 VIVO 早期进行国际化布局的国家之一。2014 年,VIVO 进入泰国市场,采取明星代言的实体销售战略,在线下商城、大学、媒体平台等投放广告。到 2015 年,VIVO 与超过 2 000 家客户建立起合作。2020 年第二季度,IDC 公布的报告显示 VIVO 以 19.5%的市场份额占据泰国智能手机市场的第一位。

2. VIVO 国际化的中期战略

智能手机芯片、技术的迅速更迭加剧了市场竞争,考验着企业战略布局的前瞻性。2018 年,VIVO 制定了企业中期战略,涵盖未来十年的目标,以智能终端和智慧服务为核心,实现全球领先的平台型科技。

围绕这一目标,VIVO 在国内外市场分别布局。2019 年 1 月,VIVO 升级了品牌 logo,增添独特的科技感和时尚感。全球首家品牌概念店落户深圳的海上世界广场。概念店在一定程度上弱化了销售的功能,用品牌内容吸引用户,有助于建立品牌形象。VIVO 旗下有多种不同价位的系列手机,难以将价值观共同赋予到不同产品上吸引新的目标用户,因此在 2019 年 2 月推出了子品牌 iQOO,其目标用户主要是关注性能的"科技发烧友"。子品牌的营销策略也有所改变,更注重与互联网社交平台用户的互动性,收获了积极的反馈。在之后发布的电商排名中,iQOO 同时登上各大电商平台的销售量和销售额榜首。

此外,VIVO 还将在技术研发、上游供应链和合作创新上继续加大力度。目前公司的九大研发中心分布在中国、日本、美国三个国家,五大生产基地设立在东莞、重庆、大诺伊达(印度)、达卡(孟加拉国)和唐格朗(印度尼西亚),制造能力强,对亚洲地区辐射作用大,也具备进一步拓展欧美市场的实力。

3. VIVO 国际化的底层逻辑

(1) 技术创新

VIVO 在 2017 年就明确提出要加码科技创新,逐渐舍弃之前的技术跟随策略,以创新连接消费者的需求,明确设计、影像、系统、性能四个长赛道,提前布局,使得长期增长的优势得到强化,在产品上市周期大缩减的行业背景下更具竞争力。产品迭代周期缩短又对供应链的平稳运转提出了新挑战,VIVO 提前规划,将技术研发、合作创新的周期提前到 18 个月,甚至 36 个月,为新产品注入活力。

(2) 品牌突围

VIVO 谋求的是建设全球统一的品牌形象,一系列举措如赞助国际性体育赛事、设立品牌体验店、与欧洲领先的电信公司合作等都在向世界传递年轻、时尚的品牌印象,旨在成为时尚与科技的引领者。

(3) 本地经营

不同市场的消费者群体有着不同的个性,精细化运作才有可能制胜于本土市场。在印度、泰国的本土化战略初见成效之后,2019 年,VIVO 创始人沈炜正式提出 More Global 的全球化战略,具体布局则重点在管理、渠道、产品、生产等维度。

(4) 生态蓄力

VIVO 的发展愿景是"成为更长久、更健康的世界一流企业",这一生态信念贯穿在整个供应链选择中,选择实力强劲的合作伙伴强强联手,让发展更稳定。在商业生态上,VIVO 有专门的联合商业计划:"通过为客户赋能,提升客户的管理能力和价值创造能力,双方共同发展。"

三、未来的战略目标

如今,5G 技术的兴起和蓬勃发展为智能手机等各个领域带来了新的机遇和挑战,对于 VIVO 来说同样如此。在各大厂商的激烈竞争之中,VIVO 全面升级战略目标,向中高端、高端领域深化布局,在海内外市场的影响力进一步扩大,使得 2021 年成为 VIVO 极具转折意义的一年,完成了一次极为重要的战略实践。在 2020 年年底举行的开发者大会上,VIVO 传达出回归本原的愿景和三大战略目标,分别瞄准产品和服务、生态合作平台,以及连接人与数字世界。同时,VIVO 在海外的多年耕耘为其之后的加速扩张提供了有力保障,也使得公司有了底气和信心,相信未来 VIVO 在国际市场上将会越来越重要。

(资料来源:中国工商管理案例库.陈昊,李承文. VIVO 品牌国际化之路. 2022-08-30,部分内容有删减)

思考题:
1. 请用五力模型分析以VIVO为代表的智能手机行业的竞争态势。
2. 分析并评价VIVO的国际化战略及效果。

参考文献

白长虹,刘春华.基于扎根理论的海尔、华为公司国际化战略案例相似性对比研究[J].科研管理.2014,35(03):99-107.

陈立敏.国际化战略与企业绩效关系的争议——国际研究评述[J].南开管理评论.2014,17(05):112-125.

黄速建,刘建丽.中国企业海外市场进入模式选择研究[J].中国工业经济.2009(01):108-117.

吴晓波,周浩军.国际化战略、多元化战略与企业绩效[J].科学学研究.2011,29(09):1331-1341.

Cui L, Jiang F M. State ownership effect on firms' FDI ownership decisions under institutional pressure: A study of Chinese outward-investing firms[J]. *Journal of International Business Studies*, 2012, 43(3): 264-284.

Kumar V, Singh D, Purkayastha A, et al. Springboard internationalization by emerging market firms: Speed of first cross-border acquisition[J]. *Journal of International Business Studies*, 2020, 51(2): 172-193.

Malhotra N K, Agarwal J, Ulgado F M. Internationalization and entry modes: A multitheoretical framework and research propositions[J]. *Journal of International Marketing*, 2003, 11(4): 1-31.

Powell K S, Rhee M. Experience in different institutional environments and foreign subsidiary ownership structure[J]. *Journal of Management*, 2016, 42(6): 1434-1461.

Vrontis D, Christofi M. R&D internationalization and innovation: A systematic review, integrative framework and future research directions[J]. *Journal of Business Research*, 2021, 128: 812-823.

第七章 国际市场营销管理

[学习目标]

- 了解国际市场营销的内涵
- 理解国际市场营销中产品调整的影响因素及产品调整策略
- 理解国际市场营销中产品定价的影响因素及定价策略
- 掌握国际市场营销的渠道策略和促销策略

[素养目标]

- 理解"坚持推动构建人类命运共同体"的意义,增强政治认同
- 了解中国对世界经济发展的贡献,深化对大国责任与担当的认识,培养家国情怀

[引导案例]

星巴克的全球营销策略——体验式营销

1971年,星巴克(STARBUCKS COFFEE)在美国西雅图开了第一家店,20年后,星巴克已经从一家经营咖啡豆业务的小店成长为在纽约纳斯达克敲钟的上市企业,其中很大一部分原因要归功于其体验式的营销策略。与麦当劳的全球扩张相似,星巴克很早就开始了跨国经营。星巴克在经营模式上坚持选择直营,这样使得母公司对旗下的直营店拥有最大的控制权,最大限度地保证了各直营店与公司的理念、纪律和品质保持一致。

星巴克的广告一般只用来宣传新品,其主要的营销方式是体验式营销,即店面本身就是广告。体验式营销主要体现在三个方面:产品、服务和环境。产品方面,星巴克对咖啡品质的控制非常严格,从原料豆的选择、运输、烘焙、配置到配料的添加、水的滤除,一切都要符合严格的标准,例如不同种类的咖啡要在规定的冲泡时间内完成、店内必须配备净水器、对咖啡搅拌棒的材料有特殊规定等。除了咖啡本身,星巴克还出售普通马克杯、各种季节限定款的马克杯和风靡全网的"猫爪杯"等咖啡周边用品,以传递品牌文化,提高客户对品牌的忠诚度。服务方面,每一位星巴克员工都要接受系统、全面的培训,如基本的销售技巧、咖啡基本知识、咖啡的制作技巧、与顾客沟通的语言话术等。全方位的培训保证了员工以最专业的知识和饱满的精神面貌服务每位顾客。环境方面,星巴克用柔和的灯

光、恰当的音乐、精美的室内装潢、讲究的桌椅摆放等营造出温馨、放松的感觉。除此之外,面对不同的国家采取本土化策略融入当地环境。在进入习惯喝茶的中国市场时,星巴克在店面设计中结合建筑的地域特点,加入中国元素以融入当地的人文文化,营造出悠闲、典雅的氛围,在努力传递中国传统文化的同时又保持原汁原味的美式风情。

(资料来源:原创力文档.《国际市场营销》案例[EB/OL].(2018-02-03)[2019-08-20]. https://max.book118.com/html/2018/0203/151668596.shtm,部分内容有删减)

思考题:
1. 查阅资料,谈谈星巴克如何践行体验式营销策略。
2. 星巴克为什么只采用直营模式,而不使用加盟模式?
3. 星巴克在融入本地市场的过程中,都做了哪些努力?

从星巴克的案例可以看出,品牌的国际市场营销策略不是单一的、有限的,而是从多角度、全方位出发,将营销理念贯穿于经营管理活动的方方面面,以成功打造辨识度高、独特性强的品牌形象,在吸引消费者的同时巩固消费者对品牌的忠诚度。本章将从国际市场营销的概念、国际市场营销的产品策略、价格策略、渠道策略和促销策略等方面对国际市场营销管理进行较为全面的梳理和阐述。

第一节 国际市场营销概述

一、什么是国际市场营销

国际市场营销(International Marketing)是指企业通过一系列跨国界的经营和管理活动,使商品和服务流入一个以上国家的消费者或用户手中,以满足其需求进而获取利润的过程。

从上述定义来看,国际市场营销涉及两个领域(生产领域和流通领域)、一种手段(提供商品和服务),强调价值和交换(跨国交换),注重消费者需求的满足。"跨国境"使国际市场营销活动的复杂性和多样性上升,国家间文化、经济、技术、法律环境等的较小差异都会影响企业的决策安排。

国际市场营销与国内市场营销并无本质差异,两者在基本原理、营销技巧、采用手段、最终目的等方面都相同,两者最大的不同在于营销环境的差异。国内市场营销只需考虑将市场营销的原理与方法应用于母国一国的营销环境,且这种营销环境通常是企业所熟悉的,而国际市场营销要面对"一个以上国家"不同且不熟悉的营销环境。企业市场营销的效果在很大程度上取决于其制定的营销组合对不可控因素的适应程度。营销者"必须在市场不可控因素框架中操纵营销决策的可控因素,实现营销目标"。就环境中的不可控因素而言,国外多于国内。此外,国内环境中的一些不可控因素也会影响国际市场营销决策,如菲利普·R. 凯特奥拉(Philip R. Cateora)教授等人在其著作《国际市场营销学》一书中指出的"政治和法律力量、经济形势和竞争状况"等。企业开展市场营销的国家越多,面临的不可控因素也越多,操纵协调以实现营销目的的难度也就越大。

在具体的营销过程中,企业采取不同的营销组合,实施不同的管理方式,本质上都因为营销环境的差异。

二、国际市场营销策略组合

美国营销学家内尔·鲍敦(Neil Borden)在1953年最先提出了营销策略组合概念。1960年,杰罗姆·麦卡锡(Jerome McCarthy)将营销策略组合的基本要素概括为"4P",形成了"4P策略",即产品(Product)、价格(Price)、地点(Place,分销渠道)和促销(Promotion)。其中产品是整个营销策略组合的核心,所有活动都需围绕产品开展。

麦卡锡的4P策略也被称为传统策略,此后,营销学家们基于此进行了多种拓展,力图更加全面地解释国际市场营销活动。1981年,伯纳德·布姆斯(Bernard Booms)和玛丽·比特纳(Mary Bitner)在此基础上增加了人员(People)、有形展示(Physical Evidence)和过程(Process)三项元素,提出了7P营销组合,该组合增加了对服务的关注,从企业和消费者两个角度思考,形成了服务营销的基础。1986年,菲利普·科特勒(Philip Kotler)在《大市场营销》(Mega Marketing)中对传统的4P划分法进行了扩展,提出了6P策略,即在4P要素基础上加入公共关系(Public Relation)和政治权力(Political Power),该策略也常被称作"大市场营销策略"。

营销策略组合不是一成不变的,它是动态组合的结果。企业在进行国际市场营销时可以依据变化着的自身内部条件以及外部环境作出适时调整,制定出具有针对性的、能最大限度适应多种可控与不可控因素的营销策略组合。此外,营销策略组合中的每一个要素中还包含着多个层次的、更为细致的策略,营销策略组合的变化因此十分丰富。

第二节 国际市场营销的产品策略

国际市场营销中的产品指的是整体产品,是一种广义的产品概念。它不仅包括具有物质形态和用途的有形产品,还包括能满足消费者需求的无形产品——服务。如消费者购买了一个包,它首先要能满足消费者装随身物品或装饰的需求,具有特定的品牌、款式、颜色和质量等,其次还要为消费者提供购买有形产品时获取的服务,如皮具定期保养、五金配饰保修等。整体产品(Total Product)由核心产品、形式产品和附加产品三个部分构成。

核心产品(Core Product)是指产品中满足消费者基本利益和效用的部分,即"产品的使用价值"。如食物为购买者提供的基本效用是饱腹,空调为购买者提供的基本效用是调节温度。不同类型的整体产品的核心产品往往不能直接拿来作比较。整体产品的构成基础是核心产品,企业在开发产品时首先要确定这部分,但核心产品很有可能与竞争者的产品相似。

形式产品(Tangible Product)是核心产品的物质载体,展现了产品的基本特征。如牛奶的脂肪含量、净含量、保质期、品牌、口感、外包装等。形式产品包含的多种要素会影响消费者对产品的选择,对不同的消费者而言,这些要素的重要性也有所不同。如一些消费者只适宜喝低脂或脱脂牛奶,那么在形式产品的多种构成要素中,这些消费者会认为牛奶的脂肪含量是最重要的,而另一些消费者可能更在意口感。形式产品使同类产品间具有了差异性。

附加产品(Augmented Product)是指企业通过向购买有形产品的消费者提供与产品紧密相关的附加服务,使消费者获得的附加价值。如产品的配送、安装、维修、使用培训等。消费者对企业提供的附加价值提出了越来越高的要求,越来越多的产品竞争基于附加产品展开。

一、国际市场营销的产品标准化与差异化

产品标准化是指企业生产销售的产品在性能、规格、材质、工艺等方面都有较为统一的标准。这类企业的产品线一般较窄,只供生产少数几种标准化产品使用。实施产品标准化的企业不必为不同的市场研制不同的产品,有利于降低研发设计费用,还能够通过大规模生产,有效降低生产成本,并获得规模经济带来的其他好处。实行产品标准化有助于提升企业对营销过程的控制力,便于维护声誉及形象,提高知名度,如可口可乐公司、麦当劳等。但并不是所有的企业都适合实施产品标准化策略,实施该策略的企业往往难以应对市场需求的较大变化。

产品差异化主要指企业通过某些方式使基本相同的产品表现出差异化特征,令消费者能够将它同其他同类产品有效地区别开来,这样一方面可以满足消费者原有的多样化偏好,另一方面有利于促进消费者产生新的偏好。产品差异化企业的产品线一般较宽,能够同时生产多种产品。产品差异化的表现形式较为丰富,如价格、技术、功能、文化等的差异化。宝洁公司根据功能将洗发产品差异化,先后推出了"海飞丝""飘柔""潘婷""伊卡璐"等多个品牌,并延伸出去屑、柔顺、修护、天然润养等创新性功能。采用产品差异化的企业,由于其每种产品的生产量都较小,难以形成规模优势,生产成本相对较高,用于促销的费用也相对较高。

产品标准化和差异化各有其优缺点,企业不能一味地追求其中一种策略。在产品标准化的趋势下,企业也要根据具体环境进行相应的调整,以实现成本与收益间的最佳平衡。

二、影响国际市场营销产品调整的因素

企业在进行产品调整时主要考虑三个层面的因素:国家层面、企业层面和产品层面。对国家层面因素的考量主要指对拟实施国际市场营销的国家及地区的特征进行综合分析,企业层面包括公司内部状况及未来规划,产品层面则包含具体的产品属性及特征。

(一) 国家及地区特征

政府法规、非关税壁垒、竞争状况、消费者偏好、文化、经济发展水平以及气候和地理条件等共同构成了国家及地区的特征。这些更细致的因素对产品调整的影响力是不同的。

不同国家的法律法规对产品的调整决策有直接影响,即使一些法律法规对产品的要求过于严苛,想要进入该市场的企业也必须遵守,同时还要做好应对变化的准备。设立非

关税壁垒的主要目的就是抵御外来竞争,包括产品技术标准、检验审批程序等方面一些十分细致的规定。非关税壁垒主要影响形式产品和附加产品的调整。目标市场当前的竞争状况也是企业必须关注的,企业可以通过分析探索细分市场中的蓝海,避免较大的竞争压力与不必要的竞争损耗,或进行针对性的产品调整,有准备地应对挑战。消费者偏好在产品调整决策中也起着十分重要的作用,只有消费者实际购买了产品,企业才能获取相应的利润,如果产品的设计等不符合目标市场消费者的偏好,该产品就无法在市场中生存。一个国家或地区的文化也在一定程度上影响了当地消费者的特征及偏好。此外,企业可以通过评估国家或地区的经济发展水平了解消费者的消费水平,从而对产品定位进行调整,使产品既能满足消费者的期望又不至于超过其消费能力。产品设计则要适应当地的气候和地理条件,避免在运输和存储过程中出现影响产品品质的问题。

(二) 企业现状及规划

企业在做产品调整的规划时不仅需要考虑目标市场的实际需求、偏好等,还要对企业自身的状况及发展规划有清醒的评估与认识,即考虑企业是否值得且有能力对产品进行相应的调整。

是否值得的问题往往转化为对产品调整成本的考量,不论是设计生产环节产生的成本还是销售及服务环节的成本都必须计算在内。企业在正确评估市场潜力以及可能获得的收益后,一旦发现收益可能不足以弥补所需付出的成本,做产品调整决策时就应该更加慎重。

是否有能力的问题则转化为分析公司是否具备相应的资源。具体而言,如企业是否有优质的人力资源来支持产品的设计与研发,即是否有充足的人才储备;是否配备了能够生产调整后产品的机器设备,以保证产品的生产质量;是否有足够的资金支持产品调整过程中众多环节的正常运转。此外,产品的调整还要符合企业的定位及长期规划,一次"错误"的产品调整可能会破坏该公司在消费者心中的形象,影响企业其他产品的认可度。企业可能面临多种产品调整方式,各种方式体现的优势可能也不尽相同,企业不必刻意追随其他企业的选择,而要结合自身状况选择最适合的。

(三) 产品属性及特征

产品的属性特征一方面表现为产品实际呈现的,另一方面表现为消费者感知到的。企业在考虑产品调整时要从两方面着眼,对产品成分、品牌、包装、外观(如规格、款式和颜色等)、功能、使用条件、质量、服务和原产地等多个方面的特征进行综合权衡。

企业应首先就影响其强制性产品调整(Mandatory Product Adaptation)的因素进行调整,如对产品成分中有悖于目标市场法律规定、宗教习惯的部分进行替换;更改产品包装,减少废弃物产生,实现包装材料的循环再利用等,以满足硬性的环保要求;对产品的使用条件进行改进,电器产品的设计要能适应不同目标市场的电力系统,使其凭借更好的环境适应性扩大适销范围。下一步再考虑非强制性产品调整(Discretionary Product Adaptation)因素,如令品牌所代表的企业形象更易被消费者接受,进而培养出品牌忠诚度;使用消费者偏好的颜色、规格,提升顾客的消费满意度;给予使用指导并提供较为完善的售后服务体系,提升消费者对产品及企业的信赖度;通过与知名企业合作弱化消费者对产品原产地的负面情绪,或在宣传中突出有利于提升产品认可度的原产地信息。

新闻摘录

优衣库零售数字化转型:一切以消费者为中心

GAP、ZARA、H&M 等众多快时尚品牌的发展都曾因电商的快速兴起陷入困境,收缩海外市场、减少库存、关店和裁员成了这些公司用来平衡利润的手段。同样作为快时尚服装品牌的优衣库则成功躲避了这轮冲击,收益不降反升。

优衣库十分重视品牌价值在赢得消费者信任过程中的作用,它将 Life Wear(服适人生)的品牌价值与理念贯穿在智慧零售实践中,依托数据和技术提升商品服务和用户体验。优衣库创始人柳井正认为,数据和技术只是实现数字化应用、转型智慧零售的工具,企业发展的根本始终是服务于人。顺应顾客的需求、创造顾客的需求被优衣库列为 23 条经营理念的第一条。他还认为,作为专业人士,要以超出顾客想象的形式满足顾客的需求,才是真正意义上的"令顾客满意"。

在具体实践中,优衣库始终以这种理念为指导。进行产品设计时,优衣库将用户的个性化需求作为优先考虑的要素,不像一些时尚设计师设计的服装只能在时尚的场合穿,优衣库为消费者提供了满足不同场景下不同需求的服装。比如,优衣库 HEATTECH 系列推出了温暖、倍舒暖和高舒暖三种厚度来满足中国南北不同温度下消费者的差异化需求;由快干吸汗防皱的面料制成的"感动裤"既能满足球场运动的需求,又适合高尔夫商务场合使用;为商务人群提供了设计、剪裁都很考究的 INES 系列;为了让在寒冬零下十几度的室外身着西装外套的顾客可以不惧寒冷,尽情"起范",优衣库推出了可以套在衣服里的精巧羽绒背心。

2018 年 11 月,优衣库推出了掌上旗舰店,有机融合了线上线下的多个场景。用户可以通过官网、官方 APP、微信小程序和线下"扫码购"进入,新品资讯、优惠信息都可以在第一时间展现在消费者眼前,用户还可以直接预约"门店试穿",预购设计师款,随时随地一键购买。通过社交朋友圈,用户可以分享"心水好物",查看好友推荐,注册会员还能获取会员专享好礼。"掌上旗舰店"打通了微信公众号粉丝、线下自有流量、商业流量和腾讯社交流量四大渠道。经过整合和分析的数据为优衣库描绘出了精致的用户画像,优衣库与顾客的关系也从单向流量触达转为立体的"数字触点"。

在线下门店,通过"扫码购",门店、网店等全部渠道的所有商品库存、颜色、尺码和具体产品的详细信息一并呈现于用户眼前。优衣库还为顾客提供了更为全面、体贴的服务,即使商品是在线上购买的,也可以在线下退换,还可以选择在门店提取线上下单的商品。门店的导购人员也与"掌上旗舰店"相辅相成,比如门店完成线下备货的时间可以缩短至 1 小时内,还可为消费者提供当场试穿、更换颜色和尺寸、免费修改裤长等服务。

后期,优衣库可以借助数字化运营工具,对"数字触点"进行交互式管理,实现门店、网店、平台等线上线下全场景、全渠道的协同发展,始终致力于为消费者提供优质的商品和服务,进一步提升用户体验。

(资料来源:中研网.优衣库零售数字化转型:一切以消费者为中心[EB/OL].(2019-02-24)[2022-12-30]. http://www.chinairn.com/hyzx/20190224/141608107.shtml,部分内容有删减)

思考题:
1. 请你结合案例具体谈一谈,在电商的冲击下,优衣库采用了怎样的产品策略?
2. GAP、ZARA、H&M等其他品牌可以复制优衣库的做法吗?

三、国际市场营销的产品调整策略

(一)双向直接延伸

双向直接延伸策略是指企业在向国际市场拓展时,销售与国内完全一致的产品,采用相同的促销方式。该策略是五种策略中最易于实行的,有利于节省研发成本。许多公司都倾向于采用这种策略,麦当劳是使用该策略的典型。麦当劳自创立之初到连锁店遍布世界各地,向顾客提供的产品始终是汉堡、炸薯条、冰淇淋和饮料等极其相似的产品,刻意淡化了国家间饮食习惯上的差异。麦当劳甚至对产品的具体大小、外形、保存时间都实行了标准化的管理,其在各国的促销对象及方式也始终一致。但是双向直接延伸策略并不适用于所有的市场,与国内市场相似度较高的市场是实行该策略的最佳目标。

(二)产品延伸、促销调整

企业可以将同样的产品推广至国际市场,但具体促销方式则要根据目标市场消费者的需求及偏好进行调整,以达到更好的促销效果。这种策略最大的优势在于实施成本相对较低,企业进行国际市场营销的产品并没有发生变化,因此不需要额外的设计研发成本,不需要考虑生产设备的调整配置,只有宣传、促销部分的成本会因为相应的调整而上升。美国家庭生活保险公司能够成功进入日本市场采用的就是这种策略。日本的投保率相对较高,保险市场广阔,日本本土的保险公司主要通过雇用家庭主妇进行非全日制上门销售来获取业务,而美国家庭生活保险公司则通过建立全日制销售机构和银行助销的方式销售保险产品,凭借良好的销售网络和专业人员提升了营销效果。另外还有一些促销调整是通过对产品功能的不同侧重点进行宣传实现的。

(三)产品调整、促销延伸

产品调整、促销延伸与上述第二种调整策略相对,指企业基于对目标市场消费者的了解,对当前产品进行需求匹配调整,但不改变原有的促销策略。雀巢咖啡已在全球多个国家实现了销售,并获得了较好的销售效果。但雀巢咖啡的产品类型及具体口味在各国却并不相同,雀巢咖啡依据不同消费者的差异化偏好推出了上百种口味。不过雀巢的促销方式在各国则相对一致,公司通过大量减少广告代理机构保证品牌的无差别传播。

(四)双向调整

这种策略是指当企业在进行国际市场营销时,既对产品进行调整,又对促销策略加以调整。采用这种策略的公司充分重视了国际市场中每个国家的差异,考虑到目标市场消费者不仅对产品有差异化需求,对各种促销方式的接受度也不同,因此公司产品、促销两手抓,因地制宜地进行调整。这种策略要求企业具备较好的分析判断力,且实施成本较高。联合利华公司的衣物柔顺剂采用这一策略,在10个国家用了7种不同的品牌名称,包装也不相同。联合利华将产品和促销的决策权都交给当地管理者,当地管理者根据当地市场特征进行本土化调整,让更多的消费者从愿意尝试购买转化为发自内心的接受。

(五)产品创新

产品创新策略是指企业针对目标市场设计研发新产品,并采用专门的促销方式进行宣传。市场营销学中的新产品是一个广义的概念,可分为全新新产品、换代新产品、改进新产品、仿制新产品和市场再定位新产品。采用产品创新策略研发新产品更侧重于指全新新产品。对企业来说,采用这种策略的不可控因素较多,风险较大。如果新产品能成功打入目标市场,则企业可以获得较大的收益;一旦失败,企业也将面临较高的损失。波音公司之所以能在民用飞机制造业中占据优势地位,正是源自其不断地进行产品创新,波音公司先后推出"飞剪"水上客机及多种型号的喷气式高性能客机。

第三节 国际市场营销的价格策略

一、影响国际市场营销定价的因素

(一)定价目标

企业对目标市场的认知会影响其定价目标,若企业对国内外市场同样重视,认为国外市场较国内市场同等重要或是更为重要,则倾向于采用进取型定价策略,反之则会选取相对保守的定价策略。企业的定价目标以其国际市场营销目标为基础。面对发展迅速的目标市场,企业对市场占有率的要求可能高于对利润的要求,因此定价目标会直接服务于市场占有率。除此以外,企业还可能以维持生存、获取利润、扩大销售、改善形象、应对竞争等为定价目标。

(二)成本

成本是企业进行国际市场营销定价的重要基础,既包括生产环节产生的成本,又包括流通过程中产生的成本。国际市场营销和国内市场营销之间的成本有较大的差异。一方面,进行国际市场营销的企业为满足目标市场需求,可能会对产品、促销方式等进行相应的调整,这必然会带来成本的变动,但变动的方向并不确定。另一方面,国际市场营销还会有一些额外的成本,如关税、国际运输费用、保险费等。

(三)市场需求

各国由于经济水平、文化传统、自然环境等方面的差异,市场需求也呈现出多样性。市场需求对国际市场营销定价的影响可以从两个方面来看:供需关系和需求弹性。如果企业定价偏高,消费者的需求会下降,企业的供应量上升,而供给量较大幅度的增加又会使价格下跌,此时消费者会增加购买量,产品价格再次上升。在多次调整后供需会趋于均衡,产品价格也趋向均衡。需求弹性反映了消费者因价格、收入等变动对需求进行调整的程度,企业在定价时应充分考虑消费者的需求弹性。

(四) 市场竞争结构

企业在进行国际市场营销定价时不可避免地会受到其竞争对手的影响,竞争对手既可能是生产类似产品的企业,也可能是生产具有替代关系的产品的企业。不同行业的企业在不同的目标市场面对的竞争结构也不相同。市场的竞争结构可分为完全竞争、垄断竞争、寡头垄断和绝对垄断。不同的竞争结构对应着不同的竞争强度。在完全竞争的市场中,企业只能被动接受价格,而在绝对垄断的市场条件下,企业则可以操纵和控制价格。当然,由于相关法律的限制,绝对垄断市场条件下的企业也不能漫天要价。

(五) 政府的价格调控政策

目标市场的政府可以通过制定或调整关税、汇率、利息、竞争规则等方面的政策影响企业的产品定价。东道国政府可能会为保护本土企业的发展而对一些产品设定较高的关税,或提高准入标准,企业成本因此上升,价格也会相应变动。而出口企业所在国政府可能会为增强出口产品的竞争力而给予适当的价格补贴。为了避免恶性竞争,政府可能还会直接出面或支持同行业内的企业达成国际价格协定,这也会影响企业的产品定价决策。

拓展阅读

营销管理定价策略及流程——阿迪达斯的定价策略

1920年,阿迪·达斯勒(Adi Dassler)设计出了第一双运动鞋。他坚持以创新助推发展,也因此收获了众多顶级运动员"粉丝"和金牌口碑。1948年,阿迪达斯品牌问世。次年,三条线造型的运动鞋面世,三线商标也成为该品牌的独特象征。

阿迪达斯以建立高端顶级运动品牌为目标,因此其定价相对昂贵,但又不能超出大众所能接受的范围。阿迪达斯对产品的定价与竞争对手相差不多,但同时又用略高于其他品牌商的价格来突出自身的高端地位,它采用三种导向相结合的定价方式:①价格下限视产品成本而定;②价格上限视面向的顾客群而定;③合理的价格波动范围视竞争对手而定。为什么阿迪达斯的产品售价较高,却还有那么多的消费者愿意购买?正是因为其产品具有担得起此价格的高质量。

针对不同市场,阿迪达斯采用了不同的定价。它旗下有三个系列:一个是普通的阿迪达斯运动产品系列;一个是复古特色的三叶草系列;一个是主打休闲新时尚的 style 系列。其中第一个系列的主要消费群体是年轻人,产品价格相对较低,后两个系列的主要消费群体分别是品牌发烧友和潮流追求者,产品定价相对较高。

如果一个品牌从没任何折扣活动,长期保持一个售价,它的业绩一般也不会很好。阿迪达斯深谙此道,为满足顾客需要,阿迪达斯也会适当推出折扣活动来促进销售,但为了保证品牌地位,阿迪达斯并不会像某些品牌,一年四季有三季在以5折甚至更高的折扣率出售,阿迪达斯对折扣幅度的控制较为严谨。阿迪达斯的打折活动通常有四个特点:间隔长、时间短、折扣低、参与产品少。

阿迪达斯还通过赞助大型赛事来获得专属销售,以提高品牌知名度、提升产品形象,从而制定高额售价。其赞助的世界级赛事数量众多,如阿迪达斯是2008年北京奥运会以及2010年南非世界杯的唯一指定赞助商,它用高昂的赞助费换取了赛事相关产品的唯一销售权。阿迪达斯为什么愿意花费如此高昂的成本呢?因为奥运会和世界杯每四年才举办一次,难得的机遇提高了人们对于高价的承受能力,即使赛事相关产品定价高昂也很少有消费者抱怨。

消费者不同的需求也使阿迪达斯获得了差别定价的机会。外观一模一样的足球鞋,价格却分为高、中、低三个档次。380元的足球鞋被称作球迷版,只是外观和场上球员的相同而已。780元的足球鞋专业性有所提升,但与球员版还存在着一定的差异。如果消费者想要获得和球星们完全相同的足球鞋,就需要支付1 880元的高价了。

此外,阿迪达斯在应对竞争对手的价格战时也有一套策略:第一,若竞争对手降价,则打折销售一小部分商品,并平价上市高技术含量的新产品;第二,若竞争对手涨价,则维持原价,但加大产品科技含量的宣传力度。

(资料来源:百度文库.营销管理定价策略及流程——阿迪达斯的定价策略[EB/OL].(2012-12-07)[2013-01-03]. https://wenku.baidu.com/view/db2a3d7e8e9951e79b892764.html,部分内容有删减)

思考题:阿迪达斯制定产品价格时受哪些因素的影响?

二、国际市场营销定价策略

企业在进行国际市场营销时要确定总体的定价策略,即母公司和子公司对同一产品是否要保持统一的定价,由此划分出三种定价策略:统一定价策略、多元定价策略和协调定价策略。统一定价策略是指企业向国际市场销售时采用同一价格(母子公司同一产品出厂价折合为同等金额的可兑换货币)。该策略简单易行,适合拥有垄断优势的企业,其他企业采用时可能会因定价偏低损失利润,或因定价过高影响竞争力。多元定价策略允许企业在不同的市场采用不同的价格,这种策略能较好地贴合各国的实际情况,但也可能导致平行进口问题。协调定价策略则是前两种定价策略的折中,在定价的计划性和灵活性中找到了平衡,能兼顾母子公司的利益,为越来越多的跨国公司所青睐。

具体而言,企业可从多种角度出发选择合适的定价策略,如从产品生命周期、消费者心理、多种差异等角度考虑后进行选择。

(一) 新产品定价策略

1. 撇脂定价策略

撇脂定价策略(Skimming Pricing Strategies)是一种高价格策略。它的命名非常形象生动,企业如同从牛奶中撇取浮在最上层的肥厚油脂一样,对新上市的产品制定尽可能高的价格,以在短时期内获取较大的利润。企业之所以能这样做,利用的正是消费者对新产品强烈的好奇心以及追求新潮的心理。但当消费者对新产品的渴望程度不高时,实施该策略可能导致新产品销售不佳,甚至无人问津。这种策略适用于生产技术独特、有专利保护、产量短期内较为稳定、需求弹性小的产品。

拓展阅读

新产品上市定价策略选择——雷诺公司：圆珠笔成功的定价策略

1945 年，雷诺公司将圆珠笔技术引入美国，并赶在当年圣诞节前将产品投入了市场。这种以"原子笔"为名的产品在雷诺公司独特的广告宣传下，迅速激发了人们的好奇心，圣诞节的到来又为产品的销售提供了良好的契机。第二次世界大战后物资紧缺，人们又需要礼品，美国许多地方的消费者立即将抢购的目光锁定在了这种"神奇"的笔上。当时这种笔的制造成本仅 0.80 美元每支，但其售价却是成本的近 16 倍，标价 12.50 美元。雷诺公司用了 6 个月的时间，就以 2.6 万美元投资赚取了 155.86 万美元的税后利润。撇脂定价策略带来的高利润刺激了大批竞争者进入该市场，到 1964 年圣诞节时，已有 100 家圆珠笔制造厂，此时圆珠笔也不再能售以高价，而雷诺公司则早已在大捞一把后转营其他产品了。

（资料来源：黄艳.新产品上市定价策略选择——雷诺公司：圆珠笔成功的定价策略[J].中外管理，1999(10):47，部分内容有删减）

思考题：
1. 雷诺公司为什么能够采用撇脂定价策略？请结合案例进行分析。
2. 生活中你还遇到过哪些采用此类定价策略的例子？

2. 渗透定价策略

与撇脂定价策略相反，渗透定价策略（Penetration Pricing Strategies）是一种低价格策略。采用这种策略的企业对新产品制定尽可能低的价格，借此快速打开市场，增加销售量，获取利润。较低的价格还可以有效地阻止竞争者进入，有利于企业保持并进一步扩大市场份额。但是渗透定价策略的投资回收周期较长，如果企业不能在较短的时间内快速增加销量，或者遭遇能以更低价格提供同质产品的竞争者，企业将会面临较大的损失。这种策略适用于能在短期内实现产量大幅度增长、需求弹性较大的产品。

3. 满意价格策略

满意价格策略是撇脂定价策略和渗透定价策略的折中，吸收了两种策略的长处。采用满意价格策略拟定的产品价格也被称为"温和价格"或"君子价格"，既有利于企业在新产品上市初期获得较高的利润，又能被广大消费者快速接受。

（二）心理定价策略

1. 尾数定价策略

尾数定价策略是指企业给产品制定的价格是一个带尾数的非整数价格。这种定价方式会令消费者从心理上感觉产品是低价的，同时认为产品价格是基于严谨的评估定出的，一些高价产品在这种定价策略下给消费者的感觉也没有那么昂贵了，因此产品的消费量会相应上升，企业可以赚取更多的利润。如超市中许多产品的定价都采用这种策略，价位本来就低的产品其定价往往会精确到更小的单位，如 4.98 元、9.99 元等。

2. 整数定价策略

整数定价策略与尾数定价策略相反，是指企业采用取整的方式确定产品价格。在购买一些产品时,消费者往往并不具备准确判断产品价值的能力,消费者潜意识里会认为产品价格是产品品质的直观体现,认为价格较高的产品也具有较好的品质。整数定价策略会令消费者从心理上认为产品的档次较高,具有较高的价值,同时也符合消费者想用简单的办法较为准确地判断产品价值及档次的心理。如消费者会相信定价 1 000 元的礼服会比定价 980 元的礼服档次更高。整数定价策略适用于高档名牌产品,有利于维护、提升商品形象。

3. 声望定价策略

声望定价策略是指对在消费者心中形成较高声望的产品制定较高的价格。产品较高的声望使其能够以较高的价格出售,较高的定价反过来也促进了产品及企业声望的进一步提高。该策略充分利用了消费者对名牌产品的崇尚心理,能够较好地满足消费者彰显身份和社会地位的需求。如众多奢侈品企业因其产品拥有良好的声望而对产品定以不变的高价,正是这种高价又不断吸引消费者前来购买,良好的产品形象在这一过程中被不断地巩固。

4. 招徕定价策略

招徕定价策略是指企业通过将少数几种产品的价格定得很低,并加以大规模宣传,来吸引大量的消费者前来购买,而消费者在购买这些超低价产品时往往还会选购一些正常价格的产品。销售低价产品可能会让企业无利可图,甚至亏损,但企业销售非低价产品所获的利润可以使企业在总体上处于盈利水平。这种定价策略利用了消费者的"求廉"心理,实现了用低价换客流量进而带动其他消费的目的。

除了上述定价策略,企业还可选用差异定价策略、折扣定价策略、相关产品定价策略等来实现企业国际市场营销的目的。简单来说,差异定价策略就是企业基于地理位置、产品需求时间、产品用途、产品质量等方面的差异为产品制定不同的价格,实现扩大销售范围、提高企业利润的策略。折扣定价策略就是通过给予消费者现金折扣、数量折扣等方式将一部分利润直接让渡给消费者,或通过给予各类中间商不同的业务折扣,刺激其改善市场营销活动,使消费者间接获益,从而吸引更多顾客进行消费的定价策略。相关产品定价策略就是生产经营多类产品的企业利用产品间的联系,如替代关系、互补关系等,通过调整单个产品价格带动相关产品销量及价格变化,或通过对产品分级简化价格种类的定价策略。

国际市场的供求关系、消费结构等会随时间的推移发生变化,因此企业也不能继续使用基于变化前的市场状况制定的产品价格,必须适时作出调整。这种调整可能是主动的,也可能是被动的。具体的价格调整策略可分为两种:降价策略和提价策略。当市场的竞争加剧、供过于求或者企业凭借生产技术等的优势获得成本优势时,企业可实行降价策略。当发生通货膨胀或者出现供不应求等状况时,企业可实行提价策略。但是,不论企业选择哪种价格调整策略,都需要从全局出发,考虑价格调整对企业其他产品销售可能的影响,以及对企业总利润和企业形象的影响,审慎地作出决定。

第四节　国际市场营销的渠道策略

一、国际市场分销渠道概述

国际市场分销渠道可以被定义为促使产品或服务顺利地从生产国转移到国外最终消费者手中所经过的一系列相互依存的组织。分销渠道搭建是跨国公司实现向国外销售产品的关键，良好而稳固的分销渠道不仅能满足市场需求，而且还可能通过拓展业务范围创造需求，进而提高企业的国际绩效。

（一）分销渠道的结构

企业在进入国际市场之前，首先要考虑分销渠道的结构问题。国际市场的分销渠道非常复杂，从不同的角度有不同的区分方法，图7-1显示了一些可供选择的分销渠道，箭头表示制造商和每一个中间商的销售对象。产品在国内生产制造后，通过制造商自己的营销机构或其他国内中间商，将商品流向出口商，也可以直接流向国外的进口商，再通过国外的营销组织将商品流向最终消费者。分销渠道能够将生产商生产的产品分散到世界各地，减少了生产商与最终消费者之间的直接交易次数，生产商也能通过分销渠道了解市场信息，有利于其及时根据市场动态调整生产。因此，对于国际企业来说，根据自身情况选择合适的分销渠道很重要。

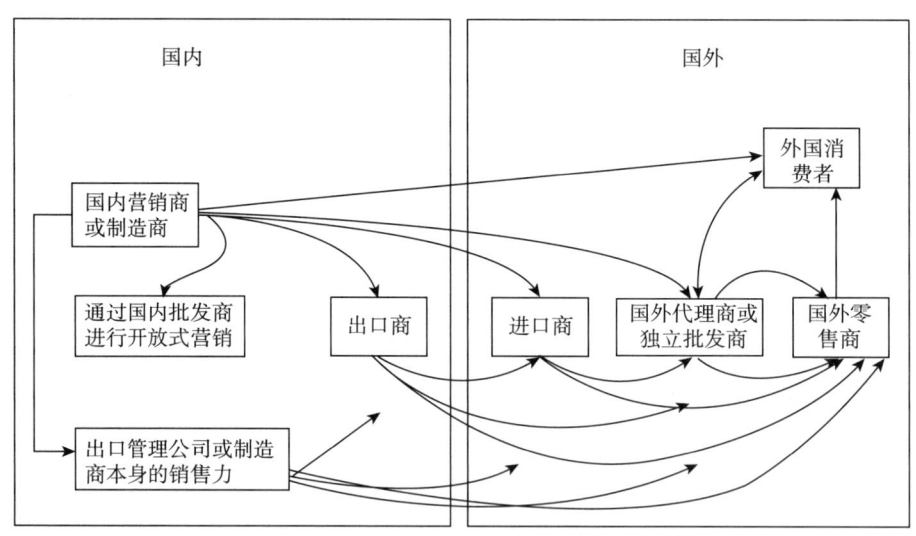

图7-1　国际分销渠道的选择

（资料来源：菲利普·R.凯特奥拉，玛丽·C.吉利，约翰·L.格雷厄姆.国际市场营销学：第14版[M].北京：机械工业出版社，2010:318）

近年来，互联网、信息技术发展迅速且应用广泛，分销渠道结构也在市场格局走向多元化的过程中发生了改变。蓬勃兴起的跨境电商为企业提供了一种全新的分销渠道，企业和消费者可以直接进行交易，分销渠道结构更加简化，交易周期更短。这种模式下的跨境电商平台承担了部分中介作用，一些中小企业也可借助线上平台渠道走向海外市场。

2020年，新冠肺炎疫情暴发令线下分销渠道受阻，给主要依靠中间商进行分销的企业带来了相对较大的影响，面对严峻的考验，越来越多的企业借助"直播带货""短视频平台"等方式发展线上分销渠道，在疫情下迸发出了新的活力。线上渠道并非与线下渠道对立，两者可以相互融合形成互补，企业应学会制定符合自身发展的分销渠道策略。

拓展阅读

1991年，珠海格力电器股份有限公司成立，并于5年后成功上市。了解格力的人都知道，渠道创新是格力多年来坚持的战略布局和发展动力。格力电器的渠道创新变革之旅开始于1997年，其创立的"区域销售公司模式"开创了"21世纪经济领域的全新营销模式"。经过连续多年的努力，不断扩大的经销商体系为格力带来了巨大的经济效益和品牌价值。但格力依然坚定地走在渠道创新的路上，希望能够更加贴近用户和市场。在互联网广泛应用的时代，机遇与挑战并存，格力正以实现"格力新零售"为目标，积极探索怎样充分利用线上线下两方面的优势，更精准地匹配消费者的需求，给消费者提供更优质的产品与服务，带去更好的体验。

2020年，受疫情影响，"直播带货"实现"破圈"发展。一向注重用户需求与服务品质的格力电器也加入了直播大军。格力直播从总部到全国巡回，有人看到的是销售额的剧增，有人看到的是线上线下融合发展的营销模式革新，也有人看到的是渠道创新对格力众多经销商发展的引领和推动。

8月1日，格力在洛阳的直播中有一个备受瞩目的亮点，那就是"格力董明珠店"首次线下亮相。这是格力新零售将线上线下融会贯通、有机结合的高调官宣，也是格力自开始布局新零售、引导众多经销商渠道创新以来实现"火力全开"的标志。

"格力董明珠店"最早叫"董明珠的店"，"格力全员销售"模式是其背后的支撑。2019年年初，格力为了让每一位员工都有机会用平台随时随地与身边亲友分享格力好物，开设了线上分销店铺。从渠道创新的角度来看，这可以视为格力新零售布局的一次成功"探路"。

需要指出的是，家电行业具有实体服务属性，专业的线下服务队伍是必不可少的，所以在推动线上渠道大力发展的同时，也要引导线下渠道适应形势发展，以时代变化为导向推进渠道创新。另外，格力多年的发展积累了数量众多的线下经销商，如果只重视直播而将线下经销商"置之不理"或者"一刀切"，那不仅不符合格力新零售的内核与目标，也有悖于格力积极承担企业责任、解决社会就业问题的发展理念。

因此在2020年，"董明珠的店"更名为"格力董明珠店"，从线上拓展到了线上线下有机融合，成为格力新零售体系下联动格力百万经销商共同创造线上线下营销奇迹的关键入口。格力在渠道创新的路上，始终以实际行动引领、推动、助力经销商去探索疫情防控大环境和网购直播时代大背景下的全新营销模式，采取了兼顾用户线上下单和线下体验的双重服务模式，未来还会将线下专卖店变成体验店，提供线下体验服务、线上看直播下单的"零距离"服务。

（资料来源：腾讯网. 渠道创新不止直播巡演 格力新零售"火力全开"[EB/OL]. (2020-07-27)[2023-02-20]. https://new.qq.com/rain/a/20200727A0NEE300）

思考题:

1. 格力为什么要坚持渠道创新？为什么会选择线上渠道与线下渠道有机结合的模式？

2. 格力新零售模式在转型发展的过程中，是否会给经销商带来一定的负担？请结合案例谈一谈你的看法。

(二) 中间商

由于每个中间商可能同时拥有多重身份，如出口商可能也是代理商，进口商可能同时是独立中间商，因此中间商很难被精确定义。在这里，我们可以把渠道中的所有独立组织称为是中间商。按照是否拥有所有权分类，可将其分为经销商和代理商。代理商一般指赚取委托方佣金的商业代理，他们代表委托方组织销售，对商品没有所有权，只是在销售中起媒介的作用；经销商拥有商品所有权，自己承担买卖风险。按销售对象分类，可将中间商分为批发商和零售商。批发商是从上一个渠道环节购买商品，再将商品卖给零售商或下一个渠道环节的中间商，如各行业的批发市场、大类商品批发商等；零售商面对的是最终消费者，商品流通在这里终止，超市、便利店是最常见的零售商。按商品跨国流动方向，可分为出口商和进口商，出口商是将国内商品销售到国外，进口商是将国外商品销售到国内。

二、分销渠道设计的影响因素

企业在进入国际市场之前，要先制定分销渠道策略。企业首先要明确目标市场，制定详细的营销目标，深入分析企业内外环境的动态变化，控制开发国际分销体系的成本，设计出与企业实际情况相适应的渠道策略，为完成企业的整体目标服务。因此，了解影响分销渠道的各种因素对于企业设计合理的分销渠道至关重要。

(一) 成本

成本对于分销渠道的战略选择起着重要作用。一般来说，渠道成本可以分为初始建立分销渠道的成本和维护分销渠道的成本。建立分销渠道的成本预算取决于企业的财务状况，企业的资本越雄厚，对建立分销渠道的预算限制就越小。建立分销渠道的成本主要包括对中间商的考察和培训费用、海外市场的调研支出、谈判与决策所需要的费用等。虽然建立分销渠道的成本构成是多种多样的，但远远低于在海外新建一个销售分支机构的成本，企业还能通过创新营销策略来降低渠道成本。分销渠道建立之后，还需要对渠道进行维护，进而会产生渠道维护成本。这种成本可能是维持企业原本销售力量的成本，如销售人员的工资；也可能是支付给中间商的酬劳，对其提供产品促销方面的支持等。另外，还要考虑物流方面的成本，比如建立与补充库存。

(二) 控制

使用中间商就意味着制造商需要对中间商进行管理，否则将失去对海外市场的控制权。制造商与中间商之间的关系越松散，分销渠道环节越多，制造商在产品定价、促销策略等方面的控制权就越小;反之,制造商对分销活动参与得越多,其对中间商的控制就越大。如果制造商希望获得对海外市场较大的控制权,那么它需要投入较多的销售力量和资金。成本过高是制造商获取强有力的渠道控制权的主要制约条件,企业必须在投入成本和控制权之间作出权衡。通常的做法是,一个没有任何分销渠道的企业在其国际化的初始阶段往往依靠有经验的海外中间商,随着企业在当地的发展壮大,其拥有了一定的市场资源,对海外市场也越来越了解,这时,企业往往终止与中间商的合作,在海外市场建立属于自己的销售机构,取得对分销渠道的全面监督与控制。

(三) 产品特征

产品的特征也会对分销渠道的设计产生影响,如产品是否为易腐品、产品的体积大小、售后服务要求和附加价值等,都会影响分销渠道的设计策略。从使用价值方面看,各类产品对时间与空间的要求不同。从价值看,渠道的差异使渠道成本各异,继而影响渠道宽窄或长短。从产品的市场生命周期看,产品处于生命周期的不同阶段,所采用的渠道结构是各不相同的。如对处于成长期的产品,企业需要开拓渠道,发展多元化;而对处于成熟期期末的产品,则要压缩渠道。[①] 从产品的属性特征看,单价高、体积大、重量重的产品适合短的销售渠道,涉及安装与售后服务的电气设备需要交给中间商销售,易腐产品多采用较短的分销渠道。

(四) 市场特点

市场特点是分销渠道设计的决策依据。目标国的消费者特点和整体经济环境不同,采用的分销方式和资源投入也不同。从微观的角度来看,目标消费者对产品的心理诉求、购买方式和购买时机等因素都是决定产品销售方式的重要依据,合适的销售方式会给企业带来竞争优势。从宏观的角度来看,经济环境的好坏会直接影响着分销渠道的选择,例如经历经济危机的国家,市场往往更加混乱,企业分销渠道的选择就应更加慎重。东南亚金融危机发生的前夕,不少跨国公司在印度尼西亚建立了自己的分销渠道,但金融危机的到来使印度尼西亚市场一片混乱,各国供应商只能把分销工作更多地交给当地代理商来做。[②]

(五) 文化环境

文化环境包括当地的社会风气、社会习俗、生活方式、思想意识形态等因素,融入当地的文化环境对企业顺利进入目标市场至关重要。迪士尼在美国本土和东京均取得了极大的成功,但在进入欧洲时却遭遇了滑铁卢,其中一个重要的原因在于迪士尼忽略了欧洲文化与美国文化的差异,最终使迪士尼在欧洲损失惨重。国际市场的分销渠道不仅体现了买卖双方在地理上的距离,还反映了两国在文化上的距离,这种文化距离会影响渠道各环节的人际关系构成。制造商与目标市场的文化差异越大,就越应该选择中间商来辅助销售产品,以尽可能地规避进入目标国市场的文化风险。在以和为贵、互利共生等儒家理念的影响下,中国企业在海外经营中往往十分注重对当地环境的融入,通

---

① 刘忠东. 营销渠道管理创新机理研究[D]. 武汉:武汉理工大学,2007.
② 王朝辉. 国际市场营销学:原理与案例[M]. 大连:东北财经大学出版社,2011:208.

过人才本地化、管理差异化等方式有机融入东道国文化,体现出中国企业独特的管理哲学。

三、国际物流体系

国际物流体系是将企业内部和外部分离的物流系统连接起来,控制产品从生产到流出的一种设计和管理系统。国际物流体系的一个重要特点是各国的物流环境不尽相同。例如不同国家基础设施的便利程度不同,在工业化水平较高的国家,一般有企业可以直接利用的交通运输网络,而工业化程度较低的国家可能没有完善的进出口运输系统。其次,企业面对的软环境也是不同的,如各国的法律体系和标准化程度均存在差异。因此,国际物流系统的建立更加困难,设计者应重视各国的物流环境,建构合理的国际物流系统。

国际物流系统的基础和核心是运输。国际运输一般采取海运或空运的方式,国内运输一般采取公路和铁路运输,但也有例外,例如随着泛亚铁路的建设和中欧班列的开通,铁路运输也可以作为国际运输的备选方式。除此之外,也可以选择多种运输方式联合使用。由于运价低廉,海运成为国际货运的主要方式,根据服务类型可以分为班轮运输和租船运输:班轮运输有固定的运输航线、船期和停靠港口,费率也比较固定;租船运输按照租船的方式又可分为定期租船和定程租船,定期租船是按一定的时间租船,定程租船是按照航程租船。海运费用低,航道丰富,适用于大批量的货物运输,但速度慢,风险大,航行过程中易受天气等自然因素的影响,抵达日期准确度不高。航空运输也是国际运输中常用的方式,但空运的总量仍然很小。与海运相比,空运的运输时间短,费用高,适用于易腐品等对时间有要求的货物。

选择合适的运输方式对于国际物流十分重要,一般要从以下两方面考虑:运输时间和成本。运输时间的长短对于商品的销售非常关键,运输时间越短,商品的销售时间就越有可能延长,企业也能减少库存。国际市场营销者必须了解商品供应链各部分的相互关系和对运输时间的要求,任何一个环节运转不畅都可能导致物流的延误。成本是影响国际物流运输方式选择的另一关键因素。国际运输价格通常取决于运输服务的成本和货物的价值,国际市场营销者应该仔细评估商品的运输成本,如体积过于庞大的商品选择空运会太过昂贵,小体积、价值高的商品更适合航空运输。同时,也应把商品竞争、销售环境等因素纳入物流体系的范畴,综合考虑时间对商品的重要程度,选择合理的运输方式。

拓展阅读

ZARA 被认为是欧洲最具有市场价值的品牌之一,以市场反应速度显著高于行业平均水平而著称,产品从设计到成品运抵连锁店,只需 12 天左右。在这个过程中,ZARA 会记录顾客的消费行为并汇总到自己的信息系统中。信息系统中的数据会为新产品的设计提供决策依据,最大限度地与市场需求相吻合。

运输阶段,所有的产品都通过西班牙总部的物流中心发出,运送的货物数量依需求而定。物流中心将连锁店所订的衣物装在各自独立的集装箱中,在最短的时间内(不超过8小时)装船运走。除了在西班牙的总部物流中心,ZARA公司还会在不同国家建立仓储中心,以全面满足区域的需求。ZARA的出货正确率非常高,这得益于利用光学读取工具的分销系统。这不仅降低了人力成本,还能确保每一笔订单准时到达它的目的地。

销售阶段,ZARA实行"一站式购物"的销售管理。连锁店通常每周向总部发两次订单,产品也每周更新两次。公司对订单下达的时间有非常严格的限制,订单必须在截止时间之前下达,否则只能等到下一次。公司不允许连锁店对同一批产品的保留时间过长,一般不会超过半个月。这样可以最大限度地避免过度供给。依靠其迅速、有效的供应链管理,即便出现新的需求公司也可以从容应对。同时,ZARA的每一个市场专家都要负责管理一些连锁店,他们都与一线连锁店的经理们保持长期且紧密的联系,以保证市场最新动态数据能够迅速传递。

存货方面,ZARA公司只储存下个季度20%的出货量,这一比例远低于该指标的行业标准。门店中没有在2个星期内卖出的产品,会被送往其他的连锁店或者送回西班牙总部。这加速了连锁店产品的更新,也刺激消费者更快地作出购买决定。

总的来说,ZARA能够成为业内翘楚是其对全程供应链出色管理的结果,也与其对市场的快速反应密不可分,这一切都成为ZARA的核心竞争力。

(资料来源:搜狐网. ZARA供应链的"极速传奇"[EB/OL].(2018-07-12)[2019-08-16]. http://www.sohu.com/a/240760379_466844,部分内容有删减)

思考题:除了出色的供应链管理,ZARA的核心竞争力还有哪些?

第五节 国际市场营销的促销策略

一、国际市场促销概述

(一)促销的含义

促销,顾名思义就是促进销售的策略,具体指企业运用各种方式方法促成商品的交易,以帮助企业打开市场,扩大产品销售。促销的实质是一种信息沟通,是用某种方式来影响消费者的心理活动并使其产生购买行为。

促销最基本的功能是向消费者提供商品的属性信息,包括商品质量、产地、用途、价格等,使消费者对商品有整体的了解。其次是诱导功能,即通过促销活动吸引潜在消费者的注意,进而诱导消费者购买商品。最后是说服功能,即通过对商品的不断讲解,解除消费者的疑虑,促使消费者不再犹豫,坚定最终购买的决心。合理有效的促销活动能够提高企业或品牌在消费者心中的印象,对目标市场产生有利的舆论导向,提升消费者对其商品的忠诚度。

(二)促销活动计划

促销活动的制定一般分为7个步骤,它们分别是确定目标受众、确定具体的促销目标、制定预算、制定媒体战略、确定促销信息、确定促销手段、评估活动效果,这 7 个步骤有时相互交叉,有时同时进行。①

国际市场营销的受众不同于一般客户,在制定合适的促销活动之前必须研究目标受众的特点和期望,有时甚至需要与供应商、中间商、政府、地方社会团体、银行和债权人、媒体机构、股东以及雇员沟通。明确、可量化的促销活动目标能加深消费者对企业品牌形象的认识,提升企业的知名度和声望,达到预期的营销效果,提高产品的市场份额。不同的促销方式对预算的要求不同,如大型展会的促销费用较高,而商场展销的费用会相对低廉;不同市场的促销费用也有差异,如全球市场需要的促销预算会更高。在设计促销活动时,必须考虑到预算约束,在理想选择与资源限制之间作出妥协,以保证收益大于支出。制定媒体战略是指根据目标受众、促销目标和预算选择合适的媒体宣传工具,常见的媒体宣传工具有报纸、杂志、电视、广播、互联网、户外广告等。选择媒体工具时要考虑目标市场上的媒体可得性、产品本身的特点和目标受众的媒体习惯,在做好前期准备的基础上,确定合适的促销手段。此外,在大型的跨国公司中还应关注如何对总部和子公司之间的战略销售活动进行分工,因为分工的成败将在较大程度上影响子公司的市场绩效。②

二、国际公共关系策略

(一)国际公共关系概述

国际公共关系的目标在于宣传企业,建立起消费者对企业的好感,让企业和消费者之间建立起一种联系制度,是一种间接的促销行为,同时也体现了企业与公众之间的互动,一旦企业出现失误或者问题,可以利用公共关系来进行危机公关,挽救企业的形象。除了企业外部的公共关系,企业内部也存在公共关系。内部公共关系主要包括与员工、股东等企业内部人员的关系,在实践中主要体现为员工之间的人际关系、权力关系、信息关系、竞争关系和利益关系。紧密、稳定的企业内部关系有利于企业文化的塑造,增进员工之间的凝聚力和加强协作精神,相反,排斥、敌意的内部关系会削弱员工工作的积极性,制约企业的健康发展。

(二)国际公共关系的策略

对于跨国企业,良好的公共关系有助于企业获得国际市场准入,赢得目标市场国政府在政策、税收方面的支持。在中海油并购美国优尼科的案例中,中海油没有处理好与美国政府的关系,未能得到政府高层的认同,导致美国众议院以压倒性的反对票要求美国政府终止并购计划,这个案例反映了公关活动对于建立良好国际公共关系的重要性。公关活动不等同于广告宣传,广告宣传追求的是扩大销售、增加盈利等立竿见影的效果,而公关活动是为了树立企业形象,它是一种长期的、持续的企业活动,需要投入人力和财力,而且并不是每一次公共活动都能获利。按照公关活动的目的,可以将国际公共关系策略分为以下三个类型:

---

① 迈克尔·钦科陶,伊卡·龙凯宁. 国际市场营销学:第 10 版[M]. 北京:中国人民大学出版社,2015:339-351.
② Reichstein-Scholz H., Giroud A., Yamin M., et al. Sales to centre stage! Determinants of the division in strategic sales decisions within the MNE[J]. *International Business Review*, 2021, 30(6), 101859.

1. 宣传型公共关系策略

这一策略是指利用媒体或其他手段来宣传企业形象,引导有利于企业发展的社会舆论,尤其是跨国企业首次进入国际市场时,良好的宣传能够让公众了解企业及其产品,在消费者心中树立良好的形象。20 世纪 90 年代,国内感光企业几乎处于全行业亏损状态,陷入了破产的边缘,美国柯达公司以积极促进两国贸易关系为承诺,通过一系列积极、友善的公共活动,赢得了中国政府的支持,在政府的协助下先后收购了汕头公元、厦门福达等中国感光公司,成功打败了日本富士等竞争对手。

2. 稳固型公共关系策略

这一策略主要指企业在已经进入国际市场后,还应继续通过一系列公关活动来维持自身的形象,如参与一些赞助性、公益性的社会活动以扩大企业的社会影响,体现企业的社会责任感。除此之外,跨国企业还应与社会各界的团体组织建立长期和稳定的关系,如开展对各方面策略性的访问、定期举办招待会等。

3. 危机型公共关系策略

对危机型公共关系的处理常被称为危机公关,它是指企业在面对一些负面问题时采取自救行动以消除影响,挽回公司形象。在信息飞速传播的今天,企业遇到形象危机几乎是无可避免的事情,而良好的危机公关不仅能够及时纠正企业的错误,求得社会公众的谅解,还能借此加强与消费者之间的信任关系;否则只会令企业形象一落千丈,甚至给企业带来不可估量的损失。

三、国际广告策略

(一) 国际广告概述

广告是使用最为广泛的国际促销工具之一,是指企业为了扩大商品的知名度而借助大众传媒宣传企业及其商品的付费活动。广告是一种高度大众化的信息传递方式,具有大众性;多次、长时间的重复同一信息使其具有渗透性;使用文字、语言、影像、声音等多种表现形式使其具有表现性;对公众的单向信息传递表现出广告的非人格性。[①] 国际广告是企业进入国际市场的排头兵,它能在消费者未使用商品之前首先树立起产品形象,增加商品、企业和品牌的知名度,是企业取得经济效益的重要手段。

与国内广告相比,设计国际广告需要考虑的因素更多,如语言、文化环境、政府控制等。语言是国际广告投放遇到的第一障碍,不同国家的语言习惯不同,简单的翻译可能使原本富有创造力的广告语变得平淡无奇,难以吸引公众的注意。各个国家或地区呈现出的价值观、传统习惯、宗教信仰等有很大的差异,如果在设计广告时没有考虑到文化多样性,可能会使同一广告在不同地区体现出的含义南辕北辙,无法达到预期效果,甚至使广告完全失败。一些国家或地区对广告的内容有严格的要求,在设计国际广告时,需要了解当地政府对广告的限制规则,否则可能会因触犯法律而受到处罚。

---

① 秦波. 国际市场营销学[M]. 北京:对外经济贸易大学出版社,2012:291-292.

（二）国际广告策略

1. 广告目标

国际广告的第一步是制定广告目标。广告目标是整体营销策略目标中的一部分，它规定了广告促销在营销规划中必须完成的任务，即在特定的时期内和特定的国际市场上，企业对广告目标对象所要达到的沟通效果和销售业绩。[①] 广告目标的制定需要明确企业的销售目标，同时考虑市场状况、产品的生命周期、竞争对手的促销策略等多方面的因素，以具体化、数量化的形式表现出来。

2. 广告预算

企业在设计广告时必须要根据自身实力，合理规划广告预算。进行广告预算规划时一般需要考虑的因素有产品的生命周期、市场竞争、市场份额等。在实践中，企业进行广告预算时采用的方法有以下几种：量力支出法，指广告预算的确定以企业的经济实力为基础，但这种方法过于保守，可能无法达到刺激销售的效果；销售比例法，指企业根据在某目标国市场的销售额，按照一定的比例确定广告预算；竞争对比法，指在目标国市场上，企业根据同类产品的广告费用来确定自己的广告预算，这种方法可以避免与竞争企业在广告费用上的恶性竞争；目标达成法，指企业根据自己的营销目标确定广告预算，这种方法有助于合理地进行广告预算，利于企业未来发展。

3. 广告信息

国际广告实质上是一种跨文化的信息交流，而不同国家的社会文化环境存在差异，因此，国际广告在不同国家的传播面临着能否被正确解读的问题。在进行国际广告信息决策时，有标准化策略和差异化策略两种方式。标准化策略是指根据不同市场和消费者的共性，在各个国家或地区采取统一内容和主题的广告，这种策略有利于树立起企业在全球的整体形象，方便成本控制和统一管理。差异化策略是指根据各国市场的不同特点，为其量身定制不同内容和主题的广告，这种策略有较强的针对性，能最大限度地适应当地消费者的需求偏好，但缺点在于成本太高，无法维持企业的统一形象。

4. 广告媒体

国际广告的投放渠道有很多，使用最多的广告媒体是报纸、杂志、广播、电视、互联网和户外广告。在选择国际广告媒体时，应注意目标市场对不同媒体的偏好、商品自身的特点、媒体本身的特点、使用媒体的成本、媒体组合形式、广告信息特点等多方面的因素，选择最合适的广告媒体渠道。

案例分析

麦当劳中国区广告策略分析与启示

麦当劳是全世界最大的快餐连锁店之一，也是全球范围内知名的餐饮品牌。麦当劳的成功得益于其强大的宣传推广能力，它以麦当劳叔叔这个虚拟人物做代言人，凭借着麦当劳叔叔快乐活泼的形象成功打入中国市场，不仅克服了中美文化之间的差异，还获得中

---

① 严旭,朱靖.国际市场营销[M].上海:上海财经大学出版社,2016:240.

国消费者的认可,为自己赢得了不少市场优势。

从目标市场的定位来看,麦当劳主要目标消费群的年龄段为20—40岁,针对这一人群,麦当劳传达的是方便快捷的理念;针对老年群体的广告主要以有情调的叙述性故事为主,展现温馨、快乐、和谐的家庭氛围;针对青少年群体的广告则通过多种活动吸引其注意力,引导家庭消费,使有效信息传播最大化。

在广告促销策略方面,麦当劳成功地将黄色"M"型的双拱门标志营销为世界上的通用语言,即使仅凭"M"字样的标志,也可以让消费者自然而然地联想到麦当劳。麦当劳系列广告宣传片的主题都是传递一种积极美好的情感,用温情的广告语和广告内容温暖人心,传达正能量,从而激发人们内心深处的情感,在吸引潜在消费者的同时,提升品牌附加值。麦当劳会根据不同区域的市场投放有区域特色的广告,面对中国市场,麦当劳注重将中国元素创造性地呈现在广告中。在每年各个节日期间,麦当劳推出的广告都能结合当下的节日氛围,将美式快餐文化与中国传统文化进行碰撞、相融,成功地融入中国市场,获得广泛传播。

在促销媒介选择上,麦当劳的平面广告简单而富有创意,其Logo的色彩鲜亮、形象易识别;广告宣传片定期更换当红的流量明星拍摄,以明星效应助力麦当劳的信息传播,为其赢得用户流量与良好口碑。麦当劳的新品推广不仅仅局限于媒体平台,跨界平台合作带来更高的话题度和更广的传播范围,搭载余额宝让利的"麻麻黑"甜筒、与京东联手的"麦趣鸡盒"等传播活动体现出其营销策略的多样化。

(资料来源:谢楠.麦当劳中国区广告策略分析与启示[J].新闻研究导刊,2018,9(02):236+248,部分内容有删减)

思考题:
1. 麦当劳都有哪些类型的促销活动?
2. 麦当劳的促销策略取得成功的原因是什么?

本章小结

1. 国际市场营销是指企业为满足多国消费者的需求以便获取利润而进行的包括计划、定价、促销和引导等在内的跨国界的经营和管理活动,并通过创造产品及价值以及在国际市场上交换,使商品和服务流入一个以上国家的消费者或用户手中的过程。

2. 国际市场营销中的产品概念是广义的,指整体产品。国家及地区特征、企业现状及规划和产品属性及特征都会影响产品调整。根据产品和促销方式的组合可以得到五种产品调整策略,分别为:①双向直接延伸;②产品延伸、促销调整;③产品调整、促销延伸;④双向调整;⑤产品创新。

3. 定价目标、成本、市场需求、市场竞争结构和政府的价格调控政策等都会影响国际市场营销中的产品定价。针对不同的国际市场状况,企业应选用不同的定价策略,促进国际市场营销目标的实现。

4. 国际市场分销渠道可以被定义为促使产品或服务顺利地从生产国转移到国外最终消费者手中所经过的一系列相互依存的组织,除了生产商,还包括各种类型的中间商,同时也需要国际物流体系的支持。影响分销渠道设计的因素有成本、渠道控制、产品特征、市场特点和文化环境。

5. 促销就是促进销售的策略,具体指企业运用各种方式方法促成商品的交易,以帮助企业打开市场,扩大产品销售。国际市场促销的实质是一种在国际市场范围内的有效信息沟通,常见的促销策略有国际公共关系策略和国际广告策略。

重要术语

国际市场营销(International Marketing)
整体产品(Total Product)
核心产品(Core Product)
形式产品(Tangible Product)
附加产品(Augmented Product)
强制性产品调整(Mandatory Product Adaptation)
促销(Promotion)
非强制性产品调整(Discretionary Product Adaptation)
撇脂定价策略(Skimming Pricing Strategies)
渗透定价策略(Penetration Pricing Strategies)
市场营销渠道(Marketing Channels)

思考讨论

1. 结合国际市场营销的产品构成,企业应该如何提高其在国际市场营销中的竞争力?
2. 在计算机技术、网络技术等飞速发展的背景下,中国的企业可以采用怎样的国际市场营销策略来保持或建立发展优势?请以具体的企业为例,从国际市场营销的产品策略、价格策略、渠道策略和促销策略四个方面来说明。
3. 查阅资料,选择一个成功的危机公关案例并进行分析。

案例分析

海信成功出海

1969年,海信在中国青岛成立,经过五十多年的耕耘,逐渐从一家地方小厂发展成为中国著名家电企业。海信旗下有海信、东芝电视、古洛尼、科龙、容声、ASKO和Vidda等多个品牌,业务涵盖多媒体、家电、IT智能信息系统和现代服务业等多个领域,产品远销160多个国家和地区。海信的海外布局已成体系,在全球拥有31个工业园区和生产基地,23个研发中心,39家海外公司。

2006年,海信正式将"未来发展,大头在海外"作为战略目标,坚定推动自主品牌出海。2021年,海信的营业收入达1 755亿元,创历史新高,其中海外收入731亿元,同比增速快于营业收入增速,占比为42%。

在海外市场开拓初期，海信采用低价进入策略。南非市场是海信国际化征程的第一站。在海信进入以前，南非的消费者只能在价高且不适用的欧美进口产品和价低但质次的当地品牌中做选择。海信针对高收入消费群体所占比重较小的南非市场，制定了相应的营销策略，将大批在国内市场已经基本被淘汰但是质优价廉的18寸彩电投入南非市场，在当地市场赢得了良好口碑。海信还针对非洲市场，设计了满足当地需求的产品。如为喜欢在做饭时照镜子的南非女士，推出黑色镜面冰箱；为喜欢喝冷饮的当地人，设计冷藏室内置冰水盒的冰箱。这些具有特色功能的产品一经推出，便受到当地人喜爱，非常畅销。为满足日本、美国等高端市场差异化的产品需求，海信在当地建立了研发中心，通过产销研的紧密协同，更好地为不同地域的用户提供服务。

渠道方面，随着海信高端产品突围出海，海信进入主流渠道。2016年以前，海信的冰箱销售以利润微薄、客户黏性低的小冰箱为主，只能以招投标方式进入Costco、沃尔玛，业务的波动率常常较大。2018年，海信开始推广高端产品，这一情况得到扭转。海信能够以战略合作、产品联合设计的方式进入Best Buy、Lowes等主流渠道。根据产业在线数据，2022年1—7月，海信冰箱出口额稳居中国第一。

促销方面，从2008年试水赛事营销到2022年赞助卡塔尔世界杯，从海外市场本土赛事到全球顶尖体育赛事，海信在赛事营销上持续发力，不断助力企业走向国际化。海信在海外社交媒体上也进行了较为全面的布局，TikTok、Instagram、YouTube、Facebook这几个比较主流的平台都覆盖到了。此外，海信还搭建了自己的海外社交媒体账号。此举有助于海信提升品牌形象，吸引潜在客户；建立客户圈子，维护客户关系；获取私域流量，助力引导转化；收集市场反馈，及时调整产品。

（资料来源：

1. 人民网.海信的"非洲之道"[EB/OL].（2020-09-11）[2023-01-23].http://m.people.cn/n4/0/2020/0911/c157-14416094_2.html；

2. Insmark出海营销.海外红人营销如何赋能技术产品品牌[EB/OL].（2022-09-03）[2023-01-23].https://mp.weixin.qq.com/s/jEbJQKN5cvzanZGLxQloHg；

3. 澎湃网.海信"出海"：不断突破海外业务"天花板"[EB/OL].（2022-09-19）[2023-01-23].https://m.thepaper.cn/baijiahao_19964692，部分内容有删减）

思考题：

1. 海信采取了怎样的营销策略组合？为何采用这样的营销策略组合？
2. 海信在国际市场的营销方式和手段对于其他企业有何借鉴作用？

参考文献

黄艳.新产品上市定价策略选择——雷诺公司：圆珠笔成功的定价策略[J].中外管理,1999(10):47.

秦波.国际市场营销学[M].北京：对外经济贸易大学出版社,2012.

王朝辉.国际市场营销学：原理与案例[M].大连：东北财经大学出版社,2011.

谢楠.麦当劳中国区广告策略分析与启示[J].新闻研究导刊,2018,9(02):236+24.

严旭,朱靖.国际市场营销[M].上海：上海财经大学出版社,2016.

Calantone R J, Kim D, Schmidt J B, et al. The influence of internal and external firm factors on international product adaptation strategy and export performance: A three-country comparison[J]. *Journal of Business Research*, 2006, 59(2): 176-185.

Jiménez-Asenjoa N, Filipescub D A. Cheers in China! International marketing strategies of Spanish wine exporters[J]. *International Business Review*, 2019, 28(4): 647-659.

Reichstein-Scholz H., Giroud A., Yamin M., et al. Sales to centre stage! Determinants of the division in strategic sales decisions within the MNE[J]. *International Business Review*, 2021, 30(6), 101859.

第八章　国际人力资源管理

[学习目标]

- 了解跨国公司对管理者的甄选、培训、薪酬管理过程中的问题
- 了解跨国公司对员工的管理,包括人才配备战略的种类、经理人培训、吸引并留住当地人才的方法
- 理解跨国公司业绩评估中的常见问题
- 掌握跨国公司绩效评估准则及外派人员薪酬的确定依据
- 了解跨国公司中劳工关注的主要问题
- 理解劳工加强谈判能力的方法以及跨国公司处理劳资关系的策略

[素养目标]

- 了解中国企业在国际人力资源管理中是如何体现"以和为贵、互利共生"等理念的,正确认识国家间文化差异及对跨国企业人力资源管理的影响。

[引导案例]

联合利华的人力资源管理

联合利华是一家总部位于英国的大型跨国消费品公司,在《财富》杂志评选的2022世界500强中排名第205位。

视员工为核心

联合利华非常注重工作环境的安全和健康,将员工安危置于公司文化的首位,会定期或不定期对安全措施进行改进和完善。公司还在内部设置了一些鼓励安全操作的奖励机制,例如,伦敦办公室和联合利华印度工厂就因实现150万小时无事故而获奖。

同时,公司致力于为员工创造一个彼此信任、尊重的工作环境。对员工上班期间的着装不做硬性要求,接受员工穿着随意。同时,联合利华认为只要员工在为企业的发展作出自己的贡献,那么就会受到公司的尊重,不因其年龄、职级、工作年限、种族、性别而异。

完善的"引才""留才"机制

联合利华通过总结全球上百位优秀经理人特质,构建了一套特有的人才选拔标准,用

以考评应聘者的综合素质,包括学习能力、领导能力、工作热情、合作精神等。公司坚持"不以产品的质量赢得竞争,而是以人的素质赢得竞争"。为此,联合利华与多所顶尖大学结成伙伴关系,并设置联合利华就业俱乐部。严格的招聘制度保证了公司有最大可能引入符合招聘要求的人才。与此同时,为帮助新入职的员工尽快适应企业文化,联合利华通常会组织入职培训。人力资源部门统筹安排培训事项。高质量的入职培训为每个员工设定了适合自身发展的工作目标和培养计划。

在每年年初,联合利华会将来自世界各地的众多经理聚在一起,使其参与公司薪酬体系的建设和完善,帮助协调员工的职业生涯规划过程。此举的目的在于制定最适合公司的长期发展战略,同时体现跨国公司经营的人性化。当然,在职业发展上,经理人和人力资源部门只是提供帮助,员工仍占主要地位,员工可根据公开的政策和职位信息,明确该怎么样做才能获得更好的职业发展机遇。

联合利华之所以能成长为具有国际影响力的大公司与其成熟的国际人力资源管理密不可分,然而不可否认,国际人力资源管理对跨国公司而言是一项非常复杂的课题。

(资料来源:HR案例网.联合利华公司的人力资源管理案例[EB/OL].(2018-04-10)[2023-01-03].http://www.hrsee.com/?id=673,部分内容有删减)

思考题:联合利华在国际人力资源管理方面有哪些经验值得跨国公司学习?

众所周知,人是企业经营过程中最为重要的核心能力和战略资源,特别是对于进行国际化业务的跨国公司而言,人力资源战略的制定和执行更是与企业的发展前景息息相关。本章将围绕国际人力资源管理,从跨国公司管理者、员工招聘与培训、驻外人员业绩评估与薪酬、劳资关系等主要方面展开介绍。

第一节 跨国公司管理者

企业的良好运转及健康发展离不开人力资本的支撑,尤其是当企业扩大业务范围、演变为国际化大企业时,国际管理者的作用愈加凸显。

一、国外分公司管理人员的选拔

相比于国内管理者,跨文化经营环境的复杂性对国际管理者的个人素质、技能水平、适应能力等都提出了更高的要求,也给跨国公司的全球管理增加了不小的难度。杰出的跨国公司管理者通常要具备以下几方面重要的技能:

(1)充足的知识储备及快速学习的能力。多变的外部环境需要国际管理者拥有国际化视野和全球性思维,同时又能对包括国际金融市场、国际政治局势、国际文化环境在内的国际事务作出准确的判断。此外,随着跨境电子商务的快速发展,知识更新的速度明显加快,管理者需要不断学习这些新事物、新模式。

(2)引领变革的能力和勇气。企业过去的成功经验并不能保证企业一定会适应新的环境、新的组织。当面临难以避免的冲突与矛盾时,往往需要管理者具备敏锐的洞察力并进行富有创新性的变革。

（3）管理多元文化的能力。跨国公司的员工、客户、合作伙伴很可能来自不同的文化环境，迥异的文化背景造就了其不同的思维方式及工作习惯。国际管理者首先应是一位文化学习者，要正确认识和理解不同文化的差异，建立跨文化管理机制，避免潜在的文化冲突。当文化冲突发生时，国际管理者则需要更多地扮演冲突协调者的角色。

（4）良好的沟通和人际交往能力。良好的沟通有助于增进组织内员工间的了解和信任，拉近彼此的关系，便于企业统一管理，一致行动，对于跨国公司而言，尤其如此。

由于外派工作的特殊要求以及驻外失败风险的存在，如何制定合适的跨国公司管理人员甄选标准成为摆在企业面前的一大难题，这同时也是国际人力资源管理领域长期以来探讨的重要议题。甄选对企业和个人来说是一个双向选择的过程。

相比于一般的国内人力资源选拔，挑选外派管理人员通常要复杂得多，需要综合考虑选拔人员的个人因素以及环境因素。个人因素当中又包含工作因素与非工作因素，前者主要是指专业能力和管理能力、跨文化的适应能力以及自身和外部驱动力，后者主要是指家庭因素、当地资源、性别因素。环境因素包括国家与文化因素、跨国公司因素等。

（1）专业能力和管理能力。个人的专业能力是考量外派人员是否合适的重要指标。相较于"背靠大树好乘凉"的国内同一层级的管理者而言，派遣至国外的管理者缺乏本部的管理和技术支持，同时又被赋予了更多的责任与使命，因此高度的专业性和卓越的管理才能是外派人员战胜压力的有效武器。

（2）跨文化的适应能力。它包括语言能力、适应能力、文化移情能力、外交能力等，是对国内管理者与国外管理者要求最大的不同之一。跨国公司对不同文化的适应度在很大程度上影响着企业在该国工作的顺利开展。然而，对国际管理人员跨文化适应能力的精确评估并非易事。

（3）自身和外部驱动力。外派候选人对外派工作是否重视、对国外工作和生活是否感兴趣、自身是否具有冒险和挑战精神是员工是否接受外派工作的内部影响因素，也可作为企业判断该候选人是否合适的依据。自身和外部驱动力主要表现为实现个人社会价值、改善个人经济状况的意愿。

（4）家庭因素。应当注意到，配偶对外派是否成功具有十分重要的影响，尤其是当前双薪家庭日趋增多的大背景下，配偶不愿流动是阻碍外派成功的最大因素之一。如果外派人员配偶随行，意味着配偶需要承担可能失去工作收入的压力。为解决这一问题，跨国公司会采取一些灵活的策略，包括让外派人员的配偶在派驻地的子公司工作，或者与其他跨国公司达成协议，互相为对方公司外派人员的配偶提供工作机会，或者对配偶提供职业、教育、语言培训等，帮助其在当地找到工作。子女的教育问题也是外派人员考虑的一大因素。如果派驻地缺乏良好的文化教育环境或子女不愿接受外国教育，那么候选人也会拒绝外派。另外，还有一些员工不愿接受派遣是因为家中有年迈体弱的父母需要照顾。

（5）性别因素。是否需要考虑性别因素在选择外派人员时依不同国家而定，如在美国，加入性别因素会被质疑存在性别歧视，而日本在选择外派人员时会将性别因素纳入评估范围。通常认为，女性外派者在海外工作可能存在诸多不便和障碍，比如对子女陪伴和照顾的缺失、怀孕生育、东道国社会不容易接受女性领导者、难以融入当地以男性为主导的社交网络或者女性本身更倾向于稳定的职业,不愿到外地工作,等等。随着男女平等观念的日益传播以及女性思想的解放,外派人员中女性的人数在逐渐增加。

(6) 资源因素。"人多好办事"依然是很多人心目中认可的观念,资源被看作一种无形的财富,外派可能会使得员工在当地建立起来的人脉资源因长期得不到维护而断绝。

(7) 国家和文化因素。政治局势的稳定程度、经济的发展水平、文化意识形态的倾向性也是影响外派成功的因素。如果派驻地是经济落后的偏远地区、经常发生动乱的国家,或者是对母国文化比较敌视的国家,那么就必须考虑外派人员及其配偶的安全状况。

(8) 跨国公司因素。具体包括跨国公司人才决策模式,采用民族中心模式的企业通常倾向于任用母国员工,采用多中心模式的企业通常倾向于任用东道国员工,采用地区中心模式的企业倾向于任用第三国员工;还包括派遣期限,如果企业外派时间较短,如 3 个月或 6 个月,那么家庭因素在外派人员选择决策中将不作为主要考虑的因素。

二、对管理者的培训

在跨国公司国际化进程中,"人"的作用至关重要,不可替代。对外派人员的培训不是一时或一次性的任务,而是一个贯穿始终的过程。跨国公司有责任帮助外派人员度过整个外派周期中每一个艰难的环节,帮助管理人员解除后顾之忧,开发管理潜能,这样做不仅有利于外派人员个人能力的提升,更是跨国公司拓展国际业务的必然要求。大部分跨国公司对外派管理者的培训通常都采取依时间顺序分类的"四点"培训方式,即外派前、外派时、回任前、回任后的培训。

(一) 外派前的培训

东道国的各种未知环境和因素通常会给外派人员带来焦虑、不安的内心感受,同时建立新工作流程、制定新工作制度、完成母公司的生产任务等工作要求也使外派管理者压力倍增,因而着重提升工作技能和环境适应能力的外派前培训变得十分必要,主要包括跨文化培训、管理知识培训、专业培训、随行家属培训、压力训练等。

(1) 跨文化培训:跨文化培训是外派前培训中最普遍的一项。该培训旨在增进外派管理者对不同文化的认知,培养文化敏感度,了解差异行为背后的文化因素,同时促进不同文化的融合,尽快缩短外派管理者与不同背景人员间的文化差距,实现管理多样化,并且有效拓展个人社交网络。

(2) 管理知识培训:富有经验和创造力的领导者总是能给企业带来意想不到的收获。国际管理人员作为母公司派驻到海外公司的"领头羊",其管理水平极大地影响着子公司的兴衰成败,因而需要被特别关注。海外管理涉及基本的管理理论、管理技巧、跨文化背景下冲突的处理、提高员工工作积极性以及更好地执行母公司分配的经营任务等方面,这些技能都需要在外派之前加以学习强化,一般可通过开设管理基础课程和管理案例课程进行指导,帮助外派人员掌握管理知识。

(3) 专业培训:国际化经营面临较为复杂多变的外部环境,管理人员的专业能力显得尤为重要。专业培训旨在帮助外派人员获得实际工作中所需的专业知识,包括财务管理、国际法规、信息管理、生产管控、市场营销、国际贸易实务等多个方面,以减少管理人员可能遇到的业务障碍,保障海外子公司的正常运转。

（4）随行家属培训：研究发现,配偶是影响外派人员驻外成败的关键因素。对随行家属的培训通常包括语言培训、海外求职的技能培训、社交培训、跨文化培训等。

（5）压力训练：初到国外的外派管理者通常会遇到来自生活和工作两方面的压力。一方面,客观存在的文化差异所产生的价值观、行为方式、生活习惯的差异可能会使外派管理人员无所适从,同时,随行子女的教育选择、配偶的角色定位也可能引起情绪的不稳定。另一方面,面对海外公司业务的开展、组织内部文化融合、制度体系的建立等问题,管理者的特殊身份使其承担了相比其他员工而言更大的压力。

（二）外派时的培训

外派人员初到派驻地,首先面临的是适应当地生活的问题。此阶段公司应给予外派管理者更多生活上的协助。

（1）专人辅助：母公司可安排之前有外派经验的管理者对该员工进行"一对一"辅导,也可聘请"文化翻译",帮助外派人员解决初来乍到时因文化差异遇到的各种问题,帮助其尽快融入当地文化与生活。另外,还可安排专门的岗位引导人员,协助其了解工作环境、业务流程、人际关系等事项。

（2）提供生活信息：为外派人员提供在东道国生活所需的信息,包括寻找住所、购物、医疗、子女入学等。

（三）回任前的培训

外派时间较长的管理人员在回任前通常会产生一些担忧,比如国内的经济环境和生活环境是否已发生较大变化、公司内部是否仍有自己的一席之地等。此时,跨国公司可协助其了解国内环境和企业内部的情况,提供职业生涯发展计划,对新工作技能进行培训,为其配偶寻找新的职位信息,帮助其处理生活事务,如子女学籍变动、住房处置等。

（四）回任后的培训

当外派管理人员完成驻外任务返回母国时,由于国内经济环境的变化、高额薪酬待遇的消失、升职的不确定、家属职业和子女教育重新安置等问题,归国人员往往需要一个心理调适期。跨国公司需要帮助这些人员顺利完成过渡期,否则可能造成优秀的涉外管理人员的流失,并引发信息、技术、机密的泄露。此阶段,跨国公司需要对员工进行新工作任务的培训,为优秀的外派人员争取职位晋升的机会,给予外派归国人员一定的关注,必要时可适当提升工资待遇,让其感受到公司的重视和关怀,帮助他们更好更快地回归到母公司的工作岗位中。

三、国外分公司管理人员薪酬管理

制定外派管理人员的薪酬标准是非常复杂的,它需要考虑到跨国公司的经营战略与来自不同国家的管理人员的需求。国际薪酬主要由基本工资、津贴、福利三部分组成。

（一）基本工资

无论对母公司人员还是对子公司人员,无论员工是否外派,基本工资都是其整个薪酬计划的基础。对驻外人员来说,许多津贴直接与基本工资挂钩,比如社交津贴、特别津贴等。在员工职级不变的情况下,这部分收入较为固定,可以以母国货币或东道国货币形式发放。

(二) 津贴

津贴是跨国公司为外派人员发放的一种特殊补贴,目的在于弥补东道国与母国之间的支付差额。津贴标准依跨国公司情况而定。常见的津贴主要包括以下几种:

(1) 国外服务奖金。国外服务奖金是给予外派人员的特别津贴,作为其接受派遣任务的奖励,或因外派产生诸多不便的一种补偿,目的在于提高外派员工的工作积极性。这部分津贴根据东道国的经济与生活条件而定。

(2) 住房津贴。住房津贴通常以提供住房差价的形式发放,目的在于保证外派人员拥有不低于在母国时的生活水平。具体而言,住房津贴可以按固定数额提供,也可按收入的一定比例提供。跨国公司常用的替代方法还包括为外派人员提供免费住房。

(3) 教育津贴。通常,母公司会提供外派人员子女在当地学校的学习费用,包括学费、书本和文具用品费、交通费、食宿费、校服费、入学费等,一般会支付到高中毕业,如果认为有必要,跨国公司还会支付外派人员子女上大学的费用。

(4) 搬家费。搬家费包括搬迁、运输和储存生活用品的费用、汽车补贴以及因出租产生的费用,协助外派人员顺利搬迁至东道国。

(5) 配偶津贴。越来越多的跨国公司对外派人员的配偶因随行产生的失业损失进行补偿。与此同时,一些跨国公司倾向于帮助解决外派人员配偶的工作问题,比如帮助他们搜集就业信息,提供就业培训,直接聘用他们到本公司工作等。

(6) 特殊津贴。特殊津贴通常给予一些职位较高的管理人员,包括汽车及雇用司机补助、雇用助理补助和俱乐部成员补贴等。第一种是跨国公司为外派人员提供的在东道国购买或租用汽车、雇用司机的费用;第二种是对特定职位外派人员因生活需要而雇用助理的补贴;第三种是因为对于很多国家而言,网球场、高尔夫球场、游泳池、乡村俱乐部等是很好的谈生意场所,因此跨国公司会根据实际情况提供必要的补贴帮助外派人员建立在东道国的人脉关系。

(7) 税务补贴。当外派人员需要同时向东道国和母国缴税时,跨国公司会给予税务补贴,帮助外派人员减轻税收负担。

(8) 医疗补贴。这部分补贴是跨国公司对外派人员在东道国就医所产生费用的补贴,当外派至经济落后地区的人员因当地医疗条件简陋而被送往外地紧急救助时,所产生的费用也由跨国公司承担。

(9) 探亲补贴。外派人员为维持与家庭成员、工作伙伴之间的关系,会定期或不定期返回自己国家,跨国公司通常为外派人员提供一定时间的有薪返乡假和往返机票费用,假期长短和费用高低根据入职时间、职位等级、外派工作环境等因素而不同。

(三) 福利

与基本工资相比,国际福利管理因各国文化环境和制度政策差异而显得异常复杂。一国的养老金计划很难复制到另一国,同时,医药费、社会保险费、养老金计划的不可转移性也增加了实际操作的难度。各地私人福利的法律规定不同,因而不同地区外派人员的福利差距较大。

> **拓展阅读**
>
> ### TCL 的外派人员管理之道
>
> TCL 成立于 1982 年,是一家主要从事半导体、电子产品及通信设备等的研发和销售的公司。经过多年的快速发展与全球化布局,目前 TCL 的业务范围已辐射欧洲、北美、非洲、拉美及东南亚等世界各地,是全球知名家电品牌之一,在 2020 年《财富》中国 500 强中位列第 135 位。从 TCL 近几年的年报来看,其海外营业收入已与国内市场相差无几。作为在全球拥有上百家分支机构的大型跨国公司而言,如何管理好庞大的外派人员团队,是企业面临的一大挑战,不过 TCL 在这方面拥有一套独特的管理方法。
>
> **人才选拔**
>
> TCL 公司在选拔海外人员时,主要注重四个方面的能力:①对企业业务足够了解且经验丰富;②做事踏实、认真;③心态积极乐观;④独立性较强,具备独立工作的能力。与其他跨国公司重视外派人员的语言能力不同,TCL 将业务能力放在人员选拔第一位,选派综合素质较强的人才而非语言能力一流的员工,通过实地工作交流促使外派人员快速做到语言本土化。同时,TCL 为外派人员提供文化、饮食、宗教、安全等全方位的培训,提高员工的文化认同感,促使外派人员更快地适应当地环境。2014 年 TCL 推出"海鹰项目",从各产业遴选有意向去海外工作的员工,为海外业务培养人才,这是 TCL 在外派人员选拔方面的又一创举。
>
> **薪酬和机会**
>
> 在确保薪酬整体平衡并充分考虑海外工作的特殊性之后,TCL 构建了弹性薪酬模式。将外派人员薪酬确定为两部分:基本工资和派遣津贴。派遣津贴与海外目标完成业绩及当地市场特征(如经济发展水平、物价)挂钩,一定程度体现了薪酬管理的灵活性和公平性。除此之外,TCL 意识到,除了获得丰厚的工作报酬,员工最为关心的是长期职业发展问题。因而 TCL 重视为员工提供足够的锻炼机会和发展空间,帮助其制定适合自身的职业规划。
>
> **业务管理**
>
> TCL 为外派人员制定了较为全面的业务管理制度,其中包括定期汇报制度、外派人员绩效考核管理办法等。公司管理者充分利用业务培训、会议、考核等机会,了解外派人员在当地的工作情况,帮助员工解决遇到的难题。这样做一方面能使员工感受到来自母公司的温暖,另一方面也使外派人员时刻处于母公司的宏观管理中。
>
> **跨文化融合**
>
> 相较于拓展海外市场而言,外派人员面临的一个更大的困难是跨文化融合。为此,除了在外派前进行必要的跨文化培训,TCL 着意在企业内部传播多元文化价值观,倡导"包

容文化,尊重学识,注重才能",营造兼容并包、和谐共进的文化氛围。同时,抓住日常工作中的接触机会,增进来自不同文化背景的员工的彼此了解和文化认同。

外派人员作为母公司与子公司不可或缺的连接桥梁,在推动企业全球化进程中发挥着重要作用。正是因为TCL具备一套完善的外派员工管理体系,才使得企业海外员工2年内的离职率维持在不到15%,而同期其他中国企业的这一比例则高达70%。

(资料来源:搜狐网.TCL吹响海外英才集结号,集团HR解读"海鹰"那些事[EB/OL].(2018-08-11)[2023-01-03].https://www.sohu.com/a/246617805_657895,部分内容有删减)

思考题:跨国公司员工在面对外派选择时可能存在哪些顾虑?

第二节　跨国公司员工招聘与培训

一、人才配备战略的种类

根据霍华德·珀尔马特(Howard Perlmutter)的观点,按照跨国公司对分支机构的控制程度,可将跨国公司的组织控制模式分为四种类型:民族中心模式、多中心模式、地区中心模式、全球中心模式,这四种模式的人员配备政策各不相同。

(一)民族中心模式

民族中心模式(Ethnocentric Predisposition)是指跨国公司将几乎所有战略权力都集中在母公司,包括生产权、销售权、经营决策权、人事权等,海外分支机构拥有很少的自治权,采取自上而下的经营战略,各子公司在母公司的统一控制下运作,母国将对子公司进行定期或不定期监督检查。此模式适用于生产经营状况比较稳定或处于跨国经营初期的企业。在人才管理方面,东道国的管理人员通常由母公司选派而来,包括子公司的总经理、财务主管以及与技术密切相关的关键部门的管理者,薪酬制度按母公司的标准执行。

采用民族中心模式通常基于以下两方面原因:保持母国对分支机构的控制和联系;东道国能够胜任管理工作的人才较为缺乏。

民族中心模式的优点包括:

(1)有利于经营活动中核心技术和关键信息的保密,保护了跨国公司的核心竞争力;

(2)避免了子公司管理人员与母公司的文化冲突;

(3)保持了母公司对海外分支机构最大程度的控制。

但同时,此模式的弊端也不可忽视,主要体现为:

(1)在一定程度上打击了当地人员的士气和积极性,可能遭到东道国员工的反对,也可能出现当地员工因缺少晋升机会而离职的现象;

(2)外派人员传递的母公司的管理风格和文化氛围,可能并不适应子公司的文化环境,造成文化偏见或冲突;

(3)外派员工的工资待遇通常要高于国内员工,母公司会因此付出更加高昂的资金成本;

（4）当母公司与东道国人员工资存在较大的差距时，会引起东道国员工对公平问题的争论。

（二）多中心模式

多中心模式（Polycentric Predisposition）是指子公司拥有很大程度的决策权，基本独立于母公司，可根据所在地区的具体情况制定发展战略、管理体系、经营目标，采取自下而上的经营战略。在人员管理方面，通常任命东道国人员担任子公司要职，当然，前提是能找到胜任该工作的东道国人员，母公司很少外派人员对子公司进行管理。薪酬奖惩方面依据当地标准确定。一般而言，在市场状况变化较大、目标市场较为分散或者当地政府对雇用当地人员有要求的情况下，跨国公司采用此种人员选择模式。

多中心模式的优势主要是：

（1）调动了东道国人员的积极性，避免了因公平和晋升问题引起的重要管理人员离职问题，提高了对当地市场发展机遇的敏感度；

（2）有利于规避一些敏感的政治风险；

（3）节省了外派人员的培训开支，且由于雇用当地员工的成本通常要低于母国外派人员，减少了企业的资金负担。

此模式的不足之处在于：

（1）子公司是位于不同地区的分散的独立体，语言、文化、管理模式等方面的差异容易加剧母公司与子公司之间的冲突；

（2）加大了母公司统一管理的难度，无法自如地在整个企业内部实现资源和要素的有效配置，影响企业长期战略规划和发展目标的制定。

（三）地区中心模式

地区中心模式（Regiocentric Predisposition）是指母公司主要控制各地区总部，地区总部主要控制分散在各地的子公司。地区总部拥有经营目标的自行决定权，但必须经母公司授权，且经营活动必须包含在母公司的总体战略范围内。区域内各企业相互依赖，紧密联系，人才管理模式相互协调，区域间以及各区域与母公司之间的联系则相对较少。在人才决策方面，主要由地区总部决定，薪资待遇也根据地区标准制定。员工可以实现在区域内不同企业间的流动，也可以晋升至区域总部，但区域管理者晋升到母公司的难度较大。

地区中心模式体现了跨国公司管理模式的灵活性，按地区分块运营有助于区域总部根据地区总体特点及文化环境制定运营策略，减少了过多的地区差异带来的经营风险，是跨国公司由民族中心模式或多中心模式向全球中心模式过渡的一种模式。

但地区中心模式也容易引发一些问题，比较典型的是产生以各区域为分界的"联邦主义"，不利于母国站在全球化高度管控企业。另外，此模式下员工很少能升至地区总部，这无疑为员工的晋升之路设置了"天花板"，可能导致部分优秀管理人员的流失。

（四）全球中心模式

全球中心模式（Geocentric Predisposition）是指跨国公司从全球经营的视角出发对海外子公司进行管控，子公司可以在母公司授权情况下，自行制定适合子公司发展的生产计划、经营目标，但重大决策权依然由母公司掌握。经营战略由母公司和子公司协商制定。

在人力资源的选择方面,采用全球中心模式的企业倾向于从全球范围内招聘能满足职位要求的人才,不考虑招聘对象的国籍。国际化人才的薪资待遇依据其完成全球及当地目标任务情况而定。

全球中心模式的优势主要体现为:

(1) 从世界范围内招募优秀管理人员,有利于打造一支具备全球视野的国际管理团队,赋能企业国际化发展;

(2) 从不同角度弥补了上述三种模式的缺陷,有助于人力资本作用的充分发挥以及实现资源在企业内部合理有效的分配。

当然,此种模式并不是完美的,也存在自身的缺陷:

(1) 需要根据标准的国际基本工资制度为选聘的高素质管理人才制定薪酬计划,再加上人员培训和安置成本,全球中心模式的实施需要付出更大的代价;

(2) 受东道国政策约束较大。在多数西方国家,跨国公司聘用外国人时常常被要求提供大量文件资料,费时费力。一些东道国可能要求跨国公司对暂不满足招聘要求的本国人员进行培训,或者通过设置移民障碍迫使跨国公司更多选用当地人员。

至此不难看出,国际化公司在经营过程中面临职位空缺时,有三种填补方式可选:第一,从母公司中挑选合适的人员并进行培训;第二,从东道国或东道国子公司中挑选合适的人才并进行培训;第三,从第三国招聘跨国人才。跨国公司在进行人员配备时,主要会受到四种因素的影响:首先,企业的组织控制模式,即企业采用的是民族中心模式、多中心模式、地区中心模式还是全球中心模式;其次,跨国公司雇用非东道国人员是否受当地政府的限制;再次,跨国公司对外派失败风险的接受程度;最后,跨国公司招聘到合适人员的可能性。当然,在企业实际配备人员时,往往视具体情况而定。

二、经理人培训

(一) 文化培训

跨国公司管理者首先应认识到文化培训的重要性,只有这样才能制定合理的培训计划,安排有效的文化培训,而不是将培训浮于表面。跨国公司的客户、供应商、竞争者是来自全球不同地方、具有不同文化背景的群体,因而不仅仅是外派人员,企业内其他成员也需要具备包容的文化观念。文化培训会帮助员工解决以下一些问题:如何看待和理解不同的文化以及各文化背景下人们的行为?如何消除文化偏见,如民族优越感、种族歧视、刻板印象?如何与来自不同地方的同事和谐相处并有效开展工作?如何与全球客户、全球供应商、全球竞争者沟通和相处?如何管理跨文化团队?如何处理文化冲突?值得注意的是,文化培训在某种程度上也为员工提供了职业稳定感和安全感,因为如果不能正确地看待和理解来自四面八方的人们的差异行为,久而久之,经理人或员工可能生出不安、焦虑、厌恶等各种不良情绪,影响工作效率。文化培训应包括文化认知、压力训练、礼仪培训、关系管理、冲突协调等多方面。在实际培训中,可对来自不同文化环境的员工进行统一培训,使其切身感受差异性文化的思维方式和行为模式。跨文化培训不能仅仅局限于课堂上的一次培训,而应贯穿于跨国经营和管理过程的始终,注重培养员工具备兼容并包的意识、独立思考的能力、终身学习的习惯。

（二）语言培训

随着跨国公司多语环境的不断扩大，语言培训成为企业开展国际活动过程中不可或缺的一项培训。多语环境下的语言差异造成了人员间的沟通障碍，影响了牢固的人际关系的形成，不利于整个组织内紧密关系的建立。同时，语言能力的缺失也会阻碍跨国公司处理重要信息，作出不利于自身的战略决策，在跨国公司的对外部门尤其如此，比如可能因语言了解不够导致技术信息泄露。显然，语言能力关乎文化适应性和工作效率，因此语言培训在培训项目中显得十分必要。跨国公司倾向于在组织内部采用共通的语言进行交流，鉴于英语在世界商务语言中的作用，它经常作为跨国公司中通用的语言。但统一语言并不总是带来好处，有时可能会出现员工因不精通英语而交流困难的情况。应该注意的是，语言培训要达到的目的不仅是统一公司内通用语言，它还涉及一些深层次的问题，比如企业文化。语言既是一种传递信息的工具，也代表着沟通者的不同文化背景。语言标准化与多样化之间的关系值得跨国公司深思。

（三）实际业务培训

除了以上培训，实际业务培训也是必不可少的。跨国公司业务的广泛性、复杂性、多样性决定了企业内"事"对人的要求越来越高，人与事的结合常常处在动态的矛盾之中。员工业务培训是实现人事和谐的重要手段。跨国公司要想提高产品的生产效率、拓展业务范围、提高国际市场竞争力、赚取高额利润，离不开一支技术好、素质高、具备创造力的专业化团队。当快速演变的外部环境使企业员工无法满足工作要求时，就需要对员工进行业务培训，以便提升其业务技能。工作业务培训包括产品和服务的基本知识培训、技术培训、工作流程培训、操作规程和要领培训、制度培训等多方面，根据企业的发展阶段和培训对象的不同，可以有所侧重，比如对企业技术人员的培训，应着重夯实其业务技能，增强其技术研发、创新和改造的能力；对操作人员的培训，应强调操作规范，提高操作技能，履行岗位职责；对跨国公司管理人员而言，应加强相应的执业资格培训，提升综合素质，开阔眼界，拓展思路，创新经营理念，提高决策的科学性以及现代化管理能力。

三、吸引并留住当地人才

随着跨国公司国际化进程的不断推进，企业开展本土化战略是必然的趋势。在人力资源管理中，本土化战略意味着企业出于对外派人员驻外失败的风险和成本考虑，倾向于招聘当地的管理人员与员工，并赋予当地管理者较大的自主权。

在人力资源管理本土化战略进程中，必须意识到各地人力资源市场的差异性，包括各地人力资源禀赋不同、政府在人才引进过程中的政策干预不同、劳动力的国际流动状况不同等。有效的跨国人力资源管理需要时刻关注当地的特殊及突发情况，在企业整体人力资源管理制度框架下，对各地人才战略进行相应调整，尊重当地法律法规、制度背景、文化环境、风俗习惯，改进业绩评估标准，优化管理方法，制定出富有特色的人力资源管理制度。具体而言，企业可以从制定合理的薪酬、打通人才成长路径、优化工作环境三方面入手吸引并留住当地人才。

(一)制定合理的薪酬

提供富有竞争力的薪酬对东道国员工具有巨大的吸引力。但建立一个既符合东道国市场情况,又与母公司的经营战略保持一致的薪酬体系是跨国公司面临的一大挑战。东道国薪资水平的确定受到多种因素的影响。第一是个人因素,包括学历、经验、资历、工作业绩等。学历高、入职时间长、经验丰富以及工作表现突出的员工通常获得较高的报酬。第二是企业内部因素,包括工会的谈判力量、薪酬制度等。有些国家的工会力量比较强大,能够明显地影响到员工薪酬,比如澳大利亚。企业的薪酬制度常常与当地文化环境相结合,在崇尚地位、权力、领导力的国家,企业需要采取更多的非物质性激励手段才能获得较好的激励效果。第三是东道国因素,包括政策法规、劳动力市场状况等。根据经济学供需理论,劳动力资源的禀赋和结构会直接影响员工的薪资状况。另外,跨国公司还需要注意东道国政府是否有劳动力流动、种族歧视方面的规定,比如设在美国的子公司,如果给做同一份工作的男女劳动力不同的薪酬,那么会被认为存在性别歧视。除此之外,企业的薪酬体系是动态的,企业应密切关注东道国的人力资源市场以及法律规章,根据物价指数、社会平均收入、就业状况、竞争对手报酬等指标适时地对薪酬体系进行调整,建立科学的薪酬制度。总而言之,薪酬制度的设计是"全球思维"和"地区性操作"的结合,需综合考虑多方面的因素。

(二)打通人才成长路径

除薪酬福利体系外,员工的晋升机制也在跨国公司人才引进计划中占据重要地位。所有员工都渴望得到组织的关注和重用,职位晋升是员工获得企业重视的结果。每个跨国公司都有各自的人才晋升体制,但必须共同保证的一点是,真正关心每个员工的职业发展。企业需要意识到岗位与人才的科学匹配是激发员工潜能、最大程度调动其工作积极性、确保组织内公平、防止人才流失的有效手段。管理者必须负责任地制定健全的员工晋升体系,建立以能力和绩效为导向的人才评价体系,打造"钱途+前途"的培养模式,为每个员工提供平等的锻炼机会和公平的晋升机会,开辟出规范的多重晋升渠道,让更多的优秀人才脱颖而出。

(三)优化工作环境

良好的工作环境体现了"以人为本"的经营理念。跨国公司可以塑造良好的企业文化,优化沟通环境,改善工作条件,这样一方面可以激发员工的工作热情,提高员工的工作效率,另一方面也能帮助员工放松身心,增强对企业的忠诚度。例如,惠普公司就非常注重办公设施的舒适度。为了留住人才,微软也致力于创建一个更好的工作环境,如提供多样化的娱乐设施等。工作环境的改善能在潜移默化中增强员工的集体自豪感,有助于调动员工的工作激情。

第三节 驻外人员业绩评估与薪酬

一、跨国公司业绩评估存在的问题

对外派人员进行业绩评估是跨国公司业绩评估中的一大难题。外派工作的特殊性决定了对驻外人员业绩考核的难度要高于对国内工作者的。首先是评估者确定问题,其次是考评程序问题,最后是绩效反馈问题。

(一)评估单位

对外派人员的考核可以由母公司进行,也可以由子公司进行,但两种方式各有利弊。通常,我们采取由母公司和子公司共同考核的方式。

1. 由母公司进行

支持这种考评方式的跨国公司认为,外派人员由母公司派遣,直接对母公司负责,外派人员需要定期或不定期通过视频会议、电子报告或回国述职等方式向母公司汇报工作情况,接受母公司的监督和审查。此种考评方式使母公司较容易掌握子公司的经营状况,便于有效地实施管控或提供必要的协助。母公司也能直接知晓外派人员的个人贡献情况,并将此作为其未来薪资上涨或职务晋升的依据。但由于距离障碍,母公司考评者无法真正掌握外派人员所处的环境状况,信息不对称致使母公司不能完全掌握外派人员的工作经历、个人能力、努力程度等,很难客观评价其绩效。此外,通货膨胀、汇率波动等不确定因素会影响成本、费用、利润的核算,尤其是在高通胀国家,企业经营业绩指标会出现严重的失真,影响外派人员绩效的真实性。

2. 由子公司进行

支持这种考评方式的跨国公司认为,母公司人员难以完全掌握当地的实际情况和经营业绩,造成业绩考核偏差,应由子公司负责外派人员的考核。这种做法弥补了由母公司进行考核的一些弊端,可使外派人员更加安心地致力于子公司的运营,增强了其跨文化学习的动力,且子公司获取外派人员业绩资料的信息成本较低,更了解当地状况,因而考核会更加准确科学。但此种方式下,由于外派人员不必经常向母公司汇报,母公司无法及时掌握子公司的经营情况,难以对海外子公司进行较为严格的控制。同时,子公司的管理层往往不会站在整个跨国公司的角度看待外派人员的真实贡献。

3. 由母公司和子公司同时进行

此种考评方式弥补了上述两种考核机制的缺陷,母公司和子公司同时考核外派人员的工作绩效,但二者的目的和着重点不尽相同。母公司的考评侧重于母公司的战略是否得以落实、文化价值是否转移至子公司,而子公司的考评侧重于个人能力、管理技能、工作绩效、跨文化沟通能力、团队建设等方面。同时,该考评方式还会结合外派者对自身管理技能、目标完成情况的评价作出判断。

在实际跨国公司考核中,为了增强绩效管理的科学性和有效性,有时还包括下属评估(评价其领导能力、沟通能力)、客户评估(评价其跨文化能力、谈判能力、服务能力),这样的做法充分考虑到了外派工作环境的复杂性,有针对性地选取与外派人员工作联系较为密切的一组主体进行"360度反馈"。

(二)评估过程

在考察外派人员绩效时,第一步往往是听取其自我评述,紧接着由母公司和东道国分别进行审查,中间也可结合同事、合作伙伴、客户的评价,最终的绩效结果由东道国和母公司的主管共同确定。值得注意的是,绩效结果需要外派人员本人签字才能最终生效,以保证外派人员绩效评估过程的科学性和公平性。然而在现实中,一些跨国公司在进行业绩考评时,有时并不考虑外派人员的自我评价,评估过程缺乏合理性。

(三) 绩效反馈

绩效反馈是绩效评估过程的最后一个环节,具有十分重要的意义。为了保证考评的公平和准确性,外派人员有权知晓绩效评价结果,并可对其中发现的问题进行解释和说明。通过绩效考评反馈,外派人员对自身能力和实际工作状况会有一个更清晰的认识,接下来,他们需要就自身职业发展与经验丰富的管理人员或专业的咨询顾问进行沟通,并且结合自身的工作意愿和优劣势,制定更适合的职业发展规划。然而现实中,一些跨国公司有时并不注重绩效反馈,要么流于形式,要么干脆省略,类似的行为均不能使外派人员了解到自己真实的工作表现,不利于其作出既有利于自身发展又符合跨国公司长期利益的决策。

二、如何确定绩效评估准则

跨国公司的各子公司所在地在经济发展水平、政治环境、文化环境、资源禀赋上存在巨大差异,因而不同地区外派人员业绩评估标准不能一概而论,否则可能造成考评结果不公正、打击员工积极性等负面影响,也会导致母国错误地估计东道国市场状况。同时,考核标准不是一成不变的,需要根据内外部因素进行动态调整,母公司需要时刻关注宏观经济、市场环境、公司的发展阶段、特殊的偶然事件等可能影响子公司业绩的因素。比如,如果东道国发生了地震等不可抗力灾害,造成子公司经济损失,那么之前的考评标准将不再适用。对外派人员考评标准的制定必须与公司发展战略相结合。假如企业进入东道国的目的是占领市场,获取长期利润,那么就不应仅仅盯着那些反映短期经营现状的财务指标,否则外派人员可能会作出有利于短期绩效却对长期绩效不利的经营战略。

与国内人员相比,对外派人员绩效考核的标准中除了包含一些基础的考核标准,还包含了一些特殊的考核标准,比如跨文化适应和沟通能力、母公司文化传播、海外知识转移等。

(1) 跨文化适应和沟通能力。任何一项外派工作都需要面对东道国和母国的文化差异,外派人员需要与来自不同文化背景的客户、供应商、员工打交道,因此跨文化适应能力和沟通能力显得异常重要。文化适应能力较强的人,通常能很快跨越文化障碍,融入当地环境,较早地进入工作状态。如果外派人员在对当地环境的适应上存在困难,那么必然影响其心理状态和工作业绩。因而有必要考核外派人员的跨文化适应和沟通能力。

(2) 母公司文化传播。分散在世界各地的跨国公司的子公司往往需要通过某种形式或因素凝聚起来,共同为跨国公司的长期战略利益服务,企业文化将是增强企业凝聚力的不二之选。企业文化是跨国公司的核心精神,文化一致性为各子公司搭建了彼此认同的基础。外派人员是跨国公司派驻到当地的"大使",同时也是重要的"文化传播者"。海外子公司成立初期的文化价值观需要外派人员通过培训或书面形式去传播和塑造,经过不断的宣传和倡导,将企业文化根植于当地员工思想中,因而母公司文化传播也是外派人员工作任务的一部分。

（3）海外知识转移。跨国公司国际化经验的积累离不开对海外子公司知识和经验的收集，外派人员作为母公司与子公司之间的"桥梁"，应该义不容辞地担当起这一重任，将各地子公司海外经营的经验收集起来，及时汇报给母公司，帮助母公司了解各个市场的情况，继而制定出最佳的发展战略。对海外知识、经验、信息的转移可作为外派人员对母公司的一种贡献。

三、外派人员薪酬的确定

外派人员的薪酬管理是国际人力资源薪酬管理的主要问题之一。当跨国公司国际化发展到一定阶段时，外派人员将逐渐增多，建立一套完整的驻外人员薪酬管理制度显得十分必要。然而，相比于母国企业员工薪酬，外派人员薪酬的确定涉及许多复杂的议题，既需要满足驻外人员的一些个人目标，调动其工作积极性，又要兼顾公平性以及公司整体目标，确定合理的驻外人员薪酬并非易事。与国内薪酬相比，国际薪酬具有如下一些特点：

（1）影响因素较为复杂。经济学理论中通常以员工的边际贡献作为工资待遇确定的主要依据，外派的复杂性和特殊性意味着还有众多因素影响着外派人员薪酬的确定，比如当地的政治经济环境、外派时间长短、物价水平的差异等。

（2）薪资水平较高。为了弥补外派工作对员工个人和家庭（比如可能造成夫妻两地分居，甚至婚姻破裂）的影响，跨国公司通常制定相对较高的薪酬待遇，除了基本工资，还有一些数额较大的补贴和福利，如探亲补贴等。

（3）更加注重内在薪酬。薪酬分为外在薪酬和内在薪酬。工资、津贴、福利、补助、股票、期权等均属于外在薪酬，易于定性和定量分析。企业的重视和认可、合理的晋升机制、较多的学习机会和成长空间、提升名望和影响力的机会、舒适的工作环境等都属于内在薪酬，难以通过量化的货币形式表现。从目前的状况来看，外派人员对内在薪酬的关注度在逐渐上升，单纯的高额工资对员工接受外派的吸引力有所下降。

外派人员薪酬的确定需要综合考虑多种因素，概括起来有如下几种：

1. 工作因素

① 驻外时长。外派时间一般分为短期、中期、长期。如果时间较长，那么跨国公司就必须考虑由此给外派人员带来的一系列不利影响，比如文化冲突的处理、工作压力的增大、家庭照顾缺失等，需要给予员工额外的激励和补贴，确保员工的生活质量不会因长期外派而下降。②工作任务。因为外派导致工作职位和工作内容发生变动时，薪资待遇也要进行相应的调整。③外派人员的流动性。如果工作需要员工在一国（地区）内由经济较为发达的某地转移到经济落后的另一处，比如从中国东部地区转移到西部地区，那么由环境转变带来的额外成本增加也必须纳入员工薪酬的影响因素中。

2. 个人因素

① 家庭因素。员工家庭状况是跨国公司需要重点考虑的一个因素。在"双职工"家庭日趋增多的社会背景下，如果因为外派工作需要家属随行而导致配偶失业，造成家庭收入受损，那么公司可能需要提高薪资，弥补员工的心理落差。对于有子女和老人需要照顾的员工，可提供一定的教育补助和其他补助。②职务因素。很显然，职务的高低会影响驻外待遇。作为公司的"名片"，职务高的人需要代表公司进行较多的商务谈判，在"吃穿住

用行"方面要优于一般外派人员。

3. 区域因素

① 环境差异。东道国环境状况直接影响着员工的外派意愿。如果派驻地社会安定，人民生活水平较高，交通便利，那么在大多数情况下外派候选人的生活品质不会出现较大落差。试想如果东道国较为贫穷落后，人民素质不高、文化教育水平较低，动乱频繁，那么员工接受外派的可能性会相对下降，此时就需要通过增加薪酬水平来提高外派工作的吸引力。② 汇率（物价）因素。不同地区货币购买力的差异会影响外派人员薪酬的公平性。比如，按照中国的物价标准给外派到美国的员工发放薪酬，他会因为汇率之差而感觉薪资"缩水"。但如果同样的薪酬发放给外派到老挝的员工，那么这份薪酬在当地的购买力会大大增强。除此之外，物价变动也会影响外派人员货币收入的实际价值，比如东道国通货膨胀时期，跨国公司应在总体薪酬框架下，适当提高其薪资待遇。③ 税收因素。当员工为长期外派时，他必须向东道国缴纳税款。由于两国税收制度的不同，可能使外派人员在东道国缴纳更多的税款或者需要在两国同时缴纳税款，外派人员收入受损，这部分损失也应由跨国公司弥补。

拓展阅读

星巴克的全球薪酬战略

星巴克公司是一家成立于1971年的世界知名咖啡烘焙商和零售商。自成立以来，公司始终秉承将员工放在首位的管理理念，通过一套完善的薪酬激励计划对员工进行了大量投资，从而在员工流失率居高不下的服务业始终保持较低的员工流动率，并多次入选《财富》杂志全球"最佳雇主"。

星巴克的薪酬体系总体来说可以分为两部分。一是直接薪酬，包括固定工资和变动工资。变动工资又可分为短期激励和长期激励，前者指的是工作绩效等级及围裙等级制度，后者主要指"咖啡豆股票"，它是在企业内运用面最广的一种股权激励办法。自1991年公司开始盈利起，全体员工便获得了购买公司发行的折价股票的机会，甚至包括兼职的临时员工，只要其每周工作超过20小时，一年工作满360小时即可享有该股票。通过将每位员工变成公司的股东，将员工切身利益与企业发展融为一体，星巴克提高了员工工作的使命感和积极性，形成了特有的"伙伴"文化。

二是间接薪酬，主要包括了以下五方面：① 保险。公司免费为员工购买伤残保险、卫生保险、牙医保险、补充医疗保险以及意外险。2017年，星巴克中国又推出"父母关爱计划"，针对在中国市场上工作满两年、父母年龄低于75岁的全职伙伴，由公司为其父母提供全资重疾险，缓解员工们的生活压力。② 住房补贴。星巴克中国为刚进入职场的全职星级咖啡师和值班主管提供"助房津贴计划"，其额度根据门店所在地的房价水平及其他因素决定。而在其他国家，星巴克也同样采取措施为员工提供住房方面的福利，如在英国推出住房贷款方案。③ 咖啡星享假期。在星巴克中国或美国工作十年以上的员工均可享受长达一年的无薪长假。④ 星基金。作为企业内部一个互助计划，星巴克会定期向其注入资金,其他伙伴也可以将自己获得的积分捐赠给星基金,以供那些有临时需要的个体或特殊家庭使用。⑤"伙伴回家计划"与"伙伴识天下计划"。前者是指长期在外工作的中国星巴克员工可申请调回家乡门店。后者指的是员工可以在不同国家(地区)的岗位进行调动,这对于想拥有不同地方生活体验的年轻人而言无疑是一个隐性福利,同时也能促进不同市场间的经验及人才交流。

在公司日益多元化、分散化、全球化的进程中,星巴克将整个薪酬体系与企业目标、企业价值观联系起来,坚持员工才是最重要的资产的理念。这种平民主义路线的激励机制将员工真正变身为企业的主人,并最终缔造了一个庞大的咖啡帝国。

(资料来源:网易新闻.揭秘星巴克隐性福利:星巴克店经理为何难挖?[EB/OL].(2019-05-04)[2023-2-20].https://3g.163.com/dy/article/EEANJ0AD0519CHTR.html)

思考题:一般企业员工的工资和福利由哪几部分构成?星巴克的薪酬体系给你哪些启发?

第四节 跨国公司的劳资关系

跨国公司全球化经营的主要目标在于获得最大化的利润,而企业中劳动工人的主要诉求在于满足自身利益,包括获得令人满意的收入、拥有良好的工作环境等。员工过高的收入要求会降低企业的利润所得,而企业忽视工作强度和工作环境攫取利润的方式也势必会影响到员工的利益,企业与劳动者的冲突在跨国公司国际化进程中逐渐演变为一个全球性问题,需要引起跨国公司的特别关注。

一、跨国公司员工关注的主要问题

围绕自身利益,跨国公司员工主要关注以下几个方面:

(1)薪资政策。不言而喻,报酬水平关乎个人的生存能力和生活质量,富有竞争性的薪酬是提高员工工作积极性的有效途径。因而科学合理的薪酬体系是跨国公司员工的重要关注点,包括薪酬的制定标准、薪酬的主要组成部分、薪酬的计算方法、薪酬发放时间等方面。员工在求职及任职期间,会密切关注跨国公司给予的薪资待遇,判断其是否满足自身生活及发展需要,是否会出现无故克扣工资、随意调整薪酬、拖欠薪酬的情况,并及时采取必要措施最小化遭受的损失。

(2)工作环境。整洁、明亮、包含各种人性化设计的工作环境是企业形象的展示,也代表了跨国公司对员工身心健康的关心和重视,给人以尊严感、舒适感和幸福感,能够帮助员工缓解工作压力,调节不良情绪,进而有助于提高员工的工作效率。尤其需要注意的是,安全性是员工对工作环境的最低要求,在设计中贯彻环保理念将能最大化保证员工的身体健康,减少潜在的安全风险。

(3)工作时间。各国政府针对员工工作时长标准的立法规定各异,企业应确保员工的工作时长符合当地法律要求。跨国公司可通过制定科学的工作时长,给予员工合理的休息期而保证员工的工作状态和工作效率。但在现实中,跨国公司为了获取较大利益强制延长员工工作时长的事件时有发生。

(4)企业文化。跨国公司的劳动力来自文化环境不同的国家,具有不同的价值观、工作习惯、工作态度,这些都可能导致员工与母公司独特的文化环境产生冲突。"是否认同企业文化""企业如何处理文化冲突""企业内部是否建立了行之有效的跨文化管理模式"等是员工在寻求职位以及考虑是否流动时思考的问题。

(5)培训与发展体系。完善的培训体系有助于提高员工的技能,增强核心竞争力,促使其更出色地完成本职工作。同时,规范的晋升体系和制度也是员工谋求长远发展必不可少的因素。

(6)业绩评估标准。对跨国公司的员工而言,业绩考评标准的制定关乎其劳动成果的认定,也影响着员工的工作强度和舒适度。一个相对较高的业绩标准将使员工背负沉重的心理负担。更为重要的是,业绩评估关乎员工的人事决策,诸如加减薪酬、职务任免与升降、工作调任等。因而,业绩评估标准不仅影响员工的短期工作,也影响着员工的长期发展。

二、劳工组织如何加强与跨国公司的谈判能力

在企业内,劳工组织是劳动者一方的代表。然而,劳工组织的活动常常由于信息不对称或受跨国公司制约而步履维艰。要使劳工组织真正摆脱弱势地位,根本的途径在于提高其与跨国公司的谈判能力,让劳动者拥有与资本平等对话的权利。

(一)加强自身素质

跨国公司管理者与劳工组织在谈判能力上存在着较大的差距,劳工组织成员缺乏国际谈判经验,且不能完全掌握跨国公司的情况,因而在集体谈判中处于不利地位,难以实现自己的合理诉求。因此,工会应通过开展丰富的培训活动增强成员的综合能力,争取谈判中的主动性。

(二)掌握充分的信息

所谓"知己知彼,百战不殆",劳工组织增加对跨国公司和外部有关条例的了解能够有效提高与跨国公司谈判的能力,应对谈判中可能出现的不利情况。一方面,劳工组织应该及时了解公司的发展战略、生产状况、投资计划等方面的信息。另一方面,劳工组织可以把本公司的情况与其他子公司或其他国家的同类公司进行比较,同时做到熟知本国和国际组织(国际经济合作与发展组织、国际劳工组织)对就业、安全环境、健康保护、工资和劳动条件方面的标准与规定,并利用国内外法规维护自己的权益,避免跨国公司非法解雇工人,防止劳动者的社会福利待遇被压低,为劳动者提供安全舒适的劳动环境。

(三)游说国内立法机构对跨国公司加以限制

如果缺乏国家层面的政策约束,那么跨国公司很有可能从自身利益最大化的角度出发为所欲为,处于被动地位的劳动者权益将难以保证。劳工组织可以通过游说国内立法机构,促进协调劳资关系的法律体系、规章制度的建立健全,从政治、法律角度对跨国公司作出有效的规范。一国政府应不断完善与国际接轨的人力资源法律体系,制定和出台工资法、就业法、社会保险法、集体合同法等法律,并且制定具体的实施办法,扩大法律覆盖

范围,增加劳动者公平就业、公平晋升机会,发现、培养优秀的人才,营造一个健康良好的人力资源环境。比如,目前中国各地政府制定的最低工资标准,保障了员工的劳动权益和合法利益,减轻了收入分配的不平等程度。

(四) 通过国际组织对跨国公司进行国际管理

联合国内部负责劳工事务的专门机构是国际劳工组织,该机构制定的《关于多国企业与社会政策的三方声明》是关于跨国公司在劳动和就业方面的行为准则,主要目的是希望政府、跨国公司和工会三方能够合力保障员工权益。除此之外,国际商会、经济合作与发展组织也对跨国公司行为从不同方面作出了约束。劳工组织可以通过加强与各大国际组织的联系推动国际规则的制定,实现对跨国公司行为的约束。

三、跨国公司如何处理劳资关系

在跨国公司内部,劳资冲突的发生常常不可避免,是影响员工行为和绩效的重要因素之一,跨国公司必须充分重视劳资关系并采取有效的措施缓和劳资矛盾。具体而言,跨国公司可以从以下几方面入手:

(一) 加强文化融合

跨国公司中的内部人员来自不同的国家和种族,文化背景不同导致员工在工作中容易产生文化冲突,常常表现为因种族优越感、行为习惯、沟通差异对同一事物的看法不同而产生矛盾。跨国公司更应该以一种积极开放的心态包容不同文化,并采取灵活的管理方法应对文化冲突。首先,跨国公司应通过开展文化培训、研讨会、联谊等形式加强员工之间的了解和交流,同时增进员工对企业文化的认同,建立员工之间、员工与跨国公司管理者之间互相理解、互相尊重的良好关系。其次,跨国公司应建立一套完整具体且适合本公司经营的企业规章制度,对企业的商业行为、员工的薪酬政策、违规惩罚措施等方面作出规定。该制度应征求员工的意见不断修改完善,同时符合东道国国情。制度式管理能够使企业运转高效有序,保证生产经营的稳定性,减少企业内部劳资冲突。

(二) 强化企业责任

利益冲突也是劳资关系冲突的一大原因。股东、管理层与劳动者在企业利润分配的方式上最容易产生矛盾。同时,劳动者个人目标与跨国公司目标也有所差异,包括短期目标与长期目标的差异,期望目标与实际所得之间的差异。资本家追逐利润本无可厚非,但若建立在高度压榨劳动工人的基础上,势必会引起劳资关系矛盾的发生。企业的社会责任有不同层次,其中最基本的是法律责任,跨国公司必须保证一切生产行为符合劳动法、生产安全法和社会保障法等相关法律制度,确保员工的基本利益得以实现。为了抢占优秀的国际人才,提高企业经营效率,企业应在进一步改善员工工作环境、提高员工福利水平上下足功夫。

(三) 对接国际和同类型企业劳工标准

跨国公司应密切关注组织内部劳工标准与国际标准的差距并适当修改,及时与国际标准接轨。同时,搜集与本企业处于同一水平的其他跨国公司关于劳工标准的新动态,为企业内部建立劳工相关政策提供必要的参考依据,使得企业在招聘人才、留住人才方面处于竞争优势地位。

(四)慎重选择东道国

跨国公司在最初选择国际市场时就应具备劳资关系成本意识,通过科学的方法严格评判东道国的劳资关系和道德风险,防患于未然。

拓展阅读

各国工会组织对比

德国的工会:1848年6月,全德印刷工人协会成立,标志着德国第一个全国性工会组织的成立。德国最大的工会组织是德国工会联合会。德国法律规定工会组织必须具有政治独立性,不允许依附或从属任何政党。同时,工会的地位和作用受到法律的充分保护。工会的工作主要是谈判和罢工,通过与雇主联合会进行定期谈判来协调员工与企业之间的利益。职工可自愿加入和退出工会组织。

美国的工会:美国工会组织历史悠久,成就显著。1914年和1938年出台的被称为"劳工大宪章"的《克莱顿法案》以及《公平劳动标准法案》,为后来美国工会的大规模发展奠定了坚实的基础。美国有两个大的国家级工会,分别是美国劳工联合会——产业工会联合会和变革谋胜利工会联合会。劳联—产联是美国最大的全国性工会组织,变革谋胜利工会联合会次之。整体而言,美国职工的入会率较低,而且近年来一直呈下降趋势。20世纪60年代,美国工人的入会率是25%,2011年的入会率为11.8%,2015年的入会率11.1%,会员人数为1 460万。随着许多传统产业的衰落和美国制造业的大规模转移,美国工会的力量一直在削弱。

中国的工会:我国的工会组织经历了艰难曲折的发展历程。从1950年至今,多部工会法律的颁布肯定了工会组织的重要地位和作用,也保证了广大职工的正当权益。截至2022年7月,全国共有近3亿工会会员。工会是中国共产党领导的工人阶级群众组织,是党联系职工群众的桥梁和纽带,从职工中来到职工中去,是工会组织赖以存在和发展的本质属性。《中华人民共和国工会法》规定任何组织和个人不得阻挠和限制职工依法参加和组织工会,切实保障了我国工人阶级的主人翁地位。为适应新时代对中国工会的新要求,我国于2021年对《中华人民共和国工会法》进行再次修订,进一步维护了产业工人的合法诉求,为工会积极应对新挑战、新问题提供了坚实的法治支撑。

(资料来源:

1. 陕西省总工会.德国工会简况——国际工运信息第一期[EB/OL].(2015-07-02)[2022-12-31]. https://www.shxgh.org/article/view/2015/07-02/20597.html;

2. 陕西省总工会.美国工会的发展和现状[EB/OL].(2016-11-11)[2023-01-03].https://www.shxgh.org/article/view/2016/11-11/21718.html,部分内容有删减)

思考题:工会在跨国公司国际化经营中的作用主要体现在哪些方面?

本章小结

1. 跨国公司在选择外派管理者时需综合考虑员工个人因素与环境因素。

2. 对外派管理者的培训包括外派前、外派时、回任前、回任后的培训,各个阶段培训的侧重点不同。

3. 跨国公司人才配备战略分为四种,分别为民族中心模式、多中心模式、地区中心模式、全球中心模式。

4. 对外派经理人的培训主要包括文化培训、语言培训、实际业务培训等。

5. 跨国公司在实施本土化战略时,通过制定合理的薪酬、打通人才成长路径、优化工作环境三个途径吸引并留住当地人才。

6. 跨国公司对外派人员进行业绩评估时,主要面临评估者确定问题、考评程序问题、绩效反馈问题。

7. 对外派人员绩效考核的标准中除了包含一些基础的考核标准,还包含了跨文化适应和沟通能力、母公司文化传播、海外知识转移等特殊的考核标准。

8. 外派人员薪酬管理较为复杂,需要考虑工作、个人和区域三方面因素。

9. 跨国公司中的员工主要关注薪资政策、工作环境、工作时间、企业文化、培训与发展体系、业绩评估标准等六个方面;劳工组织可以采取四种方式提高自身的谈判能力,主要包括加强自身素质、掌握充分的信息、游说国内立法机构对跨国公司加以限制以及通过国际组织对跨国公司进行国际管理。

10. 劳资关系是影响员工个人业绩和企业发展战略目标的重要因素,跨国公司应给予重视并通过加强文化融合、强化企业责任、对接国际和同类型企业劳工标准、慎重选择东道国来有效避免劳资冲突。

重要术语

人力资源管理(Human Resource Management)

外派人员(Expatriate)

业绩评估(Performance Evaluation)

薪酬管理(Reward Management)

民族中心模式(Ethnocentric Predisposition)

多中心模式(Polycentric Predisposition)

地区中心模式(Regiocentric Predisposition)

全球中心模式(Geocentric Predisposition)

劳资关系(Labour Relations)

思考讨论

1. 假设你是一家跨国公司的高管,你将如何为海外子公司挑选合适的管理者?
2. 跨国公司为什么要对外派管理者和员工进行培训?培训内容主要包括哪些?
3. 企业在评估外派人员绩效时可能会面临哪些困难?

4. 试通过案例分析总结跨国公司吸引并留住人才的方式。
5. 跨国公司员工关注的主要问题包括哪些？跨国公司如何处理劳资关系？

案例分析

跨国公司并购背景下的人力资源管理
——以吉利并购沃尔沃为例

并购是企业通过兼并或收购另一家企业以实现母公司发展壮大的一种商业行为。近年来，中国企业出于获取先进的生产技术、广阔的外部销售市场、充足的资金支持等方面的目的积极进行海外并购。但据美国麦肯锡公司调查显示，过去20年超过半数的中国企业跨国并购均宣告失败。总结来看，失败的原因都与对"人"的管理不到位密切相关。

作为一家中国的中低档品牌轿车，吉利公司于2010年并购了瑞典著名豪华汽车品牌沃尔沃。这场"蛇吞象"似的冒险行为在十多年后来看，应该说是一次双赢的并购。吉利成功的原因归根结底在于其采取的容纳型并购整合模式使得诸多方面存在巨大差距的双方在并购后实现了较为顺畅的融合和过渡。

并购决策阶段

2009年，当吉利计划收购沃尔沃的风声刚刚放出时，从沃尔沃内部员工、企业高管再到瑞典国民，绝大部分均持公开反对的态度。文化差异、对新组织的不了解甚至"中国威胁论"使沃尔沃公司员工对未来充满担忧。为了缓解瑞典方面的强烈负面情绪，吉利邀请瑞典的媒体、沃尔沃的相关管理层及工会来中国实地考察，承诺将保持沃尔沃最大程度的独立性，赋予其在品牌管理、产品研发等方面更大的自主权，并同意强势的沃尔沃工会提出的将公司总部仍设在瑞典的要求。吉利方所采取的"沃人治沃""两者为兄弟关系"的原则极大地消除了瑞典对中国的偏见和误解，降低了由于文化冲突可能引发的企业并购风险。

并购实施阶段

并购实施阶段，吉利采取了本土化管理方式进行人力资源融合，保留沃尔沃的经营渠道、员工、工厂、高管队伍。并购后组建了一个由来自不同国家的成员组成的国际化董事会，该董事会中只有两个人有吉利背景，且沃尔沃的人员占据了董事会成员的一半以上，此举再次给沃尔沃吃了一颗定心丸。因而，在此阶段并没有造成沃尔沃核心员工和中高层管理者的大量流动。

投后管理阶段

并购后两个企业的差异很快体现在多个方面，从双方员工对待加班的不同态度，到沃尔沃坚持举办全球帆船赛，再到双方领导关于产品开发定位的巨大分歧，吉利和沃尔沃因文化融合不畅带来的矛盾日渐凸显。为了更好地协调二者之间的关系，"沃尔沃—吉利对话与合作委员会"正式成立，旨在促进文化、技能、资源在企业间有效流通，推动形成统一的文化理念。同时，成立中国沃尔沃公司，管理团队同样由国际化人才队伍组成，积极构建吉利和沃尔沃沟通的桥梁。此外，吉利多次邀请沃尔沃的技术专家来华进行指导和培训,也派出本公司的相关人员赴沃尔沃学习先进技术和经验,由此培养了大批熟悉关键技术的专门人才。

专业骨干、高管、技术专家等群体往往是并购企业希望留住的人群,尤其是像吉利收购沃尔沃这样的技术寻求型并购。为此,并购企业在人力资源管理方面需要做到以下几点:①对目标企业进行全面的人力资源尽职调查,在挖掘内在需求的基础上制定有针对性的人员留任、培训、考核及激励机制;②评估文化差距和适应性,深入了解彼此的文化特征,重新建立新的组织架构和文化制度,通过多种形式的跨文化培训和岗位互换增强员工的信息沟通和交流;③及时高效地分享信息,在并购前期,并购方可在开放坦诚的氛围中向员工告知并购动因、新组织的建立、整合计划及未来发展规划,减少员工因个人和公司发展的不确定而产生的担忧,做好迎接并购的心理准备,同时加强员工在整合规划与执行过程中的参与感,向员工传递出尊重和平等的发展信念。

文化与价值观的融合需要一点一滴的渗透且要花费漫长的时间,但对于并购阶段尤其是后并购阶段人力资源融合的有效管理将极大降低企业重组对员工带来的震荡,减少跨文化矛盾引发的不稳定因素,进而提高并购成功的可能性。

(资料来源:薛琴,申俊喜.技术寻求型OFDI企业人力资源融合机理研究——以吉利收购沃尔沃为例[J].华东经济管理,2015,29(11):173-179,部分内容有删减)

思考题:结合案例和本章学习的内容,谈谈跨国并购后企业人力资源管理有哪些关键之处?

参考文献

陈丽丽.国际贸易——劳工问题的历史、冲突和应对[J].国际贸易问题,2004(05):17-20.

高冰,张杰.浅析我国企业在跨国经营中的劳资问题风险及解决之道[J].经济问题探索,2010(01):80-84.

韩维春.经济全球化视角下的国际人力资源管理问题研究——基于来华留学生教育管理的思考[J].管理世界,2014(08):182-183.

姜列青.国外跨国公司工会面临的挑战和对策[J].工会理论研究,2000(01):43-45.

林新奇.国际人力资源管理:第2版[M].上海:复旦大学出版社,2011.

薛琴,申俊喜.技术寻求型OFDI企业人力资源融合机理研究——以吉利收购沃尔沃为例[J].华东经济管理,2015,29(11):173-179.

赵曙明,刘燕,彼得·J.道林,等.国际人力资源管理:第5版[M].北京:中国人民大学出版社,2011.

赵晓霞.跨国企业人力资源管理:第1版[M].北京:社会科学文献出版社,2011.

Bonache J, Trullen J, Sanchez J I. Managing cross-cultural differences: Testing human resource models in Latin America[J]. *Journal of Business Research*, 2012, 65(12): 1773-1781.

Cooke F L, Wu G, et al. Acquiring global footprints: Internationalization strategy of Chinese multinational enterprises and human resource implications[J]. *Journal of Business Research*, 2018, 93: 184-201.

Fenton-O'Creevy M, Gooderham P, Nordhaug O. Human resource management in US subsidiaries in Europe and Australia: Centralisation or autonomy? [J] *Journal of International Business Studies*, 2008, 39(1): 151-166.

Haworth N. Compressed development: Global value chains, multinational enterprises and human resource development in 21st century Asia[J]. *Journal of World Business*, 2013, 48(2): 251-259.

Hong H J, Minbaeva D. Multiculturals as strategic human capital resources in multinational enterprises[J]. *Journal of International Business Studies*, 2022, 53(1): 95-125.

Newenham-Kahindi A. Human resource strategies for managing back-office employees in subsidiary operations: The case of two investment multinational banks in Tanzania[J]. *Journal of World Business*, 2011, 46(1): 13-21.

Serafini G O, Szamosi L T. Five star hotels of a multinational enterprise in countries of the transitional periphery: A case study in human resources management[J]. *International Business Review*, 2015, 24(6): 972-983.

Tung R L. New perspectives on human resource management in a global context[J]. *Journal of World Business*, 2016, 51(1): 142-152.

Yamao S, Sekiguchi T. Employee commitment to corporate globalization: The role of English language proficiency and human resource practices[J]. *Journal of World Business*, 2015, 50(1): 168-179.

前 沿 篇

第九章　全球价值链

[学习目标]

- 理解全球价值链的内涵
- 了解影响价值链治理机制的因素及全球价值链治理模式
- 理解全球价值链分工和利益分配的形成基础
- 掌握价值链升级路径，了解不同情形下的价值链升级差异
- 认识全球价值链对产业发展和贸易政策的影响
- 思考中国实现全球价值链升级的战略路径

[素养目标]

- 理解中国在全球价值链重塑中的挑战与机遇
- 培养立足民族又面向世界的大局观，增进家国情怀

[引导案例]

钢铁产业要融入全球价值链，实现高质量发展

"2018第五届中国企业全球化论坛"于2018年11月举办，与会专家就"全球价值链中的中国制造"展开了讨论。河钢集团战略总监李毅仁在会上表示，中国钢铁工业作为重要的基础材料工业，在改革开放的四十年里，实现了快速发展，不仅成为国民经济发展的关键支撑和工业化、城市化进程的重要推动力量，还是我国较为完整的产业发展体系不可或缺的组成部分。中国钢铁工业具有较强的国际竞争力，在技术、人才、装备、环保、产品、客户、服务等方面，具备了参与全球资源配置和全球价值链分工的条件。现阶段，钢铁产业站在转型升级的关键节点上，要以适应需求结构变化实现高质量发展、积极有效地融入全球价值链、提高资源要素的配置能力和协同创新能力为重要的发展目标。

作为传统钢铁企业的河钢也不例外，借助国际化发展，河钢形成了从资源、制造、贸易到金融、服务的全产业链、立体化发展格局，其海外资产超过90亿美元，海外营业收入达到800亿元人民币/年，成为中国跨国指数和全球化程度最高的钢铁企业和原材料制造企业。河钢还是中国最大的家电用钢制造企业，第二大汽车用钢制造企业，中国核电用钢、能源用钢、高层建筑桥梁用钢的领导品牌，创建了业内公认的世界最清洁钢厂。加快传统

产业发展不是河钢唯一的目标,为实现转型升级,建成"钢铁材料+工业服务"为主营业务的综合性跨国产业集团,河钢借力全球制造、研发、服务三大平台,积极推动多种要素的国际化。

李毅仁认为一个产业或企业走向成熟的标志是从一般的贸易关系发展到产业链的嵌入式合作关系。原材料工业是制造业的基础,像钢铁这样同时作为原材料工业的传统型制造业,必须以更加积极、开放的姿态融入全球制造业价值链中去。企业可以一手抓学习,一手抓合作,通过借鉴和分享发达国家工业化过程中积累的丰硕成果,学习先进的经营发展理念,适应国际规则,加快融入的步伐;通过与其他企业或产业链开展合作、协同创新,以更主动的姿态参与全球产业链分工,加快促进可持续发展产业生态圈的形成。

据了解,河钢在过去五年的国际化发展中,创造了"战略管控+本土化管理"的经营发展模式,控股经营的海外企业在不断的融合创新中取得了良好发展。河钢向材料精深加工和现代工业服务业转型的过程成为其参与全球产业价值链分工与协同的良好契机。当今,钢铁已经成为聚集全球创新要素的重要载体,河钢将在全球化和国际分工协同发展中不断赋予钢铁新的内涵,深入对接客户,创造新的价值。

(资料来源:中国新闻网.河钢李毅仁:钢铁产业要融入全球价值链,实现高质量发展[EB/OL].(2018-11-21)[2023-01-02].http://www.chinanews.com/business/2018/11/21/8682122.shtml,部分内容有删减)

思考题:
1. 河钢集团是如何参与全球价值链分工并保持良好发展态势的?
2. 河钢集团的经验对中国传统制造业实现转型升级有哪些借鉴意义?

深度参与全球价值链,努力实现向全球价值链高端攀升是企业国际化发展的大势所趋。以河钢集团为代表的中国企业充分发挥自身优势,借力多平台积极推动要素国际化,通过"学习+合作"等方式不断优化经营管理模式,主动参与全球价值链分工,加快转型升级,促进高质量发展。本章将围绕全球价值链分别介绍全球价值链的概念、全球价值链治理、全球价值链分工以及价值链升级,同时讨论全球价值链对全球产业发展和贸易政策的影响,以及中国参与全球价值链的战略选择等方面的内容。

第一节 什么是全球价值链

全球价值链的概念大体形成于21世纪初,是在价值链、价值增值链、全球商品链等几大具有代表性意义的概念基础上发展而来的。

(一) 价值链

1985年,价值链(Value Chain)的概念由迈克尔·波特(Michael Porter)教授在研究企业竞争优势问题时首次提出。他认为基本活动和辅助活动共同构成了企业价值的创造过程。其中,基本活动包括产品设计、生产、营销、物流、售后服务等,辅助活动则是为前者提供支持作用的活动,具体包括研发、原料采购、人力资源管理等。波特认为企业的竞争优势并非来自其中某一项活动。企业的每一项价值创造活动都是相互关联的,共同构成了企业完整的价值链,整个价值链的良好运行才能确保企业的整体运行达到最佳。波特最初提出的价值链仅限于单个企业的范畴,即基本活动和辅助活动都可以在单一企业边界内完成,后来提出的"价值体系"则把研究视角拓展到了不同企业间的生产关系。

(二) 价值增值链

迈克尔·波特定义下的公司具有"全能公司"的属性,与此相对应的是"非全能公司"。"非全能公司"也可以通过在特定环节发挥比较优势参与到价值链中。1985年,布鲁斯·科格特(Bruce Kogut)提出了"价值增值链"(Value-added Chain)的概念。他认为价值增值链是将原料和劳动与技术融合以产生新的投入品,再将新的投入品用于组装最终产品,并进行市场营销和利益分配,最终实现价值增值的过程。价值增值链不再局限于单个企业,对地域也进行了扩展。单个企业可以作为整个价值增值链中的结点进入生产,其具备的竞争优势越丰富,能进入的价值增值链环节越多。企业也可以采用垂直扩张的形式把整个价值增值过程纳入企业内部体系中,并依据各国比较优势决定价值链条的国际分配,即产品生产链的全球水平配置。企业最佳的全球战略设计是将自身具有竞争优势的环节分配到在该环节具有比较优势的国家,以同时获取竞争优势和比较优势。但科格特提出的价值增值链也有其局限性,该理论只对研发、生产领域进行了讨论,没有涉及具体的市场销售和产品服务活动。

(三) 全球商品链

1994年,杜克大学社会学教授杰瑞·格里夫(Gary Gereffi)等提出了"全球商品链"(Global Commodity Chain, GCC)的概念,他们认为围绕某一商品或产品发生关系的家庭生产、公司、工厂以及国家都网络在一个整体中,构成了世界经济体系,任何一个商品链的具体加工流程通常都表现为基于这种网络关系联系在一起的结点或结点的集合,这是一种从网络关系视角观察产品如何在全球产销体系中提升竞争地位的过程。全球商品链没有考虑产品生产过程中的价值增值和创造,它侧重于研究价值链内部的权力关系,对产品生产的物质流的关注更多。一个商品链中通常有一个或多个居于领导地位的参与者,他们作为商品链的"治理者"决定了整个商品链的特征,影响着各结点的活动,并对结点间的相互关系进行协调。商品链可依据治理主体分为生产者驱动型和购买者驱动型,两者的区分是全球商品链研究的重点。

(四) 全球价值链

全球商品链并不符合无形产品内容日益增加的现实,从21世纪开始,全球价值链的概念逐渐发展起来。2001年,杰瑞·格里夫和拉斐尔·卡普林斯基(Raphael Kaplinsky)在价值链研究专刊《价值链的价值》(*The Value of Value Chains*)中用"全球价值链"(Global Value Chain, GVC)代替了"全球商品链"。

联合国工业发展组织(United Nations Industrial Development Organization, UNIDO)在《通过创新与学习竞争:产业发展报告2002—2003》中对全球价值链进行了定义:"全球价值链是指在全球范围内为实现商品或服务价值而连接生产、销售、回收处理等过程的全球性跨企业网络组织,涉及从原料采集和运输、半成品和成品的生产和分销直至最终消费和回收处理的过程。它包括所有参与者和生产销售等活动的组织及其利润分配,并且通过自动化的业务流程与供应商、合作伙伴及客户相连接,从而为提升机构能力和效率提供支持"。该定义具有一定的代表性。

除了上述几个概念,还有一些与全球价值链相关的概念,如"垂直专业化分工""国际生产网络""全球供应链"等。1967 年,贝拉·巴拉萨(Bela Balassa)最先提出垂直专业化分工(Vertical Specialization, VS)的概念,之后该概念被学者们不断完善。全球价值链具有垂直专业化分工的特征。国际生产网络(International Production Network)的提出与全球商品链的研究相联系,最早由迪特尔·厄恩斯特(Dieter Ernst)和保罗·古里亚利(Paolo Guerrieri)在 1997 年提出。早在 1956 年,全球供应链(Global Supply Chain)的概念被杰克·赫舒拉发(Jack Hishleifer)率先提出。国际生产网络与全球供应链最大的差异在于前者强调"网",后者强调"链",国际生产网络更倾向突出跨国公司的作用。全球供应链的"链"结构与全球价值链接近,但前者更强调产品和服务通过"链"结构完成转移交接。

第二节 全球价值链治理

一、影响价值链治理机制选择的因素

简单来说,价值链治理就是有效地协调价值链上不同企业、部门、环节之间的关系,进行制度安排,确定生产内容等活动。价值链治理主要包括治理主体、治理客体、治理内容和治理机制设计四部分要素。具体可以从交易成本、社会资本和全球价值链三个理论角度对价值链的治理机制进行分析。

交易成本理论视角下的价值链治理机制存在两个极端情形:市场治理(Market Governance)和科层治理(Hierarchical Governance),在两种极端情形间存在多种混合型治理(Hybrid Governance)方式。社会资本理论强调信任在贸易合作中的重要性,基于此提出了介于市场治理和科层治理之间的网络治理。网络治理主要依靠人际关系网络形成的规范,较市场治理多一些约束性,较科层治理多一些灵活性。全球价值链理论主要从交易的复杂性、交易信息的可编码程度和供给方的能力三方面考量,选择最适合的治理机制。本书着重介绍全球价值链理论视角下影响价值链治理机制选择的三大因素:

1. **交易的复杂性**

交易的复杂性指企业间为达成一项交易所传递的信息和知识的复杂度,尤其是针对产品规格、工艺流程等方面具体要求的信息和知识传输复杂度。如购买方要求供给方提高产品的差异化程度时,交易的复杂性就会提高。

2. **交易信息的可编码程度**

交易信息的可编码程度指信息、知识可被简单的系统化、标准化的语言涵盖、表述、传达、转换、解读的程度。交易信息的可编码程度会直接影响供给方和购买方交易达成的效率。可编码程度越高,信息和知识在交易双方间的可传递性就越强,有利于提升交易双方的交易达成度,针对交易关系的投资也会相应下降。交易信息的可编码程度并不是不可改变的,企业可以通过确定产品技术、制定工艺流程标准等方式提高。

3. 供给方的能力

供给方的能力包含两个方面,一是供给方的实际能力,二是购买方要求的供给方具有的能力。如果供给方的实际能力与购买要求其具有的能力接近,则认为供给方能力较强;反之则认为供给方的能力较弱。购买方对供给方能力的要求往往通过交易信息传递。

二、全球价值链治理模式

结合前文介绍的全球价值链治理模式的决定因素以及全球价值链参与者间的权利关系结构,格里夫等(2005)将全球价值链的治理模式划分为五种类型:市场型、模块型、关系型、领导型和层级型(如表9-1所示)。

表 9-1 全球价值链治理模式

治理模式	交易复杂性	交易信息的可编码程度	供给方的能力	权利不对称程度
市场型	低	高	高	低
模块型	高	高	高	
关系型	高	低	高	
领导型	高	高	低	↓
层级型	高	低	低	高

(资料来源:Gereffi G, Humphrey J, Sturgeon T. The governance of global value chains[J]. *Review of International Political Economy*, 2005, 12(1): 78-104,部分内容有删减)

(一)市场型

顾名思义,在市场型全球价值链治理模式下,供给方和购买方通过开放的现货市场联系在一起,他们交易的商品为具有通用性质的产品,标准化程度高,买卖双方不需要在合同中确定具体的产品型号、规格等,这些信息往往都是固定化的,大多直接反映在商品目录中。由于生产商品的同质性,供给方不需要增加对特定生产设备的专用投资,且企业生产产品的适用面较宽,购买方也可以从市场中选择价格最为适宜的供给方购买,买卖双方改变贸易伙伴的成本都较小,因此购买方和供应方都有较大的选择空间。

(二)模块型

模块型全球价值链治理模式下的供给方具备较强的能力,产品较为复杂,不能继续使用市场型全球价值链治理模式的信息编码方式。供给方通过组合差异化模块,统一组件、产品和工艺流程的规格,制定技术标准等方式将难以编码的信息内部化,以提供模块化结构产品的方式提高了交易信息的可编码程度。因此模块型全球价值链治理模式的信息可编码程度依旧较高,资产的专用性降低,且能满足购买方的个性化需求,买卖双方改变其合作伙伴的成本也相应降低。模块型全球价值链治理模式在一定程度上体现了隐性信息显性化带来的好处。

(三)关系型

关系型全球价值链治理模式下,产品交易的复杂性进一步增加,供给方和购买方需要交换大量且复杂的信息。复杂隐性的信息往往需要依靠面对面的交流方式来提高信息传递的准确性,提高沟通效率,因此,关系型全球价值链下改变交易伙伴的成本相对较高,供给方和购买方之间存在较强的依赖关系。但是,双方可以通过声誉、空间临近、家族或种族关系等降低交易成本。此外,这种类型的全球价值链对供给方能力的要求较高。

(四) 领导型

领导型全球价值链治理模式也叫作俘获型全球价值链治理模式,它针对的产品交易复杂,但信息的可编码程度高。领导型全球价值链治理模式中供给方的能力较弱,需要借助价值链中领导厂商的支持,获取大量的资金与技术,有较强的依赖性。领导厂商对供给方的控制力也相应较高,领导厂商通常指定所需产品的规格,提供生产标准,有时还会规定生产应采用的具体机器设备和加工工序。领导型全球价值链治理模式下的供给方往往会被锁定在较小的生产范围内,转换成本高。究其原因,一是供应商担心其他供应商的竞争,往往选择将其资产专用化,长此以往,改变交易对象、生产范围的难度都较大;二是领导厂商为了排除其他企业从中获利的可能,会主动锁定供给方。

(五) 层级型

层级型全球价值链治理模式也叫作科层型全球价值链治理模式,该模式下的供给方能力较弱,产品交易复杂,信息难以编码。因此领导厂商只能采用纵向一体化的内部化企业管理方式。这种类型下的领导厂商为了保护其在交易过程中可能会被触及的隐性知识、知识产权等核心能力,多开展企业内生产。

第三节 全球价值链分工及价值链升级

在全球价值链影响下考察价值链升级首先要明确企业的分工地位,然后依据所承担的分工确定具体的价值链升级路径。

一、全球价值链分工

波特在1985年定义的价值链主要指在单个企业范畴内实现产品价值增值的链条,企业具有"全能公司"的属性。随着企业规模扩大,业务不断拓展,生产加工工序增加,这种类型的企业难以继续发挥其从前的优势,反而会因此带来信息传递、生产等方面效率的损失。因此,企业要学会集中优势,发展最具竞争力的环节,将一些不具竞争优势的环节分离出去。Kogut(1985)认为不同国家和地区的比较优势在全球价值链的环节配置过程中起决定作用,企业的能力则决定了其保证竞争优势的方式和途径。全球价值链的形成与发展建立在国际分工和国际贸易发展的基础上,当产品的价值增值环节由不同的国家或地区承担时,全球价值链分工也就形成了。此时单个企业的专业化程度得以提升,企业间的依赖性也有所增强。全球价值链分工体系的形成加深了世界各国间的经济联系,国际社会相互依存,命运休戚与共,只有顺应和平、发展、合作、共赢的时代潮流,构建人类命运共同体才能推动世界经济在正确的道路上行稳致远。

全球价值链分工所指的产品是最终产品(Final Goods),即用于最终消费的产品,与中间投入品(Inter-input)相对。全球价值链分工对全球化过程的分析是以产品价值链为抓手的,产品价值链作为一个流程结构,既包括物质产品和服务的流动,又包括潜在的知识与技术的流动。

(一) 形成基础

全球价值链分工的形成有两大基础:要素禀赋的差异和规模经济。

1. 要素禀赋

传统贸易理论将贸易对象视作不可分割的整体,各国仅从事最终产品贸易。国家依据自身要素禀赋优势的不同进行分工和贸易,专业化生产的效率提升使得国家的整体福利水平上升。随着运输、信息通信技术的不断发展,产品生产工艺、技术含量的不断提高,产品的生产流程得以细化,生产环节可以被分离。产品的不同生产环节对要素的需求有着较大差异,既包括对要素质量的要求,也包括对要素投入比例的要求。国家可以依据其要素禀赋的不同,承担相应的生产环节,如技术要素丰裕的国家可以专注于密集使用技术要素的产品设计环节。各国要素禀赋的差异使各国得以在不同的生产环节发挥各自的比较优势,形成全球价值链分工的基础。

2. 规模经济

要素禀赋差异并不是全球价值链分工形成的全部基础。要素禀赋存在差异的国家可以通过分工协作,提升各自的整体福利水平,但要素禀赋十分接近的国家间是否就难以在全球价值链下分工协作呢? 由于规模经济的存在,要素禀赋十分接近的国家也可以参与全球价值链分工。规模经济可以分为内部规模经济和外部规模经济。内部规模经济一般发生在大企业中,强调企业自身生产规模及产量的扩大带来的平均成本下降。外部规模经济一般出现在竞争性很强的同质产品行业中,产业规模的扩大会降低企业的信息搜集成本、资源获取成本等。外部规模经济对单个企业来说是外部的,对行业来说依然是内部的,即平均成本与行业的生产规模相关。但是规模经济不是随规模的扩大无限延续的,当生产规模扩大到一定程度时,管理、信息传达的效率会下降,平均生产成本上升,规模经济消失,甚至出现"规模不经济"。

现实中,要素禀赋差异和规模经济不是独立出现的,两者互相影响,共同奠定了全球价值链分工的基础。

(二) 利益分配

在全球价值链分工下,承担不同环节的价值增值活动的企业所分配到的利益也各不相同。全球价值链分工体系下企业的所获收益与传统经济学理论中收入来自生产要素有所不同,这类收益的主要来源是经济租(Economic Rent),即扣除必须支付给生产要素的最低报酬后还需支付的那部分报酬。在全球价值链分析框架下,价值增值链上各环节所使用的具有稀缺性的有形或无形资源都能产生经济租,拥有这类资源的企业就能通过阻止竞争者进入而获得经济租。

Kaplinsky(1998)认为经济租可以按产生于价值链内还是价值链外分为内生经济租和外生经济租两大类,这两类经济租还可以进一步细化(如表9-2所示)。只要是价值链中的企业就可能获得这两类经济租。

表 9-2　经济租类型

	名称	含义
内生经济租	技术租	通过开发利用新技术,掌握技术发明的所有权获得的持续收入增长
	人力资源租	通过加强人力资源培训,增加熟练工人获得高于竞争对手的劳动生产率和竞争力
	组织租	通过增强对产品流、质量、工序连续性的控制,提升企业内部的资源配置效率,提高生产可能性曲线
	关系租	供应链的发展使企业得以专注于发展核心竞争力,并且通过加强与外部的联系可获得专业指导、有效政策支持,巩固与消费者的关系
	产品与市场租	通过生产差异化产品、强化品牌特性,加强产品创新,获得品牌效应,扩大市场份额
外生经济租	自然资源租	凭借对稀缺资源的掌握,限制供给,控制稀缺资源的开发利用,阻止竞争对手进入
	政策租	依托政策建立进入壁垒,规避竞争
	基础设施租	交通便宜便捷、信息交流低价高效、外部环境清洁、能源使用成本低等基础设施优势赋予企业在国际市场中更高的竞争力
	金融租	充足的国内金融资源、宽松的融资条件和完善的金融体系为企业创新提供长期稳定的低成本金融支持

(资料来源:Kaplinsky R. Globalisation, industrialisation and sustainable growth: The pursuit of the Nth rent[J]. Discussion Paper 365, Brighton: Institute of Development Studies, University of Sussex, 1998,部分内容有删减)

分布于全球价值链各环节的企业因其拥有资源的稀缺程度不同、排他性不同,获得经济租的能力也不相同。进入壁垒较高的环节产生的经济租较高,增值能力更强;反之,该环节的增值能力较弱,承担此环节的国家和地区的企业可获收益也较低。一般而言,价值链各环节与增值能力间会呈现 U 形走势,也就是通常所说的"微笑曲线"(Smiling Curve)。具体而言,价值链中从事与技术、研发、专利相关的环节的企业和承担与品牌及市场服务、价值再循环相关的环节的企业利润空间最大,这些环节分别对应微笑曲线的最左侧和最右侧;而从事关键零部件制造、标准零部件制造和加工组装环节的企业的利润空间则不断缩小,尤其是处于加工组装阶段的企业,其所用技术相对成熟,生产标准化程度较高,难以构筑进入门槛,行业内竞争激烈,企业处于"悲惨增长"中。处于市场营销环节的企业凭借其对市场销售渠道的控制和较高的市场占有率得以获得较高的收益,能够位于微笑曲线的右侧上升阶段。简单而言,当企业承担的全球价值链分工越与有形的、具体的生产过程相联系时,企业可获得的经济租越低;当企业承担的全球价值链分工越与无形的知识技术或稀缺资源密集型环节相联系时,企业可获得的经济租越高。全球价值链分工中分得利益最高的环节明显向价值链的两端倾斜。

二、全球价值链下的价值链升级

全球价值链分工体系中处于不同环节的企业所获的经济租有十分明显的差异,位于微笑曲线两端的价值增值环节所获收益明显高于位于中间的价值链增值环节。企业为获得更高的经济租就必须实现价值链的升级。目前,在全球价值链分工中发达国家往往占据主动,它们拥有资本、技术等优势,承担着价值链两端收入回报较高的环节;而广大发展中国家则处于被控制的地位,往往处于价值链增值能力较弱的环节,从事简单的加工组装、标准零部件制造等工作。在长期的低端锁定下,广大发展中国家的贸易条件不断恶化,经济发展动力不足,追赶发达国家的脚步愈发落后。发展中国家不能仅以融入发达国家主导的全球价值链为目标,如何更好地参与全球价值链、实现经济持续良好增长才是广大发展中国家真正应该努力的方向。因此,发展中国家应积极提升自身的国际分工地位,实现价值链升级。中国不仅为广大发展中国家参与全球价值链提供了经验借鉴,而且积极承担大国责任,鼓励发展中国家充分行使参与国际经贸规则制定的权利,帮助其突破自身在全球价值链中的地位锁定,在互利共赢的发展中获得更多的利益。

(一)价值链升级的路径

实现价值链升级的路径包括工艺流程升级、产品升级、功能升级和链条升级。

1. 工艺流程升级

工艺流程升级是指通过引进先进的技术、设备或采用新的组织方式使企业的生产过程更具效率,提高投入产出的转化率。如运用新技术,提高原材料利用率;改进质量控制系统,降低废品率;加强供应链管理,缩短产品进入市场的周期。

2. 产品升级

产品升级包括两个角度,一是加快对原有老产品的改造,如改进设计、提升产品质量,使老产品的单位价值高于竞争对手;二是加强研发,以快于竞争对手的速度生产出新产品。

3. 功能升级

功能升级指企业可以继续或退出原有价值链环节,并向附加值更高的价值链环节迈进,使企业的技能得以提升。

4. 链条升级

链条升级也叫部门间升级,指将价值链中某特定环节积累的知识、技术等运用到其他附加值更高的价值链条中。

国家实现价值链升级是否需要依照上述四种路径顺序进行?一些学者认为,处于购买者驱动价值链中的发展中国家会依照这种顺序进行价值链升级。如通常所提到的发展中国家先以原始设备装配者(Original Equipment Assembling, OEA)的角色进入全球价值链的分工体系中,然后通过原始设备制造(Original Equipment Manufacturing, OEM)再到自主设计制造(Own Design Manufacturer, ODM),不断提升融入全球价值链的水平,最终到生产销售自主品牌(Own Brand Manufacturing, OBM),实现价值链升级。但这种价值链升级路径不一定会发生在生产者驱动价值链或混合驱动价值链中。

(二) 不同驱动模式下的价值链升级

生产者驱动价值链与购买者驱动价值链在很多方面都表现出很大的差异(如表9-3所示)。生产者驱动价值链与传统的"进口替代"模式类似,往往是发达国家的跨国企业通过对外直接投资的方式发挥中心协调与控制作用建立起的垂直生产网络。这些跨国公司垄断了以技术、资本为密集投入要素的研发、关键零部件制造等关键环节,并获得了集中在这些战略环节上的价值增值。购买者驱动价值链与"出口导向"的工业发展模式类似,是全球零售商、品牌制造商等通过发挥连接作用建立的以贸易为基础的水平生产及分销网络。这类价值链主要集中在劳动密集型行业,但企业一般并不参与实际制造环节,而是通过链接海外工厂和贸易商获得设计、营销等环节的利润。还有学者在此基础上提出了兼有上述两种驱动方式特征的混合驱动价值链。

表9-3 生产者和购买者驱动的全球价值链比较

项目	生产者驱动价值链	购买者驱动价值链
动力根源	产业资本	商业资本
核心能力	研究与开发能力	设计、市场营销
进入障碍	规模经济	范围经济
产业分类	耐用消费品、中间商品、资本商品等	非耐用消费品
典型产业部门	汽车、计算机、航空器等	服装、鞋、玩具
制造企业的业主	跨国企业,主要位于发达国家	地方企业,主要在发展中国家
主要产业联系	以投资为主线	以贸易为主线
主导产业结构	垂直一体化	水平一体化
辅助支撑体系	重硬环境轻软环境	重软环境轻硬环境
典型案例	英特尔、波音、丰田、海尔、格兰仕等	沃尔玛、国美、耐克、戴尔等

(资料来源:白清.全球价值链视角下中国产业转型升级研究[M].经济管理出版社,2018:32—33)

不同驱动模式下,价值链升级的路径自然也有所不同。在生产者驱动价值链中,跨国企业掌握着核心技术,负责关键零部件生产,在全球生产网络的前后向联系中发挥协调作用。生产者驱动价值链中的企业主要通过对生产环节进行技术改进,或形成规模经济来获得价值增值,其升级的重点和难点相应地落在工艺流程升级和产品升级上。就产品升级而言,企业可以通过直接引进新产品或引进新设备对原有产品加以改进实现,而工艺流程升级涉及较多的隐性知识,交易的复杂度上升,信息的可编码程度下降,因此工艺流程升级的难度要大于产品升级的难度,推动工艺流程升级是实现生产者驱动价值链升级的关键。功能升级是生产者驱动价值链中最容易实现的,链条升级则最难。不同阶段升级的难易程度也会反映在升级速度中,从功能升级阶段到产品升级阶段的速度相对较快。综合来看,生产者驱动价值链的升级是从对其而言最容易实现的功能升级开始的,然后逐步实现产品升级、工艺流程升级、链条升级,但这并不意味着处于生产者驱动价值链中的企业可以自动完成该路径下的升级。嵌入生产者驱动价值链的企业在升级过程中会不可避免地面临许多竞争者,企业的产品创新速度是否够快、生产效率是否够高等都是相对于竞争对手而言的,企业必须在竞争中不断加强技术创新和产品升级,这样才能摆脱原有的价值链分工地位。

在购买者驱动价值链中,规模较大的设计商、品牌制造商、零售商、服务提供商等居于领导地位,它们的一侧连接着世界各地的工厂,另一侧连接着全球的贸易商。这类企业不需要直接参与实际制造环节,主要通过改进设计、构建和推广品牌、进行市场营销及提供金融服务等处于流通环节的价值增值活动获得收益,被称为"没有工厂的制造商"。嵌入购买者驱动价值链中的企业凭借其战略地位实现了有形产品生产环节与无形的设计和营销等流通环节的分离。与生产者驱动价值链相对,购买者驱动价值链升级的重点和难点在于功能升级和链条升级。其中功能升级与企业核心竞争力的形成密切相关,推动功能升级有利于企业向该价值链中的领导地位迈进,进而实现链条升级。购买者驱动价值链中生产领域的工艺流程升级和产品升级相对容易实现,企业可以用较快的速度实现从工艺流程升级阶段到产品升级阶段的提升,然后再以相对较慢的速度推进到功能升级阶段,最后推进至链条升级阶段。同样,购买者驱动价值链的升级也不是自动实现的,处于购买者驱动价值链中的企业不仅会面临原本处于领导地位的企业的阻碍,还会与其他想要实现价值链升级的企业形成激烈竞争。因此,企业必须加强学习,不断提升自主创新水平,才能逐步摆脱领导企业的抑制,获得超过竞争对手的实力,实现价值链升级。

混合驱动价值链兼具前述两种模式的特征。嵌入混合驱动价值链的企业既可能从生产环节获得主要的价值增值收益,也可能从流通环节获得,因此价值链的升级路径较为复杂。一般而言,混合驱动价值链中企业的价值链升级路径选择依赖于为升级提供原动力的一方(生产者或购买者),并据此选择相应的价值链升级路径,同时还需再根据具体情况加以适当调整。

拓展阅读

服饰"富士康"的产业转移轨迹:优衣库、H&M、GAP 背后的老裁缝

2016 年《财富》杂志发布了"2016 年 50 家改变世界的公司"名单,晶苑国际(下文简称"晶苑")在全球最大的服装制造商中位列第 17 名。提及晶苑,大多数人可能并不熟悉,但这家公司的主要客户却是大众耳熟能详的,如优衣库、H&M、GAP 等快时尚品牌。

1970 年,晶苑在香港建立,在四十多年的发展过程中,这家公司已成长为全球服装制造商的龙头,在中国、越南、柬埔寨、孟加拉国和斯里兰卡五个国家建有 20 个自有工厂,员工 7 万人,每年生产约 3.5 亿件服装成衣。晶苑拥有稳定的供应能力,在价格、质量、货期等服装产业链的多个环节中都展现出了较强的竞争力,能够满足客户,尤其是快时尚品牌等更加强调供应链宽度、速度和稳定性的客户的需求,与客户建立了非常稳定的合作关系。反过来看,这也是其产能使用率能够维持在 90% 以上的重要保证。但是我们不难看出,晶苑的盈利模式属于低毛利高周转型,惯性很大,几乎被锁定在大规模的中低端生产

制造中。

目前,为了扭转这一局面,实现价值链转型升级,晶苑转向"共创"业务模式:从时尚趋势研究到产品设计,从原材料采购到产品交付,晶苑着眼整个产品链条,力图转型为全链条解决方案供应商,为不同环节的客户提供一站式综合服务。

从发展方向上来看,受主要客户影响,晶苑很难在短时间内摆脱低端服装制造加工的地位,但向"共创"模式转型能够增加晶苑参与价值链环节的数量,有利于提升附加值,发展方向值得看好。

从技术实力看,在与众多国际领先服饰品牌多年的合作中,晶苑发展出了较强的物流和信息系统,积累了较为丰富的产品数据,可以在此基础上向富士康学习,加强专利技术研发,促进核心竞争力形成,获取更多的附加值。目前,晶苑已经研发出了一些新技术及一些技术含量较高的产品,如"节水"牛仔裤、无钢圈胸罩、应用于运动服和户外服上的一种名为 BME 的服装专利技术等。

(资料来源:新浪科技.服饰"富士康"的产业转移轨迹:优衣库、H&M、GAP 背后的老裁缝[EB/OL].(2018-01-15)[2022-12-31].https://tech.sina.com.cn/roll/2018-01-15/doc-ifyqptqv9515967.shtml,部分内容有删减)

思考题:结合晶苑国际的优势和不足,谈一谈该公司将会选择何种价值链升级路径。

(三)不同治理模式下的价值链升级

价值链的升级路径不仅受驱动模式的影响,而且会受全球价值链治理模式的影响。本章第二节中将全球价值链的治理模式划分为五种,即市场型、模块型、关系型、领导型、层级型,不同价值链治理模式下实现价值链升级的路径也有所差异。

市场型全球价值链治理模式下,前述四种路径(工艺流程升级、产品升级、功能升级、链条升级)都可被供应商使用以实现价值链升级。就发展中国家的供应商而言,有学者认为市场型全球价值链治理模式既不会对价值链升级产生促进作用,也不会形成阻碍。但也有学者持不同观点,认为市场型全球价值链治理模式对功能升级起促进作用。综合来看,市场型全球价值链治理模式是否对供应商实现功能升级有帮助依赖于发展中国家制造商和发达国家贸易商的规模以及产业策略。一般而言,发展中国家内规模较大、实力较强的供应商更容易实现功能升级。

模块型价值链与领导型价值链相联系。模块型全球价值链治理模式下的供应商通过将难以编码的信息内部化降低了资产专用性,这样做不仅能够以较快的速度提供较高质量的产品,而且能满足购买方的个性化需求,该模式下的供应商更容易实现功能升级和链条升级。

关系型全球价值链治理模式下,企业之间存在着较强的互补性与依赖性,供给方和购买方的权利关系较为对称,有利于双方相互学习,共同研发创新。这种治理模式主要发生在发达国家之间,有利于促进发达国家企业实现工艺流程、产品、功能和链条升级。对发展中国家的企业而言,关系型全球价值链治理模式有助于其实现功能升级。但由于缺乏相应的人才、技术,而且基础设施、金融体系等也不完善,发展中国家供应商的能力很难与购买商的能力匹配,难以嵌入关系型全球价值链治理模式。

领导型全球价值链治理模式下,领导厂商对供给方拥有较高的控制力,但同时也给予供给方大量的技术支持。因此大多数学者认为领导型全球价值链治理模式对发展中国家的工艺流程升级和产品升级起促进作用,但不一定有利于功能升级。发展中国家的供应商可能会面对全球购买商的权利约束,议价能力相对较弱,也可能受自身资本等其他条件的限制,无法为自身的发展提供相应的支持,需要承担较高的风险。

层级型全球价值链治理模式的运行以领导企业对价值链各环节的管控为核心。非领导企业的生产决策权、经营权都在领导企业的控制范围内,其研发、生产、营销等价值链环节都需要服从领导企业的统一决策安排。在这种治理模式下,东道国制造商的能力可能会迅速提高,有机会实现工艺流程和产品升级,但由于领导企业掌控着价值增值集中、涉及核心竞争力的环节,东道国制造商难以实现功能升级。领导企业对核心能力的控制力越强,非领导企业的价值链升级空间就越小。

第四节 全球价值链对全球产业发展和贸易政策的影响

一、全球价值链对全球产业发展的影响

(一) 全球产业转移

随着全球价值链分工的不断深化,全球产业随之发生了转移,更多的国家因此能够参与到全球价值链中,逐渐构建新的全球价值链分工格局。在全球价值链分工和产业转移的相互作用下,全球价值链中各国的经济都实现了快速发展。

自20世纪50年代起至80年代中期,全球共经历了三次重大的产业转移,主要表现为发达国家向发展中国家的制造业转移。在全球第一次产业转移中,美国、欧洲通过发挥其对全球价值链的主导作用,重新定位了全球价值链分工,主动调整产业结构,集中关注资本及技术密集型产业的发展,将传统加工组装制造业向日本转移。日本作为那一时期发展相对较弱的发达国家在整个转移过程中发挥了过渡作用,逐步确定了自身在全球价值链中的分工,实现了产业升级。20世纪70年代,欧美日因劳动力成本优势的逐渐消失继续将劳动密集型产业向"亚洲四小龙"转移,即全球第二次产业转移。"亚洲四小龙"能够在短时期内实现经济的迅速增长正是得益于对这一时期产业转移机遇的把握。在第三次产业转移中,中国作为发展中国家充分发挥其在劳动密集型行业中的比较优势,由东部沿海地区承接了欧美日以及韩国、新加坡等对劳动密集型产业的转移,发展步伐加快。发展中国家承接发达国家产业转移的过程也是参与全球价值链的过程。

进入20世纪90年代后,产业转移的行业发生了明显转变,生产性服务业代替制造业成为第四次产业转移的核心。在第三次技术革命的影响下,许多加工制造环节都变得简单易行,但研发、仓储物流、品牌经营、企业管理等附加值相对较高的生产性服务环节的发展相对缓慢。为了匹配跨国公司的研发需求,生产性服务环节发展提速,带动了一些高附加值的知识密集型服务行业向发展中国家转移。承接生产性服务业转移有利于加快发展中国家对传统制造业的改造,促进产业结构转型升级。

（二）全球产业转移的新特点

全球产业的转移过程中呈现出了一些新特点，这些特点的形成与全球价值链的发展密不可分。

第一，产业转移的主要方式发生了转变。20世纪80年代中期以前，三次产业转移主要依托对外直接投资实现，90年代以后，外包成为主要方式。外包（Outsourcing）指由其他（专门）公司代企业完成生产或经营中的一个或多个环节，借此实现资源整合及利用率的提升，获取更强的竞争力和适应力。在全球价值链分工体系下，企业难以在价值链的各环节上都发挥竞争优势，继而难以维持从前"纵向一体化"的生产组织模式，越来越多的跨国公司转向"横向一体化"的经营管理模式，专注于价值链中能将其优势最大化的环节，培育核心竞争力，对其他不具优势的价值链环节进行外包。企业可以通过外包快速获取外部资源，提高企业创新速度，通过风险分担降低供应风险和成本，通过灵活转换外包供应商增强市场适应性，或者享受外包形成的多环节规模经济。发达国家在全球价值链中占主导地位，这些国家的企业将稀缺的资源、能力等集中在附加值相对较高的价值链环节中，形成特有的竞争优势，企业的核心价值显现出了一定的虚拟化特征。具有相应比较优势的发展中国家则承接发达国家对简单加工制造环节等的外包，从事专业化的外包承接活动。随着全球价值链的逐渐分解和分工体系的不断深化，一些生产性服务环节，如融资租赁、人力资源管理、物流管理等也进入了企业的外包范围，并由企业的内部职能环节发展为提供专门生产性服务的独立供应商。

第二，产业转移的路径发生了变化。1990年以前发生的产业转移以劳动密集型产业为主，具体表现为制造业自发达国家向发展中国家的转移。90年代以后，产业转移的路径发生明显变化，既包括发展中国家间的转移，又包括发展中国家与发达国家间的相互转移。这一时期，早期承接发达国家劳动密集型产业转移的发展中国家也取得经济上的快速发展，这些国家劳动力成本的相对增加促使这类产业继续转移，另外一些发展中国家将成为这些产业发展的新天地。还有一些发展中国家不仅承接发达国家初级产品或工业制成品领域的产业转移，1990年以后，生产性服务业等也进入了其转移列表，且增长较快。而发展中国家向发达国家的产业转移主要体现为制造业向发达经济体的回流。近年来以服务业为发展主体的发达经济体内不可避免地出现了"产业空心化"现象，发达国家希望通过促进制造业产业回流来满足国内消费和服务业生产的需求，改善贸易状况。尤其是金融危机之后，美国、欧洲和日本等都提出"再工业化"发展战略，通过制定并出台一系列相关的促进法案或政策，增投资、降成本、提就业、调结构、注重绿色发展，促进新兴技术与传统制造业有机融合下高端制造业的建立，力图在新一轮制造业发展中占领制高点。

第三，产业转移的格局分布呈现新态势。经济全球化发展和生产技术不断进步促使全球价值链内的环节进一步分散细化。但是在这种价值链环节的"大区域分散"中还形成了产业"小地域聚集"的分布格局。在经济全球化的大背景下，区域经济也呈现一体化发展，区域经济组织内部的合作有利于各加盟国获得更好的发展。全球价值链中的每个环节都不是孤立存在的，某环节生产活动的有效进行需要与其密切相连的上下游产业的配合，市场竞争也不仅仅存在于单个企业之间，还存在于区域产业集群中。因此价值链中某个环节的转移往往会带动其配套产业的转移,产业转移相应地由单个企业或行业的转移转变为产业链的整体转移,从而形成协调运作的生产网络,增强区域产业竞争优势。如日本松下电器产业株式会社在杭州建立大规模生产基地,12家为其提供配件的供应商也随之迁移至杭州,以期降低成本、节约资源、共享市场与技术,进而提高整体产业集群的市场竞争力。

第四,产业转移的技术层次发生了变化。有研究表明,20世纪60年代,随产业转移的技术在母国和东道国均具有垄断特征;70年代转移的技术是母国国内成熟或标准化的技术,但仍具备一定的比较优势;到了20世纪80年代,母国转移的技术大多为基本不具有比较优势、即将被淘汰的技术,这一时期产业转移中的技术主要来自母国研发。但20世纪90年代以后的产业转移,即第四次产业转移,与前三次产业转移带有的技术转移层次有明显差异:母国转移的技术不再仅仅局限于高新技术产业加工组装环节所需的技术,一些高技术生产线也被很快地转移至发展中国家。在这一阶段的产业转移中,技术创新的扩散速度明显加快,并呈现出"高技术化"特征,组织形式甚至由原来的在母国研发再对外进行技术投资转变为直接在东道国从事研发。技术转移层次的变化会相应地促进一些产业转移,如物流、营销等,全球价值链分工体系也随之发生改变。这种转变符合各国的发展需求,有利于降低成本,加快成本回收速度,缩短盈利周期,提高盈利水平。

二、全球价值链对贸易政策的影响

全球价值链背景下的贸易政策要求关税及非关税壁垒、贸易便利化水平、国际投资规则、竞争政策等都发生变化,以利于各国更好地融入全球价值链,享受分工协作带来的利益。

(一) 关税及非关税壁垒

在全球价值链背景下,国际分工不断细化,一个产品从研发设计到加工制造再到最后的营销、售后等往往要跨越多个国家,国家间的贸易不再局限于传统意义上的最终产品,中间品贸易逐渐成为国家间贸易的重要组成部分,在总贸易额中的比重上升。根据OECD BTDIXE双边贸易数据测算,在全球制造业进出口中,中间品所占比例在80%左右。在中间品的多次跨境贸易中,即使是较小的关税或非关税壁垒也会因多次叠加而扩大,保护程度明显增加。贸易保护成本的增加最终直接反映在中间品的成本和价格中,进而影响到最终产品的成本和价格,阻碍了国家间的贸易往来,影响了各国的经济发展。在全球价值链下,各国应大幅度削减关税,尤其是中间品关税、降低非关税壁垒。具体而言,各国应修改原有贸易规则中不适宜的部分,如原产地规则中的累计原则,进一步降低平均关税水平,削减关税峰值,鼓励贸易自由化,同时取消进出口配额、进口许可证制度,通过与其他国家签订相互认可的协议、调整各自的规范与标准以符合国际惯例,建立较为统一的产品标准和认证体系等削减非关税壁垒。

(二) 贸易便利化水平

贸易便利化的核心在于通过简化和协调贸易程序,提升要素跨境流通的便利性,为国际贸易活动的顺利进行营造良好的环境。贸易便利化涉及的内容众多,提升贸易便利化水平不是一蹴而就的事情。在全球价值链背景下,产品的设计加工等环节往往分散在不同的国家,最终产品的制造依赖于各国企业的分工协作,而协作过程必然伴随着大量中间品的多次跨境流通。即使各国的关税水平降至很低的水平,甚至没有,国家间的贸易也会因烦琐的通关程序、低效的边境管理等受到不利的影响。许多国际组织都对这一问题高度重视,并积极推进转变。世界贸易组织第九届部长级会议上通过的贸易便利化多边协定的文本已于2017年2月正式生效,这是各成员对实施贸易便利化作出的承诺。价值链中的各国应采取相应的贸易便利化措施推动贸易便利化水平的逐步提升,有效降低贸易和经营成本,改善国家间的协作水平,提升贸易效率,促进全球价值链的发展。中国坚守规则并积极践行,认真全面履行《贸易便利化协定》承诺,展现大国担当,如2018年,国务院印发《优化口岸营商环境促进跨境贸易便利化工作方案》,紧紧围绕"减单证、优流程、提时效、降成本"等具体改革措施狠抓落实。近年来,伴随着"单一窗口""关检融合"等改革的深入推进,中国贸易便利化水平稳步提升。

拓展阅读

上海海关于2020年2月公布了一系列助力新冠疫情防控工作开展、支持企业复工复产的措施。其中,大力推动"数字清关"、加快上海跨境贸易大数据平台建设进程等颇具上海特色的内容正在形成上海口岸贸易便利化的新优势。

"数字清关"是指通过跨境"数字清关"公共服务平台对订单、支付、物流等原始数据采集、报关数据生成以及计税过程实行自动化管理,实现邮件、快件、跨境电商渠道的24小时无障碍通关。跨境贸易大数据平台是指在企业提前申报的前提下,大数据平台对企业申报的数据进行自动比对分析,通过供应链安全评估等方式开展风险评估,对守法者实施货物靠泊直提、卡口直放,实现无干预通关。大数据平台还可自动识别防疫相关的重点企业和物资,适用较低查验率。对特殊情况必须查检的,则优先安排查验、抽样、检测等作业。与这两项举措相适应,上海海关还提出了推广网上办理、无陪同查验、在线稽核查等应对疫情挑战的新举措。

"数字清关"平台和跨境贸易大数据平台是上海口岸近年来着力建设的贸易便利化助力平台。面对突如其来的疫情挑战,这两项措施不仅能够有力应对相关挑战,还将加速发展以满足抗击疫情的新要求。

上海口岸作为全国最大的对外贸易口岸之一,2019年货物进出口总额达到了8.43万亿元人民币,占全国货物进出口总额的26.7%。进入2020年,新冠肺炎疫情肆虐全球,广大外贸企业面临困境,为此,上海海关规定,在各省区直辖市人民政府确定并公布的复工日期之前,因疫情产生的进口货物滞报金予以免除;因疫情造成企业延期纳税的,在规定期限内免征滞纳金;对符合免税条件的防疫物资,及时退还已征收的应免税款。企业因疫情等不可抗力产生的技术性差错,上海海关也将依法免除相应法律责任。

此次公布的稳增长促发展措施还包括:将防疫物资"绿色通道"扩大到企业复工复产急需的进口原材料、零部件和机器设备以及化肥等农资产品;大幅度推广第三方采信制度;优化保税监管模式;牵头推进长三角区域海关协调联动,建立长三角口岸疫情联合监测、一体防控机制等。

(资料来源:新华网."数字清关"、跨境贸易大数据平台:上海口岸以贸易便利化新优势应对疫情挑战[EB/OL].(2020-02-26)[2023-01-18].http://www.gov.cn/xinwen/2020-02-26/content_5483550.htm,部分内容有删减)

思考题:
1. 数字化变革如何提升贸易便利化水平?
2. 试谈谈中国提高贸易便利化水平的原因与举措。

(三)国际投资规则

在全球价值链体系的影响下,贸易政策要求国际投资规则发生变化。以缔结双边条约为重心的国际投资规则正逐步向缔结区域条约的方向发展,投资协议内容也逐渐向"准入前国民待遇"和可持续发展转变,这些变化直接对国际投资制度产生了系统性的影响。当前各国缔结的国际投资协定数量持续增加,截至2021年年底,国际投资协定总数达3288项。2021年国际投资协定的改革趋势加快,有效条约终止的数量(86个)超过了新的国际投资协定的数量(13个)。国际投资者通过援引国际投资协定发起投资争端解决,国际投资规则当前的转变有利于现有条约的整合,许多国际和区域一体化组织都组织了协议范本的修订,这有助于世界各国在参与全球价值链的过程中切实维护自身利益,但也可能会因为与现行投资协定重合带来更多的不一致。

全球价值链的发展离不开相应的投资,完善投资环境有利于促进各国参与全球价值链。投资协议关注"准入前国民待遇",本质上是对外商投资的管理模式给予关注,保证外国投资者在外资进入阶段获得至少与本国投资者及其投资相同的待遇。具体而言,要简化投资准入审批程序,降低投资壁垒,不以技术转让为条件实施审批,减少外资的股权和所有权限制,建立外商投资服务体系等。目前,全球多个国家和地区都采用了"负面清单"管理模式。同时,外国投资者或企业也应履行相应的义务,国际上大多数国家都建立了外商投资信息报告制度,要求外国投资者或企业向商务主管部门等报告投资信息。这有利于引资国了解信息,加强管理,调整相关政策,加快投资自由化与便利化的步伐。

(四)竞争政策

竞争是市场经济的内在核心。竞争政策是一国政府为保护和促进市场竞争而实施的一项基本经济政策,也是优惠贸易政策的重要内容之一。产业政策、监管政策、贸易政策、创新政策等多种经济政策的有效实施都离不开竞争政策基础性作用的发挥。就贸易政策而言,两类最常用的政策就是鼓励出口的贸易政策和抑制进口的贸易政策,通常前者有助于加强市场自由竞争,后者则会抑制市场自由竞争。适宜的贸易政策能够强化竞争政策的作用,有效的竞争政策也能促进贸易政策转型。在全球价值链背景下,推动市场进一步开放,努力营造公平竞争的环境有利于增加企业的发展机会。同时,在更加广泛的竞争中,企业提高产品与服务质量的积极性与主动性有所提升,自主创新的活力被深度激发,有助于企业更好地发挥自身优势,提升其在国际市场中的竞争力。市场开放和公平竞争恰为竞争政策的核心,市场经济的发展趋势要求竞争政策发挥基础性作用。全球价值链中的各环节依赖贸易联系在一起,全球价值链的发展离不开相应贸易政策的支持。鼓励进出口的贸易政策对竞争政策的强化作用促进各国企业更好地参与全球价值链。

第五节　中国参与全球价值链的战略选择

一、中国参与全球价值链的历程

中国的外贸体制在改革开放前表现出较强的计划性和垄断性,财务上采用集中管理,这些特征逐渐阻碍了中国经济发展。1978 年,中国开启改革开放的新征程,中国改革开放的过程实际上也是中国参与全球价值链的过程。

1978 年到 1991 年,中国大力发展加工贸易,后又通过开展"三来一补"(来料加工、来样加工、来件装配和补偿贸易)业务解决资金短缺、产品不适销等问题。这种形式已经具备了全球价值链分工的特征,是我国尝试参与全球价值链的重要方式。20 世纪 80 年代末,"大进大出、两头在外"发展战略被提出,带动了我国沿海地区的外向型经济发展。我国充分利用人口红利,以加工贸易的方式参与全球价值链,既发挥了比较优势,满足了外国的发展需求,也弥补了我国原料、技术、设备、资金等方面的不足。加工贸易的不断发展提高了出口企业的盈利能力,增加了国家的外汇储备,促进了产业升级,大量人才也在这一过程中成长起来。对外承包工程劳务合作是这一时期我国参与全球价值链的又一主要形式,具有服务贸易的特征。此外,中国积极学习用多种方式利用外资,扩大了外资利用领域及规模,相继形成了经济特区、沿海开放城市和沿海经济开放区等。

1992 年到 2001 年可以视为中国参与全球价值链的一个新阶段。1992 年年初,邓小平同志发表"南方谈话",加快了中国改革开放的进程。同年 10 月,中共十四大会议将建立社会主义市场经济体制确立为中国经济体制的改革目标。中国改革开放的目标符合全球价值链的发展要求。这一时期,中国在社会主义的原则下,以市场经济规则参与全球价值链,主动降低进口关税、减少进口配额及其他的非关税措施数量,建立外商投资产业政策体系,积极参与国际区域经济合作。1992 年 1 月 1 日起,中国开始实施以《商品名称及编码协调制度》为基础的新税则,并加入相关国际公约。新税则成为国家间的商品比较的基础,为国际贸易提供了便利。中国的关税总水平也大幅下降,1992 年年底,3 000 多个税目的税率调整使关税水平降为 39.9%(此前为 42.5%),2001 年时,进一步下降为 15.3%。为了更好地承接全球价值链中的产业转移、吸引外资,中国对外商投资项目进行分类,对鼓励类项目给予优惠待遇,颁布相关政策法规,拓宽外资引进试点行业及领域,以更主动的姿态参与全球价值链。

2001 年 12 月 11 日,中国正式加入世界贸易组织,开启了我国参与全球价值链的新阶段。在较长的入世谈判过程中,中国已经推行了一系列改革,加入世界贸易组织后,中国继续履行入世承诺,降低关税和非关税壁垒,扩大市场准入,在这一过程中,中国表现出了很强的规则意识。从 2001 年到 2011 年,中国主要推行以发展为导向的举措,秉持"该立则立,应改则改,当废则废"的态度,对涉外经济法律体系进行改革,加快完善外商投资产业政策,推进区域引导政策落实。加入世界贸易组织的中国获得了更广阔的市场,受国际市场和规则的保护,但同时也面临更高的标准与质量要求,对中国来说机遇与挑战并存。国内企业可抓住机遇,充分利用国内国外两个市场、两种资源,提高资源配置效率,通过加强产业合作及区域整合提升全球价值链发展质量。此外,国内企业也必须提高对自身的要求,主动学习先进技术、培养创新意识、加快转型升级、提高产品质量,才能巩固和扩大比较优势,在竞争中获得一席之地,更好地融入全球价值链。

2012年至今是中国深度融入全球价值链的时代。中共十八大以来,新一轮改革开放进程持续推进,中国致力于构建开放型经济新体制。同时,中国也为全球价值链的发展积极贡献力量,发出"中国声音",贡献中国智慧。在2013年9月召开的二十国集团领导人第八次峰会上,习近平主席在《共同维护和发展开放型世界经济》的发言中明确提出维护自由、开放、非歧视的多边贸易体制的倡议,强调建设利益共享的全球价值链,宣示了中国以利益融合、互利共赢为导向的发展理念。中国多次在二十国集团贸易部长会议及峰会中强调要促进全球价值链向更均衡的方向发展,打造更具包容性的全球价值链体系;要重视发展中国家在全球价值链中的作用,给予其必要的支持,通过促贸援助等方式,让低收入国家也有机会融入全球价值链,提升获益水平,让广大发展中国家可以在全球经济治理中发出自己的声音。要关注中小企业的发展,促进跨国公司与其协作,加快弥补设施、技术等方面的不足。2013年,习主席提出"一带一路"倡议,这不仅是中国为建设高水平开放型经济新体系作出的重要决策,也是中国为促进全球价值链包容性发展作出的重要实践。中国在嵌入西方国家主导的全球价值链的同时主动建立更具自主性的全球价值链,致力于带动"一带一路"沿线国家共同发展。2016年5月,亚太经合组织(APEC)贸易部长会议上通过了由中国和印度尼西亚联合提交的《APEC促进发展中成员更好参与全球价值链的报告(第一阶段)》,该报告继续传递着发展中成员在全球价值链中争取合理位置和利益的诉求。2020年8月,商务部印发《全面深化服务贸易创新发展试点总体方案》,以期提升"中国服务"在全球价值链中的地位。

二、中国实现全球价值链升级的战略路径

(一)维护多边贸易体制,参与国际经贸规则重塑

中国要想实现在全球价值链中的升级,离不开外部环境的支持,多边贸易体制和国际经贸规则的重塑是全球价值链升级的出发点。在世界经济深刻调整、单边主义和保护主义抬头的情况下,多边贸易体制受到了严重的冲击,国际经贸规则也面临重塑。维护多边贸易体制、参与国际经贸规则重塑既是符合世界贸易发展方向调整的顺势之举,也是我国建设高水平开放型经济新体系、实现价值链攀升的必然选择。如果中国能提出促进各国互利共赢发展的方案,创建起良好的发展环境,自身也必将受益,由此不仅能促进产业的综合发展,同时还有利于形成中国在全球价值链治理体系中的发言权,树立起负责任的大国形象,提升在全球价值链中的地位,掌握发展的主动权,逐渐缩小与发达国家间的距离。

(二)巩固制造环节优势向价值链两端延伸

许多发展中国家都面临着购买商、资源等方面的约束,中国也同样如此。在过去较长

的一段时间里,中国主要依靠劳动力成本等优势发展加工贸易。要实现制造业环节的升级,一方面,可以承接发达国家较为高端的技术转移,根据国内不同区域的发展程度实行梯度发展;另一方面,通过"干中学"的方式,主动学习先进生产技术,实现工艺流程和产品的升级。中国还可以借鉴其他国家的发展经验,专注于自身产品品质的提升,以成为专业化细分市场的领导者为目标,钻研行业技术,成为专业领域的"隐形冠军",获得行业话语权。鼓励制造业与服务业相互融合也有助于中国实现全球价值链攀升。此外,中国还可以向全球价值链两端的环节延伸,以实现功能升级和链条升级。通过推动从事相似环节的企业加强合作,整合优势资源,促进信息交流;通过集群化发展,加速提升研发创新水平,打造自有品牌,并向国际市场迈进。

(三)提升技术能力,把握变革机遇

在新一轮技术浪潮和新冠肺炎疫情的影响下,全球价值链数字化转型方兴未艾,中国向价值链高端攀升的过程中面临诸多挑战。全球价值链数字化转型不仅强化了技术策源国的先发优势,增加了技术相对落后的国家实现技术追赶的难度,也改变了经济活动的空间分布,导致企业间的水平和垂直竞争加剧。此外,"经济增值"的分配机制也发生了改变。但全球价值链数字化转型也为中国实现"弯道超车"提供了机会。在新形势下,中国要深刻理解技术能力提升和创新经济增长路径在推动全球价值链升级中的关键作用,牢牢把握技术变革的机遇。首先,聚焦战略性产业发展,集中优势资源构建技术优势,推动功能升级。其次,加大政策支持力度,激活高技术产品需求,形成产业发展的良性循环。再次,促进产业分工和创新等领域的协同发展,提高竞争水平和要素利用效率。最后,提升劳动者的技能水平,主动匹配全球价值链升级的人才需求。

拓展阅读

中国开放型经济的"共轭环流论"[①]

近代以来,人类经历了三次全球化浪潮。前两次全球化浪潮(1870—1941年和1950—1980年)分别由英国和美国主导,而中国在这一过程中即使有参与,也处于弱势地位。以迅猛发展的全球价值链为主要推动力的第三次全球化浪潮(1980年至今)为改革开放进程中的中国带来了宝贵的机遇,也正是改革开放让中国得以把握这次机遇。近年来全球贸易的60%—67%都是价值链贸易,全球经济的主旋律正由价值链奏响。2017年,洪俊杰教授以新兴市场经济体为研究对象,在多国—产品内分工架构下进行分析,提出了中国开放型经济"共轭环流"理论。

在开放型经济向前推进的路途中,中国以试点为抓手,在实践中积累经验,稳扎稳打逐步推广,并与经济体制改革配合主动扩大开放,让有效整合的优质资源能够融入经济运行,促进市场经济不断迸发活力。改革开放四十多年来,中国对外开放成绩斐然,已完成

---

① 洪俊杰,商辉.中国开放型经济发展四十年回顾与展望[J].管理世界,2018,34(10):33-42;洪俊杰,商辉.中国开放型经济的"共轭环流论":理论与证据[J].中国社会科学,2019(01):42-64.

从国际分工"边缘国"向重要"枢纽国"、从"居轻国"向"居重国"的转变;开放策略方面,中国一改从前偏向出口和引资的开放方式,逐步转向双平衡式的开放模式。随着开放水平的不断提高,中国在"共轭环流"式分工布局中的枢纽作用进一步显现。

虽然中国已经实现了由贸易小国向贸易大国的转变,但现实存在的一些不可忽略的弊端仍极大地阻碍着中国在全球价值链中的位置提升。主要表现为:①价值链低端锁定,中国制造业被长期锁定于发达国家价值链的低附加值环节;②出口产品技术复杂度低,中国的出口复杂度与发达经济体相比仍有较大的差距;③核心技术对外依赖度高,中国尚未进入技术和高端制造的核心区,与领跑的发达国家有较大的差距,对关键技术的掌控力较弱,创新力有所欠缺。

基于对发达经济体价值环流和发展中经济体价值环流中各地的枢纽地位的测算,"共轭环流"理论得出以下基本观点:①发达国家价值环流和发展中国家价值环流共同构成了全球贸易网络,网络下的两大环流联系密切,相互影响,"共轭环流"式发展形成;②中国四十多年改革开放的努力夯实了中国经济快速发展的道路,中国已居于"共轭环流"的枢纽地位,这对中国进一步提升在国际分工中的地位起助推作用;③嵌入发达国家价值环流时,作为关键一环的中国可以通过技术升级获得复杂工序的承接能力,实现国际分工地位的攀升,但速度提升的空间收紧,呈现放缓趋势;④在中国与其他发展中国家的价值环流中,后者分工地位的提升对提升中国国际分工地位起助推作用,中国企业向价值链中高端攀升的机会增加。

中国开放型经济的"共轭环流"理论总结分析了中国在多年对外开放过程中取得的令世人瞩目的成就以及客观存在的问题,验证了中国在双环流中的枢纽地位,认为中国在发达国家价值环流中,应通过学习效应和竞争效应提升企业技术水平和生产效率;在发展中国家价值环流中,应增强对该环流的引领能力;通过两个价值环流的良性互动实现"双轮驱动"。"共轭环流"理论的提出对中国把握第三次全球化机遇、提升在全球价值链中的地位和国际影响力具有十分重要的指导意义。

思考题:
1. 中国在参与全球价值链的过程中取得了哪些成就?存在哪些问题?
2. 请结合"共轭环流"理论谈一谈中国应该怎样提高自身在全球价值链中的分工地位。

本章小结

1. 全球价值链概念提出前产生了价值链、价值增值链、全球商品链等概念。
2. 全球价值链治理机制受交易的复杂性、交易信息的可编码程度以及供给方的能力等三大因素的影响。在三大因素和全球价值链参与者间的权力关系结构的影响下,形成了市场型、模块型、关系型、领导型和层级型等五种治理模式。
3. 在全球价值链体系中,各国因为要素禀赋差异以及规模经济的存在承担了不同的分工,不同的分工对应不同的利益分配,处于"微笑曲线"两端环节的企业拥有较强的增值能力。
4. 在全球价值链分工体系下,企业所获收益主要来源于经济租,经济租又可分为内生经济租和外生经济租。

5. 实现价值链升级的路径包括工艺流程升级、产品升级、功能升级和链条升级四种。驱动模式及治理模式的差异会造成价值链升级路径的差异。

6. 全球价值链会影响全球产业发展。随着全球价值链分工的不断细化，全球四次产业转移也呈现出一系列新特点。产业转移的主要方式、路径、格局分布、技术层次都发生了变化。

7. 全球价值链背景下的贸易政策要求关税及非关税壁垒、贸易便利化水平、国际投资规则、竞争政策等都发生变化，以利于各国更好地融入全球价值链。

8. 中国参与全球价值链的历程较长，受每个时期的经济实力及发展水平的影响，参与的方式和程度也表现出一定的差异。

9. 中国可通过维护多边贸易体制并参与国际经贸规则重塑、巩固制造环节优势向价值链两端延伸以及提升技术能力把握变革机遇等方式促进全球价值链升级。

重要术语

价值链（Value Chain）
价值增值链（Value Added Chain）
全球商品链（Global Commodity Chain，GCC）
全球价值链（Global Value Chain，GVC）
垂直专业化分工（Vertical Specialization，VS）
国际生产网络（International Production Network）
全球供应链（Global Supply Chain）
市场治理（Market Governance）
科层治理（Hierarchical Governance）
混合型治理（Hybrid Governance）
经济租（Economic Rent）
微笑曲线（Smiling Curve）
原始设备装配（Original Equipment Assembling，OEA）
原始设备制造（Original Equipment Manufacturing，OEM）
自主设计制造（Own Design Manufacturing，ODM）
自主品牌制造（Own Brand Manufacturing，OBM）
外包（Outsourcing）

思考讨论

1. 试运用全球价值链理论分析中国出口贸易的发展。
2. 如何进一步促进发展中国家融入全球价值链？
3. 简述传统制造业实现全球价值链升级的机遇与挑战。
4. 全球价值链重构的原因有哪些？哪些因素推动了全球价值链重构？

案例分析

传统产业的升级探索

毛针织服装产业自嘉兴秀洲的洪合镇和嘉兴桐乡的濮院镇发展起步。前几年该产业的发展已处于落后状态，濒临淘汰，但创新促使传统产业从低端转向高端。

浙江华新实业集团通过将行业条件与实践要求有机结合，经过一系列探索，为毛纺织行业提升竞争优势、实现升级发展树立了典范。集团将总部设立在嘉兴市秀洲区，以"培育、创新、服务、发展"为宗旨，聚焦毛纺织特色产业，致力于为中小微企业成长提供全方位、多层次的服务。2000年成立的浙江华新实业集团从原料经营、小市场建设起步，2005年正式开启了产业集聚成长模式的探索。"嘉兴毛衫业科技创业园"是该模式的第一代，主要基于"加工生产建设孵化器"的角度进行建设。作为第二代的"清河羊绒制品市场及创业园"开始向原材料收购、仓储、检测、供应、成品展销等整体建设扩展。之后又经过"河北南宫羊绒产业科技升级创新基地项目"和"濮院毛衫创新园"两代的发展，园区功能逐步完善，"华新产业集聚成长模式"也逐渐成熟，已发展成带动产业转型升级的新模式。

2017年，产业集群中的企业数已经超过1.5万家，销售额超过600亿元，走出了产业转型升级依托产业集群的新模式。华新实业集团是如何打造产业集群的呢？首先，推动小企业转变思想观念。小企业迈向中高端市场有赖于良好的发展观念，必须纠正存在于大量"低小散"企业中的不规范行为。在政府的支持下，华新实业集团兴建华新小微企业成长学院，为小微企业的创新、院校对接、思维培养提供相应的培训。其次，推进"低小散"环境治理。集团倡导集群发展，提升土地利用效率；落实"个转企""企升规""规改股"的企业成长计划，加强商标注册、自主品牌建立、纳税方面的引导，培育创新动力。最后，推动创新，加强相关标准建立。集团加大在设计、科技开发与服务方面的投资，引进人才，搭建创新与升级平台，推动绵羊绒原材料标准的建立。

从规范上、标准上打通产业集群的渠道是纺织业向中高端发展的基础，发展智能制造是纺织业迈向中高端发展的必经之路。智能制造的核心是个性化定制和智能化产品生产。如使用芯片技术让普通的毛衫成为智能产品、探索对穿着者的身体有好处的保健功能、建立起掌握毛衫数据的渠道。华新实业集团从未停止搭建公共平台、推动专业市场加快转型升级的步伐，为实现车间、仓储物流、产品研发中心等的智能化，集团进行大额投资，进而带动整个产业的创新发展。

（资料来源：
1. 中国经济网. 促进我国产业向全球价值链中高端迈进[EB/OL]. (2017-11-13)[2022-12-30]. http://12365.ce.cn/zlpd/yw/yw/201711/13/t20171113_5830075.shtml；
2. 沈静.中小企业聚沙成塔 奋进毛绒纺产业新时代 浙江华新实业集团有限公司董事长沈建华谈产业集聚成长模式[J].纺织服装周刊,2018(02):8-9,部分内容有删减)

思考题：
1. 华新实业集团为推动传统产业转型升级作出了哪些努力？
2. 请查阅资料谈一谈全球价值链下如何促进产业集群转型升级。

参考文献

洪俊杰,商辉.中国开放型经济发展四十年回顾与展望[J].管理世界,2018,34(10):33-42.

洪俊杰,商辉.中国开放型经济的"共轭环流论":理论与证据[J].中国社会科学,2019(01):42-64.

雷昊,刘林青,谭力文.全球价值链治理[M].北京:中国人民大学出版社,2012.

林桂军,崔鑫生.以全球价值链比较优势推动再开放——对改革开放40年外经贸重大里程碑事件的回顾与展望[J].国际贸易问题,2019(01):1-13.

刘晶.跨境电子商务与我国企业全球价值链地位提升[J].商业经济研究,2017(09):71-74.

刘志彪.构建"一带一路"包容性全球价值链[N].经济参考报,2019-07-24(007).

盛斌,陈帅.全球价值链如何改变了贸易政策:对产业升级的影响和启示[J].国际经济评论,2015(01):85-97+6.

王春蕊.全球价值链视角下中国贸易便利化政策研究[M].北京:对外经济贸易大学出版社,2018.

徐清军.全球价值链及多边贸易体制研究[M].上海:上海人民出版社,2017.

杨光普,魏加宁.深化对竞争政策基础性地位的认识[N].经济日报,2019-02-20(012).

赵楠.国际产业转移的技术路径、投资方式与我国外包基地建设[J].国际贸易问题,2007(10):92-95.

Gereffi G, Humphrey J, Sturgeon T. The governance of global value chains[J]. *Review of International Political Economy*, 2005, 12(1): 78-104.

Kogut B. Designing global strategies: Comparative and competitive value-added chains [J]. *Sloan Management Review*, 1985, 26(4): 15-28.

第十章　品牌国际化

[学习目标]
- 建立对品牌国际化的基本认识
- 理解品牌国际化面临的挑战
- 掌握品牌国际化开展与实施的策略
- 了解中国品牌国际化的发展
- 了解品牌国际化企业的社会责任,树立履行社会责任的意识

[素养目标]
- 明确尊重各国文化差异的重要意义,培养国际视野与思维,增强道德修养
- 认识"企业社会责任"和"人类命运共同体"的发展大势,理解个人、企业和国家的时代责任和历史使命

[引导案例]

奇瑞打造国际化品牌的新路径

奇瑞汽车自成立之初就将打造具有全球竞争力的国际化品牌作为其长期发展战略,并在二十多年的发展历程中坚持此目标,也因此取得了一系列耀眼的成就。

2018年,在中国车市遇冷的大环境下,奇瑞集团依然创建了销售量同比增长11%的历史新纪录,在其销售的75.3万台汽车中,约有12.7万台销往海外市场。2018年也是奇瑞实现新能源领域突破的一年,该年销售新能源汽车9.05万台,同比增长146%,其中小蚂蚁(eQ1)单品牌的销量同比增长超过100%,在电动汽车(EV)市场中占据领导地位。2020年,在贸易保护主义抬头以及新冠肺炎疫情的冲击下,奇瑞汽车海外出口业务依然交出了不错的"成绩单",全年共出口11.4万辆,同比增长18.7%,较高的出口量使奇瑞连续18年占据中国品牌乘用车出口量第一的宝座。奇瑞汽车以"匠心打造卓越品牌"为企业愿景,注重技术、品质、国际化的提升,致力于将奇瑞打造成一个具备国际竞争力的国际化品牌。

汽车工业属于技术密集型产业,汽车品牌要想被国际市场认可必须紧抓技术创新。目前,奇瑞的专利量位居中国汽车行业前列。依靠技术专利,奇瑞推出了1.6TGDI发动机(获评2019年度"中国心"十佳发动机)、1.5TCI+9CVT+48V轻混增压动力系统以及四大

产品平台等一系列创新成果。奇瑞还通过建立全球统一标准的生产管理体系 CPS 来保障产品质量。先进的技术与可靠的品质是助力奇瑞实现品牌国际化的关键。与此同时,奇瑞还在深耕海外市场的过程中积极履行社会责任,在当地建工厂,促进就业,支持民生等公益事业。2020 年,新冠肺炎疫情肆虐全球,奇瑞在国内采购了 360 余万件物资支援海外,并提供抗疫经验,以实际行动支持抗疫,用责任书写"中国品牌担当"。

奇瑞的国际化发展战略分为"走出去""走进去"和"走上去"三步,发展的侧重点分别为:从发展中市场入手,将出口贸易作为主要形式,实现产品的海外销售;拓展新兴市场,如俄罗斯、智利等,从生产和渠道两方面入手进行管理,以提升营销能力、促进品牌建设;迈进欧美等主流市场,深入开展国际布局,打造国际一流汽车品牌。2014 年,奇瑞集团开始了由"走出去"向"走进去"的转变,如今奇瑞已进入品牌"走上去"的新阶段。截至 2020 年年底,奇瑞汽车已经销往全球 80 多个国家和地区,累计出口超过 170 万辆。

"三步走"发展战略只是奇瑞走向全球的开始。进一步整合全球各大研发网点的专业知识储备,积累开发能力等重要资源,并将其融入全球化的产品开发流程是奇瑞未来发展的重要计划,这将有利于奇瑞进一步提升参与全球市场竞争的能力。根据奇瑞"双 50"战略,到 2025 年,奇瑞将实现汽车出口 50 万辆,出口额达到 50 亿美元的目标。

(资料来源:

1. 中国名牌网.奇瑞打造国际化品牌的新路径[EB/OL].(2019-03-15)[2023-02-26].http://www.chinatopbrands.net/s/1450-5731-5143.html;

2. 网易.全球化发展持续深入 奇瑞连续 18 年居中国品牌乘用车出口第一[EB/OL].(2021-01-20)[2023-02-26].https://www.163.com/dy/article/G0PF4FO205278S8L.html)

思考题:

1. 奇瑞汽车为什么在车市遇冷、外部环境严峻的时期仍然能保持销售增长?
2. 奇瑞汽车在进行品牌国际化时是如何选择目标市场的?采用了哪些方式进入国际市场?

奇瑞汽车凭借先进的技术和可靠的品质,按照"走出去""走进去"和"走上去"三步走发展战略推动了品牌国际化进程,未来奇瑞汽车还将持续努力提升国际市场竞争力,提高品牌在国际中的影响力。品牌国际化是企业国际化的重要组成部分,所属不同产业的企业可以依据自身优势选择适合的品牌国际化路径。本章将从品牌国际化概述、品牌国际化的实施条件与障碍、品牌国际化决策、中国品牌国际化、品牌国际化中的企业社会责任等几个方面对品牌国际化进行梳理和讲解。

第一节 品牌国际化概述

一、什么是品牌国际化

(一)品牌的含义

要了解什么是品牌国际化,必须先了解什么是品牌。品牌(Brand)一词由古挪威语发展而来,brand 的英文释义为在(动物)身上打烙印、(打在动物身上的)烙印。这种烙印旨在区分动物的所有者,品牌一词也自然含有这类含义。早期品牌被用作区分商品的标志。随着商品经济的发展,品牌的含义也丰富起来,品牌的作用也不断拓展。到目前为止,学界尚未给出一个为大家所公认的品牌定义。

中世纪时,品牌的内涵只是某种产品可视化的符号象征,当时产品上的标志一般为工匠名、行会名和城市名三类。1955 年,奥美广告创始人大卫·奥格威(David Ogilv)认为品牌是一种错综复杂的象征。它是品牌属性、名称、包装、价格、历史、声誉、广告方式的无形组合。1960 年,美国市场营销协会(American Marketing Association, AMA)提出,品牌是一种名称、术语、标记、象征、设计,或是它们的一种组合,其目的是辨认某个销售者或某群销售者的产品或服务,并使其与竞争对手的产品或服务区分开来。该定义是对品牌较为传统的定义,主要阐释了品牌在消费者和销售者两个视角下的差异化符号特性。1994 年,菲利普·科特勒(Philip Kotler)则提出品牌应至少包括属性、利益、价值观、文化、个性和使用者等六方面的内容。该定义较为全面地阐释了品牌的内涵。2001 年,莱斯利·德·彻纳东尼(Leslie De Chernatony)教授对品牌的释义进行分类后从输出、输入及时间等三个视角加以阐释。孙丽辉和李生校主编的《品牌管理》一书中综合了品牌内涵,认为"品牌是由名称、标志、象征物、包装、口号、音乐或其组合等一些区隔竞争的符号而联想到的基于价值的消费者与组织或个人之间的关系及其带来的无形资产"。因此,品牌很难被简单定义!

(二)品牌的属性特征

1. 品牌是无形的,但它可以通过直接或间接的载体来表现自己。主要的直接载体包括标识、文字、声音等,主要的间接载体有价格、质量、知名度、美誉度等。品牌也因此具有集多种沟通代码于一体的特性。

2. 品牌属于知识产权范畴,具有明显的专有性,品牌所有者通过法律认定可获得品牌的专有权。

3. 对企业来说,品牌属于无形资产,具有极强的扩张力及影响力,其代表的意义、品质、特性等能为品牌所有企业带来超额收益,是企业参与市场竞争的重要砝码。

4. 品牌同时也存在着不确定性和风险性。它为企业带来的超额收益或大或小,甚至会因其代表的内涵发生意外问题而在短时间内让收益大幅"缩水"。

5. 对消费者来说,品牌相当于企业给予的承诺和保证,是影响消费者选择的重要因素。

(三)品牌国际化的含义

品牌有多种分类方式,如按照品牌的市场半径和影响范围大小分类,品牌可分为区域性品牌和国际品牌;按品牌目标客户消费层次差异分类可分为高端品牌和大众品牌;按品牌价值形成的特点分类可分为高技术品牌、高文化品牌、一般品牌和精英品牌;按品牌所依托的载体、层级和本体特征分类可分为产品品牌、公司品牌、区域品牌和国家品牌;按品牌所包容的产品品种分类可分为单一品牌和复合品牌等。

其中按照品牌的市场半径和影响范围大小分类下的区域性品牌主要指在某一特定地区或国家具有较高知名度的品牌,该分类下的国际品牌则相应指在国际市场上有较高认知度及美誉度的品牌。并不是所有的区域性品牌都能成长为国际品牌,但国际品牌的起点都是区域性品牌。品牌国际化的侧重点正是一个品牌的影响力从较小的市场半径扩展至全球范围的动态过程。但到目前为止,学术界对"品牌国际化"还没有一个完整统一的定义。韦福祥在《品牌国际化:模式选择与度量》一文中写道:"品牌国际化,又称为品牌的全球化经营,是指将同一品牌以相同的名称(标志)、相同的包装、相同的广告策划等向不同的国家、不同的区域进行延伸扩张的一种品牌经营策略,以实现统一化和标准化带来的规模经济效益和低成本运营"。大石芳裕(2004)认为,品牌国际化就是企业品牌打入国际主流市场并被接受的过程。韩中和(2008)认为品牌国际化是在国际市场尤其是在国际主流市场建立品牌资产的过程。基于上述文献,本书认为品牌国际化是企业在保持品牌的名称、标志外观、价值理念以及品牌所象征的产品及服务品质等的基础上,通过统一的市场营销组合逐步扩大品牌的全球市场占有率,使企业实现多环节的规模经济,最终提升企业经济效益的过程。

品牌国际化既强调空间上的扩展,也强调时间维度上的变化。从空间角度来看,品牌国际化的过程是本土品牌突破本国区域界限向更广阔的空间延伸的过程,是企业将其拥有的品牌在全球范围内营销与传播,扩大国际影响力的过程。从时间角度来看,品牌国际化是一个逐步推进的过程,而非一朝一夕所能达成的,品牌国际化是企业付出长期努力才可能实现的目标。

品牌国际化并不等于国际化品牌。首先品牌国际化突出的是拓展过程,国际化品牌则强调结果。其次,品牌国际化的结果也不完全等价于国际化品牌。品牌国际化的"国际化"更倾向于指"全球化",即其市场的覆盖面更广,囊括了世界上绝大多数的市场。此外,品牌国际化强调传播和营销过程中品牌价值理念、品牌识别系统的一致性,以及向消费者提供基本相同的产品或服务。

品牌国际化也不等于品牌的跨国营销,两者既有区别又有联系。品牌国际化和品牌跨国营销都是利用市场营销组合去开拓市场。但两者采用的市场营销策略存在差异,对市场的定位也有较大差异。品牌国际化将全球范围内的市场视为无差异的、统一的,因此其拓展市场时采用的品牌及市场营销组合也相同,以品牌国际化为目标的企业向各国消费者提供无差异的产品与服务。品牌的跨国营销则将全球各市场视为多个独立的市场体系,企业会依据各个国家的市场特征制定相应的策略,去匹配差异化的需求,因此采用的品牌和市场营销组合策略可能相同,也可能不同。

二、品牌国际化的衡量指标

品牌国际化是一个长期过程,在这个逐步发展的过程中,企业需要及时准确地了解自己所拥有的品牌的发展状况,如何测度或衡量品牌国际化的程度就成为不可避免的问题。

一些学者提出了衡量品牌国际化程度的五个角度:该品牌产品外销比重(按销售量(额)计算)、市场对品牌的认知程度和品牌销售分布三个出口视角标准,以及资源和人才的国际化水平(韦福祥,2001)。这种衡量标准主要以品牌国际化的形式为依据进行划分。也有学者从定量和定性两个角度进行区分,前者包括品牌的知名度和美誉度、品牌估值、企业经营国际化程度,后者包括品牌国际化经营的时间、区域分布、输出方式(苏勇和张

明,2005)。基于这些探讨,本书认为可以贴合品牌的属性特征和品牌国际化的内涵给出以下几种衡量方式:

第一,多形式品牌国际化的覆盖范围及份额。品牌国际化强调空间性,在拓展市场的过程中可采用多种形式。最基础的方式为依托产品出口的品牌输出。如果该品牌产品销售的分布十分有限,即使该品牌为销售地大众广泛认可,占当地市场份额比重较大,也不能认为品牌国际化程度高,只能认为该企业尚处于品牌国际化的初始阶段,只取得了阶段性的成功。较高级的拓展方式依托资本。企业可以在目标市场投资建厂、设立研发机构等,逐步实现资源和人才的国际化,激发品牌持续发展的活力,实现品牌扩张。最为高阶的形式是直接将品牌以无形资产的形式输出,即品牌的直接输出,通过签订商标使用合同,授权品牌使用许可权或输出品牌的管理、经营经验等扩大影响力并提高市场占有率。这三种形式虽然有级别上的差异,但不一定存在时间上的严格分割,在衡量品牌国际化的覆盖范围及份额时应注意考量多种形式。

第二,品牌国际化的市场拓展时长。品牌国际化是一个长期过程,对品牌国际化程度的度量离不开时间层面的测度。品牌国际化的市场拓展时长包含两方面的含义:①多形式品牌国际化拓展新市场所需的时长。企业选定某种形式进行品牌国际化时并不能立即看到结果,企业实现市场进入的时间才可以作为品牌国际化程度的衡量标准。在互联网时代,信息的传播速度非常快,一个品牌在进入某国市场前就可能为当地消费者熟知,该品牌在其他地区或国家的影响力会影响另一地区或国家消费者的认知,一个高国际化程度的品牌在拓展新市场时会相对容易。②品牌国际化的持续时间。企业进入一国市场后是否能维持长期生存、不断迸发活力是考察品牌国际化程度的另一标准。如果企业品牌在国际市场中长期存在,那么可以认为该品牌在国际市场中有一定的竞争力。经过时间和市场双重检验的品牌拥有相对较高的国际认可度,其国际化程度也相对较高。

第三,品牌的知名度和美誉度。品牌是无形的,要依靠直接和间接载体来表现自己。间接载体中的知名度和美誉度可以作为衡量品牌国际化程度的标准。品牌相当于企业对消费者作出的关于产品属性、品质、服务等的一系列承诺,"承诺"的受众越广,即品牌的知名度越高;消费者对"承诺"的积极正向反馈越多,即品牌的美誉度越高。消费者的认可度会直接影响企业品牌市场拓展的潜力。品牌的知名度和美誉度越高,品牌国际化程度也相应越高。

第二节 品牌国际化的实施条件与障碍

一、品牌国际化的实施条件

(一)全球经济一体化

20世纪90年代以来,随着国际贸易、跨国投资等企业国际化活动的增加,全球经济一体化的趋势也更加明显。在全球经济一体化的背景下,各国企业的市场竞争压力相对较大,企业必须选用合适的发展战略提升自身在更广阔的市场中的竞争力,品牌国际化逐渐成为许多跨国公司的发展战略和长期目标。品牌国际化并不是企业在这一时期突然提出的新策略,早在20世纪五六十年代就已有迹可循,贝纳通、必胜客等品牌曾尝试将小范围内销售不错的品牌推广至更多的国家或地区。企业可以通过产品出口扩展品牌在全球范围内的影响力,也可以通过资本输出、投资建厂或以无形资产的形式进行品牌的直接输出来增强自身在全球市场中的竞争力。有一定规模的企业通过品牌国际化,以较低的营销成本、较小的风险进入全球范围内的市场,不仅有助于巩固自身现有规模优势,还有利于产生生产、分销过程中的新规模经济。

(二) 互联网等技术的普及

品牌国际化需要借助一定的技术,或者说新技术在一定程度上为品牌国际化提供了支持,有利于加快品牌国际化的速度。互联网技术的快速发展与普及为品牌国际化提供了客观上的支持。1993年,互联网开始对公众开放。根据互联网世界统计(Internet World Stats, IWS)数据,截至2020年12月31日,全球互联网用户数约为50.54亿人,占全球总人口的64.20%,其中发达国家的互联网用户占比达到82.17%,发展中国家互联网用户占比达到61.48%。这意味着全球范围内一半以上的人都可以通过互联网联系起来。企业在进行品牌国际化时可以借助互联网等新技术、新方式在多个国家同时采用统一的市场营销策略组合进行品牌宣传与推广,既节省了时间,节约了成本,又有利于在多样化的市场竞争中潜移默化地提升品牌影响力。此外,传媒理论也指出受众个体价值观容易受到大众媒体等宣传的主流价值观的影响。企业可以通过全球性的媒体宣传其品牌理念及价值观,这是企业主动调整目标市场消费者消费观念的一种方式,是化被动适应为主动调整的可行策略,企业可以在满足消费者需求的基础上创造需求,逐步构建品牌优势,增强品牌在全球范围内的影响力。

(三) 人口国际流动的增加

随着社会的发展,消费者对国家间意识形态方面的包容性有所提高。此外,交通技术的进步、经济水平的提高,也为越来越多的人走出国门,在本国以外的其他国家及地区学习、工作、生活等提供了便利。劳动力国际流动的增加可以从两方面影响企业的品牌国际化。第一,品牌国际化涉及人力资源的国际化,而人力资源的国际化离不开劳动力的国际流动。瑞典的ABB公司的人才来源多元,不仅体现在最高决策层,还体现在子公司的管理层,仅执行委员会的12人就分别来自瑞典、瑞士、德国和美国四个国家。公司在实现决策层人才来源国际化的同时,也造就了企业文化的多元化,有利于企业丰富品牌内涵,提升品牌的文化适应性。第二,人口的国际流动不仅是人的跨国移动,还伴随着凝结在个体中的价值观、文化、偏好的移动。这些跨国流动人口在客观上增加了某些品牌商品的消费,尤其是当跨国人口流动达到一定数量时,这种影响会直接带动品牌的国际化发展。同时,跨国流动人口在生活的过程中伴有文化的交流、融合,对所在地居民的消费习惯、价值观形成带来一定的影响,为品牌国际化提供了需求基础。

二、品牌国际化的障碍

品牌国际化可以为企业带来许多好处,凯文·莱恩·凯勒(Kevin Lane Keller)总结了全球营销的六点好处:获得生产和分销的规模经济、较低的营销成本、强大的实力和范围、品牌形象的一致性、迅速有效产生新观念的能力以及营销实践的一致性。品牌国际化意味着施行统一的市场营销策略组合,为消费者提供更多"有承诺的"选择。但在实施品牌国际化的过程中,困难在所难免,一个国家的品牌在向其他国家营销、传播时可能遇到多方面的阻碍。

(一) 文化方面

文化是企业进行品牌国际化过程中需要考量的重要因素。一国范围内的文化多样性会影响消费者对品牌的认知度和美誉度,当以全球市场为目标时,不可避免地会遇到更多文化上的障碍。

1. 价值观差异

价值观是个人对客观事物及个人行为结果的多角度的评价,人的行为受价值观的影响,有固定的倾向性,人们会依据价值观评判事物的对错好坏,价值观不同的人也会展现出不同的行为和态度。一个人价值观的形成受家庭和社会的影响,并且在一定程度上不可逆。社会文化的不同会造就差异化的价值观。企业在实施品牌国际化的过程中传递出来的品牌价值观在很大程度上影响了消费者的选择与认可度。品牌蕴含的价值观可以视为品牌的感情定位,品牌价值观与目标市场消费者的价值观越接近,越容易发挥品牌在当地的影响力,越有利于刺激消费者需求。梅赛德斯-奔驰对其在中国的品牌理念——"心所向,驰以恒"的诠释是:"梅赛德斯-奔驰,创新的激情永不灭。作为汽车发明者,我们从未停下脚步,探索,创造,颠覆,革新,为心中所向,持之以恒!"这是梅赛德斯-奔驰追求"最好"的精神体现,表明了企业将持之以恒地以客户为核心,努力提供与其品牌形象相匹配的最上乘的服务与品质的决心。"心所向,驰以恒"与当代价值观紧密融合,激励中国受众坚定人生理想,勇于创新,努力实现心中的"最好"!这一品牌理念有利于提升梅赛德斯-奔驰在中国市场的影响力,进而有利于带动需求。

2. 语言障碍

语言是文化的外在表现。不同语系的消费者在对相同事物的表述与理解上存在差异。企业在向全球市场宣传推广其品牌的过程中往往需要借助广告,用简短的语言传达最核心的内容,此时翻译偏差会直接影响当地消费者对该品牌的认知。程度较轻的情况是低效信息传递,即信息传递不完全,不能充分展现品牌优势,体现品牌价值。更严重的情况是信息传递错误,这会直接造成当地消费者对品牌理念的误读。如品牌名的翻译未能贴合消费者所在地区语言文化会直接影响其销售状况。中国上海的"白翎"牌钢笔的英文翻译为"White Feather",其在英语国家的销售状况不佳,因为在英语国家的理解中,"White Feather"是怯懦的象征。语意上的差异影响了企业的品牌国际化进程。语言障碍还可能体现在语音上。如日本东芝(Toshiba)公司曾有一句广告语"东芝,东芝,新时代的东芝",但前两个"Toshiba"按照日语发音被谐音化中文的"偷去吧",后半句又被很多人误听为"谢谢你的东西",整句广告语承载的意义就被完全颠覆了,给品牌带来了一定的不利影响。语言障碍虽然是许多企业普遍面对的问题,但该障碍的解决相对容易。

3. 风俗习惯差异

风俗习惯的差异也会影响品牌在目标市场的接受度。国家间风俗习惯的差异相对复杂,而且难以改变,如果企业在实行品牌国际化之前没有做相应的信息收集,则会使品牌国际化的过程受阻。品牌标志作为品牌的直接载体,其配色十分值得考究。品牌宣传、产品销售过程中涉及颜色问题时也应谨慎选择。例如,虽然绿色为许多国家喜爱,认为这种颜色象征着朝气与活力,但是日本、马来西亚、埃及等则不然,认为绿色与疾病有关,不吉利。中国认为红色是喜庆、热烈的象征,但英国将红色与残暴、不吉利联系在一起。百事可乐就曾因为将南亚地区的销售装置和冷藏设备的外观颜色从深蓝色调整为浅蓝色,忽略了南亚地区认为浅蓝色与死亡、奔丧相联系的风俗习惯,丧失了在南亚地区销售的优势地位。

(二) 环境方面

1. 法律环境

不同的国家在发展过程中也形成了不同的法律体系,这在客观上构成了企业品牌国际化的障碍。企业的某种营销方式可能在一国合法,而在另一个国家就非法。这对实行统一化的市场经营策略组合、使用相同的宣传方式的品牌国际化过程造成了阻碍。例如,以"性"作为广告诉求的商业行为在欧美国家合法,但在中国不合法;英国广告法规定不能使用英雄人物形象作为烟草广告代言人;奥地利禁止使用儿童形象做广告。这种法律障碍可能出现在发展中国家与其他发展中国家间,可能出现在发展中国家与发达国家间,还可能出现在发达国家与其他发达国家间。另有一种障碍往往出现在发展中国家的企业品牌向发达国家拓展的过程中,即技术标准障碍,如环保指数标准、卫生检疫标准等。多数情况下这些标准的设定者是发达国家,而发展中国家受技术限制常常难以达到,这些技术标准形成了发展中国家品牌国际化过程中的壁垒。要想突破技术壁垒,发展中国家一方面可以获取国际市场的通行证,如进行ISO14001环境管理体系认证,另一方面,发展中国家应积极主动地设立全球公认的标准。

2. 竞争结构

进行品牌国际化既是企业实现自我超越的过程,也是与其他竞争者较量的过程。竞争对手的数量和实力、其他企业的品牌知名度和美誉度、营销能力、市场占有率、产品生命周期等共同构成了品牌的市场竞争结构。在全球范围内,相同的品牌会面临各种不同的市场竞争结构,这直接影响其目标市场的拓展。有调查显示确实存在上述现象:美国、欧洲和日本市场的消费者对品牌的心理位置排名掺杂本土观念,排名前十的多为本土品牌,其他国家或地区则没有这么明显的本土性。企业在品牌国际化的过程中应充分考虑这一因素,选择恰当的目标市场,依据品牌的市场竞争结构调整并确定品牌在目标市场的定位。

第三节 品牌国际化决策

在理解了什么是品牌国际化以及品牌国际化实施过程中可能碰到的障碍后,企业需要进行具体的品牌国际化决策,主要包括国际目标市场选择、市场进入策略选择和市场营销模式选择。

一、国际目标市场选择

企业品牌国际化的对象即国际目标市场,企业在实施具体战略前应对整体方向有所把握。企业首先应该对全球市场进行划分,选定适宜的细分市场进行品牌推广。目前企业常采用的宏观细分标准有地理位置、经济发展水平、文化相似性。

(一)依据地理位置选择国际目标市场

按地理位置对市场进行划分可分为国内市场和国际市场。国际市场概念下可进一步划分出区域性市场。区域性市场具体指地理位置相邻的一些国家或地区构成的市场,这些国家或地区一般在同一大洲内。由于地理位置接近,这些国家的文化、习惯等在发展中也表现出一定的相似性。另外,一些地理区域上接近的国家已经形成了一些经济联合组织,如北美自由贸易区、欧洲自由贸易联盟、亚太经合组织、西非国家经济共同体等。这使得区域性市场中的企业能够在该范围内更加自如地实施品牌国际化,企业的营销成本投入得以大大降低,品牌国际化的成功率较高。但是,依据地理位置选择国际目标市场存在局限性。随着区域内品牌的相互拓展,竞争也相应加剧,企业的品牌国际化进程可能会减缓。依据地理位置选择国际目标市场只适用于初次实施品牌国际化的企业以及一些较为特殊的具有地区适用性差异的品牌产品。

(二)依据经济发展水平选择国际目标市场

不同国家或地区的经济发展水平也存在较大差异。按经济发展水平对国际市场进行划分可分为成熟市场和发展中市场。成熟市场中的大多数消费者已不仅仅满足于基本生活所需的商品,而开始更多地关注能够改善和提升自身生活品质的商品。成熟市场常常表现出以下特征:现代文化高度发达、教育及医疗保障体系完善、媒体渗透率高且竞争充分和人均生活水平较高等。发展中市场的消费模式和消费结构则不同于成熟市场。发展中市场的大多数消费者对基本生活所需商品的关注更多。发展中市场最明显的特征是市场需求处于由基本生活品向高端消费品过渡的动态变化中。

企业按经济发展水平选择品牌国际化的国际目标市场时应明确两类市场各自的特点,以便为企业品牌国际化选择恰当的目标市场。具体而言,成熟市场的大多数消费者拥有更多的可支配收入,其整体购买力强于发展中市场,成熟市场的市场环境更规范,传播媒体相对丰富,物流系统等基础设施较为完善,能为企业的品牌国际化提供较好的支持。但是,成熟市场对产品的要求也相对较高,不仅要求品牌产品具有较高的品质,还要求企业具有完备的售后服务体系,尤其是对满足基本生活需求的耐用品和食品。发展中市场的消费者需求存在较明显的两极分化现象,这会给企业的营销决策造成困扰,但这也意味着该市场具有较大的发展潜力。企业在品牌国际化的过程中要对自身情况有清醒的认识,明确品牌定位,权衡利弊,制定出最佳的品牌国际化营销策略。

(三)依据文化相似性选择国际目标市场

消费者的消费理念和习惯必然会受当地文化的影响,因此对企业而言,依据文化相似性选择国际目标市场是十分有益的。我们在之前说明了品牌国际化在文化方面可能存在的障碍,包括价值观、语言和风俗习惯等,正是这些文化因素构成了按文化相似性划分国际目标市场的标准。具体而言,就是将具有相似文化的消费者所在的国家或地区划分为一类。这种划分不仅与地域、国籍相联系,也与年龄等联系在一起。在全球范围内,年轻人的文化就具有一定的相通性。大多数年轻人对新生事物的接受速度较快,时尚理念等更易在年轻人中传播。需要明确的是,文化相似并不等于完全相同,还存在着或多或少的偏好差异。企业在按文化相似性选择国际目标市场进行品牌国际化时要考虑品牌产品的目标受众,既关注其文化的相似性,也要察觉细微处的差异,在品牌国际化的标准化与本土化之间寻求平衡,既保持品牌的原有风格,又能让消费者的差异化消费需求得到满足。如百事可乐在设计品牌广告语时依然选择娱乐化的方式,并与流行音乐联系起来,塑造出"年轻"的品牌形象,但是在音乐代言人的选择上,百事公司充分考虑了本土化。

二、市场进入策略选择

企业实行品牌国际化战略首先要选择国际目标市场,国际目标市场确定后则要依据市场特点制定具体的市场进入策略。与在本国市场进行品牌营销的核心不同,企业的国际目标市场品牌营销传播方案要着力于创建品牌资产,而不是简单追求品牌产品的市场销售份额。品牌国际化市场进入策略大体分为三种:利用企业现有品牌产品、收购目标市场品牌和建立品牌联盟。

(一) 利用企业现有品牌产品

利用企业现有品牌产品进入品牌国际化的目标市场是一种较为传统和稳健的方式。受资金和营销经验的限制,企业将品牌产品同时投入多个市场并进行相应宣传推广的难度较大。因此采用这种市场进入策略的企业往往从一个市场入手,逐个突破,逐步推进。选择这种市场进入策略的企业,其品牌国际化的短期效果不明显,扩张速度较慢,但这种稳扎稳打的方式带来的风险也较小。企业在市场进入策略的选择上要清楚每种方式的不足,同时也要充分发挥每种市场进入策略的优势。星巴克在1996年进入日本,由此开启了其品牌国际化进程,到现在已有20余年。星巴克品牌国际化的前五年把亚洲市场作为主要扩张目标,进入了除印度尼西亚以外的"亚洲四小龙""亚洲四小虎"国家和地区。从2001年才开始拓展欧洲、大洋洲和中美洲的市场,2010年后才继续向其他大洲扩展(如表10-1所示)。

表10-1 星巴克发展的时间线

时间(年)	新进入国家	商店总数
1996	日本、新加坡	1 015
1997	菲律宾	1 412
1998	英国、马来西亚、新西兰、泰国等	1 886
1999	中国、科威特、黎巴嫩、韩国	2 498
2000	澳大利亚、巴林、卡塔尔、沙特阿拉伯、阿拉伯联合酋长国等	3 501

(资料来源:Starbucks Company Timeline. https://stories.starbucks.com/press/2019/company-timeline [2023-01-06],作者自行整理)

（二）收购目标市场品牌

除了采用较为传统的市场进入策略，企业还可以采用直接收购目标市场品牌的方式实施品牌国际化。企业应该选择目标市场品牌中最可能与自身品牌构成竞争关系的品牌进行收购。这种方式有利于降低企业品牌国际化过程中面临的竞争压力，快速打开目标市场，但是企业也往往需要付出高昂的成本。因此，采用这种方式进入目标市场的企业需要具有较为雄厚的经济实力。雀巢公司就曾在10年左右的时间里花费了近200亿美元收购目标市场品牌。完成目标市场品牌收购后，企业可以不再使用当地市场原有品牌，也可以将该品牌标签用于自己的产品。但是，这种方式涉及不同品牌产品的文化整合，难度较大，具有一定的风险。"小护士"这个曾经为国人熟知的化妆品牌就被外国企业确定为收购目标。"小护士"创立于1992年，据AC尼尔森的调查统计，该品牌认知度高达99%，在2003年被欧莱雅集团收购以前其市场占有率较高。收购之初，欧莱雅集团曾公开表示要把"小护士"发展成为中国第一大护肤品牌。但由于收购后"小护士"的经销商大量流失，受此影响品牌的市场地位大幅下降，实际的收购结果未能达到当时的预期，现在市场中很难再看到这个昔日辉煌的品牌。

（三）建立品牌联盟

除了上述两种目标市场进入策略，企业还可以通过建立品牌联盟开拓市场，即通过合资、结成伙伴关系、签订许可经营协议等方式进入品牌国际化市场。相较于前两种策略，建立品牌联盟既不需要投入大量资金，又能实现企业品牌快速进入目标市场的目的，有效地弥补了前两种策略的不足。建立品牌联盟还有利于提高品牌的知名度和美誉度，提升企业形象，尤其是强势品牌结为品牌联盟时，相互促进的作用更加明显。但是建立品牌联盟策略也存在着不足之处。品牌联盟的产权纽带相对脆弱，企业很难在品牌资产经营与发展中发挥较好的控制力。

新闻摘录

京东联合17家品牌成立工业品品牌联盟，推动工业品采购标准化建设

2019年，"工业互联网"被写入《政府工作报告》，我国工业互联网建设进入快速发展阶段，而这距"工业互联网"概念首次提出仅相隔7年。根据中国工业互联网产业联盟测算，到2022年我国工业互联网直接产业规模已超万亿元。但是，工业品标准尚不能匹配"工业互联网"高速发展的问题不容忽视，工业品采购中还存在着大量的问题，如产品品级差异大、价格不透明、服务不匹配等。这些问题都会成为制约制造业企业发展的瓶颈。

京东密切关注此问题。2019年，在京东618期间，京东工业品联合了施耐德、菲尼克斯、三一、昆仑润滑等17家来自全球的工业品巨头共同成立"工业品品牌联盟"，覆盖多种工业品应用场景，整合互联网技术、工业品品牌专业能力、渠道服务体系等多方力量，共同打造"工业互联网"下的工业品采购标准，以主要工业品场景为核心筛选出最为契合的品牌，给制造业企业采购提供值得信赖的参考。

专业的建议离不开专业的团队，"工业品品牌联盟"的服务团队集结了销售代表、技术

工程师、产品经理等,致力于为企业客户提供从前期咨询选型、到物流配送、再到安装售后的全流程服务。京东工业品则为双方提供采购系统与平台,并通过为"工业品品牌联盟"提供企业用户画像与工业品电商大数据,提升上下游供需匹配的精准度。

京东零售集团企业工业品业务部总经理丁德明认为:如今,传统电商在服务工业品市场时仅能在渠道、营销、大数据技术等方面发挥优势是不够的,还要能提供高度细分的专业性产品与服务。京东工业品通过联合工业品巨头成立"工业品品牌联盟"实现了优势互补,形成了为客户提供一体化解决方案的能力,为双方深入巨大的工业品采购市场,巩固领域内的优势地位提供了有力支持。

永恒力叉车(上海)有限公司运营副总裁顾灏表示,京东联合工业品企业创立品牌联盟的举动开创了工业品标准化的先河,有利于工业品行业上下游企业协同进步,实现业态的良性发展,有利于促进工业品市场的进一步兴盛。

(资料来源:中国工业新闻网.京东联合17家品牌成立工业品品牌联盟,推动工业品采购标准化建设[EB/OL].(2019-06-17)[2023-01-06].http://www.cinn.cn/headline/201906/t20190617_213852.html,部分内容有删减)

思考题:施耐德、菲尼克斯等工业品巨头为什么愿意同京东工业结成品牌联盟?

三、市场营销模式选择

通过对各国企业品牌国际化的市场营销模式进行总结,我们得到四种基本模式:标准全球化模式、模拟全球化模式、标准本土化模式和体制决定型模式。

(一)标准全球化模式

标准全球化是将全球视为一个完全相同的市场,不同的国家和地区都是无差异的子市场。企业采用标准全球化模式制定营销策略时,除了要根据不同市场的文化差异做一点必要的调整外,对其余要素均使用统一、标准的组合。从实际情况来看,使用这种策略的行业和产品主要为奢侈品和化妆品,还有部分食品品牌。标准全球化模式是一种较为理想化的市场营销模式,很难完全实现。

(二)模拟全球化模式

模拟全球化只要求品牌形象和品牌定位等主要的品牌构成要素在全球市场营销过程中保持一致,而对产品、包装、广告等不做统一管理要求,这些因素的组合应尽量贴近目标市场消费者的需求偏好,以提高品牌的市场适应性,即所谓的"思考全球化,营销本土化"。采用这种市场营销模式进行品牌国际化的企业最为常见,如可口可乐公司。

(三)标准本土化模式

标准本土化要求所有的市场营销组合要素都要充分考虑国际目标市场的文化、环境等因素,因地制宜地进行调整。因此标准本土化模式的品牌国际化程度明显低于前两种方式。这种模式更适合生产、销售日用品等的企业采用。肯德基为进入中国市场,不断开发符合中国消费者口味的新产品,如番茄蛋花汤、油条、老北京鸡肉卷。此外,肯德基发现中国人更喜欢与家人一起用餐,因此主动贴合中国消费者的习惯,将其品牌定位从美国市场的快餐企业调整为中国市场的聚会场所,从宣传"美味炸鸡"调整为宣传"快乐分享",着力营造全家一起用餐的欢乐气氛,突出附加价值。

(四)体制决定型模式

体制决定指由于产品的特殊性,生产这类产品的企业营销策略的选择不能完全由企业自身决定,而要受目标市场体制政策等的影响,企业只能在品牌国际化目标国的体制约束框架下最大化自己的决策权力。电影、电视、唱片、出版社等与创意相关的产业常采用体制决定型模式。在各国较大的政策差异下,美国电影产业在各国的发展水平也表现出了较大的差异。

第四节 中国品牌国际化

一、中国的品牌国际化现状

2020年,中国的货物出口总额为179 326亿元,2020年前10个月,中国出口国际市场份额为14.2%,均创历史新高。中国的产品有着十分广阔的国际市场。近年来,中国的品牌国际化发展也取得了一定的进展。世界品牌实验室(World Brand Lab)发布的2006年度《世界品牌500强》榜单显示中国只有6个品牌入选,海尔是6个在榜品牌中排名最靠前的,位列第86名;2020年时,榜单中的中国品牌数增加到了43个,数量上有了较为明显的增长,同时排名也有所提升。但是我们也应看到自身与美国、法国等国家间的差距,中国的品牌国际化还存在许多问题,品牌国际化之路还很漫长。

(一)国际顶尖品牌少,品牌较年轻

中国商品在国际市场中有一定的占有率,但是中国拥有的国际顶尖品牌却并不多。人们常把中国本土品牌与档次较低、附加值较低等联系在一起,未能塑造出较为完整的、良好的企业形象。世界品牌实验室编制的2020年度《世界品牌500强》排行榜显示中国位列"入选品牌数量最多"国家排名的第四位,入选的品牌数为43个,较上年增加了3个,如表10-2所示。"入选品牌数量最多"榜单的第一位仍然是美国,其入选品牌数虽然在近两年有所下降,但仍然高达204个,在总数中的占比超过40%,中国与之仍有较大差距。此外,《世界品牌500强》排名前十的品牌中美国占了8个,涉及的行业包括互联网、软件、计算机与通信、服装服饰、电信和零售等,美国的品牌行业发展较为均衡,如表10-3所示。2020年中国入选《世界品牌500强》的43个品牌中排名在前50的只有4个,排名在前100的只有9个,不足美国的五分之一。从品牌年龄来看,2020年度《世界品牌500强》的平均年龄为96.76岁,"百年老牌"超过200个,其中美国有81个,而中国只有4个。

表10-2 2020年《世界品牌500强》入选品牌数量最多的前10位国家

排名	国家	品牌数量			代表性品牌
		2020年	2019年	2018年	
1	美国	204	208	223	谷歌、苹果、微软、亚马逊、可口可乐、耐克
2	法国	45	43	43	欧莱雅、路易威登、香奈儿、卡地亚、迪奥

(续表)

排名	国家	品牌数量			代表性品牌
		2020年	2019年	2018年	
3	日本	44	42	39	佳能、索尼、丰田、松下、日本电报电话
4	中国	43	40	38	国家电网、腾讯、海尔、中国工商银行、五粮液
5	英国	40	44	42	沃达丰、英国石油、联合利华、汇丰
6	德国	27	27	26	宝马、梅赛德斯-奔驰、大众、思爱普、奥迪
7	瑞士	18	21	21	雀巢、瑞信、劳力士、欧米茄、瑞银
8	意大利	15	14	15	古驰、普拉达、法拉利、菲亚特、葆蝶家
9	荷兰	9	9	9	壳牌、飞利浦、喜力、荷兰国际集团、毕马威
10	加拿大	7	6	4	庞巴迪、加拿大皇家银行、丰业银行
10	韩国	7	6	7	三星、现代汽车、起亚、乐金、乐天

表10-3 2020年《世界品牌500强》前10位品牌

2020排名	2019排名	品牌英文	品牌中文	品牌年龄	国家
1	2	Amazon	亚马逊	25	美国
2	1	Google	谷歌	22	美国
3	3	Microsoft	微软	45	美国
4	4	Apple	苹果	44	美国
5	7	Mercedes-Benz	梅赛德斯-奔驰	120	德国
6	9	Toyota	丰田	87	日本
7	6	Nike	耐克	48	美国
8	15	AT&T	美国电话电报	143	美国
9	10	Walmart	沃尔玛	58	美国
10	13	Facebook	脸书	16	美国

（资料来源：世界品牌实验室.世界品牌实验室发布2020年世界品牌500强[EB/OL].[2023-01-18].http://www.worldbrandlab.com/worldbrand）

（二）品牌意识淡薄

我国一些企业的品牌意识较为淡薄，这主要体现在两方面：一是我国部分企业更注重制造和生产，而忽视了品牌可能带来的长期利益，放弃了价值链中利润较为丰厚的部分。它们要么干脆不做品牌，要么就只关注品牌最表面的层次，缺乏深耕品牌内涵、塑造企业形象的意识。我国出口企业自主品牌拥有率较低，每年出口的商品中只有大约三分之一的商品标有我国自己的品牌，企业更多依靠OEM策略出口，而这种方式的可持续性在降低；二是我国有些企业的品牌保护意识较为淡薄。我国有很多驰名商标都被外国企业抢先注册，且这种状况已经存在了较长时间。如"同仁堂"商标，从20世纪80年代后期开始，先后被日本、美国、韩国、荷兰、挪威、瑞典等多个国家的企业抢注,"红星二锅头""大白兔""大宝"等品牌也都被外国企业在多个国家抢先注册过。在这种境遇下,许多中国企业还是未能培育起品牌保护意识。品牌是企业重要的无形资产,是企业参与国际竞争的重要法宝,品牌保护意识淡薄会阻碍中国企业开拓世界市场。

（三）缺少核心竞争力

我国出口的产品多以劳动密集型为主,近年来有向资本密集型转化的趋势。我国的平均出口利润率一般在5%左右,中小企业的出口利润率更低,随着市场竞争的不断增加,我国企业的平均出口利润率还可能进一步降低。我国的本土品牌整体缺少自己的核心技术和自主知识产权,品牌价值较低,难以跻身国际高端市场。我国一些知名品牌的核心技术还依赖进口,而核心技术的培育与发展关乎企业发展的命脉。自主知识产权是企业实现创新自主和技术标准自主的关键。知识创新、技术创新也已成为企业在全球市场中竞争的关键。只有将核心技术和自主知识产权牢牢把握在手中,企业品牌才能迈向更广阔的市场。

（四）企业综合实力较弱

企业发展与品牌发展间存在一种相互促进的关系。企业的综合实力会影响品牌国际化的发展。我国的很多企业已经意识到了品牌对于企业长远发展的重要性,但是由于企业的综合实力较弱,不足以支撑其改善品牌发展现状。品牌建设、品牌国际化都要花费相当长的一段时间,在这期间需要大量的资金支持,很多企业只有较少的资金可供调动来发展企业品牌。因此这种发展规划往往具有短视性,很少能从战略层次、长远发展角度考虑品牌的建设和维持。品牌定位模糊、核心价值缺失都会严重影响本土品牌在国际市场中的竞争力。一些企业的资金虽然较为充足,但还面临着其他一些问题,如具体的品牌管理问题。管理问题在一定程度上可以归结为人的问题。目前,中国的大多数企业缺少一支熟悉全球其他市场运行规则、了解目标市场差异和特点、具有丰富的管理经验且熟悉本企业文化内涵的专业化管理团队。具体表现在我国企业现在采用的品牌营销手段还较为单一,最常用的方式是参加国际博览会,而能够综合运用多种媒体、公共关系等进行品牌营销的本土企业还相对较少。此次新冠疫情大流行导致国内外许多展会暂停,企业品牌国际化的脚步要想不停,必须提高适应未来新趋势的能力,以较强的综合实力积极应对挑战。

二、提升中国品牌国际化的发展策略

（一）通过技术创新培育品牌核心竞争力

一般而言,企业的品牌创新能力越强,企业的竞争力就会越强。企业既要关注核心技术的培育,也要注重发展过程中技术的不断更新。核心技术的培育直接关系到企业的生存命脉,在企业发展过程中不容忽视。目前我国部分企业的核心技术仍旧依赖进口,企业发展易受技术出口国约束,很难在该领域拥有真正的发言权,自然处于竞争中的从属地位。因此,企业要想成长为行业内的领军企业必须加快攻克技术难题,培育出核心技术。另外,当今世界发展日新月异,技术的更新换代速度自然也很快,企业在建立了自身技术优势后还要进行持续的技术研发投入,不断更新技术,为企业发展注入源源不断的活力;否则,企业会很快被具有后发优势的企业赶超,丧失得之不易的市场份额。苹果公司凭借独特的IOS操作系统快速地打开了国际市场的大门,取得了较好的产品销售业绩,获得了各国消费者的信赖,这为其今后的销售奠定了较好的基础。面临此次新冠肺炎疫情的考验,一些"年轻"的中国品牌也崭露头角,用创新助力全球抗疫行动,在服务社会与人民的同时提升了品牌形象。例如,北京市商汤科技开发有限公司(Sense Time)推出了一系列基于 AI 技术的智慧防疫解决方案。继 2020 年 4 月 SensePass 面部扫描系统进入韩国之后,同年 6 月 SenseThunder-Emini 无接触式热成像测温一体机落地新加坡,为当地企业安全复工提供助力。企业的品牌国际化以技术为重要支撑,全球知名品牌的背后离不开领先的技术支持。企业可以通过技术创新培育品牌核心竞争力,进而推动品牌国际化的进程。

拓展阅读

从创新力到品牌力,硬核华为荣升"高端"

华为技术有限公司是一家生产销售通信设备的民营通信科技公司,是全球领先的信息与通信技术解决方案供应商。华为专注于 ICT 领域,在多年的经营中始终秉持开放合作的理念,坚持创新,致力于为运营商客户、企业客户和消费者提供有竞争力的 ICT 解决方案、产品和服务,并为信息社会的构建、万物互联的实现积极贡献力量。

华为对创新的投入是持续性的、系统性的。1987 年,任正非在深圳创立了华为技术有限公司。1989 年,华为通过自主研发用户交换机 PBX 成功转型,走上了自主创新之路。1993 年 10 月,08 机顺利交付,华为真正拥有了自己的核心技术。自创立之初,创新就是华为发展历程中不可分割的一部分。

2003 年,华为开始进军手机市场,国内大众开始对华为有了更多的了解。进入手机市场仅一年,华为便开始自主研发手机芯片。2011 年,华为正式成立消费者业务,在手机核心架构、性能应用、设计外观等多个方面继续贯彻其创新理念。2013 年,麒麟 910 芯片诞生,这是华为的第一款手机 SOC 芯片。三年后,震撼业界的麒麟 960 问世,这款标志着国内高端芯片实现飞跃的手机芯片不仅 CPU 和 GPU 性能出众,而且是全球首个获得金融级安全的手机芯片。系统方面,华为不惜耗用 2 000 多名工程师一年多的时间来更改安卓底层架构,以根除安卓系统长时间使用后的卡顿问题,让消费者拥有"天生快,一生快"的体验。从功能来看,华为从消费者的需求出发,不断改进产品。为了提升手机的拍照能力,华为从 P9 开始,就与徕卡、索尼建立合作,进行联合定制与开发,以改善手机在拍照功能上的表现。曾有业内人士表示,这种联合研发既实现了手机拍照表现的深度优化,又通过算法技术与设计的深度结合,丰富了手机的具体形态,为业界应用的新一轮发力探索出了新的起点。

华为手机凭借其拍照、续航、应用等多方面的出色表现吸引着国内外消费者。自 Mate7 后,华为手机就成为国内手机发展潮流的引领者。从安全、大屏、长续航到 GPU Turbo、AI、终端云服务,华为手机引领着整个国产手机行业向全方位、多角度的创新领域迈进。华为旗舰产品 Mate 系列和 P 系列作为国产高端手机也成功获得了海外消费者的广泛认可。在 2019 年 MWC 展会上,华为 Mate 20 Pro 斩获了"最佳智能手机"奖这一备受消费者关注的奖项,成为首个获得该奖项的中国手机品牌。华为手机的品牌国际影响力实现了从"没人看得起"向广为认可的一步步转变。

华为从未满足于眼前的成功,继续寻求自我超越,不断提升产品性能,销售额屡创新高。华为商城官方的数据显示,P30 系列开售仅仅 10 秒钟,仅在华为商城的销售额就突破了 2 亿元。华为 P30 Pro 采用了超感光徕卡四摄,继 P20 Pro 刷新 DxOMark 排行榜的得分纪录后,该款手机再度刷新纪录。5G 技术上,专业做通信起家的华为无论在终端方面还是在网络设备上,都具备毋庸置疑的国际领先优势。2016 年年底,在 3GPP RAN1 87 次会议的 5G 短码方案讨论中,华为主推的极化码成了 5G 控制信道 eMBB 场景编码的最终方案,这是 5G 标准之路上的重要一步,为华为的 5G 之路打下了坚实的基础。

大量从事研究与开发的人员、持续的高研发投入和技术创新是华为增长的基石。2019 年,华为公司的研究开发人员约为 9.6 万名,占总人数的 49%,支出研发费用人民币 1 317 亿元,约占总收入的 15.3%,近十年累计研发支出超 6 000 亿元人民币。世界知识产权组织(WIPO)公布数据称,2018 年度,华为向该机构提交了 5 405 份专利申请,在全球所有企业中排名第一。截至 2018 年年底,华为在全球累计获得授权专利 87 805 件,其中发明专利超过 90%。

华为的创新理念展现在产品的方方面面,除了核心技术创新,华为还关注科技与时尚、潮流美学的融合,通过造型、配色上的不断创新为产品增添"温度",既能够让消费者享受硬核科技,又能够满足消费者对美的期待。在用户眼中,华为不仅是一个科技品牌,还是一个时尚品牌,华为的用户结构正在不断拓宽。

2020 年 10 月,全球最大的传播服务集团 WPP 携手凯度共同发布"BrandZ 2020 最具价值中国品牌 100 强排行榜"。华为凭借近年在消费者业务的强劲增长,连续五年进入前十,品牌价值较上一年增长 13%,373.98 亿美元的品牌价值创新高。根据 IPSOS 的报告,2019 年华为全球整体品牌知名度达到 93%,全球消费者品牌考虑度已经从 2018 年的 49% 提升至 58%。

(资料来源:

1. 搜狐网. 从创新力到品牌力,硬核华为荣升"高端"[EB/OL]. (2019-05-10)[2020-02-26]. https://www.sohu.com/a/313114373_134438;

2. 新浪财经. 华为:领跑在创新赛道上,以始为终体验为王[EB/OL]. (2019-01-03)[2020-02-26]. https://finance.sina.com.cn/china/gncj/2019-01-03/doc-ihqfskcn3550188.shtml)

思考题:结合上述材料,分析华为的品牌国际化策略及采用该策略的原因。

(二)加强全流程的品牌管理

品牌国际化是一个长期过程,不能一蹴而就。在这一过程中,企业需要坚持实施符合企业长期战略规划的品牌管理策略。而品牌管理是一个较为复杂的过程,因此企业有必要组建一个专业化的品牌管理团队,这是企业实现品牌国际化发展的重要资源构成。

企业可在专业品牌团队的组织下从长期战略角度制定品牌国际化策略,包括明确品牌定位、确定核心价值、选择目标市场等。企业品牌既要符合自身的企业文化,又要兼有文化包容性,让品牌国际化发展有良好的企业文化做依托,能够充分展现自身生产、营销和服务上的特色,又能够贴合目标市场消费者的偏好。品牌确立后,企业应及时进行商标的国际注册,维护企业知识产权。另外,因为企业往往生产不止一种产品,这就涉及品牌管理中的品牌延伸管理,即将现有成功品牌用于新产品推广。良好的品牌延伸既有利于降低新产品的市场进入难度,节省费用,又有利于扩大原有品牌的影响力。但品牌延伸也存在一定的风险,品牌延伸不当会直接影响原有品牌的美誉度。当企业有多个品牌时,还要进行恰当的整合,达到品牌间协调统一、相互促进的状态。在品牌的营销管理中,企业可采用多样化的营销手段,尤其在当今互联网发展迅猛的时代,要充分利用新媒体、新技术在传播上的优势,提升信息的抵达效果,提高品牌的认知度。最后还要逐步建立完善的售后服务体系。

(三) 完善品牌国际化的政策保障

品牌国际化是企业的具体行为,但该过程的推进依赖于国家整体政策保障环境。政府应加强对企业的引导与支持,在企业实施品牌国际化的过程中引导企业将产品品质、技术创新与企业文化有机结合,并给予企业适当的财政、税收、信贷等支持,主动减轻企业资金压力,这将有助于改善一些企业因短期资金不足而打破长期战略规划、错失发展机会的状况。另外,中国政府应为企业商品出口、对外投资等建立良好的环境。加强与出口目的国和投资所在国之间的联系,与重点出口、投资国家和地区政府建立友好合作关系,通过政府间的交往,争取出口的稳定和东道国对投资项目的支持,并为企业能够享受到该国的各项优惠政策提供保障。继续深化与"一带一路"沿线国家的联系。"一带一路"沿线国家人口众多,约占全球人数的63%,并且较多区域还处于发展阶段,对我国产品、技术、经验、服务等有着较高的需求。中国企业可将"一带一路"沿线国家作为品牌国际化的目标市场,既有利于提升中国企业品牌的影响力,又有利于提升"一带一路"沿线国家的发展水平。

第五节 品牌国际化中的企业社会责任

一、什么是企业社会责任

企业社会责任(Corporate Social Responsibility, CSR)的内容十分丰富,涉及的范围也非常广泛。随着经济全球化发展,很多全球性的问题随之产生,这些问题很难通过单方的努力解决,因此世界各国对企业社会责任越来越重视,希望借此合力解决问题。积极承担企业社会责任正在成为世界范围内的重要趋势。

在长期发展过程中,世界各国对企业社会责任的认识不断加深。20世纪70年代以前,被广泛接受的说法是企业社会责任就是使企业利润最大化,即对股东负责。70年代以后,企业的社会责任范围扩大到利益相关方,之后还在继续扩大,其责任范畴已与全球化问题的解决相联系。目前企业社会责任范围主要包括六个部分:①对政府的责任,即企业要依照法律法规严格履行企业作为社会公民的责任与义务,自觉接受政府的监督和依法干预。②对股东的责任,既包括企业社会责任发展之初所强调的最大化股东投资回报,又包括提供真实、可靠的经营和投资等信息。③对消费者的责任,即履行对消费者的承诺,诚信经营,自觉接受消费者的监督,如应该提供什么质量的产品、服务要达到怎样的水平。④对员工的责任,即切实保障员工待遇,维护员工权利,注意改善员工工作环境等。⑤对资源环境和可持续发展的责任,即承担起节约资源、保护环境、绿色发展的责任。⑥对社区的责任,即通过提供就业、慈善捐款等方式回馈社区,积极参与社区活动。

二、企业社会责任的履行与品牌国际化

企业要实现品牌国际化就离不开企业社会责任的履行。积极履行企业社会责任有助于企业品牌形象的树立,有利于品牌走向国际、走进国际。将社会责任植入日常工作,一方面有利于满足企业提质增效、持续发展、扩大利润的内生需求;另一方面,也有利于满足社会和各利益相关方的要求和期望。企业不能仅停留在深化企业社会责任认识的层面,而且要在经营发展过程中积极践行。发达国家的企业已经从处理劳工、环保问题等"反应型"履行转型为"战略型"履行,在日常经营、组织规划、战略制定等方面都融入企业社会责任履行意识,主动寻找能为企业和社会创造共享价值的机会,以获得经济、社会、环境三大维度的收益,增强发展的可持续竞争力。

以位列2020年《世界品牌500强》排行榜第37位的联合利华集团为例,2010年,联合利华启动了可持续行动计划(USLP),旨在打造目标导向型的品牌形象,降低业务成本,降低经营风险,建立起消费者对品牌的信任感,最终实现业务的可持续增长。该计划以三大目标为导向,注重经济、社会、环境三重绩效。到2019年年底,该计划已经帮助13亿人改善了他们的健康与卫生状况;实现了62%的农业原料可持续采购;帮助79.3万小农户和181万小规模分销商改善了农业实践或增加收入。自2008年以来,联合利华生产每吨产品所产生的废弃物已减少96%。目前,该计划已告一段落,但可持续之旅仍在继续,为了改善地球健康,联合利华宣布了一系列新的行动和承诺。它们正通过品牌的直接行动履行企业社会责任,努力成长为让世界引以为傲的企业。

不仅外国知名企业在不断推进企业社会责任实践的深入发展,中国企业也积极参与其中。腾讯在发展过程中一直以用户需求为核心提供产品和服务,将成为用户与世界沟通的连接器作为企业战略布局的核心和企业社会责任履行的出发点。位列2020年《世界品牌500强》第33名的腾讯以"连接一切"为目标,借力"互联网+",主动探索将企业自身发展与为社会提供更具价值的、多维立体的发展机会相联系的企业社会责任履行战略,积极构建多方协同发展的生态系统。企业履行社会责任的发展要求是对"先义后利""义利统一"的儒家思想的现代性转换。面对突如其来的新冠肺炎疫情,中国坚持正确的义利观,努力克服自身困难,积极帮助有需要的国家。中国企业勇担社会责任,一些"出海"企业在当地开展医疗防护物资捐赠,及时转产短缺商品,以实际行动助力疫情防控;众多企业密切关注疫情发展,加强对职工和合作对象的关心,严格遵守当地规定,做到有情况及时报告。

"品牌向善"的主张从未消失,世界各地的人们对可持续发展的要求越来越高。消费者不仅希望品牌为自身贡献价值,而且希望品牌致力于ESG(环境、社会和治理)问题的改善。近年来,企业的ESG表现被越来越多地用于评判品牌价值,两者间存在明显的正向关联。为了推动品牌国际化,企业应该调整其价值框架,积极履行社会责任。

拓展阅读

2019企业社会责任十大事件(国际)发布

一、国际劳工组织成立100周年聚焦未来工作挑战

6月10日,第108届国际劳工大会讨论通过《国际劳工组织未来工作百年宣言》,提出了应对未来工作挑战的新方案,把经济增长重新引导到以人为本的增长,制定和实施以人为本的经济和社会政策,促进以人为本的商业发展。

二、德国计划2038年关闭所有燃煤发电厂

1月26日,德国煤炭委员会宣布达成淘汰燃煤发电厂的共识,计划最晚在2038年年底结束煤电。委员会还推荐了具体的"淘汰煤炭路线图"。

三、欧盟与联合国妇女署合作促进亚洲女性经济赋权

3月8日,欧盟及联合国妇女署联合推出了一项为期三年的WeEmpower Asia计划,旨在将性别问题纳入参与计划的亚太国家的商业实践中。

四、欧盟发布人工智能伦理准则

4月8日,欧盟发布人工智能伦理准则,以提升人们对人工智能产业的信任。欧盟委员会同时宣布启动人工智能伦理准则的试行阶段,邀请工商企业、研究机构和政府机构对该准则进行测试。

五、100位首席执行官呼吁欧洲制定可持续发展新政

5月7日,约100名CEO在布鲁塞尔SDG峰会上呼吁推出欧洲新政,希望加速可持续增长、应对气候变化并创造包容性繁荣,推动企业、行业、民间社会和政策制定者之间建立信任对话,并创建协作平台和财务管理模型,以实现循环经济和数字经济,促进终身就业能力和社会凝聚力。

六、"Business for Nature"倡议在全球预发起

6月13日,"Business for Nature"倡议公开发起仪式在第十四届中国企业社会责任国际论坛上举行。此次活动旨在向中国企业介绍该倡议,鼓励中国企业自愿作出承诺并加入Business for Nature联盟,致力于形成全球联合行动的企业平台。

七、欧盟在线平台新规生效

7月31日,欧盟《关于提高在线平台交易的公平性和透明度规则》生效,规制对象包括在线市场、在线预订网站、"应用商店"和搜索引擎。

八、印度修定公司法,明确未履责处罚

7月31日,印度政府通过了《2019年公司法(修订)》,该修订案对2013年《公司法》的一些条款进行了修订。其中,在企业社会责任方面,修订案明确了未能履行企业社会责任要求的处罚。

九、181家美国顶级企业CEO宣称股东利益不再至上

8月19日,181家美国顶级公司CEO在美国商业组织"商业圆桌会议"上联合签署了

《公司宗旨宣言书》。《公司宗旨宣言书》宣称：股东利益不再是一个公司最重要的目标，公司的首要任务是创造一个更美好的社会。

十、《欧洲绿色协议》提出 2050 年率先实现"碳中和"

12月11日，欧盟委员会公布应对气候变化新政《欧洲绿色协议》，提出到2050年欧洲在全球范围内率先实现"碳中和"，旨在通过将气候和环境挑战转化为政策领域的机遇，实现欧盟经济可持续发展。

（资料来源：杜娟，李思楚.聚焦未来，明确支撑点——2019企业社会责任十大事件·国际[J].可持续发展经济导刊，2020（Z1）：73-76）

思考题：
1. 试查找中国企业承担社会责任的典型案例。
2. 履行社会责任在企业实施品牌国际化的过程中发挥了怎样的作用？

本章小结

1. 品牌国际化是企业在保持品牌的名称、标志外观、价值理念以及品牌所象征的产品及服务品质等的基础上，通过统一的市场营销组合逐步扩大品牌的全球市场占有率，使企业实现多环节的规模经济，最终提升企业经济效益的过程。品牌国际化不等于国际化品牌，也不等于品牌的跨国营销。

2. 全球经济一体化、互联网等技术的普及和人口国际流动的增加共同构成了品牌国际化实施的条件。在品牌国际化的具体过程中会遇到文化、环境等方面的障碍。

3. 品牌国际化决策，首先要依据一定的标准选择目标市场，并在充分的调研下选择恰当的市场进入策略，目前可采用的方式主要有利用企业现有品牌产品、收购目标市场品牌、建立品牌联盟三种。其次企业应根据自身产品特性和品牌内涵进行品牌国际化的市场营销，有四大基本模式可供选择：标准全球化、模拟全球化、标准本土化和体制决定型。

4. 目前中国的国际顶尖品牌少且品牌较年轻，同时我国大多数企业的品牌意识还十分薄弱，已经建立起来的品牌也大多缺少核心竞争力，企业的综合实力表现较弱，品牌管理能力严重不足。因此中国企业要加快推进品牌国际化的步伐，通过技术创新培育品牌核心竞争力，加强全流程的品牌管理，同时政府应给予适当支持，注重完善品牌国际化的政策保障。

5. 企业在品牌国际化的过程中应积极履行企业社会责任，树立良好的品牌形象，以助力品牌走向国际、走进国际。

重要术语

品牌国际化（Brand Globalization）
目标市场（Target Market）
品牌联盟（Brand Alliance）
企业社会责任（Corporate Social Responsibility）

思考讨论

1. 企业在实施品牌国际化战略时可能会遇到哪些障碍？试结合实例分析企业应怎样规避或化解这些障碍？
2. 亚马逊、微软、雀巢、香奈儿等国际知名品牌的品牌国际化战略为何能走向成功？对我国企业而言有哪些可借鉴之处？我国企业的品牌国际化发展是否有自己的优势？
3. 企业社会责任为何受到越来越多的关注？承担企业社会责任对企业来说是必然选择吗？

案例分析

名创优品的品牌国际化之路

2013 年，叶国富于广州创办了以年轻人为主要目标客户的连锁专卖零售品牌——名创优品。品牌创立的初衷是让年轻人释放压力，更轻松地享受有品质的生活。"优质低价""欢乐""随心所欲"是品牌的三大 DNA。

品牌国际化要求品牌具有自己的先驱性，创办以来，名创优品始终向消费者传递"美好生活与价格无关"的生活态度，"优质低价"是名创优品打造产品的永恒目标。叶国富曾公开表示"产品是企业的第一战略，如果产品做不好，什么战略都是白搭。"

名创优品通过加盟方式获取店铺和资金资源，但在国内，与店铺买断制的连锁加盟模式不同，名创优品在加盟店的管理上全部采用类直营的管理模式。所有的加盟商都只是一个投资人，不参与任何管理。所有门店的产品、品牌调性以及定价和折扣都由总部决定，一致性得到了保障，顾客因此获得了较好的购物体验。在海外市场，名创优品则采用了加盟商自主管理的方式。加盟商因地制宜进行管理，化解了"水土不服"的问题，提升了盈利能力，实现了门店的快速复制。总部将资源与精力集中于把控产品和供应链等环节，形成优质低价的品牌优势，吸引更多加盟商带动门店进一步扩张，形成良性循环。在门店选址方面，名创优品依靠信息平台对市场环境进行监测和分析，得到了与直觉相反的结论：开在高档地段的店铺拥有更好的运营业绩。这一发现对名创优品后期进入发达国家和地区的发达商业区域起到了重要的决策参考作用。

名创优品的品牌国际化之路大致分为三个阶段。第一阶段为 2013—2014 年的探索期。通过客观分析企业内外部环境基础，名创优品将重点放在完善零售运营和发展国内市场上。2015 年，名创优品的门店数量突破 1 000 家，辐射中国大部分省市，并开始以"十年百国万店"的国际化战略开拓国际市场。第二阶段为 2015—2018 年的快速扩张期。名创优品率先从"一带一路"沿线开始向国际市场拓展，其品牌国际化路径恰好与"一带一路"倡议契合，在"走出去"的过程中得到了政策支持。面对不同的海外市场，名创优品深入了解本土消费特征，在秉承"好品质+好设计+低毛利"的产品标准的基础上，量体裁衣对品牌和产品进行精准定位，有效推动品牌国际化。以世界第四大摩托车市场——越南为例，名创优品通过调研精准地抓住了市场特征，特别开发出摩托车相关的袖套和口罩，成了店铺爆款。名创优品在美、日、韩、法、新等多个国家组建了超过 200 名产品体验官的团队，全天候追踪全球最新消费动态，将捕捉到的流行、时尚元素运用到产品中。2019 年，名创优品全球门店规模超4 000家,遍布全球近100个国家和地区,包括所有发达国家和全部"一带一路"沿线国家,销售额突破200亿元。第三阶段为2019年至今的深耕期。消费者对产品品质的看重与对个性化产品的偏好给自有品牌零售带来了巨大的市场机遇和潜力。名创优品凭借创立之初就组建的国际化设计师团队打造设计高端、质优价廉的自有品牌产品,通过差异化竞争保持商品和消费者关联的活跃度,提高品牌国际化程度。与此同时,名创优品与国内外知名IP跨界合作,利用自身从工厂到门店,涵盖设计、生产、流通、销售的供应链一体化能力,推出系列联名产品。时尚潮流的全新体验不仅提升了销量,而且丰富了品牌的文化内涵,为名创优品在国际市场上扩大知名度和影响力提供了助力。截至2021年12月31日,名创优品在全球建立了超5 000家门店的零售网络,进驻包括美国、加拿大、俄罗斯、澳大利亚等100个国家和地区。凭借着高颜值、高品质、高性价比的特质,名创优品已成为生活日用品消费领域里深入人心的品牌之一。

(资料来源:

1. 田歆等.基于WSR方法论的中国零售企业国际化影响因素研究——名创优品案例[J].管理评论,2021,33(12):339-352;

2. 东方财富网.从华为、名创优品身上读懂中国企业出海之道[EB/OL].(2019-11-27)[2023-02-26].https://caifuhao.eastmoney.com/news/20191127142251579828270;

3. 亿欧.叶国富:为什么"优质低价"能做成的只有小米和名创优品?[EB/OL].(2019-04-17)[2023-01-06].https://www.iyiou.com/analysis/2019041797673,部分内容有删减)

思考题:

1. 名创优品实施品牌国际化时,为什么优先从"一带一路"沿线国家开始?

2. 为了打造成国际化知名品牌,名创优品在哪些方面作出了努力?你认为还应该做哪些尝试?

参考文献

陈春慧,纪秋颖.中国品牌国际化现状和发展模式探索[J].企业活力,2007(01):32-34.
程宇宁.品牌策划与管理[M].北京:中国人民大学出版社,2011.
大石芳裕.全球品牌管理[M].东京:东京白桃书房,2004.
邓兴华,梁正,谷玮.在一带一路建设中推进品牌国际化[J].开放导报,2017(06):90-92.
韩中和.品牌国际化研究述评[J].外国经济与管理,2008,30(12):32-38.
凯文·莱恩·凯勒.战略品牌管理:第4版[M].北京:中国人民大学出版社,2014.
马春梅,林升栋,余洁.欧美品牌在中国的本土化传播案例研究[J].品牌研究,2016(01):71-95.
苏勇,张明.试论品牌国际化的内涵及其标准[J].市场营销导刊,2005(06):52-54.
孙丽辉,李生校.品牌管理[M].北京:高等教育出版社,2015.
韦福祥.品牌国际化:模式选择与度量[J].天津商学院学报,2001(01):27-30.
Chernatony L D. *From brand vision to brand evaluation*[M]. London:Butterworth-Heinemann, 2001.
Townsend J D, Yeniyurt S, Talay M B. Getting to global:An evolutionary perspective of brand expansion in international markets[J]. *Journal of International Business Studies*, 2009(40):539-558.
Whitelock J, Fastoso F. Understanding international branding:Defining the domain and reviewing the literature[J]. *International Marketing Review*, 2007, 24(3):252-270.

第十一章　跨境电子商务

[学习目标]

- 掌握跨境电子商务的概念、分类及特征
- 了解全球及中国跨境电子商务的发展现状
- 理解中国跨境电子商务发展中存在的问题
- 掌握跨境电子商务的 B2B 和 B2C 模式
- 了解不同跨境电子商务模式在中国的发展情况

[素养目标]

- 理解技术创新在国际商务中的重要意义
- 树立正确的义利观,明确平台型企业的特殊角色和重要使命

[引导案例]

新冠疫情催火跨境电商

新冠疫情在世界范围内的持续蔓延,快速推动了海外居民线上消费习惯的养成。这一消费行为的转变在带动跨境电商发展的同时,无疑也为传统外贸企业提供了转型升级的新契机。

虽然受全球疫情的影响,海外物流渠道运力不足、运输成本上升等问题严重凸显,部分消费需求受到冲击,但总体而言用户购买力与购买频率趋势不降反升。以速卖通平台为例,2020 年该平台上的跨境商家同比增长了 25%,海外商家同比增长超过 450%。亚马逊相关负责人也表示,今年亚马逊平台的 B2C 卖家、商业采购领域的销售均实现了快速增长,尤其是与医疗、远程办公等行业相关的商家,业绩尤其亮眼。我国海关数据显示,2020 年前三季度,我国通过海关跨境电子商务管理平台进出口金额达 1 873.9 亿元,同比增长 52.8%。由此可见,在多方位政策支持和疫情推动下,跨境电商正成为国际贸易领域未来几年的一匹"黑马"。

面对复杂多变的国内外形势,如何在危机中培育新的商机,成为众多传统外贸行业面临的新课题。正如速卖通平台有关人士所言:"订单下滑,并不代表着需求下滑"。传统企业需要精准分析消费需求的变化,提供多层次、个性化的商品以满足全球市场的迅速演

变,充分利用海外 B2C 零售市场的巨大空间,推动企业内部整合布局,尽快完成企业的线上化、数字化转型。

疫情催热了全球"云购物",跨境电商进出口贸易正逐步从"新业态"变为"新常态",并逐步成为中国外贸发展的重要一环。

(资料来源:新华日报.疫情催火跨境电商,外贸迎转型风口[EB/OL].(2020-12-21)[2023-02-20]. https://baijiahao.baidu.com/s id=1686685860350828996&wfr=spider&for=pc,部分内容有删减)

思考题:新冠疫情背景下,中国跨境电商面临的机遇和挑战有哪些?

现代信息技术的快速发展和互联网的日渐普及打破了跨国贸易在地域和时间上的限制,为电子商务的成长壮大奠定了坚实的基础。跨境电子商务已成为全球企业拓展国际市场、开展海外贸易的重要渠道,形成对外贸易持续发展的可观趋势。本章将从跨境电子商务的概念及特征、跨境电子商务发展概况、跨境电子商务模式三部分展开对跨境电子商务的介绍。

第一节 跨境电子商务的概念及特征

基于互联网的电子商务几乎已经渗透到生产生活的方方面面。政府的大力支持、电子化交易的低成本和跨地区优势使跨境电子商务应运而生,中国也顺势加入发展快车道,迈向高速前进的跨境电商时代。

一、什么是跨境电子商务

跨境电子商务(Cross-border E-commerce),简称"跨境电商",是指跨越国界的交易双方利用电子商务平台进行线上交易的一种国际商业活动。跨境电子商务作为电子商务的重要分支,是数字经济发展到一定阶段的产物,属于新兴国际服务贸易业态。跨境电子商务是以电子化为手段进行的跨境贸易业务,交易的客体包括有形商品和数字化产品及服务。这种新型的国际贸易方式的出现,通过贸易流程的电子化、网络化,有效冲破了传统贸易中的地理障碍及国家障碍,使跨国贸易以更低的成本在更广阔的地区间进行,实现无国界贸易。可以说,跨境电子商务的发展正酝酿着一场世界范围内的经济大变革。

二、跨境电子商务的分类

(一)按照贸易流向划分

按照商品流向的不同,可将跨境电子商务分为进口跨境电子商务和出口跨境电子商务。前者又称入境电子商务,是指国内消费者访问境外卖家的电子商务平台,选择商品,支付货款,然后通过国际物流将商品运送到国内市场的国际商业活动,现有的主要运营模式有直邮进口模式和保税进口模式。后者又称出境电子商务,是指境外买家访问国内卖家的电子商务平台,支付商品货款,再利用国际物流将本国生产的产品运送至国外市场的国际商业活动。

（二）按照交易主体划分

按照交易主体的不同,可将跨境电子商务划分为 B2B 跨境电子商务、B2C 跨境电子商务、C2C 跨境电子商务三种类型。B2B(Business to Business)跨境电子商务,即企业对企业,指的是分属不同关境的外贸企业间运用互联网平台进行信息、服务和产品交换,也称在线批发。B2C(Business to Consumer)跨境电子商务,即企业对消费者,是指企业直接面对境内外消费者开展线上产品销售。C2C(Consumer to Consumer)跨境电子商务,即消费者对消费者,是指不同关境的个人卖方与个人买方开展的线上交易活动。目前,我国的跨境电商出口以 B2B 和 B2C 为主,进口以 B2C 为主。

除了上述三种跨境电子商务,B2C 模式的升级版——F2C(Factory to Consumer)跨境电子商务也日渐兴起,即从工厂到消费者,指的是工厂借助于电子商务平台进行的产品直销行为。F2C 使消费者在线向工厂下订单成为可能。

三、跨境电子商务的特征

跨境电子商务基于电子商务发展起来,因此,其具备电子商务的一般特征,包括商务性(电子商务的本质特性)、便捷性、安全性、服务性、协调性等,除此之外,"无国界"交易的本质也使其具备一些独有的特征。

① 全球性:跨境电子商务发展的基础是网络的发展,与传统贸易相比,网络化更容易使跨境贸易跨越国家间的地理阻隔,实现一种"无边界交易"。网络的全球性带来信息最大程度的共享,意味着资源可在全球范围内实现最优配置。同时,跨境贸易中包含的资金流、物流等方向也向全球化演进。

② 无形性:网络的发展使数字化产品和服务的传输盛行,除有形商品外,在跨国电子商务中还包括了无形产品和服务业。

③ 无纸化:跨境电子商务进行交易主要以无纸化的方式进行,用户可在电子网络平台完成信息交流、下单等一系列操作,取代了传统的纸面交易文件,摆脱了纸张对信息传递的限制,同时使交易更加便捷、环保。

④ 匿名性:跨境电子商务的发展为商品和服务的交换开辟了一个更加立体、开放的市场空间,在线交易的消费者往往不显示自己的真实身份和地理位置,跨境电子商务全球化的特点进一步提高了识别电子商务用户的身份和其所处的地理位置的难度。但这一切并不影响到交易的进行,贸易活动仍在真真切切地发生。

⑤ 高效性:从整个社会的工作效率来看,电子商务可以通过万维网帮助企业记录下消费者的日常访问及购销动态,获取买家的消费偏好信息,一方面保证企业更加科学合理地安排生产,另一方面可针对性地为买方推荐产品或服务,有利于企业提高成交量,增加客户数量。从单个交易的完成时间来看,传统的国际贸易往往需要经过多级分销,才能最后到达企业或消费者手中,环节多、耗时长、成本高,而跨境电子商务可以通过电子服务平台达到交易主体(包括企业与最终消费者)直接沟通的目的,节约沟通成本,提高交易活动的效率。

⑥ 快速演进:作为新兴业态,基于互联网的跨境电子商务正处于蓬勃发展时期,与之

相匹配的网络物流基础设施和政策法规在未来发展中也呈现出较大的不确定性。但可以确定的是,电子交易正以前所未有的速度和多种多样的方式不断改变着人类的生活和生产。

⑦ 监管难度大:跨境电子商务的诸多特点隐含了更多的避税空间,意味着基于传统贸易的税法正面临严峻的挑战,如何界定交易的性质、如何监督、如何征税是摆在税务和法律部门面前的一系列新课题。此外,跨境电子商务的极速发展与税收法律政策的持续性之间的矛盾是政府部门需要重视的又一大难题。政府机关和政策制定者需要密切关注电子商务的发展,运用前瞻性的思维和严谨的判断制定相关法规条例,使之既能契合新生事物发展之所需,又能维持政策的稳定性,维护社会的安定。

⑧ 小批量、高频率:跨境电子商务能够使企业与企业之间、企业与消费者之间实现即时买卖,网络的便捷性决定了传统贸易下的大额交易模式正逐渐被小规模、高频率的交易模式所替代。

第二节 跨境电子商务发展概况

一、世界跨境电商现状

在全世界跨境电子商务发展的巨大浪潮中,各个国家都在探索一条适合本国经济发展需求和环境的跨境电商之路。目前的全球跨境电商市场发展尚不平衡,不同地区的特点不一。

北美洲是电子商务发展最早、最成熟的地区,也是世界范围内跨境电商最发达的地区,其中以美国和加拿大为代表。跨境电商的发展盛况与当地较高的互联网、手机普及率及完善的金融服务密不可分。以加拿大为例,公开资料显示,2019年加拿大零售电子商务收入达498亿美元,比2018年增长21.1%,网络购物用户数达272万。

欧洲目前在全球跨境电商中处于发展较为领先的地位,但在跨境电商进口方面,欧洲的跨境网购渗透率较低,且内部各个国家的跨境电商呈现不同的发展特征。以英国和俄罗斯为例,英国是跨境电商出口大国,但跨境进口普及率非常低。俄罗斯跨境电商消费者人数居欧洲首位,2018年达到2 800万人,跨境电商交易规模正快速扩大,且B2C占比超过90%。

庞大的人口规模、密切的贸易往来以及日渐完善的物流及通信基础设施使亚洲成为跨境电商发展中最为亮眼的地区,也是全球跨境电商发展潜力最大的地区。中国、韩国、新加坡、日本是亚洲跨境电商发展程度最高的国家。

以巴西为引领者的拉丁美洲地区跨境电商近年来呈现快速发展的势头。虽然拉丁美洲一些地区跨境电商的发展受落后的基础设施制约较大,但各国政府正加快对港口、物流等交通设施的建设,同时在政策层面积极引导和鼓励跨境电商的发展。因而,总体来看,拉丁美洲跨境电商存在广阔的发展空间。

跨境电商的高速发展为人们提供了更多低成本地获取世界市场优质产品的渠道,大洋洲的消费者已经感受到了这一新型贸易方式带来的好处。截至2019年年底,在网上购物的澳大利亚人占到总人数的80%左右,近六成的网购者会进行跨境购物。跨境网购已经渗透到当地人的消费习惯中,较高的接受度无疑为大洋洲跨境电商的发展带来了巨大的机遇。与此同时,澳大利亚的跨境电商也在进行着积极的探索和尝试,如2014年澳买网在深圳建立中国区运营中心,实现了微信在大洋洲的跨境支付。

从全球范围来看,短短几年,B2C跨境电商业务发展迅猛,增长率一直在25%以上。2018年的全球B2C跨境电商交易额达到6 760亿美元,大约是2015年的两倍。跨境电商的触角已经深入到全球人民生活的各个方面,极大地改变了人们的生活方式。在消费产品种类上,全球跨境电商用户消费种类主要集中于服饰鞋帽、电子设备、玩具、首饰手表等几大类,且偏好通过大型跨境电商平台进行在线购物,如亚马逊、全球速卖通、eBay等。

拓展阅读

跨境电商巨头的扩张

亚马逊公司(Amazon)是全球最早发展跨境电商业务的公司之一,被公认为跨境电商领域的标杆企业,也是名副其实的互联网巨头公司。

亚马逊电子商务的发展大致可分为以下几个阶段:

阶段一(1994—1997年):1994年公司成立,1995年亚马逊上线电子商务业务,开始只是通过网络进行图书销售,致力于发展成为世界上最大的书店。

阶段二(1998—2000年):亚马逊在书籍销售市场未取得绝对优势,便开始由单纯的书籍销售向其他品类产品的销售延伸,1998年,其音乐商店上线并迅速成为全球最大的音乐产品销售商。在此期间,亚马逊不断拓展其产品线,致力于成为全球性的综合商品零售商。

阶段三(2001年至今):2001年起,亚马逊开始逐步由商品零售商向服务型企业转型,开始推广其第三方平台、推出网络和会员服务、物流外包服务等。通过提供各种类型的服务,亚马逊逐渐成为一家综合性的服务提供商。

经过不断的发展,亚马逊成功实现了由商品零售商到网络综合服务提供商的转型,如今稳居世界500强前列。那么,亚马逊成功的秘诀是什么呢?

1. 永无止境的创新。显而易见,当初亚马逊推出Kindle电子阅读器会不可避免地减少其纸质书籍的销量,但亚马逊还是选择了推广Kindle,结果收入不降反增,而且在电子书领域,亚马逊的Kindle拥有绝对优势。有研究显示,2017年,亚马逊在美国电子书市场占比超过80%。

2. 先进的技术和数据驱动力。作为全球著名的高科技公司,亚马逊曾连续三年蝉联美国《商业周刊》年度全球"科技100强"冠军。此外,亚马逊在2006年推出了弹性计算云服务,是云计算的开创者之一。

3. 独具特色的经营模式和风格。亚马逊通过价格战获取客户,在提高竞争力的同时使市场规模不断扩张;通过严格的品牌保护规则,亚马逊积累了消费者的信任;通过多样化的营销模式以及便捷的个性化服务,亚马逊可以满足消费者的个性化需求。

4. 完备的供应链和产业链。亚马逊围绕电子商务链条不断向产业链上游进行延伸和渗透,通过采用 FBA、KDP、AWS 等模式和方法,不断增强其对物流、出版以及互联网等产业链的影响力。

5. 顾客至上的理念。亚马逊在很早就提出了以客户为中心的理念,并在实际业务开展过程中不断践行这一理念。

近年来,跨境电子商务风起云涌,亚马逊作为行业龙头企业将会继续进行全球化布局,加强线上线下的融合发展,继续发挥其在数据积累和数据分析方面的既有优势,保持其在全球跨境电商中的强势地位。

(资料来源:搜狐网.亚马逊帝国版图的战略扩张[EB/OL].(2018-01-22)[2023-02-20].https://www.sohu.com/a/218238065_498761,部分内容有删减)

思考题:你认为在全球跨境电商竞争愈发激烈的形势下,亚马逊的成功给我国电商企业带来了哪些启发?

二、中国跨境电商现状

(一) 中国跨境电商总体发展概况

"十二五"规划象征着中国的跨境电商进入了全面发展的新阶段。电商支持政策的颁布、互联网设施的完善、全球性物流网络的构建以及消费观念的日渐开放都为中国跨境电商营造了良好的发展土壤。目前,中国的跨境电商发展程度已超越多个国家和地区,蓬勃发展的态势吸引了来自全世界的目光。

近年来,中国跨境电商高速发展。2014—2019 年,跨境电商交易规模增长率始终在 10% 以上,2019 年跨境电商交易规模达 10.5 万亿元,同比增长 16.7%。其中,出口占比高达 76.5%,进口占比为 23.5%,出口贸易依然占据主导地位。① 一方面,庞大的国际市场需求助推跨境出口贸易快速发展。另一方面,中国扩大进口的战略政策促进了国内企业通过跨境电商从海外市场采购商品和服务。

在跨境电商的交易模式结构方面,2019 年,中国 B2B 模式交易占跨境电商交易额的比重为 80.5%,这一比例呈逐年下降的趋势。B2C 模式交易占比为 19.5%,且呈不断扩大之势。B2C 化整为零直面终端的销售模式有效消除了由于交易环节过多而带来的信息不对称,节约了市场交易成本,同时,如雨后春笋般纷纷成立的跨境电商平台对跨境 B2C 业务的发展功不可没。总体而言,中国跨境电商交易模式正逐渐趋于平衡。

(二) 中国出口跨境电商发展概况

中国长期以来实行"鼓励出口"的对外贸易政策,加之中国商品物美价廉的特有优势,导致我国的传统贸易方式以出口为主。在跨境电商领域,该特点依然明显。

---

① 电子商务研究中心.2019 年度中国跨境电商市场数据监测报告[R].2020:1-40;电子商务研究中心.2018 年度中国跨境电商市场数据监测报告[R].2019:1-49.

从总量上看,中国出口跨境电商交易规模持续扩大,2019 年达到 8.03 万亿元,是 2013 年中国刚刚进入跨境电商务实发展阶段时交易额的近 3 倍。其中,交易方式以 B2B 模式为主,B2B 模式交易规模为 6.3 万亿元,占比近 80%。与此同时,B2C 网络零售市场交易规模凭借高于出口跨境电商整体以及 B2B 模式交易的增长速度达到了 1.73 万亿元。但不可否认,二者之间的差距仍然较大。

受传统外贸发达程度及对外开放程度的影响,中国的出口跨境电商卖家主要集中于长三角和珠三角地区,尤其是广东、浙江、江苏等地,几乎占据了跨境电商总出口商的一半。畅销产品以 3C 电子产品、服装服饰配件等消费品为主。经济水平较为发达、网络消费接受度更高的发达国家和地区深受中国出口跨境电商青睐,如北美、欧洲等地。2018 年,在跨境电商出口主要目的地中,美国、法国、俄罗斯、英国分别占据 17.5%、13.2%、11.3%、8.4%。未来,非洲发展中国家以及"一带一路"沿线国家市场仍有待深耕。

(三)中国进口跨境电商发展概况

扩大进口战略政策的逐步推行,为中国进口贸易注入了新的动力。多层次、高品质的消费需求、陆续上线的跨境电商平台同时助推着进口跨境电商的发展。近年来,中国跨境电商进口贸易一直以超过 25% 的增长速度持续扩大,2019 年进口跨境电商交易规模达到 2.47 万亿元,是 2013 年的五倍以上。

在经济全球化和消费升级的大背景下,海外多样化的产品为国内消费者带来了更多的购物选择,越来越多的消费者加入了跨境网购大军。中国进口跨境电商用户规模从 2013 年的 1 000 万人激增至 2019 年的 1.25 亿人,网购人群主要集中在经济水平较高和对新事物接受能力较高的东部地区,如广东、上海、浙江、江苏、山东等地,中西部地区跨境电商进口的活力尚未完全激发。

(四)中国跨境电商的相关政策

2019 年 3 月,李克强总理在《政府工作报告》中指出,将改革完善跨境电商等新业态扶持政策。中国跨境电商的发展离不开国家制度扶持,自 2009 年开始,中国政府就针对跨境电商的发展给予了政策支持。随着中国跨境电商的高速发展,从 2012 年起,国家开始高频率地出台相关政策。2012 年 3 月颁布的《关于利用电子商务平台开展对外贸易的若干意见》,可以看作是国家层面颁布的关于我国跨境电商贸易的第一个系统性文件。接下来,我们从出口和进口两方面对 2013—2022 年间的跨境电商政策进行简单梳理。

1. 出口跨境电商政策梳理

2013 年 8 月,商务部发布了《关于实施支持跨境电子商务零售出口有关政策的意见》,首次对我国的跨境电子商务零售出口作出了明确的定义。

2013 年 11 月,商务部发布了《关于促进电子商务应用的实施意见》,鼓励中小企业电商化,鼓励电子商务企业"走出去",支持区域跨境(边贸)电子商务发展。

2013 年 12 月,财政部、国家税务总局联合发布了《关于跨境电子商务零售出口税收政策的通知》,明确了跨境电商零售出口有关的税收优惠政策。

2014 年 1 月,海关增列监管方式代码"9610",全称"跨境贸易电子商务",促进跨境贸易电子商务零售进出口业务发展,方便企业通关,规范海关管理。

2014年5月,国务院发布了《关于支持外贸稳定增长的若干意见》,对中小微企业和跨国企业给予了一定的支持,提出要做强一般贸易,提升加工贸易,发展其他贸易。

2014年7月,海关总署发布了《关于跨境贸易电子商务进出境货物、物品有关监管事宜的公告》,对进出境货物、监管要求等方面作出了规定。

2015年1月,国家外汇管理局发布了《关于开展支付机构跨境外汇支付业务试点的通知》,主要内容包括规范试点流程、严格风险管理等。

2015年5月,国务院发布了《关于大力发展电子商务加快培育经济新动力的意见》,在物流基础设施、支撑体系等方面加强了对电子商务的引导和支持力度。

2015年6月,国家质检总局发布了《关于加强跨境电子商务进出口消费品检验监管工作的指导意见》,提出建立跨境电商进出口消费品监管新模式,建立跨境电商消费品质量安全风险监测机制,建立跨境电商消费品质量安全追溯机制,明确跨境电商企业的质量安全主体责任,建立跨境电商领域打击假冒伪劣工作机制。

2015年6月,国务院办公厅出台了《关于促进跨境电子商务健康快速发展的指导意见》,在检验检疫、税收、物品管理等方面作出了说明,并提供了强有力的融资支持。

2016年4月,海关总署发布了《关于跨境电子商务零售进出口商品有关监管事宜的公告》,主要涉及企业通关管理、税收征管等方面。

2017年8月,质检总局发布了《关于跨境电商零售进出口检验检疫信息化管理系统数据接入规范的公告》,对一些特定的经营主体(企业)、第三方平台进行了规范管理。

2018年8月,《中华人民共和国电子商务法》通过,这是我国电商领域首部综合性法律。

2018年9月,财政部等四部门发布了《关于跨境电子商务综合试验区零售出口货物税收政策的通知》,进一步完善跨境电商税收政策。

2018年11月,海关总署发布《关于启用进出境邮递物品信息化管理系统有关事宜的公告》,加强了对邮件包裹的监管,对中小企业以邮包为主要方式的进出境交易带来一定的影响。

2019年10月,国家税务总局发布《关于跨境电商综试区零售出口企业所得税核定征收有关问题公告》,对综试区内跨境电商企业所得税核定征收办法进行了规定。

2020年5月,国家外汇管理局发布了《关于支持贸易新业态发展的通知》,为电子商务外汇收支提供诸多便利。

2020年6月,海关总署发布了《关于开展跨境电子商务企业对企业出口监管试点的公告》,在全国10个地方开展跨境电商B2B监管试点,对跨境电商出口申报、通关提供支持。

2020年8月,国务院办公厅发布了《关于进一步做好稳外贸稳外资工作的意见》,为外贸企业融资提供多种增信支持方式。

2021年7月,国务院办公厅发布了《关于加快发展外贸新业态新模式的意见》,对跨境电商B2B、跨境电商进出口退换货管理、出口海外仓监管模式等方面作出规定。

2022年5月,国务院办公厅发布了《关于推动外贸保稳提质的意见》,鼓励尽快出台便利跨境电商出口退换货的政策。

2. 进口跨境电商政策梳理

2014年8月,海关总署发布了《关于跨境贸易电子商务进出境货物、物品有关监管事宜的公告》,进一步净化了商品进出口市场。

2015年3月,海关总署下发了《海关总署关于跨境贸易电子商务服务试点网购保税进口模式有关问题的通知》,强调只有上海、杭州、宁波、郑州、广州、重庆等六个城市拥有跨境电商进口试点的资格,进一步对"保税进口"模式进行了规范。

2016年3月,财政部、海关总署、国家税务总局三部委下发《财政部等关于跨境电子商务零售进口税收政策的通知》,调整跨境电商零售进口税收政策。

2016年4月,财政部联合多个部门发布了《跨境电子商务零售进口商品清单》《跨境电子商务零售进口商品清单(第二批)》,在一定程度上简化了清单内商品的进口流程。

2017年11月,国务院下发了《关于调整部分消费品进口关税的通知》,继续降低特定商品的进口关税。减少海淘和代购人数,方便海关、质检部门对跨境电商进口的货物进行管理。

2018年9月,国务院关税税则委员会发布公告,自11月1日起,我国降低1 585个税目的进口关税,平均降幅约26%。至此,我国关税总水平从9.8%降至7.5%。

2018年11月,国务院常务会议决定,从2019年1月1日起,延续实施跨境电商零售进口现行监管政策,政策适用范围扩大到22个新获批的综试区城市,并新增群众需求量大的63个税目商品。

2018年11月,商务部、财政部等部委发布《关于完善跨境电商零售进口监管有关工作的通知》,加强跨境电商零售进口监督管理。

2018年11月,财政部等三部委发布《关于完善跨境电子商务零售进口税收政策的通知》,提高了跨境电子商务零售进口商品的单次及年度交易限额。

2018年12月,海关总署发布《关于跨境电商零售进出口商品有关监管事宜》,完善了对跨境电商的政府监管。

2019年3月,全国两会提出将进一步完善跨境电商扶持政策,扩大进口规模,优化进口结构,办好第二届中国国际进口博览会。

2020年1月,商务部等六部委发布《关于扩大跨境电商零售进口试点的通知》,将石家庄、太原等50个城市和海南省确定为跨境电商零售进口试点地区。

2020年3月,海关总署发布《关于跨境电子商务零售进口商品退货有关监管事宜公告》,允许进口企业向海关申请退货业务,帮助企业应对新冠肺炎疫情的冲击。

2021年3月,商务部等六部门印发了《关于扩大跨境电商零售进口试点、严格落实监管要求的通知》,继续拓展跨境电商零售进口试点范围。

2021年9月,商务部发布了《关于进一步做好当前商务领域促消费重点工作的通知》,鼓励扩大进口消费。

2021年9月,国务院印发了《关于推进自由贸易试验区贸易投资便利化改革创新若干措施的通知》,允许具备条件的自贸试验区开展跨境电商零售进口部分药品及医疗器械业务。

2022年1月,国务院办公厅下发了《关于做好跨周期调节进一步稳外贸的意见》,持续调整优化跨境电商零售进口商品清单。

2022年1月,国务院办公厅发布了《关于促进内外贸一体化发展的意见》,进一步促进跨境电商零售进口规范健康发展。

(五)中国跨境电商典型城市

我国在跨境电商发展及政策落实方面,采用先试点后推广的方式,以减少试错成本。当前,跨境电商试点地主要分为"跨境电商试点城市"和"跨境电商综合试验区",前者由海关总署领导,后者由国务院领导,地位相对而言更高。

海关总署在2018年12月指出,适用"网购保税进口"(监管方式代码1210)政策的有天津、上海等37个城市。2020年1月,六部委又将石家庄、秦皇岛、廊坊等50个城市(地区)及海南全岛纳入跨境电商零售进口试点范围,这意味着到2020年年底,全国跨境电商试点地区增至86个城市及海南全岛。"跨境电商综合试验区"自2015年3月启动,截至2018年7月共有35个城市获批。2015年3月,国家设立首个跨境电子商务综试区——中国(杭州)跨境电子商务综合试验区。2016年1月,国务院新设包括宁波、郑州等地在内的12个跨境电子商务综合试验区,这些城市的传统贸易规模较高,且具备发展跨境电子商务的优势。2018年7月13日,国务院常务会议决定在北京、呼和浩特等22个城市新设一批跨境电商综合试验区。2019年12月,石家庄、太原等24个城市新增为跨境电子商务综合试验区。2020年4月,包括雄安新区、大同等在内的46个城市被划入第五批跨境电商综试区之列。至此,全国已有105个跨境电商综试区。跨境电商试点城市以及跨境电商综试区凭借政策和平台优势,积极发展本地跨境电子商务业务。各地跨境电商业务规模快速扩大,但发展存在不平衡现象。截止到2017年,按照跨境电商交易规模来看,成立较早的13个跨境电商综合试验区中处于发展前列的有深圳、杭州、广州等城市。2019年前10个月,深圳跨境交易额达3 306.76亿元,同比增长5.4%;2019年杭州跨境电商进出口总额为952.1亿元,同比增长28.8%①;2019年广州跨境电商进出口贸易额达385.9亿元,同比增长56.4%。

三、中国跨境电商发展存在的问题

跨境电商满足了国际贸易向小批量、高频次、低价值发展的趋向,为我国广大中小企业提供了开展国际业务的新路径,推动这类企业以更低的成本、更高的效率参与全球价值链竞争。同时,跨境电商使出口厂商到消费者之间的冗长的国际贸易价值链实现了扁平化,为我国向价值链高端攀升提供了"弯道超车"的机会。此外,跨境电商中的贸易规则更趋开放透明,有助于发展中国家重塑公平公开的价值链生态体系。② 但快速发展的背后,跨境电商难免存在一些亟待解决的重要问题。

---

① 杭州市2019年国民经济和社会发展统计公报。
② 搜狐网. 如何破解当前"逆全球化"挑战——以跨境电子商务重塑国际贸易价值链[EB/OL]. (2017-11-06)[2023-01-18].https://www.sohu.com/a/202751851_100010985.

1. 跨境物流影响售后服务

跨境物流成本与产品售后服务之间存在天然的矛盾:较低的物流成本可以帮助企业减少运营费用,但过长的物流时间会影响消费者的满意度,造成客户的流失,且流转过程中的商品安全问题难以保证;如果一味追求服务质量,则企业可能难以承受由此带来的高物流成本。物流费用、物流时长、产品安全性、客户满意度都是跨境电商企业需要考虑的因素。同时,跨境电商小批量、高频度的特点也对跨境电商提出了更高的要求。解决这一矛盾的方式是在目的国建立海外仓,及时高效地为海外市场提供产品和服务,当然,与之相伴随的是海外仓的运营成本和库存周转问题。

2. 跨境电商人才短缺

新型贸易方式的产生,必然会对人才的综合素质提出更高的要求,人才的数量、质量与跨境电商的高速发展息息相关。但目前这类专业化人才仍较为缺乏,减缓了跨境电商的增长速度。第一,跨境电商专业处于起始阶段,课程设置不够成熟合理,培养的人才进入企业不能很快"上手"。第二,培养跨境电商人才的师资队伍需要进一步加强建设。跨境电商要求学生具备扎实的理论功底,包括国际实务、国际物流、国际支付、电子商务等知识,同时它又是基于实践操作的一门学科,目前跨境电商师资力量较为薄弱,高校教育与企业需求脱节。

3. 产品质量难以保证

近几年,跨境电商"遍地开花"似的发展与相对滞后的制度监管之间的矛盾给电商产品质量埋下了不小隐患,加之目前跨境电商平台的盈利模式是只对交易成功的主体收取费用,进入门槛较低,导致跨境电商市场"鱼龙混杂",充斥着大量运作"不规范"的贸易企业。这类企业往往不愿或难以承受商品检验(由专业机构对进出口货物品质和数量进行检验)所产生的费用,产品定位并不明晰,品牌意识淡薄,加上目前缺乏严格的制度约束,导致企业在"逐利"思想的驱使下,一味追求"热卖爆款",市场上出现了大量同质化产品和质量低劣的仿制品,侵犯知识产权事件也时有发生,损害了消费者的合法利益,扰乱了正常的跨境电商市场秩序,给那些遵纪守法的企业造成损失。对跨境电商而言,产品质量是根本,只有保证行业品质化,才能实现跨境电商这一新兴市场的持续、健康发展。

4. 监管服务体系滞后

一方面,法律法规不健全。为了规范和鼓励跨境电商的发展,从 2012 年起,我国陆续出台了《关于跨境电子商务零售出口税收政策的通知》等一系列政策法规,但在顶层设计层面,现行的法规政策仍难以覆盖实际操作中的方方面面。跨境电商在贸易模式、商品物流等方面呈现出与以往不同的特点,但目前的多数管理制度并未基于这一新的发展背景作出调整,这在一定程度上制约了跨境电商的发展。其中,尤其值得关注的是商品质量的监督和维权问题,法律体系不健全使跨境消费者的合法权益难以得到保障,严重制约了我国跨境电商的发展步伐。另一方面,管理体系不完善。跨境电商涉及海关、税务局、检验检疫局、外汇管理局等多个政府部门,各职能部门之间缺乏有效沟通,协作性不高,导致跨境电商企业通关效率低下,运营成本提高。当前我国跨境电商主要以中小额、零散化交易为主,很多贸易无法纳入海关的监管口径中,不仅增加了政府监管的难度,也对物流、通关、平台运营、国际支付等提出了更大的挑战,管理体系完善是跨境电商便利化的焦点。

5. 通关制度尚不完善

传统的跨境电商在报关、结汇、退税等方面都存在不少灰色地带，大量跨境邮政小包给别有用心的消费者钻政策漏洞获得非法利益提供了机会，衍生了"水客""非法代购"等灰色清关市场。跨境电商时代，简化通关流程、加快通关效率是抓住电商机遇的王道。为适应高速发展的跨境电商，中国需建立与海关联网的跨境电商综合服务平台，加强海关的信息化建设，完善商品物流管理制度，方便海关对辖区内的企业和商品进行备案，通过大数据系统搜集跨境电子交易有关的数据，同时加速通关流程。

6. 跨境电商平台带来不确定性

跨境电商发展潜力巨大，被称为"电子商务最后的蓝海"。较低的市场准入门槛使得近几年跨国电商企业和跨境电商平台纷纷涌现，其中不乏众多传统的商贸公司、物流及快递企业建立的跨境电商平台。与电商巨头相比，年轻的中小平台或地方平台通常存在这样那样的问题，比如平台知名度不高、活跃度不够、成交业务量少、产品种类有限、结构不合理等，大量缺少相对优势的地方平台的存在，容易引起电商市场的不良竞争，出现产品质量危机。

7. 信息安全问题频发

根植于互联网的跨境电商同样面临电子商务的通病——信息泄露，相关案例不胜枚举，如小红书信息泄露事件。跨境电商交易涉及多个环节，任何一个环节都可能因种种原因造成信息泄露，其中技术漏洞、信息管理不当、信息系统被侵入都是引发信息安全问题的常见原因。目前多个知名的跨境电商平台在用户信息管理方面均存在一定程度的缺陷。除此之外，作为经营主体的商户的基本资料亟须进一步规范，在电商平台录入商户真实完整的信息有利于解决愈发严重的网络失信问题，包括倒卖个人信息、虚假交易、刷单炒作等违纪违规行为。

作为一种崭新的贸易模式，跨境电商的发展不可能一蹴而就。宏观管理的不协调以及由跨境电商本身所决定的弊端，需要引起各参与主体的共同关注。首先，政府应充分发挥"看得见的手"的作用，审时度势，与时俱进，健全跨境电商相关法律法规，完善监管制度，引导跨境物流等相关配套设施的发展，加速复合型人才培养改革，同时给予必要的资金和便利化支持，为跨境电商创造一个健康的发展环境。其次，跨境电商平台责无旁贷。打造安全的供应链系统、强化信息监管体系、自觉维护良性竞争环境等都是跨境电商能够实现长远发展而对交易平台提出的新要求。最后，广大消费者对于不法事件的揭发也有助于跨境电商市场的整顿规范。

拓展阅读

海淘商品频现真假"罗生门"

继加拿大鹅羽绒服真假事件之后，近期，国际化妆品品牌雅诗兰黛和跨境电商平台网易考拉互诉对方侵权的纠纷再次吸引了广大电商用户的注意力。事件起因是，网易考拉销售的一款眼部精华霜被雅诗兰黛鉴定涉嫌仿冒,要求网易考拉登报道歉并赔偿损失;而网易考拉方面认为,雅诗兰黛并不具备鉴定资质,要求其停止侵权,并赔偿经济损失。

真假事件频发不禁让人担忧跨境电商产品的质量安全问题。根据杭州互联网法院发布的《电子商务案件审判白皮书(2018年度)》,在电子商务纠纷总量增幅放缓的情况下,包括跨境电商在内的一些新型电商领域成了纠纷高发区。中国跨境电商业务快速发展的同时也隐藏着为数不少的交易隐患。

(资料来源:新浪财经.海淘商品频现真假"罗生门"[EB/OL].(2019-03-26)[2023-03-02].https://finance.sina.com.cn/roll/2019-03-26/doc-ihtxyzsm0449759.shtml,部分内容有删减)

思考题:
1. 从案例中可以看出跨境电商目前存在哪些问题?
2. 跨境电商平台可以采取哪些措施避免此类问题的发生?

第三节 跨境电子商务模式

一、B2B、B2C 模式简介

B2B 模式指企业对企业的跨境电子商务,交易的主体均为企业。规模较大的 B2B 跨境电商平台有阿里巴巴、敦煌网、中国商品网、中国制造网、Importers 等。从表现形式上来看,B2B 跨境电子商务主要分为以企业为中心和以电子市场为中心两种,前者又可分为卖方集中模式和买方集中模式。卖方集中模式是指卖方向多个买家搭建平台销售其产品,买方集中模式是买方向多个供应商搭建平台采购原材料、零部件等。买方集中模式又可分为垂直类 B2B 和水平类 B2B。垂直类 B2B 网站专门服务于某个行业内的企业间交易,故也称行业门户网站;水平类 B2B 网站则同时适用于多个行业,故也称综合类 B2B 网站。总体而言,垂直类 B2B 网站在行业专业度方面优于水平类 B2B 网站。从实现方式来看,企业可以通过自营和借助电子中介服务两种方式开展 B2B 业务。自营 B2B 网站是少数产业链条长、合作伙伴多的大企业为了提高采购效率、降低交易成本,在其自身与供应商或用户之间建立的互联网平台,相对来说,这种模式的 B2B 网站比较少,因为只有为数不多的实力较强的大企业才能负担得起建立该平台所需的前期投入。借助中介服务实现 B2B 则对企业的规模和实力要求不高。

B2C 指企业对个人消费者的跨境电子商务。常见的 B2C 跨境电商平台有阿里巴巴速卖通、京东全球购、eBay 等。B2C 跨境电商的应用模式可分为百货商店式、综合商场式、垂直商店式三类。百货商店式是指企业为了提供更好的物流服务,通常拥有自建的跨境电子商务网站和仓库,商品的采购、库存等环节均由企业自己完成,如兰亭集势、唯品会。综合商场式通常提供了一个稳定完备的跨境销售平台,吸引众多卖家进驻和消费者前来购物,采购、库存等事项均由各卖家负责,如敦煌网。垂直商店式是指为某些特定的群体提供这一领域更专业、更全面的服务,如乐蜂网、我买网。

二、中国 B2B 跨境电子商务

（一）发展历程

1. 萌芽期：1999—2002 年

20 世纪 90 年代后期，随着经济实力的提高，我国诞生了一批早期外贸交易平台，比如中国制造网、环球市场等，尤其是 1999 年电商平台阿里巴巴成立，为中国中小企业走向国际市场提供了良好的信息平台。但总体而言，此阶段的外贸电商平台对外贸企业的线上交易推动作用十分有限。主要是因为以传统形式进行的进出口贸易增速稳定，外贸企业更习惯并依赖传统贸易，而跨境电商平台刚刚兴起，业务模式尚不完善，作为新生事物，人们尚未对跨境电商给予足够的关注度。

2. 探索期：2003—2008 年

2001 年中国加入世界贸易组织，中国开放的大门愈加敞开。2003 年中国对外贸易进入爆发期，进出口总值超过 7 万亿元人民币。凭借廉价的劳动力优势，中国制造的产品开始大量销往世界市场。2003 年，以阿里巴巴国际站"中国供应商"为代表的 B2B 网站将外贸企业的视野进一步聚焦到了电子商务。与此同时，新的电商平台方兴未艾，其中包括 2004 年成立的敦煌网，开启了中国跨境电商的在线交易化时代，也出现了一些包括兰亭集势在内的中国跨境 B2C 平台，经过多年的发展，其中很多企业已成为目前中国跨境电商平台的中坚力量。总体而言，此时中国进入跨境电商与传统外贸彼此融合的新阶段。

3. 发展期：2009 年至今

2008 年世界金融危机的爆发对中国外贸及跨境电商的发展而言是一个重大的转折点。金融危机使国际市场需求大幅度萎缩，2009 年中国进出口总值首次出现了负增长，恶劣的国内外环境使大量中小型外贸企业举步维艰，它们开始为了生存主动寻找出路。此时，跨境电商平台可以提供小规模、多批次、低成本、高效率对外贸易的优势日渐凸显，跨境电商以一种拯救者的姿态出现在中国外贸产业转型进程中。同时，一批专业的 B2B 网站陆续上线，比如 2009 年成立的物友网、大龙网等。随着电商产业的快速发展，来自政府层面的重视也愈发明显，政府开始相继出台一些规章制度，比如 2009 年中国人民银行等部门出台了《跨境贸易人民币结算试点管理办法》，尤其是 2012 年之后，国家开始更加密集地出台涉及跨境电商的法律文件，中国跨境电商发展进入高速发展期。

（二）发展现状

B2B 跨境电子商务推动了本土企业的国际化进程，为企业提供了一个全球大市场。国内企业，无论规模大小，都有机会借助跨境电子商务平台将"中国制造"销往世界，给企业发展注入新的活力。此外，相比于 B2C，B2B 在避免假货上有天然的优势。B2B 跨境电商的发展推动了我国对外贸易结构的改善，是中国跨境电商发展的重点。

截止到 2019 年，中国跨境 B2B 模式交易在跨境电商总交易中的比重超八成，出口跨境电商中 B2B 模式同样具有重要的分量，占比在 78% 以上。跨境 B2B 电商模式一直处于我国跨境电商的主体地位。

从中国跨境出口 B2B 交易规模来看，以 2016 年数据为例，排名前十的国家分别是美国、俄罗斯、西班牙、法国、英国、巴西、以色列、加拿大、荷兰、乌克兰,其中出口俄罗斯的 B2B 交易额由 2015 年的 16% 上升至 21%,基本与美国持平。[①] 在出口 B2B 贸易产品种类上,2016 年品类指数与 2015 年相比出现了变化,但主要还是集中在手机及其配件、服装、健康美容、母婴用品、家居、消费类电子、运动及户外产品、发制品、计算机等二十几个大类。

比较不同发展区域可以看出,对东部地区而言,出口 B2B 电子模式交易规模占全国出口 B2B 交易规模的 93%,高于中部和西部地区。交易规模排名前五的省份分别是广东、浙江、上海、福建和江苏。天津是发展最快的地区,交易额增速达到 208%。各省主要的出口目的地并不相同,例如广东以出口美国和英国为主,浙江省的出口目的地中菲律宾和波兰增速最快。贸易品类主要以手机及其配件、服装、健康美容、母婴用品、消费类电子、运动及户外产品为主,交易增速较大的是鞋类及鞋类辅料、婚纱礼服、表。中部地区出口 B2B 交易量占全国出口 B2B 交易量的 5%,江西和河南交易增速较快,分别为 43% 和 29%。出口目的地中,2016 年河南出口印度的交易规模增速最快,江西省增速最快的出口国家为土耳其、波兰和以色列。2016 年俄罗斯超过美国,成为中部地区主要的贸易国。中部地区贸易类别主要集中在鞋类及鞋类辅料、家居、运动及户外产品、健康美容、电玩游戏等几大类,其中鞋类及鞋类辅料、电玩游戏、表增速最快。西部地区出口 B2B 交易规模目前最小,仅占全国的 1%。其中,四川和广西的交易规模占比最高,宁夏和青海增速最快。出口目的地方面,不同省份表现各异,如广西主要出口美国、英国和德国,宁夏主要出口澳大利亚、加拿大。2016 年贸易规模最大的产品品类主要包括家居、计算机和网络、服装、健康美容、运动与户外产品,贸易规模增长较快的产品主要是运动与户外产品、婚纱礼服、母婴用品。

在跨境电商物流方面,中国跨境电子交易中的物流模式多种多样,各有优势,主要有邮政包裹、国际快递、边境仓等。单一的物流模式常常难以满足跨境运输的需求,因而多个物流模式共用的方案应用日渐广泛。在实际贸易中,通常根据不同的交易方、不同的交易产品选择两种或两种以上的物流模式。

三、中国 B2C 跨境电子商务

B2C 跨境电商无论在全世界还是在中国都呈现迅速扩大之势。2019 年,全球 B2C 跨境电商贸易额为 7 800 亿美元。据世界贸易组织报告预测,2026 年将上升到 4.8 万亿美元,复合增长率达 27%。2019 年,中国的 B2C 跨境电商贸易额超过 2 万亿元,同比增长 35%。其中,出口贸易额为 1.73 万亿元,同比增长 23.6%,进口贸易额约为 0.32 万亿元,同比增长 183.5%。B2C 模式交易占中国跨境电商总交易的比重从 2013 年的 5.2% 上升到 2019 年的 19.5%。目前我国 B2C 企业的目标市场集中在欧美等发达地区,这些地区的物流基础设施完备,市场需求量大。未来消费者购买力将逐步提升,跨境电商政策也将逐渐惠及新兴经济体及"一带一路"沿线国家。

B2C 跨境电商的小额贸易使其与传统贸易相比更具灵活性。在全球贸易环境瞬息万

---

① 敦煌网等.2017 中国跨境电子商务(出口 B2B)发展报告[R].2017:1-40.

变的大背景下,毫无疑问,B2C 跨境电商的发展将对传统贸易企业转型升级和国际影响力的扩大起到举足轻重的作用。在中国的跨境电商发展中,B2B 是主体,B2C 是补充,是中国经济发展的催化剂。B2C 在中国的蓬勃发展主要得益于以下几方面:

第一,国内外需求推动。在转型发展的新时代,人们对美好生活的需求本质上体现了中国人民的消费升级:逐渐从传统消费转变为新兴消费,从数量消费转变为质量消费,从物质消费转变为服务消费,多样化、高品质的市场需求是推动跨境电商发展的源动力。与此同时,国外需求对中国跨境电商的发展功不可没。

第二,B2C 跨境电商平台的发展。包括天猫、京东、唯品会、苏宁易购、国美在线、亚马逊中国、当当在内的跨境电商 B2C 平台为进行跨境 B2C 业务提供了可能,跨境电商平台不断更新的、专业化的、深入的服务将进一步契合我国跨境 B2C 的发展要求。

第三,物流基础设施的完善。国际物流是制约跨境电商发展的重要因素。当前我国在减少物流环节、节约物流成本、加快物流速度方面取得了一些显著的成效。近年来,中国的物流服务网站逐步发展壮大,比如"顺丰海淘""中通国际"等平台陆续上线。早在 2015 年,国内前七名快递公司均已上线跨境业务服务网站。与此同时,中国的海外仓建设取得一定的进展,海外仓的快速发展提高了商品周转效率,降低了物品在运输途中丢失和破损的风险。如 2015 年唯品会开通了 B2C 跨境自建仓库,跨境物流运输速度大大提高,当地客户从下单到接收到商品的时间由 15 天缩短至 2 天。

在跨境电商政策推动下,尽管我国跨境 B2C 正一路高歌猛进,但 B2C 发展仍然面临一些不足之处,主要体现为:

第一,跨境物流发展相对滞后。线上交易和线下配送是跨境电商中相互融合的两个环节,二者紧密相连,不可分割。在中国跨境 B2C 零售业务中,中小企业占比很大,其对跨境 B2C 交易信息化建设的能力依然不足,无法实现对物流信息的全程跟踪,多数用户并不能及时、准确地掌握货物动态,跨境物流信息不对称是影响跨境物流客户满意度的重要因素。

第二,安全性问题凸显。跨境电子支付是跨境电子交易必不可少的环节,跨境电子 B2C 业务的客户群是来自世界各地的消费者,出现外国客户拒付、恶意欺诈的风险必然提高,除此之外,物流信息在传输过程中的安全性问题也必须引起重视,在实际的跨境电商交易过程中,物流信息被黑客恶意拦截、窃取、盗用等现象时有发生,损害了用户和企业的利益,打击了消费者跨境购物的积极性。

第三,通关服务有待加强。一方面,随着跨境 B2C 电子商务大额交易的逐渐增多,跨境电商的贸易量受到申报要求的严重制约,海关通关服务缺乏相应的管理制度和标准;另一方面,跨境物品通关仍然存在着手续烦琐、效率较低等问题,影响了服务的质量,加重了企业的运营负担和成本。

本章小结

1. 跨境电子商务是数字经济发展到一定阶段的产物,属于新兴国际服务贸易业态。根据不同的标准,跨境电子商务可分为不同的种类。

2. 跨境电子商务在世界各地区的发展呈现出不同的特点。中国正加紧出台适应跨境电商这一新型业态的各项政策措施,发挥宏观层面的鼓励、支持、引导作用。

3. 全球和中国的跨境电子商务都正保持着高速发展的势头,但现阶段中国的跨境电子商务发展存在的诸多问题不容忽视,包括跨境物流影响售后服务、跨境电子商务人才短缺、产品质量难以保证、监管服务体系滞后、通关制度尚不完善、跨境电商平台带来不确定性、信息安全问题频发等七个方面的弊端。

4. B2B 模式即企业对企业的跨境电子商务,B2C 模式即企业对个人消费者的跨境电子商务。B2B 跨境电子商务一直处于我国跨境电子商务的主体地位,B2C 跨境电子商务规模正处于迅速增长阶段。

重要术语

跨境电子商务(Cross Border E-Commerce)
进口跨境电子商务(Import Cross Border E-Commerce)
出口跨境电子商务(Export Cross Border E-Commerce)
跨境电子商务平台(Cross Border E-Commerce Platform)
B2B(Business to Business)
B2C(Business to Consumer)
数字贸易(Digital Trade)

思考讨论

1. 跨境电子商务具有哪些特征?
2. 通过跨境电商实例介绍我国跨境电子商务发展的现状,并论述发展过程中存在的问题。
3. 跨境电子商务的模式主要包括哪些?中国的 B2B、B2C 跨境电子商务发展情况如何?
4. 试分析跨境电子商务的发展会对我国产生哪些影响。

案例分析

千亿跨境电商独角兽浮出水面

在新冠疫情的影响下,线下服装市场遭遇行业寒冬,包括 ZARA、H&M 等在内的一些服装产业巨头纷纷遭受重创,开启了史上最大规模的关店潮。尽管如此,一家中国跨境电商新秀——SHEIN 异军突起,迎来了爆发式增长,迅速发展为美国下载量排名前列的购物应用。截至 2021 年年初,SHEIN 已拿下诸多一线机构的多轮融资,估值达 500 亿美元左右,迅速跻身全球时装跨境电商平台顶流,颠覆了全球快时尚的旧秩序。

产品种类丰富、价格低廉是 SHEIN 的两大特点,也是其能在短时间内缔造增长神话的关键。SHEIN 的产品价格多定在 20 美元以下,价格优势构成了对欧美用户的巨大吸引力,且更新速度极快,每天能有 3 000 多款时装上新。正是依靠这种巨大优势,SHEIN 才能在成立的短短十几年间,成功将销售范围延伸至全球 220 个国家和地区。

SHEIN 瞄准"跨境快时尚服装"市场,专注于"女装"这一品类,从设计、生产到销售全部由企业自主完成,且时尚度较高。数据是支撑和响应时尚的基础。与依赖传统线下门店体系搜集市场反馈的 ZARA 不同,SHEIN 充分利用大数据技术,借助 Google 等搜索引擎,建立线上爬虫系统,快速抓取其他竞品、搜索热词或时装周爆款等,对不同区域各阶段的流行趋势进行分析预测,以便更精准地识别时尚,更快速地响应市场需求,提高设计效率。

SHEIN 的成功与其背后敏捷、强大的供应链系统以及遍布全球的海外仓储和物流体系密切相关。SHEIN 的柔性供应链体系能够实现快速设计、制作、生产等全流程,从而将大量产品的生产周期控制在 3~7 天。此外,SHEIN 注重资金安全,力求按时甚至提前结清供应商款项。同时要求所有合作工厂都必须采用公司特有的供应链管理软件,极大地提高了各个工厂的数字化水平,也有助于总部对各个供应链的流转实行统一监督管理。SHEIN 还为供应商制定了评级和考核机制,考评结果与供应商的订单量和结款周期相挂钩,从而进一步加强了对供应链的掌控力。

政策环境和产业层面的宏观优势也是 SHEIN 赶超其他快时尚巨头必不可少的条件。中国是传统的纺织强国,纺织业产业链完整且拥有充足的劳动力,加上国家所提倡的数字化产业转型及鼓励出口的政策导向,为 SHEIN 的升级转型提供了强有力的支持。

SHEIN 庞大的经济体量与其较低的知名度形成鲜明对比。"重口碑,轻宣传"的企业文化给 SHEIN 蒙上了一层神秘的面纱,企业的绝大部分资金和精力都主要用于提升服装品质、创造良好的用户体验,而非广告营销上。口碑营销模式使低调的 SHEIN 在 Facebook 上坐拥上千万关注者和合作者。

(资料来源:腾讯网.估值超千亿,中国跨境电商 SHEIN 是如何崛起的?[EB/OL].(2021-06-29)[2023-01-12].https://new.qq.com/rain/a/20210629a0dev400,部分内容有删减)

思考题:
1. SHEIN 在海外市场异军突起的原因有哪些?
2. 案例中 SHEIN 的"长期主义"和"唯快不破"战略理念是如何体现的?

参考文献

艾媒咨询.2019 全球跨境电商市场与发展趋势研究报告[R].2019:1-86.
电子商务研究中心.2017 年度中国城市跨境电商发展报告[R].2018:1-91.
电子商务研究中心.2018 年度中国跨境电商市场数据监测报告[R].2019:1-49.
敦煌网等.2017 中国跨境电子商务(出口 B2B)发展报告[R].2017:1-40.
冯然.我国跨境电子商务关税监管问题的研究[J].国际经贸探索,2015,31(02):77-85.
贺正楚,潘红玉.中国制造业跨境电商发展面临的问题及对策[J].求索,2017(06):129-135.
鞠雪楠,赵宣凯,孙宝文.跨境电商平台克服了哪些贸易成本?——来自"敦煌网"数据的经验证据[J].经济研究,2020,55(02):181-196.

鲁丹萍.跨境电子商务:第1版[M].北京:中国商务出版社,2015.

吕雪晴,周梅华.我国跨境电商平台发展存在的问题与路径[J].经济纵横,2016(03):81-84.

马述忠,房超.跨境电商与中国出口新增长——基于信息成本和规模经济的双重视角[J].经济研究,2021,56(06):159-176.

沈玉良.全球数字贸易规则研究:第1版[M].上海:复旦大学出版社,2018.

徐松,张艳艳.应将跨境电商建成"中国制造"出口的新通道[J].经济纵横,2015(02):26-30.

杨兴凯.跨境电子商务:第1版[M].大连:东北财经大学出版社,2018.

张洪胜,潘钢健.跨境电子商务与双边贸易成本:基于跨境电商政策的经验研究[J].经济研究,2021,56(09):141-157.

Deng Z L, Wang Z Y. Early-mover advantages at cross-border business-to-business e-commerce portals[J]. *Journal of Business Research*, 2016, 69(12): 6002-6011.

MobData研究院.2018跨境电商研究报告[R].2019:1-28.

Wu M, Liu Y L, Chung H F L, et al. When and how mobile payment platform complementors matter in cross-border B2B E-commerce ecosystems? An integration of process and modularization analysis[J]. *Journal of Business Research*, 2022, 139: 843-854.

第十二章　国际创业

[学习目标]

- 掌握国际创业的相关概念
- 了解国际创业的模式及其产生的影响
- 理解影响国际创业的因素
- 了解国际创业平台的主要类型

[素养目标]

- 树立与时俱进、开拓创新的前进方向
- 明确推动国际商务高质量发展的目标

[引导案例]

出海记｜大疆打造国际企业之路：先占领欧美，再"回到"中国

作为全球民用无人机行业龙头，大疆创新迎来了一位新的"驾驶员"。这家生产出"精灵"和"御"等热门无人机的厂商宣布，任命电子产品行业资深高管罗镇华为公司总裁，接替大疆创始人汪滔负责日常运营。

报道称，汪滔是无人机爱好者，2006年在香港的学生宿舍里成立了大疆创新。汪滔仍是公司首席执行官及最大股东（持股远超其他股东），将继续监督大疆的产品开发。大疆的高管指出，罗镇华升任总裁体现了汪滔返回实验室的意愿，他想重新定义并扩展大疆的技术，而技术正是大疆成为全球最大无人机厂商的根本原因。

汪滔在任命罗镇华的公告中表示："大疆目前在全世界有超过1.1万名员工，在全球17座城市设有办事机构。随着全球业务的不断扩大，我们需要在经营方面增强管理团队的实力。"

主要市场在海外，国内市场发展迅速

大疆的主要市场在海外，其中北美和欧洲是最重要的两块，但近年中国市场发展迅速，与海外市场份额的差距已大大缩减。截至2016年，大疆全球市场排名前三的地区分别为美国、欧洲和中国。

大疆在全球多个地点设立办公室，负责地区性市场营销、销售支持、客户服务、物流等

事宜。除深圳总部外,在北京、上海、香港、东京、洛杉矶、旧金山、鹿特丹、法兰克福等地均设有办事处。

大疆在海内外与当地顶级的电子连锁零售大卖场合作,如 Best Buy、Media Market、国美、苏宁等,将大疆产品以完美的形态呈现在世界各国消费者面前。除此之外,大疆的一些跨界合作也引人瞩目。2016年3月,大疆与苹果公司建立独家零售合作关系,大疆产品史上具有"划时代"意义的产品——精灵4在全球逾400家 Apple Store 零售店面世,展现了大疆产品的超凡设计与先进技术。

大疆"走出去"的未来及面临的挑战

在未来发展方面,大疆将一如既往专注技术研发,让无人机更智能、操作更简易、性能更稳定、飞行更安全;同时,以挖掘民用无人机更多的创新性应用场景为目标,将无人机技术更广泛、更深入地运用到农业植保、安防、工业巡检、野生动物保护等行业中去;另外,继续致力于无人机普及教育,一方面通过大疆新飞手训练营等线下活动,向大众普及无人机的基本知识,强化飞行安全意识,另一方面,进一步发展以"慧飞"为代表的无人机培训品牌,不断优化课程,为各行业培育更多合格、专业的飞手,促进无人机的行业应用发展。

大疆虽然在海外市场占有很大份额,但仍然会面对一些拓展阻碍和挑战。由于各国在政策法规、消费者习惯、行业基础等方面均有所不同,如何整合公司资源,合理并最大限度地满足各国消费者的购买、使用以及服务体验需求是海外业务拓展需要面对的难点。未来,大疆会在本地化队伍的建设、渠道管控和售后服务等方面发力,为全球各地的用户提供更加优质、完善的服务。

除此之外,行业应用级无人机发展也面临巨大挑战:如何建立一个稳定可靠、相对持续的标准基础平台,并快速适配不同行业的应用需求。由于目前无人机技术的迭代非常快,开发这样的基础平台需建立在对用户需求有强大的引导能力、对技术发展路线有深刻的理解的基础上。目前,大疆从飞行平台、负载、软件、服务和培训这五个方面去打造、发展这一标准基础平台,以期充分发挥无人机在行业应用的优势。

立志从海外"回到"中国

与很多中国企业立足国内市场然后"走出去"不同,大疆的品牌和产品是先在欧美市场获得认可,再"回到"中国的。这奠定了大疆从一开始就立志成为国际企业的基调。

大疆在推出精灵系列无人机之初,就将产品送到了好莱坞和硅谷,让影视行业、科技行业的意见领袖们尝试使用无人机。大疆的产品能同时运用于生活和工作,让使用者的视野从二维世界上升到三维世界,很快获得来自全球消费文化和科技界顶尖人士的青睐。公司借此迈出了全球化布局的关键一步。

此后,大疆无人机陆续出现在热播美剧和电视节目中,既有参与制作又有产品植入。许多好莱坞和硅谷明星、大佬们也成为大疆产品的首批粉丝和种子用户。2015年上半年,大疆工作团队和美国广播公司(ABC)的摄制组一同前往冰岛,进行了无人机航拍直播火山喷发,那一期的《早安美国》节目成为大疆在美国品牌宣传的一个里程碑。到2016年年末,北美市场占据大疆全球销售额的近一半。

未来,大疆将在消费级无人机和行业应用无人机两个领域持续发力,以期将顶尖的无人机技术渗透到全球范围内的各个领域。

(资料来源:参考消息网.出海记|大疆打造国际企业之路:先占领欧美,再"回到"中国[EB/OL]. (2017-08-22)[2023-01-13]. http://www.cankaoxiaoxi.com/finance/20170822/2222141.shtml,部分内容有删减)

越来越多的创业企业像大疆一样,在成立之初就确立了国际化目标,在国际市场广泛获取生产制造资源和销售渠道,主动采取国际化战略来构建企业重要的、有竞争力的优势。传统理论认为,企业国际化发展是一个渐进的过程,特别是对于中小企业,这些企业因缺乏资源、能力和信息,国际化的速度要比一般大企业慢,多数是由本土经营到出口贸易逐渐深化到从事国际经营活动。在经济全球化背景下,依托于互联网的技术推动,新创企业的国际化历程打破了传统模式的制约,国际化速度大幅提升。本章将围绕国际创业,分别从国际创业的概念、模式、作用、影响因素等方面展开,同时介绍常见的国际创业平台。

第一节 什么是国际创业

一、国际创业的定义

创业(Entrepreneurship)是指与创业活动相关的现象。创业活动是创业者(Entrepreneur)通过创造或扩展经济活动,识别和开发新产品、新工艺或新市场以寻求创造价值的行为。国际创业(International Entrepreneurship)则是指创业者跨越国界开展创业活动的现象。国际创业的理论起源于对企业早期阶段的快速国际化现象的研究。Oviatt 和 McDougall(1994)将国际创业定义为新创企业利用国际资源或市场,寻求获取竞争优势以实现国际化成长的方式。

二、国际创业的模式

经济全球化在推动国际商务发展的同时,也引发了国际创业活动的兴起。随着跨国贸易壁垒的逐渐弱化,全球范围内分散、割裂的单个市场逐渐合并为一个融通的世界市场,创业企业追逐的不再仅是本国市场,而是一个更大的机遇和风险并存的国际化市场。此外,生产要素在各国间的自由流动使得生产经营活动的全球化布局成为可能,推动了企业的国际化发展进程。经济全球化给予创业企业更大的施展空间和发展舞台,促使其在竞争激烈的环境下加速创新,提高市场应变能力。反过来,这些跨国创业企业也推动了经济全球化的进一步发展,使得各国市场间的联系更加紧密。

国际创业模式众多,较为普遍的一种分类方式是按创业企业本身是否属于新创企业,将其划分为新创型创业和大公司内部创业。前者是指企业在成立之初即面向国际市场开展国际业务的创业行为;后者是指企业为增强自身竞争优势而授权内部组织进行的创业行为。此外,结合企业海外业务嵌入程度可将国际创业模式分为图12-1中的不同类型。

具体来说,基于国际创业企业参与的价值链环节与涉及的东道国个数,可将国际创业分为三种不同的模式。

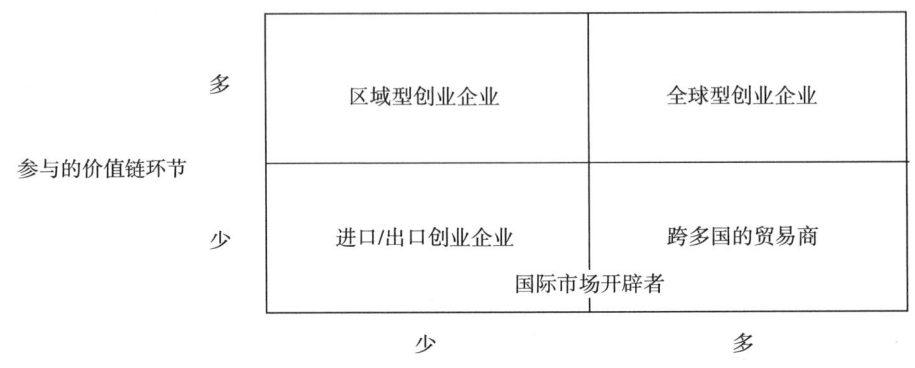

图 12-1　国际创业模式

（一）国际市场开辟者

国际市场开辟者采用的是一种传统的国际创业模式。企业经营者通过贸易的方式把一国货物运往有需求的另一国实现获利。跨境物流是该模式下价值链的关键组成部分,也是最有可能实现内部化的环节,而其他相关的价值链活动往往由当地企业控制和管理。对于该模式下的国际创业企业来说,对任何国家的直接投资一般都保持在最低水平。这类企业的区位优势在于发现国家间资源的不平衡并开辟新的市场。然而,这类企业是否具备持续的竞争优势则取决于以下几方面因素:①能否在由于竞争导致的当前市场利润下滑之前,识别新的机会并采取行动;②对市场和供应商是否有足够深入的了解;③是否具备维持忠诚的利益相关者网络的能力。

国际市场开辟者既可以是进口或出口创业企业,也可以是跨多国的贸易商。两者的区别在于涉及的东道国个数不同:前者专注于为创业者熟悉的少数几个国家提供服务,后者则同时为多个国家提供服务,并不断在已开辟的市场或即将开辟的市场搜寻新的商业机会。一般来说,跨国贸易商、跨境电商都可归为这种模式,它们自身不从事研发和生产活动,通过跨境物流将一国产品运往其他国家,实现商品或服务的跨境交易。

新闻摘录

豌豆公主：做日本企业和中国市场的桥梁

豌豆公主的创始人翁永飙在日本生活了 28 年,且有连续创业经历,联合创始人是日本的美容教主山本未奈子。凭借二人在日本的积淀和资源,豌豆公主拿下了多家日本企业的独家代理。豌豆公主在进军中国市场时,翁永飙意识到只依靠日本团队的力量是不够的,必须组建中国团队。

翁永飙认为在"自助游时代",消费者希望看到不一样的商品,购买更加个性化的商品,因而做长尾商品是必然的。他希望豌豆公主能把"日本的生活方式"呈现给中国消费者。豌豆公主专注做日淘,团队希望把日本的好货带到中国,同时也把日本的生活方式和文化展现给中国消费者。

2015年,跨境进口电商赛道红火。天猫、京东、亚马逊、聚美等电商企业的跨境业务规模初现,洋码头在1月拿到了1亿美元的B轮融资,资金实力雄厚的网易上线了"网易考拉",蜜芽掀起了价格战,小红书做社区、波罗蜜主打直播……从巨头到创业公司,乘着政策红利的东风,都在快速扩张,抢夺市场。

2015年8月上线的豌豆公主出道不早,但颇受资本青睐。上线五个月后,豌豆公主就拿到了 Ventech Capital 领投的 1 000 万美元 A 轮融资。Ventech Capital 副总裁陈昌敏在意的是产品原产国能提供的商品种类是否足够丰富,"只有做全品类,公司的体量才能做大。与中国消费者生活习惯、文化传统相似的国家中,只有日本能提供全品类、高质量的商品。"

联合创始人是日本美容教主

一直关注日淘创业公司的陈昌敏在豌豆公主上线后不久就开始与其创始人翁永飙接触,他认为翁永飙身上最难能可贵的是在日本积累的经验见识、人脉资源,而这些能帮助豌豆公主建立起日本方面的供应链。

然而,事情一开始并不顺利。豌豆公主最初与日本某个首饰品牌谈成了合作,其创始人与翁永飙私交很好。豌豆公主很快作出了营销方案,其中一张海报是把几个首饰品牌放在了一起,但该首饰品牌创始人认为此举有损自己的品牌形象,一怒之下取消了合作。"与出货和销量相比,日本人更重视自己的企业文化、品牌",这让翁永飙意识到,与日本企业合作,必须充分尊重它们的做事习惯和风格。

豌豆公主的日本团队由日本人和旅日中国人组成,主要职责是建立供应链。一个小团队去谈独家代理的品牌,另一个小团队负责采购平台上的自营商品,还有一个小团队去对接商家,邀请商家入驻平台。翁永飙说,豌豆公主合作的商家超过100个,在2 000多个最小存货单位(Stock Keeping Unit, SKU)中有10%来自独家代理品牌,20%是入驻的商家,剩下的是自营产品。

对于每一个合作的企业,豌豆公主都会有专门的工作人员去对接。内容制作团队做方案时,每个产品的图片、字体样式、颜色、大小,都需要品牌方确认后才能发出;PR团队也会在过程中参与,以保证品牌形象的展现符合其要求;对于深度合作的品牌,团队则会去拍摄宣传片,展现产品的生产过程和品牌文化。"相当于你来供货,我帮你做代运营。这些企业只需要好好地生产商品,支付、物流、运营都是我们来做。"翁永飙说。平台不收代运营的费用,也不收入驻费,而是根据销售额收取一定的提成。

豌豆公主在中国的目标用户是25—35岁的女性群体,于是最早从美容美妆和个护切入。其联合创始人山本未奈子,活跃于日本美容护肤类的电视节目和杂志上,出版过六本相关书籍,还拥有自己的美妆品牌。"日本所有美容、护肤相关的厂商,未奈子都认识。她可以搞定这部分的供应链",翁永飙说。豌豆公主平台上有十几个独家代理的品牌,其中与美容护肤相关的有七个。

如何适应中国市场

为顺利适应中国市场,翁永飙曾去拜访乐天的 CEO 以及其他几家电商的负责人。在此之前,日本乐天与百度的合作以失败告终,日本最大的服装电商 ZOZOTOWN 的天猫旗舰店仅运营一年便关闭。交流过后,翁永飙认为它们失败的根本原因在于不能融入中国市场,不适应中国市场的打法。

豌豆公主的日本版"Wonderfull"早于中文版在日本上线。Wonderfull 的界面类似于 Instagram,简洁清新。团队找来的关键意见领袖(Key Opinion Leader,KOL)会在上面发照片,分享自己的生活方式,有的图片上会以标签的形式附上商品的购买链接。团队负责对接厂商,KOL 则可以赚提成。

2015 年 4 月,Wonderfull 的中文版上线,翁永飙的中国朋友们却泼了一盆冷水,"界面这么素,谁会来买啊,你去看看国内的电商。"当翁永飙看到国内电商 APP 上的秒杀、拼团、直播等各种促销活动时,他意识到是时候组建一个中国团队了。

随后,翁永飙渐趋熟悉国内电商的打法。"买流量、闪购、团购、直播,网红模式或者是微店分销,国内的电商从根本上来说就这么几种方式。"重新研发的 APP 取名豌豆公主,2015 年 8 月份正式上线,11 月 2.0 版本上线。新上线的版本当中,"豌豆集市"直观地展现各类商品、促销活动以及内容团队制作的导购专题,"公主说"则类似社区,有各种意见领袖、VIP 用户发布的内容,并附有相应产品链接。在推广方面,豌豆公主也试图以中国的方式来做产品宣传。翁永飙希望把山本未奈子打造成豌豆公主的形象代言人,不断增加她在中国的曝光率——山本未奈子开通了个人微博,在湖南卫视《我是大美人》的衍生 APP 上做直播,参与录制深圳卫视的《辣妈学院》等。

展现日本的生活方式

翁永飙将购买爆款马桶盖、纸尿裤的时代比作"团体旅游"时代,用户看到的东西少,买的东西也少;而在自助游时代,大家希望看到丰富化、个性化的商品,因而做长尾商品是必然的。除了常见的美妆、个护等品类,豌豆公主平台上还有很多日本当地的爆款,比如用来调整坐姿的美姿调整椅、美容仪、退热降温贴等,涵盖生活的各个层面。

产品的展示也尽可能地去展现日本的生活方式。以某款卷发棒的展示为例,在首页的美妆教室,会有一个短视频教姑娘们如何用卷发棒卷出好看、自然的头发。一个日本姑娘全程教学,视频中她所使用的卷发棒以及头发护理产品都可以点击视频中出现的标签直接购买。点进链接后,如果有日本的杂志刊登了这款商品,同样也会给出杂志的推荐,可以点击翻译成中文,再往下还会有用户撰写的"公主点评"以及内容团队制作的"小编推荐",详细介绍产品的优势、受欢迎程度、使用方法等。

内容运营的部分在中国和日本都有团队,日本团队的内容产出以原汁原味的日本特色为主,中国团队则会根据国内市场需求进行针对性的内容产出。某款拉面是日本知名拉面馆研发的速食版本,团队专门拍了视频解释要如何煮这份面才能保持最好的味道:沸水煮一分钟将面捞出,用热水且不能是煮面的水来冲泡酱料,最后还要配上小葱和卤蛋。此外,很多直接对接品牌的商品会有视频还原其生产过程。一家使用四季水果做和果子的企业已经有 60 多年的历史,团队去工厂拍摄了产品生产的过程,采访了工厂员工,另外,团队还去北海道的花田牧场,呈现当地的自然风光,还原爆款"焦糖爆米花"的制作过程。

（资料来源：天下网商. 豌豆公主：做日本企业和中国市场的桥梁[EB/OL]. (2016-04-25)[2023-02-20]. http://www.iwshang.com/articledetail/244454,部分内容有删减)

思考题：豌豆公主的创始人是如何识别创业机会的？

整体上看,豌豆公主的主要业务是在中国市场销售从日本进口的产品。从参与的价值链活动来看,进口业务主要涉及采购、跨境运输、销售等,并不涵盖研发、生产等环节。因此,豌豆公主采取的模式被视为国际市场开辟者,即为日本本土产品找到了一个新市场——中国市场。进一步观察,豌豆公主目前的业务范围只限于中国和日本两个国家,涉及的东道国个数并不多,所以这家企业为国际市场开辟者中的进口创业企业。

（二）区域型创业企业

区域型创业企业通过利用外国资源满足世界范围内某一特定区域的特殊需要,建立起自身竞争优势。这类企业与跨多国的贸易商的区别在于其开展的业务活动在地理上受限于特定区域,并且参与的价值链活动不仅限于跨境物流。与进出口创业企业相比,区域型创业企业的竞争优势来源于对技术开发、人力资源、生产等多种价值链活动的协调整合。由于具有较高的社会复杂性,且包含许多隐性知识,这种协调整合是难以模仿的。在特定服务区域内建立一个密切且排他的商业网络联盟,有助于巩固企业的竞争优势。

新闻摘录

即使是传音控股,非洲品牌建设也用了10年时间

本地化经营,是传音控股身上的一个突出"标签",也是其在非洲市场的竞争优势之一。

2022年9月,传音控股首次上榜中国企业500强,排在第441位。IDC数据显示,2022年上半年,传音控股在全球手机市场的市场占有率为11.4%,在全球手机品牌厂商中排名第三,其中智能机在全球智能机市场的市场占有率为6.1%,排名第六;在非洲市场,传音控股依然是名副其实的"非洲之王",传音控股在非洲智能机的市场占有率超过40%,排名第一。即便如此,传音的品牌在中国却鲜为人知,因为它的产品并不对国内销售。

2008年,选定非洲市场

为了避开中国国内激烈的竞争,"大批的中国手机制造商开始开拓海外市场,但许多人都失败了,因为他们不太注重塑造品牌,而且又急于求成",中国手机联盟秘书长王艳辉在接受《环球时报》采访时这样说道。国际手机制造商都不愿意进入非洲市场,因为那里经济落后,整体消费水平很低。然而,这对于国内的手机制造商来说或许是一个机遇。

传音是在非洲寻求机遇的国内手机制造商之一,早在2008年这家公司就确定了其发展路径。王艳辉分析传音在非洲的成功时,将其中一个原因归结为该公司创始人竺兆江,"他有着丰富的海外市场经验"。另外,王艳辉称,传音在非洲国家进行的本土化运行,确

保了其在非洲的主导地位。

传音对非洲市场的判断是准确的。根据2016年11月份CNN的报道,非洲手机使用用户占据世界总用户的12%,占据世界销售额的6%,与五年前相比上涨了70%。

落地,功能符合本土用户需求

中国制造的手机物美价廉,深受广大非洲消费者青睐。"中国的手机制造商能按你的需求来生产手机,而且可以按顾客的喜好来设计款式。"非洲人喜欢音乐、喜欢扩音器、双卡,这些中国手机都能满足。

许多大型公司都重视手机品牌,而非产品质量。但这可能并不适用于非洲市场,非洲消费者更偏向于为需求付费。非洲有许多电信运营商,网络间拨号并不便宜,所以传音生产双卡,甚至是四张卡的手机。如同世界上许多其他的手机消费者一样,非洲的顾客们也钟爱"自拍"。但许多消费者称黑色的肤色很难拍出高品质的照片,因为许多手机中的相机脸部识别功能都很差。针对这一点,传音设计了特殊的相机功能,让它将聚焦点调到牙齿和眼睛上以确保拍出清晰的照片。同时,传音制定不同的品牌策略,针对不同的顾客,提供高、中、低档的手机。

竞争和挑战

中国手机制造商已经将业务扩展到越来越多的国家,但在非洲市场仍然面临巨大的挑战。IDC称,在一些中国手机制造巨头中,华为2016年的手机销售年度增长"维持非洲第三",而联想发展滞缓,中兴和阿尔卡特都销售艰难。当地的一位分析员称,"价格竞争已经成了在许多非洲国家销售的关键。"销售者必须提供有价格竞争力的手机,要面向非洲大部分的低收入人群。与此同时,手机制造商面临着手机部件成本上涨等问题。它们需要生产高质量的手机,价格既不能太贵,还要让公司盈利。

非洲市场上拥有50多个国家,潜力无限。传音公司已投资7 500万美元在非洲国家建立网络体系,并在58个国家建有销售网,如尼日利亚、肯尼亚、坦桑尼亚、埃塞俄比亚和埃及。短期来看,传音在非洲市场上面对的来自其他竞争者的压力还不算大。大部分公司在海外创业时将面临文化、语言、风俗等不同带来的挑战,因此了解东道国的发展环境和政治形势十分必要。有分析师称,非洲市场走向成熟至少还需要15年。

传音花费了近10年的时间才逐渐根据当地顾客的需求建立起了自己的品牌。

(资料来源:白鲸出海.即使是传音控股,非洲品牌建设也用了10年时间[EB/OL](2017-07-19)[2023-01-13]. https://www.baijingapp.com/article/11923,部分内容有删减)

思考题: 传音开拓海外市场的实践经验给创业者带来了哪些启示?

上述案例中的传音公司虽面向国际市场,但是专注于经济还处于欠发达状态的非洲国家。传音涉及的价值链活动并不只局限于跨境物流,还包括自主研发、采购、生产、销售、售后服务等一系列活动。因此,我们可以将其归为区域型的国际创业企业。

(三)全球型创业企业

全球型创业企业是最为先进的国际创业模式。这类企业能够不受地理限制,在全球范围内开展多种价值链活动,从而获得巨大的竞争优势。它们不只是对全球化的市场作出被动反应,而是主动地抓住任何可能的机会,以获取资源和出售产品或服务。

与此同时,全球型创业企业可能是最难创建的国际创业模式,因为它们要求具备区域协调和价值链活动协调两方面的技能。然而,一旦成功建立起来相关技能,这类企业将拥有最为持续的竞争优势。这种竞争优势的重要来源则是其在历史累积中形成的专有的全球商业网络联盟。从立足本土的创业企业成长为全球型创业企业是一个从量变到质变的动态渐进过程,这种渐进性体现在两个方面:企业国际目标市场的不断扩大、企业跨国经营活动的日趋复杂。

众多企业在国际化进程中,对目标市场的选择遵循"本国市场—邻国市场—全球市场"的路径。一般来说,相较于远距离国家市场,邻国市场的市场环境、社会文化习俗、政治制度、语言等与企业所在国更为相近,能使企业不必对其管理、产品和服务等做根本性的调整,从而以最小的成本和风险迈出国际化的第一步。在成功试水邻国市场之后,企业积累的出海经验将有利于其继续扩大市场版图。例如,成立于2010年的互联网公司小米,从本土市场出发,不断开辟新的国际市场,截至2018年,其业务遍及全球80多个国家和地区。小米以东南亚地区为国际创业启程地,在2014年陆续进入新加坡、马来西亚、印度等国家。而后,小米开始探索进入拉丁美洲、欧洲以及非洲市场,业务逐渐覆盖五大洲,且业绩表现良好,在多个市场的手机产品销量排行中位居前列。

跨国经营活动的复杂化是国际创业企业发展历程中的另一特征,具体的经营策略表现为"单纯本国经营—经由中间商间接出口—企业自行直接出口—设立海外销售公司—设立海外生产工厂"。间接或直接出口一般是企业用于确定产品或服务在新市场上是否具有足够吸引力的试探性经营方式。若产品或服务被证明销路良好,则企业可进一步在海外设立子公司扩大经营。在国际化前期阶段,由于海外市场规模较小,小米采用了间接或直接出口的方式进入新市场,以线上销售为主要渠道。在海外消费者表现出对小米产品的青睐之后,小米开始在海外市场开设线下直营店、售后服务中心以及制造工厂。2017年,由于东南亚市场的良好表现,小米先后在印度尼西亚和印度建立手机制造工厂,进行本土化生产,基本覆盖当地需求。

三、国际创业的影响

创业的影响反映了企业家通过创业所创造的价值,也蕴含了国家政策制定者希望实现的最终目标。国际创业带来的影响可从以下几个层面进行阐述:

(一) 创造就业

一般来说,创业活动有助于就业机会的增加。新创企业进入市场后,可以通过雇用劳动工人直接带动当地就业。在新创企业发展后期,效率提升、结构升级、规模扩大、业务范围拓展等因素导致企业竞争优势愈加显著,伴随而来的是雇佣需求日益增加,由此进一步推动社会就业率的上升。

全球最大的搜索引擎提供商谷歌成立于1998年,主要业务包括互联网搜索、广告技术等。在互联网爆发时期,谷歌迅速进行全球化扩张,业务逐渐覆盖全球。2015年,谷歌宣布重组企业架构,创立新公司Alphabet,并成为Alphabet旗下子公司。Alphabet致力于发展多元化战略,旗下业务已扩展到云计算、硬件、自动驾驶等领域。随着业务的不断发展壮大,Alphabet吸纳了大量散布在全球的优秀人才。截至2019年第一季度,Alphabet的全球员工总数已超过10万。可以看到,谷歌从最初的本土创业企业成长为一家国际化公司,不仅使企业自身规模得到扩张,业务得到拓展,而且给各个东道国带来了改变,最为显著的影响就是为东道国创造了大量就业机会。

(二)促进经济增长

创业活动是推动经济增长的重要引擎。国际创业活动由于其跨国属性,在推动母国和东道国经济增长的机制方面有所差异。国际创业活动对于母国经济的作用主要来源于创业本身的作用。首先,创业的本质是创新,创业者将创新带入现有市场,会引发知识溢出。当知识溢出到一定程度时,行业及市场均会发生变革,经济增长由此迈入下一个阶段。其次,创业企业的出现意味着市场上企业数目的增加,即市场竞争程度加大。一般而言,相较于垄断,竞争更易促进市场效率的提升、创新的发展,从而赋予经济发展以更大的动能。最后,某些新领域创业企业的出现促进了市场的多元化发展。创新往往催生出商业新模式、新业态,由此带来的多样性远远比同一性更能激发市场的增长潜力。

对于东道国而言,除了创业带来的积极影响,国际创业企业本身作为一个跨国公司,从诸多方面促进着东道国经济的发展。在资本积累方面,国际创业企业通过直接投资带来新设施、新设备,增加资本存量的同时扩大了生产规模,也为东道国带来了税收收益。在技术和管理方面,跨国公司先进的研发技术和高效的组织管理技能将直接提升东道国的生产率,并叠加外溢效应间接促进东道国产业结构的调整升级。

(三)减少贫困

创业活动能够通过一系列机制促进减贫。最重要的机制之一是,创业企业为贫困人群创造就业机会。另外,在推动经济发展的基础上,创业活动可以使贫困人群以低价购买到商品和服务,从而改善生活。最后,创业还可以通过为政府增加税收,间接地减少贫困。企业上缴的税款是政府收入的主要来源,这部分收入可投资于面向贫困人群的医疗、教育以及其他公共事业。此外,新增的税收还可通过政府援助补贴贫困家庭。

事实上,通过创办企业雇用当地工人比直接捐献物资款项更有利于帮助当地人口脱贫。例如,在某经济欠发达地区曾经有一个蚊帐厂,蚊帐厂雇用当地工人若干,并且蚊帐基本自产自销,大致能维持工厂正常运转。某一天,该地区接受了大批量外来捐献蚊帐,居民为得到免费的蚊帐而高兴。但是对于蚊帐厂来说,这并不是一个好消息,因为居民很长时间内不再对其生产的蚊帐有需求。最终,蚊帐厂因产品滞销而停止生产活动,并遣散了原来雇用的工人。此时,众多工人下岗,失去经济来源,又重新陷入贫困的境地。

国际创业是创业活动的细分类别,与专注于母国市场的创业相比,国际创业涉及的国家更多、参与的价值链活动更复杂,因此产生的影响将更为广泛和深刻。

第二节 国际创业的影响因素

一、政策环境的影响

政府的政策和行为会影响创业企业面临的进入壁垒、竞争风险和退出机制,进而影响企业国际化的范围、程度及潜在的获利机会。企业进行国际创业,准备踏入一国市场竞争,首先需要了解当地的政策法规,明确与母国的制度差异,合法经营,同时保护企业自身的合法权益。与企业经营相关的法律法规内容庞杂,在此仅列举与国际创业的联系较为紧密的三类法规进行介绍:劳动法、产权法、公司破产法。

(一)劳动法

劳动法的制定目的是保护劳动者的合法权益,调整劳动关系。但是,某些国家的劳动法规定过于严苛,这一方面会限制企业在全球经济浪潮中成长和竞争的能力,另一方面也不利于吸引外资企业进入本国。例如,在印度众多邦,员工人数超过100人的公司需要得到政府批准才能解雇员工;在委内瑞拉,解雇员工的门槛则更高,而且委内瑞拉的很多员工希望将他们所在的公司国有化,这样他们便可以成为政府雇员,由此享受更好的津贴待遇和更高的工作保障。

> **拓展阅读**
>
> **印度劳动法改革及争议**
>
> 《工业纠纷法》是印度最重要的规范劳资关系的法律之一,用于劳资纠纷的调查和解决,覆盖了所有企业(不论其规模大小)的工业纠纷,从根本上规定了劳资关系中涉及的雇佣与辞退、劳动状况、罢工、停工、解雇、裁员以及企业关停并转等各方面的内容。许多人认为该法对于劳动争议的规定限制了企业规模的扩大。
>
> 首先,法律将工业纠纷定义为任何规模的企业对工人作出的任何开除、解雇、终止合同或实施解雇的决定。这就使得工业纠纷的范围过于宽泛,增加了工业纠纷出现的机会及其解决的成本。通常情况下,调解是解决争议的第一步,但印度的劳动法庭却几乎一边倒地站在劳工一边,对企业正当的权益考虑甚少。
>
> 其次,《工业纠纷法》的9A条款规定,员工数达50名的工业企业,不论改变哪项工作条件,都要提前三周告知工人。这些改变包括申请调休和请假换岗、分类管理、工作纪律、影响劳动力需求的技术变化,以及与雇用、职业、流程或部门相关的变化。批评者称这一条款在现实中无法做到,而且在事实上鼓励了纠纷。
>
> 再次,《工业纠纷法》的补充章节对企业解雇工人作出了严格的规定。雇用员工超过100人的企业,解雇工人需事先征得劳动部门的同意,而劳动部门几乎不可能同意这样的申请,即使该企业毫无利润甚至面临关停。这一章节名义上是保护工人,实际上却降低了企业的产出和社会整体的就业水平,反而造成了工人阶层的贫困。2001年计划委员会的一份报告指出该章节的一个重要消极影响就是抑制了来自劳动密集型产业的外国投资。

近年来,一些邦政府针对此项规定进行了改革,如拉贾斯坦邦将企业解雇工人无须获得政府许可的上限从 100 人提高到 300 人。

1948 年的《工厂法》适用于超过 10 名员工的用电企业,以及不用电力但员工超过 20 名的企业。《工厂法》在多个方面规定了工厂的工作条件、健康及安全措施,同时规定了工作时长、休息间歇、加班、放假、请假、辞退、雇用妇女和儿童的权利以及雇员的其他权利,还有雇主和雇员的义务。例如,《工厂法》规定工人每周最长工作时间不超过 48 小时;每工作 10 天必须有 1 天休息;每工作 20 天必须有 1 天带薪假日;禁止雇用 15 岁以下的童工;禁止妇女每天工作超过 9 个小时,同时禁止妇女在晚上 7 点到早上 6 点工作。此外,工厂必须保持干净,包括每 14 个月刷墙一次,以及每 5 年重涂一次;强制执行适当的废物处理;要求有数量足够并且相互分隔的男性和女性休息室;不中断的饮用水供应。法律还提出了对工人安全的要求,包括机器围栏和机器的运作部件;用防护镜来保护眼睛不受过量的灯光和红外线、紫外线辐射的伤害;配备防火设施;以及运载妇女和儿童的设施的重量限制。

此外,随着雇工人数的增加,强制性的要求也在增加。当工人数量达到 150 人时,企业要提供餐厅;达到 250 人时,必须有食堂。而如果企业雇用了 30 名及以上的妇女,就要有托儿所。这些规定都被认为抑制了企业扩大生产规模的动力。《工厂法》中争议较大的是涉及加班时间、女性就业条款等方面。由于法律对工作时间有明确的规定,因而加班要征得工会的同意,通常情况下,工会不会同意企业主加班的要求。同时,针对雇用女性的条款也被认为限制了女性在工厂就业的可能性,从而阻碍了女性劳动参与率的扩大。

(资料来源:陈金英.印度劳动法改革及其争议[J].国际观察,2017(06):107-121,部分内容有删减)

思考题:
1. 印度的劳动法制度对其本土创业企业有什么影响?
2. 如果外资企业要进入印度市场展开经营,需要注意哪些事项?

(二) 产权法

目前,世界各国对于产权相关规定争议的重点在于知识产权的保护。知识产权(Intellectual Property),也称"知识财产所有权",是指人们对其智力劳动成果依法享有的专属权,通常是国家赋予创造者对其智力成果在一定时期内享有的专有权利或独占权利。国家对于知识产权保护的重视,实质是对于创新的重视和鼓励,有利于调动人们从事创新工作的积极性和创造性,推动智力成果转化为生产力,最终对经济和社会产生正面影响。

明确的产权法会允许企业家将知识产权用作抵押,从而增加他们的融资渠道。对于严重依赖知识产权的创业公司而言,它们在知识产权保护法律缺失或不够完善、执法机制薄弱的经济体中面临着独特的挑战。在大多数工业化国家,对前雇主的责任和义务、保密条款、竞业禁止协议将禁止离职员工携带有价值的信息离开。但在某些发展较为落后的国家,此类协议并非有效,这意味着离职员工可以将公司的机密信息甚至是至关重要的知识产权取为他用。产权不明确将十分不利于创新的发展,并将进一步影响经济的持续健康发展。

中国知识产权保护制度的筹备开始于20世纪70年代末,为顺应改革开放的要求而被提出。1980年中国加入世界知识产权组织后,加快了知识产权立法进度。1982年,我国出台了历史上第一部知识产权法律——《商标法》,标志着中国知识产权保护制度的初步建立。之后,1984年出台《专利法》,1990年和1991年分别颁布《著作权法》和《计算机软件保护条例》,1993年颁布《反不正当竞争法》。自此,中国形成了较为完整的知识产权法律保护体系。

新闻摘录

加强知识产权保护 营造国际一流营商环境

国家市场监督管理总局副局长甘霖于2019年5月12日在国新办新闻发布会上表示,近年来,我国在加强知识产权保护、严厉打击侵权假冒、营造良好营商环境方面取得了明显成效。知识产权保护水平进一步提高,营商环境进一步改善,创新创业热情进一步激发,经济发展质量进一步提升。

2018年,我国知识产权审查周期大幅缩短,行政事业性收费减免力度加大,专利代理行业准入放宽。围绕破解企业投资生产经营中的堵点、痛点,国务院印发关于推开证照分离改革、优化口岸营商环境、压缩企业开办时间、鼓励外商投资等一系列政策文件,深化改革,增强企业发展竞争力。

保护知识产权方面,制定或修订了《电子商务法》《专利代理条例》等一系列法律法规。行政执法更加严格,2018年全国行政执法部门查处侵权假冒案件21.5万件,其中,查处专利侵权假冒案件7.7万件、商标违法案件3.1万件、侵权盗版案件2 500余件,海关查扣进出境侵权货物4.72万批、2 480万件。司法保护更加有力,公安机关破获侵权假冒案件近1.9万件,检察机关批捕涉及侵犯知识产权犯罪案件3 306件、5 627人,全国法院审结各类知识产权案件近32万件,同比上升41.6%。侵权假冒商品依法销毁,全国无害化销毁侵权假冒商品约3 500吨。国际合作更加密切,通过了《关于进一步推进"一带一路"国家知识产权务实合作的联合声明》,签署了《中欧海关知识产权合作行动计划(2018—2020)》等。世界知识产权组织发布的《2018全球创新指数报告》显示,中国排名第17,较上年提升5位,首次跻身全球创新指数20强。

优化营商环境方面,推进海关、边检、海事一次性联合检查,进出口整体通关时间分别比上一年压缩56.4%和61.2%。大幅压缩企业开办时间,由原来平均20天减至8.5天内;"证照分离"改革在全国推开,破解"准入不准营"的问题,推进"双随机、一公开"监管。发布2018年外商投资准入负面清单,进一步放宽准入限制——负面清单之外的领域,按照内外资一致原则实施准入前国民待遇,目前以审批方式设立的外商投资企业占比不到1%。世界银行发布的《2019年营商环境报告》显示,2018年中国营商环境改善幅度居全球第三,东亚太平洋地区之首。

国家知识产权局副局长甘绍宁认为,中国的营商环境持续优化,取得的成就有目共睹,这与中国政府高度重视知识产权保护是分不开的。国家知识产权局致力于严格知识产权保护,营造国际一流营商环境,主要从推动完善法律法规、强化源头保护、加大执法力度、完善社会共治和完善联动机制五个方面开展工作,并取得了一定的实际成效。谈及接下来的工作,甘绍宁强调,将启动面向2035年的国家知识产权强国战略纲要的制定工作,对强化知识产权保护作出整体部署,进一步营造更加良好的营商环境,更好地满足高质量发展需求。

海关总署综合业务司负责人金海指出,中国鼓励中外企业开展正常技术交流活动,保护在华外资企业的合法知识产权。同时,中国也希望外国政府加强对中国企业知识产权的保护。海关下一步将继续开展相关领域的专项整治工作,支持企业特别是民营企业和中小企业开展创新;加强对外商投资企业知识产权的保护;完善互联网领域打击侵权假冒执法联动机制;继续拓展国际海关执法合作,努力营造国际一流营商环境。

(资料来源:中国日报中文网.加强知识产权保护 营造国际一流营商环境[EB/OL].(2019-05-18)[2023-02-20]. http://caijing.chinadaily.com.cn/a/201905/18/WS5cdfbd96a310e7f8b157d661.html,部分内容有删减)

思考题:保护知识产权与优化营商环境之间有什么关联?

(三) 公司破产法

一国关于公司破产法的规定一定程度上代表了企业的市场退出机制。目前,发达的工业化国家实施破产程序的平均时间不到2年,而南亚国家平均为4.5年。为了给遭遇财政困难的公司提供改组的机会,众多国家正在升级它们的管理制度。例如,自2002年以来,英国通过了一系列企业法案,旨在让失败的企业家更容易重新开始;中国于2007年通过的《企业破产法》使资不抵债的公司更易进行重组;一些仍对破产持负面看法的国家也在采用更为宽松的破产法。

新闻摘录

《企业破产法》实施十周年:先"破"后立,浴火重生

一群工人正在上访,一块石头狠狠地砸在集团的牌匾上,乱哄哄的场面让人揪心——这是反映中核钛白集团破产重整历程的纪录片《绝境求生》一开始的画面。

作为一家军转民的国有企业,中核钛白曾是钛白粉生产领域的龙头。后由于多种因素,企业效益每况愈下,上市仅两年多便濒临退市。如今,中核钛白能够实现"浴火重生",与一部法律密切相关,即《中华人民共和国企业破产法》(以下简称《企业破产法》)。在企业破产法的指导下,中核钛白在破产重整中做到了同行业并购和业务整合紧密衔接、持续经营与技术改造同步进行,摆脱了清算退市的厄运,1 200名职工实现全员就业。这一案例也得以入选2016年最高人民法院公布的人民法院关于依法审理破产案件、推进供给侧结构性改革十大典型案例之一。

2007年6月1日,新的《企业破产法》取代我国1986年颁布的《企业破产法(试行)》,成为指导、规范我国企业破产的"定海神针"。在《企业破产法》正式实施十周年之际,学界

及司法实务部门纷纷举办纪念活动,探讨《企业破产法》实施所带来的深远影响,共同擘画我国破产法律制度的未来。

破产案件数量少:与实际情况很不匹配

一项制度的实施与其背后的社会观念密不可分。受传统观念影响,当今社会依然还有人"谈破色变"。在许多人眼中,破产意味着失败,是不光彩的事情。一些企业主宁愿"跑路"也不愿意申请破产。此外,一些地方政府认为,破产意味着经济不景气、员工下岗和社会不稳定,也不愿意看到破产现象。

至于破产法,大部分人对其内容更是不甚了解。破产法被誉为市场经济的"宪法"或"基本法"。破产法的本质,就是一种在司法程序主导下,将无力清偿到期债务的债务人的财产,公平清偿给债权人,或者对债务人予以财务拯救的有秩序的、文明的商业安排。

我国《企业破产法》实施 10 年来,可以说是一路艰辛,成绩来之不易。从司法实践上看,市场化程度高的地区,破产审判工作最为活跃;从实施效果上看,破产重整制度帮助包括上市公司在内的大量企业主体走出了困境,破产清算制度也为各地处置"僵尸企业"提供了制度路径,释放了生产要素,实现了"腾笼换鸟"的目的,推动了市场资源的优化配置。国际组织和外国专家对中国的破产法律制度和破产审判工作也愈加认可。

在成绩有目共睹的同时,《企业破产法》实施过程中暴露出来的一些问题也引发了广泛关注。从数据来看,《企业破产法》实施后,全国破产案件受理数量不但没有增加,反而连续下降。2006 年,全国法院受理的破产案件为 4 253 件,而 2007 年以来,破产案件数量却逐渐下降至每年两三千件,2015 年更降低至一千余件,与每年吊销及无营业公司的数量十分不匹配。据统计,美国法院近年来每年受理的破产案件均超过 100 万件,西欧发达国家破产案件数量也基本稳定在每年 17 万件以上。

不过,随着对破产制度在清理和处置"僵尸企业"、推动供给侧结构性改革等方面功能认识的深化和重视,2016 年以来,破产案件有增多趋势。据统计,2016 年全国法院共受理企业破产案件 5 665 件,同比上升 53.8%;审结企业破产案件 3 602 件,同比上升 60.6%,全国破产案件立案受理数量明显上升。

实际上,破产是市场经济竞争规律之下的正常现象,一个正常的市场经济,必须优胜劣汰,有进有出,而破产就是最为规范的市场退出途径。只有确立宽容失败的文化理念,实现破产审判的常态化,为市场主体的退出提供通畅的途径,才能构建一个更加健全、健康的市场经济体制,更好地鼓励创业和投资。

破产重整:助困境企业"涅槃重生"

《企业破产法》除规定破产清算制度,对"僵尸企业""失败企业"依法予以破产,促其有序退出市场外,还规定了破产重整制度及破产和解制度,这三项制度也被称为现代企业破产制度的三大基石。

在破产重整程序中,司法机关可以更早地介入和挽救困境企业,避免企业因"病入膏肓"而"无力回天"。破产和解制度则更加注重通过债权人与债务人的协商,减免债务数额及延缓债务履行期限,使债务人摆脱经济困难,避免破产。根据我国《企业破产法》规定,企业进行破产重整的条件比破产清算更为宽松。除了司法机关可以更早介入,"濒危"企业一旦进入破产重整程序,所有附利息的债权停止计算利息,所有保全措施和执行程序都要中止,担保物权人在重整期间暂停行权,战略投资者进入重整程序,债务重组和营业重整并重,这些都是破产清算无法比拟的制度优势。

中核钛白转型的案例就是成功运用破产重整制度的范例。因金融危机而陷入困境的美国通用公司、克莱斯勒公司,最终也都是通过破产重整制度获得新生。

构建专门机构:实现破产审判专业化

根据《企业破产法》规定,企业重整、和解或者破产清算的申请必须向人民法院提出,由法院裁定是否受理。法院受理后,重整、和解和清算将在法院主持下进行。

矛盾叠加导致审理难度加大、审理周期拉长是当前破产审判中存在的突出问题。成熟的管理人队伍尚未建立,也加重了法院的监督指导责任。市场化破产案件主要通过摇号指定中介机构担任管理人,而部分管理人接触破产案件数量较少、专业知识不足、经验积累不够;管理人选任渠道单一,相应的培训、分级管理以及报酬保障制度不健全,也影响了管理人团队建设和积极性的发挥。

因此,进一步完善"僵尸企业"识别机制,让产能落后、人去楼空的"三无企业"和复兴无望的"僵尸企业"尽快进入破产清算程序;实行案件"繁简分流"机制,努力促进快审快结;大力提升破产审判信息化水平,加强破产管理人培训管理等是亟待解决的重点问题。

(资料来源:光明日报.企业破产法实施十周年:先"破"后立,浴火重生[EB/OL].(2017-06-15)[2023-01-15].http://news.gmw.cn/2017-06/15/content_24789368.htm,部分内容有删减)

思考题:如何正确认识"破产"这一现象?

二、社会文化的影响

一个国家潜在的文化和价值观会影响其创业活跃度。首先,世界范围内各个社会的风险偏好不同。例如,一些东欧国家由于缺乏个体创业的传统以及支持这种文化的法律规范和社会网络,"冒险"氛围并不浓厚,在这种文化背景下,创业氛围也相对缺乏;在阿拉伯文化社会中,大型官僚机构一般也是偏向规避风险的。

其次,社会的语境文化高低水平不同,人们的创业取向存在一定的差异。高语境和低语境文化框架由美国学者爱德华·霍尔(Edward Hall Jr.)提出。高语境指的是人们在交流时,传递的信息大部分都蕴藏在语境中,或内化于个人身上,此时"语境"的重要性远大于"内容"本身;低语境则相反,人们想要传递的所有信息基本涵盖在编码清晰的讯息中。高语境文化强调集体主义,注重关系依存性,亚洲和中东国家在这方面的属性较强;低语境文化强调个人主义,重视个体的独立性,欧美国家较多地显现该特征。在高语境文化中,人们更愿意进入成熟的机构或组织中,尤其是政府公共部门,相应地,人们进行创业的积极性和可能性相对也更低些。

Hofstede(2001)提出的文化五维度可以帮助我们系统地衡量和比较不同国家的文化差异和价值取向,具体内容如表12-1所示。

表 12-1　Hofstede 文化五维度

维度	含义	类别	细分类别的特征
权力距离	社会成员对权力分配不平等的接受程度	权力距离大	权力集中于少数人,等级划分明确,顺序体制严格
		权力距离小	权力分散,成员地位平等
不确定性规避	社会成员对风险和未知的容忍程度	不确定性规避高	社会成员严格恪守现有社会规范和原则,偏好保守
		不确定性规避低	社会成员不拘泥于现有规则,偏好冒险
个人主义与集体主义	社会成员倾向于以个人或集体来定义自己的程度	个人主义	社会结构松散,强调个人权利和自由
		集体主义	社会结构紧密,重视集体荣誉和团队合作
男性气质和女性气质	社会成员倾向于感性或理性的程度	男性气质	社会成员偏理性,高决断力,注重事业成功
		女性气质	社会成员偏感性,重视人际关系,注重生活质量
长期取向和短期取向	社会成员对长期收益或短期成效的偏好程度	长期取向	社会成员着眼长远,偏好节俭、储备,重视为未来做准备
		短期取向	社会成员注重当下,期待立竿见影的效果

（一）权力距离

权力距离用于衡量一个社会人与人之间的平等程度。社会层级分明,权力集中于少数人,意味着权力距离大;社会等级划分不明显,各成员地位平等,意味着权力距离小。权力距离大的地区如阿拉伯、印度,社会等级制度森严,企业强调上级对下级的命令、下级对上级的服从。权力距离小的地区如美国和北欧国家,企业的组织结构相对扁平,上级善于吸纳和倾听下级的意见,下级敢于表达自己的意见和想法。

（二）不确定性规避

不确定性规避体现一个社会整体对于风险的偏好程度。不确定性规避高的文化中,人们厌恶冒险,偏向保守,避免改变;不确定性规避低的文化则相反。从此角度看,美国是典型的不确定性规避低的国家,因为美国的公民创业率长期以来都位居世界前列。创业本质上是一种创新行为,需要创业者承担一定的风险和责任,因此创业氛围强一定程度上代表该国不确定性规避低。

（三）个人主义与集体主义

个人主义与集体主义反映着人们的自我认知。个人主义文化强调个人独立,人们倾向于关注自己的个人目标;集体主义强调集体荣誉,人们重视与社会其他成员的联系,关注集体目标的完成。欧美国家文化偏向个人主义较多,人们强调个人权利的不可侵犯,国家法律在此方面也给予了充分的肯定和支持。拉美国家和东南亚国家则更多地偏向集体主义,人们偏好享受集体生活、重视人际关系的建立和维护,人与人之间的关系比较密切。

(四)男性气质和女性气质

男性气质和女性气质代表着两种不同的生活目标和导向。男性气质文化强调自信、竞争,人们以事业成功为导向,重视追求物质财富;女性气质文化强调人际关系,弱化竞争,人们以生活质量为导向。就目前看来,日本是偏向男性气质的国家。日本很多员工为了事业成功愿意付出较大的代价,比如他们下班之后牺牲自己个人和家庭的时间,与同事一起去吃饭、喝酒,因为这些事情对于自己未来职业上的升迁和发展十分重要。

(五)长期取向与短期取向

长期取向与短期取向显示不同社会人群的处世哲学。长期取向也被称为"儒家活力",儒家活力高的文化中,人们具有前瞻性眼光,珍视节俭,重视储蓄,为未来做准备;短期取向文化中,人们重视享受当下,考虑眼下问题,并不习惯做长远打算。中国属于典型的长期取向文化:一方面,居民储蓄率高;另一方面,企业在谈交易时重视长期合作关系的建立,而非一锤子买卖。

三、市场环境的影响

市场环境对于国际创业企业来说是影响较为直接、深刻的因素。把握市场环境的整体动态,将有利于创业者抓住进入市场的时机,明确企业定位,制定具有前瞻性的企业发展战略。政府通过制定和实施相关政策,为创业企业营造良好的市场环境,将有利于创新的发展、经济活力的迸发以及社会整体生产力的提高。市场环境对国际创业企业的影响主要体现在市场渠道、融资渠道和技术研发水平三个方面。

(一)市场渠道

产品在国内外市场的可获得性和被需求程度是决定创业活动是否具有吸引力的关键因素。除私人需求外,公共需求有时也发挥重要作用。政府在货物和服务合同中优先考虑新公司的采购条例,可以为潜在的创业者提供更好的机会。此外,各国政府的出口促进政策也为创业企业开拓海外市场提供了便利与支持。

从市场性质来看,相较于自由市场,垄断市场不利于创新创业发展。在垄断性市场中,一个或几个占主导地位的公司容易滥用其市场力量,在某些情况下通过形成反竞争的勾结或合并,建立进入壁垒,一定程度上阻碍了创业企业的出现。

拓展阅读

美国支持小企业发展的财税政策及启示

1993年出台的《购买美国产品法》规定:10万美元以下的政府采购合同必须优先考虑小企业,并提供12%的报价优惠。1996年,美国国会通过法案,规定每年联邦政府采购总包合同金额的23%必须授予小企业。美国小企业管理局规定承包商与联邦政府采购机构签订采购合同,然后转包给小企业,即鼓励联邦政府主要承包商分包给小企业。2008年全球金融危机爆发后,《美国复兴与再投资法案》(ARRA)加大了政府公共支出的力度,小企业也因此获得了更多的政府采购支持。2009财年,小企业获得联邦政府采购总包合同共计968亿美元,占比为21.89%,此外,小企业获得政府采购分包合同的占比为31.82%。

美国的小企业管理局在支持小企业参与政府采购方面发挥了重要作用。

第一,小企业管理局代表小企业的利益,与各个政府机构保持经常性磋商和交涉,以确保小企业获得足够份额(法律规定为23%)的政府采购合同。

第二,参与合同招标,帮助小企业与政府订立采购合约。此外,小企业管理局还有权将一个大合同分割成若干个小合同,帮助小企业获取大型联邦采购合同中的分包合同。

第三,就小企业履行政府采购合同的能力出具"能力认证证书",帮助小企业获得政府采购合同。

第四,向小企业提供保证债券担保,为小企业竞标政府工程和服务合约提供大力支持。美国许多州和市政府的采购合同都要求合同承包方提供保证债券,但一些资质较浅的小企业难以直接从保险公司获得保证债券。针对该类企业,小企业管理局则可以向其提供最高达500万美元的担保,助其获得保证债券。

第五,利用信息技术建立采购自动搜索系统,覆盖全国范围内渴望参与政府采购合同的大多数小企业,增加其获取政府采购合同的机会。美国300余家政府和行业机构的采购官员都能使用该系统,查阅并联系合适的小企业。

(资料来源:龙小燕,崔志明. 美国支持小企业发展的财税政策及启示[J]. 现代产业经济,2013(05):56-63,部分内容有删减)

思考题:我国有没有类似支持小企业发展的政府采购条例或政策?

(二)融资渠道

创业者在商业历程的各个阶段都需要资金。绝大多数潜在创业者面临的一个重要且实际的挑战是如何获取融资,包括从获得早期种子资金到公开发行的所有阶段。众多发展中国家的创业企业无法获得银行贷款,一定程度上是因为资产管理不当,而非资本市场供给不足。这些国家的银行往往采取过于保守的贷款政策,具体反映在流动资产与总存款的比率(即流动性比率)上。它们倾向于保持高比例的流动资产,如现金、银行同业存款、中央银行债务和短期政府债券。因此,与发达经济体相比,在欠发达经济体中,企业获取融资的难度更大。

拓展阅读

世行:金融危机以来缺少长期融资抑制发展中国家进步

2015年9月14日,世界银行发布消息,自2008年全球金融危机爆发以来,长期融资的缺乏抑制了发展中国家企业的投资拉动型增长,也致使信用好的家庭难以通过借贷来满足其住房和教育需求。尽管 20 国集团以及其他主要国际团体都发出了呼吁,但发展中国家仍在竭尽全力筹措基础设施建设急需的数十亿美元资金,以促进国民经济和区域经济增长。

根据世界银行《全球金融发展报告 2015—2016：长期融资》,延展融资期限结构被视为可持续金融发展的核心。保障长期融资,即期限为一年或一年以上的投资资金,依靠的是与应对当前全球资本市场波动相同的基本条件:政策制定者需要着眼于制度改革,如促进宏观经济稳定,建立一个受到监管和严格执法、保护贷款人与借款人权益的银行和投资体系,并为资本市场与机构投资者设立一个框架。

虽然商业银行仍是世界各地企业和家庭的主要融资来源,但资本市场近年来增长迅速,尤其是在新兴市场经济体,如中国和印度。从 1991 年到 2013 年,发展中国家的企业通过股票市场、债券市场和银团贷款市场的融资总额增长了 15 倍。虽然这些融资中的大部分源自高收入国家,但也有值得注意的例外:印度银团贷款市场总额的 70% 以上源自国内。

世界银行高级副行长兼首席经济学家考什克·巴苏说:"长期融资有助于投资基础设施、耐用品以及人的教育和技能,因此是持续经济增长的基石。然而,融资需要良好的制度和合同的有效履行。令人欣慰的是,正在发生的很多事给了我们希望。例如,股票市场和债券市场在金融体系的占比在 20 世纪 80 年代还不到一半,而在 2005 至 2010 年间出现上升,在中国达到了 53%,印度达到了 65%。肯尼亚新建立的政府债券配发体系利用手机拓宽了零售投资者的融资渠道。"

长期住房融资被认为是满足个人住房需求的重要途径,然而世界各国对该途径的利用程度差别十分大。高收入国家中,拥有个人住房贷款的人口比例为 21%;中等偏低和低收入国家中,拥有个人住房贷款的人口比例仅为 2.4%。此外,不同国家在企业贷款方面也具有较大的差异。据统计,高收入国家的企业平均贷款期限为 58.7 个月,而在低收入国家,这个数值仅为 23.3 个月,不到前者的一半。

(资料来源:经济网.世行:金融危机以来缺少长期融资抑制发展中国家进步[EB/OL].(2015-09-16)[2023-01-15]. http://www.ceweekly.cn/2015/0916/126918.shtml,部分内容有所删减)

思考题:长期融资与短期融资对于创业企业的区别和影响分别是什么？

(三) 技术研发水平

先进技术的应用将为创业活动带来极大的便利。互联网技术的迅猛发展直接引发了电子商务的兴起,由此也催生出众多电商类创业企业。由于在线店铺的启动成本较低,互联网技术可以帮助小企业克服规模的限制,在更大的市场与更大的企业更有效地进行竞争。事实上,利用先进技术,跟上技术发展潮流,有助于推动创业企业的国际化进程。

相比于外部技术的内部化,企业通过自主研发更有可能形成自身的核心竞争力,建立起"护城河"。研发活动助力企业开发出新产品、新服务或新流程,研发成果的好坏在某种程度上即代表着企业绩效的高低。市场上的现有企业从事研发活动不仅仅影响自身绩效,也有可能影响创业企业的绩效。由于大多数初创企业难以直接获得大型研发设施,它们往往依赖于那些从以前雇主那里获得相关知识和经验的员工,然后在此基础上加以创新，并成功转化为现实成果。可以看出，初创企业受益于知识溢出。以中国为例，许多拥有跨国公司从业经验的研发人员成了新的创业者，这已成为知识溢出的重要机制。

新闻摘录

设立海外研发中心，高科技企业"走出去"

企业是否在海外成立研发中心，从根本上来讲取决于企业发展的内外部环境以及在此基础上制定的企业发展战略。海外成立研发中心只是企业实现战略目标的手段，该手段如果运用得当，将为企业发展起到巨大的推动作用，华为便是一个经典的案例。

华为是成立海外研发中心的先驱。2001年，华为以7.5亿美元的价格将非核心子公司Avansys卖给爱默生，并借此在美国设立四个研发中心，加入国际电信联盟；2012年，公司强化在欧美等国家的投资，将研发中心拓建到芬兰。华为硅谷研发中心以及企业业务事业部都成立于2012年。华为硅谷研发中心有2万多平方米，800多人，预计未来将增加到1 000人以上。华为硅谷研发中心从2011年开始建设，投资近36亿美元。华为美国研发中心的研究方向以公司技术发展为导向，并定位于最前沿的技术预言和探索。除此之外，还可以了解同行的研发动态和研究方向。

华为在海外成立研发中心的原因可归结为三点：一是为了在技术方面赶超对手，为此华为在竞争对手爱立信、思科附近成立研发中心，以挖取竞争对手的核心人才；二是预言和探索未来技术，华为在追赶阶段的时候意在对标竞争对手，不断学习竞争对手，但目前华为已经从追赶者变为引领者，传统的战略无法再继续，华为需自己去探索前沿科技，成为行业的领头羊和风向标；三则是为了解世界最先进的技术发展动向。

中国目前多数企业都处于"追赶"阶段，由于行业竞争激烈，技术更新换代频繁，企业的核心竞争力越来越无法保持并持续。与此同时，技术的快速更迭也为企业弯道超车提供了前所未有的机遇，企业若能提前布局，掌握世界最前沿的技术，便可以取得领先地位，改变市场格局。

（资料来源：新思界.如何看待成立海外研发中心这件事［EB/OL］.（2017-09-28）［2023-01-15］.http://www.newsijie.com/caijing/gongsi/20170926/11241731.html，部分内容有删减）

思考题：海外研发中心相比于国内研发中心有何特殊之处？

第三节 国际创业平台

一、网络投融资创业平台

网络投融资创业平台指的是利用互联网技术搭建的为企业提供投资、融资服务的平台，可以帮助企业以较低的成本获得创业初始资金，特别是帮助一些难以获得资金支持的中小微型初创企业。网络投融资创业平台所涉及的客户群体范围广、投融资效率高且操作流程比较简单便捷，目前的网络投融资创业平台主要有电商小贷平台和众筹融资平台。

（一）电商小贷平台

电商小贷平台是指专门为经营电子商务的企业提供小额贷款的网络平台。电子商务软件由于其自身业务原因而可以获得众多真实且详细的企业交易信息，凭借这种优势，搭建网络投融资平台，能够为一些小微企业提供高效率、低成本的贷款服务。电商小贷平台相对来说可以有效防范贷款违约风险，因为其可以对接受贷款企业的交易信息等进行实时、动态监控，获取企业在信用情况、经营状况等各方面的详细数据信息。另外，这种平台可以利用与之合作的第三方支付平台进行转账汇款，贷款流程操作简单便捷，交易完成速度快，因此受到了很多中小型电商企业的欢迎。

电商小贷的风险控制是平台管理的重要方面，且主要分为事前、事中和事后这三个阶段。事前阶段，平台会依据贷款企业在电商平台上的经营数据以及第三方认证数据，全面评估贷款企业的经营状况，判断其是否具有偿还债务的能力。事中阶段，平台主要通过对贷款企业的历史交易记录和现金流情况进行动态实时监控，以此判断贷款企业目前的风险程度与等级。事后阶段，平台会通过对贷款企业的经营状况和可能出现的异常行为进行监控，一旦发现存在影响正常还款的情况，风险控制系统就会发出提示和警告，采取线上店铺暂停运营等风险防范机制。

（二）众筹融资平台

众筹融资平台是通过互联网为项目发起者募集项目创业资金的平台，可以为有潜力的创业者开启具有创新性项目提供支持，融资项目大多为电子产品和文娱项目，例如科技产品、游戏、电影等。项目上线后，公众可以为自己支持的项目提供创业资金，筹资者将通过一些不涉及金钱的内容回馈平台投资者，如项目成品、服务或媒体等。

这种融资模式很好地利用了互联网传播的优势，同时也充分展现了网络投融资平台的内涵与意义。其优点主要有：第一，准入门槛低。众筹融资平台对于项目发起人的资质和信用要求不高，且发起人的项目申请的手续和流程也相对比较简单、快捷。同时，参与平台融资的门槛低，项目投资者只需要提供不多的资金便可以为自己认为有价值的项目提供支持，这样便可以将社会公众的闲散资金利用起来，为有发展潜力的项目提供资金。第二，融资成本低。对于很多有创意项目和产品构想的创业者来说，想要让创业项目实现落地，首先就要面临融资难的挑战。通过众筹融资平台，筹资者只需要提交其项目方案，经过平台的审核通过后，便可以向公众充分展示和宣传自己的创业项目，最终可以获得公众的资金支持。如果项目可以获得大多数人的认可与青睐，那么就能够以较低甚至为零的融资成本获得创业项目所需的初始资金。

但是，众筹融资平台也存在明显的缺点：第一，融资规模相对较小。目前而言，大多数人对于众筹的融资方式都不太熟悉，很多人面对概念和文化产品，由于缺乏信任感而不会轻易投资，因此很多项目在众筹融资平台上获得的创业资金规模相对比较小。第二，产品同质化严重。由于缺乏对知识产权的保护，如果概念产品的一个创意想法被传播到网络上，很可能会引起众多的模仿现象，这将极大地挫伤创业者创新的积极性。此外，很多平台为了吸引投资者的眼球，不断降低项目或产品的准入门槛，对其进行过度的宣传推广，这也一定程度上导致了高质量的创新产品愈来愈少。

二、虚拟孵化平台

虚拟孵化平台是基于互联网的孵化平台,指的是采用现代信息交流手段、依托互联网技术平台的一种孵化形式,为企业提供信息收集、孵化管理、专业咨询、人才培养和合作交流等各个方面的服务。

虚拟孵化平台是由投融资机构、高校与科研院所、政府组织、其他中介组织以及其他相关产业共同组成。虚拟孵化平台的参与主体包括新创企业、大学科研院所、依托产业、相关政府部门以及投融资机构和其他中介组织,如风险投融资机构、会计与法律事务所等。通过利用云存储、大数据等技术,互联网的孵化平台大大提高了孵化服务的效率和质量水平,为各个参与主体带来了便捷的服务,实现了多方的合作共赢。虚拟孵化平台通过网络将相关产业资源、大学科研院所的成果、有关政府部门、社会团体和中介组织等的资源联系在一起,有效地整合资源。另外,平台还高效地整合了内外部各种有形和无形的资源,极大提高了企业的创业存活率和效率。

与实体孵化平台对比,国内的虚拟孵化平台的发展速度较为缓慢,但是在"互联网+"的大背景之下,很多实体孵化平台正逐渐向虚拟孵化平台转化、发展。目前,我国的虚拟孵化平台主要的发展特征为:第一,盈利难。虽然虚拟孵化平台和投资类的孵化平台有所区别,但是发展初期若缺少现金流同样也难以维持正常的运营。虚拟孵化平台一般是通过收取手续费用、发布广告、出售虚拟产品等方式获得相应的收入,但是据相关调查数据显示,虚拟孵化平台在不考虑前期投入成本的前提下也基本是处于现金净流出或收支平衡的状态。第二,需求小众化。传统孵化平台仅需提供20%的核心功能就可以保证80%的创业者维持企业的正常运营,满足初创企业大众化和多样化的需求。但是在如今的新经济形势之下,初创企业的需求呈小众化、碎片化和散点式分布的特点,且各企业的规模以及所在行业不同,其孵化需求也会存在差别,具有多样化和个性化的特征。核心孵化功能的大众化与初创企业需求的小众化之间产生冲突与矛盾,这就需要虚拟孵化平台开发出更为先进、便捷的应用技术,能够适应各个企业的个性化需求制定,构建对接全球化资源的网络体系。第三,平台类型多样化。当前国内很多城市的当地政府同社会团体合作,构建了为新创企业或特定类型企业服务的虚拟孵化平台,例如科技研发合作中心、中小企业信息交流平台、专利成果鉴定与转化中心等。这些平台的种类丰富多样,可以满足不同类型企业的多样化需求,但是需要其在实际运营过程中突破学科和相关产业之间的障碍,促进区域间的创新资源自由流动,在各个参与主体和企业之间建立统一的资源整合对接口,这样才可以促进各方资源在系统内更自由地流动。

三、网络交易平台

网络交易平台指的是第三方的交易安全保障平台,其可以解决交易双方通过互联网进行交易遇到的安全、诚信等问题。网络交易平台主要包括跨境电子商务平台和地方交易服务平台两种。

(一) 跨境电子商务平台

跨境电子商务平台,如天猫商城、亚马逊等,可以帮助企业以更高效率、更低成本的方式将商品出售给国外的消费者。这是国际贸易方式的一种特殊形式,也是依托互联网平台进行国际创业的一种形式。企业可以通过跨境电子商务平台有效节省交易成本、扩大海外销售额,从而可以推动后续的海外市场扩张,进一步提高在海外市场创业的可能性。

在互联网技术急速发展的背景下,通过网络平台进行国际贸易的创业者规模越来越大,跨境电子商务平台属于这一类创业平台的典型代表之一。平台上位于不同国家和地区的交易双方通过网络订单达成交易,使用第三方支付平台进行支付结算,最后通过跨境物流将交易商品送达买方手中。

(二) 地方交易服务平台

除了跨境电子商务平台,还有由地方政府主导搭建的地方性网络交易服务平台,也属于一种特殊的国际创业平台,例如浙江义乌的全球网货中心、四川南充的中法交易平台和广东的粤商网及广货网上行等。其中,义乌全球网货中心是由当地政府和网络交易平台敦煌网合作创建,通过云计算、云储存等技术将义乌本地商品的货源中心和国内外的各大电商平台的端口相连接,通过各大电商平台的流量将本地商品推广至全球市场。

这类平台一般是由政府牵头建立的,成立的宗旨是推动地方的电子商务平台发展,推进信息化创业平台的构建,为国内厂商和国外消费者搭建一个信息交流与商品交易的平台,使得企业能够以更低的成本和更丰富的渠道参与到海外消费市场之中,扩大全球市场规模。

拓展阅读

兰亭集势:打造跨境供应链生态圈

2007年,兰亭集势成立,其主要业务是通过网络平台出售服饰、零件配件、电子通信设备等,是一家B2C网站运营商,拥有完整的供应链服务,拥有一系列前端供应商、中端数据仓库和末端的物流及配送合作伙伴,公司于2013年6月6日在美国纽约证券交易所上市,成为中国跨境电商第一股。

兰亭集势是一家以婚纱的跨境销售起家的公司,在便宜的中国制造的婚纱在国外受到广泛欢迎的大背景下,兰亭集势获得了企业的第一桶金,尽管近年来婚纱销量下降,但其依然是兰亭集势的主打产品。

目标市场在欧美、南美等新兴市场

兰亭集势的产品销售到全球200多个国家和地区,但欧美市场是兰亭集势的主要目标市场。原因在于欧美市场物价水平较高,能充分显现出中国制造物美价廉的产品的优势,且欧美市场较成熟,销量比较稳定。同时由于南美等新兴市场近年来发展迅速,有希望成为兰亭集势未来的另一重要市场。

依靠采购产品与销售产品之间的价差盈利

兰亭集势的收入主要以自营商品的采购与销售的差价为主。同时,2014年5月,兰亭集势发布全球时尚开放平台战略,在全国吸引商家入驻,进行平台化运营,其收费模式主要是以一定比例的销售分成获取收入,而非对商家收取年费。

营销渠道三足鼎立

兰亭集势的营销渠道有三种:自然搜索、联盟营销、社交软件营销。其中搜索引擎是兰亭集势的最大流量入口,数据显示兰亭集势在北美地区的访问中有超过45%的流量是由谷歌搜索带来的。联盟营销也是兰亭集势的重要营销方式,具体方式是兰亭集势向合作网站提供吸引用户访问的内容和工具,当用户通过兰亭集势联盟的网站访问兰亭集势并购买了商品后,兰亭集势按照一定的比例支付销售佣金给这些网站。社交软件营销是兰亭集势一个非常重要的营销手段,兰亭集势有一支专门在Facebook等平台推广的营销团队,以提高公司的曝光率,同时吸引客户。近年来,兰亭集势积极调整产品结构并努力增强用户体验,使得用户的复购率越来越高。

(资料来源:商务部网站.商务部电子商务示范企业案例集[EB/OL].[2023-02-20].http://dzsws.mofcom.gov.cn/anli/detal_16.html,部分内容有修改)

思考题:查找资料,思考兰亭集势的创业契机有哪些。

本章小结

1. 创业者是指通过创造或扩展经济活动,识别和开发新产品、新工艺或新市场以寻求创造价值的企业所有者。国际创业则是指创业者跨越国界开展创业活动的现象。

2. 根据国际创业企业参与的价值链环节与涉及的东道国个数,国际创业可分为国际市场开辟者、区域型创业企业、全球型创业企业三种模式。

3. 国际创业带来的影响主要包括创造就业、促进经济增长、减少贫困。

4. 政府规章制度会影响创业企业面临的竞争成本、风险和障碍,社会潜在的文化和价值观则影响着创业企业的发展模式。

5. 市场环境对国际创业企业的影响较为直接、深刻,主要体现在市场渠道、融资渠道、技术与研发水平三个方面。

6. 互联网背景下的国际创业平台主要包括网络投融资创业平台、虚拟孵化平台和网络交易平台等。

重要术语

国际创业(International Entrepreneurship)
国际市场开辟者(New Market Maker)
区域型创业企业(Geographically Focused Start-up)
全球型创业企业(Global Start-up)

思考讨论

1. 谈谈国际企业选择进军海外市场的原因有哪些?

2. 国际创业企业应该如何应对国际商务环境的动态变化？

3. 查阅资料，思考作为国际市场开辟者的企业该如何长期保持竞争优势，并以具体企业实例加以说明。

案例分析

麒麟合盛海外进化论：4 年 12 亿的速度神话

市场分析机构 Newzoo 发布的数据显示，全球智能手机用户数已经从 2016 年的 23 亿增长到了 2017 年的 26 亿。但相较于全球 70 亿的人口总量而言，移动互联网还有巨大的增量空间。"这些未联网用户从第一次使用智能手机到第一次接入互联网都充满了疑问。APUS 系统作为安卓系统的增强版，增加了用户接入互联网的服务功能，就是希望能够帮助他们享受更精彩的移动互联新生活"，麒麟合盛（APUS）创始人兼 CEO 李涛说。

瞄准"下一个三十亿用户"，APUS 何以成为"双料"独角兽？

2015 年 8 月，APUS 作为亚洲独角兽代表，成为《华尔街日报》创业公司"10 亿美元俱乐部"里最年轻的成员。自 2016 年起，APUS 连续两年入选"中国独角兽企业榜单"，成为名副其实的"双料"独角兽。

早在 2014 年成立之初，APUS 就以用户使用智能手机所必需的"系统管理、交互界面管理、应用程序管理、信息与内容管理、社交与账号管理"五大模块为基础，开始为用户构建互联网基础设施。APUS 创新地提出了"All in one"产品理念，一站式满足用户接入互联网的需求，让用户能够更便捷地享受移动互联网带来的畅快体验。

从南美到非洲，从中东到南亚、再到东南亚，APUS 沿着这条新兴市场之弧，践行着"一带一路"的倡议，为实现"下一个三十亿用户"的目标不懈努力。APUS 在这些全球移动互联网发展最快的地方，以一种润物细无声的方式改变着用户的互联网生活。截至 2017 年年底，APUS 系统及产品集群全球总用户数超过 12 亿，覆盖全球 200 多个国家和地区，其中 69% 的用户分布在 65 个"一带一路"沿线国家，印度平均每三部手机里面就有一部安装了 APUS 系统。

高速飞行的"雨燕"，如何继续谱写速度神话

APUS 在海外的迅速崛起除了"顺势而为"抓住了出海机遇，也离不开创始人前瞻的战略支撑。李涛始终把战略的重要性放在首要位置，他把 APUS 的发展归结于四大战略：市场战略、产品战略、资本战略和组织战略。APUS 在创立之初就确立了移动出海的市场战略，将目光瞄准更广袤的全球市场。当时国内互联网一片红海，出海是在市场趋于饱和时的一种战略选择。"All in one"解决方案满足了用户接入互联网的一揽子需求，并以"三点两致"的产品观打造出了堪称完美的产品。如果说资本战略是 APUS 的重要壁垒和护城河，那么组织战略就是核心了。人才是 APUS 的基础，组织战略中涵盖了组织原则、运行机制以及人才选择等内容。

APUS 是完美用户系统（A Perfect User System）的英文首字母缩写，同时也是一种身形极为轻灵的鸟类——雨燕的拉丁文学名。这类鸟通常身长不会超过 30 厘米，但飞行速度可达到170公里/小时,堪称鸟类中的"迅捷之王"。创立仅四年的APUS便以"雨燕"速度书写了自身的增长神话。

在APUS四周年庆上,李涛提出了APUS未来发展的四大战略方向。"首先,用户增长依旧是我们未来最核心的战略;其次,我们要构建APUS生态,为客户提供内容和服务,最大限度满足用户的需求;再次,基于已经拥有的数据和用户画像,我们会做APUS自己的人工智能,更好地满足用户多样化的需求;最后,APUS正在构建一个属于自己的全球范围内的云服务,在服务全球12亿用户的同时,希望帮助更多的中国互联网企业更好地出海。"

与此同时,经过四年多的技术积累,APUS在大数据、云服务和人工智能等前沿领域也取得了重要突破。作为网络应用及产品内容与全球用户的连接中枢,APUS云已经正式投入使用,大幅度节约了云平台建设成本并提高了运营效率,为今后中国互联网出海构建了坚实的基础设施。此外,公司创新性地推出了APUS云联邦,能够实现与亚马逊AWS云平台和谷歌云平台的无缝对接与自由切换。

在2018年7月2日APUS四周年庆典活动上,李涛为APUS的使命做了重新规划:创新改变世界,科技创造美好生活。随着APUS全球业务的进一步拓展,一艘乘风破浪领航中国互联网出海的旗舰正在继续谱写它的速度神话。

(资料来源:海外网.麒麟合盛海外进化论:4年12亿的速度神话[EB/OL].(2018-07-16)[2023-02-20].http://m.haiwainet.cn/middle/3543154/2018/0718/content_31355684_1.html,部分内容有修改)

思考题:APUS属于国际创业的何种模式?采用这种发展模式的前提和好处分别是什么?

参考文献

葛菲,贺小刚.生产制造还是资本投资?中国工业企业国际创业资本的流向——基于制度距离的解释[J].管理世界,2017(11):112-124+157.

陆羽中,田增瑞,常焙筌.国际创业投资研究热点与趋势的可视化分析[J].科研管理,2020,41(04):250-262.

潘宏亮.国际创业经验、创新要素累积与天生国际化企业双元创新[J].科研管理,2020,41(03):43-51.

田毕飞.中国企业国际创业策略研究——创业者认知视角[M].北京:中国社会科学出版社,2019.

薛求知,朱吉庆.国际创业研究述评[J].外国经济与管理,2006(07):8-15.

Hennart J, Majocchi A, Hagen B. What's so special about born globals, their entrepreneurs or their business model? [J]. Journal of International Business Studies, 2021, 52(9):1665-1694.

Hofstede G. Culture's consequences: Comparing values, behaviors, institutions, and organizations across nations, 2nd ed. [M]. London: Sage.

Kshetri N. Global entrepreneurship: Environment and strategy[M]. Routledge, 2014.

Oviatt B M, McDougall P P. Defining international entrepreneurship and modeling the speed of internationalization[J]. Entrepreneurship Theory and Practice, 2005, 29(5):537-553.

Oviatt B M, McDougall P P. Toward a theory of international new ventures[J]. Journal of International Business Studies, 1994, 25(1):45-64.

教辅申请说明

北京大学出版社本着"教材优先、学术为本"的出版宗旨,竭诚为广大高等院校师生服务。为更有针对性地提供服务,请您按照以下步骤通过**微信**提交教辅申请,我们会在1~2个工作日内将配套教辅资料发送到您的邮箱。

◎ 扫描下方二维码,或直接微信搜索公众号"北京大学经管书苑",进行关注;

◎ 点击菜单栏"在线申请"—"教辅申请",出现如右下界面:

◎ 将表格上的信息填写准确、完整后,点击提交;

◎ 信息核对无误后,教辅资源会及时发送给您;如果填写有问题,工作人员会同您联系。

温馨提示:如果您不使用微信,则可以通过以下联系方式(任选其一),将您的姓名、院校、邮箱及教材使用信息反馈给我们,工作人员会同您进一步联系。

联系方式:

北京大学出版社经济与管理图书事业部

通信地址:北京市海淀区成府路205号,100871

电子邮箱:em@ pup.cn

电　　话:010-62767312

微　　信:北京大学经管书苑(pupembook)

网　　址:www.pup.cn